U0781225

没有完美的个人，只有完美的团队。1+1>2。

团队已成为职场员工的生存方式，工作的唯一选择就是融入到团队中去。

团队精神

大全集

赵凡禹　裴向敏◎编著

立信会计出版社
LIXIN ACCOUNTING PUBLISHING

图书在版编目（CIP）数据

团队精神大全集 / 赵凡禹，裴向敏编著. —上海：
立信会计出版社，2012.11

（超值金版）

ISBN 978-7-5429-3649-3

Ⅰ.①团… Ⅱ.①赵… ②裴… Ⅲ.①企业管理–组
织管理学 Ⅳ.①F272.9

中国版本图书馆CIP数据核字（2012）第217155号

策划编辑　蔡伟莉
责任编辑　蔡伟莉
封面设计　久品轩

团队精神大全集

出版发行	立信会计出版社		
地　　址	上海市中山西路2230号	邮政编码	200235
电　　话	（021）64411389	传　　真	（021）64411325
网　　址	www.lixinaph.com	电子邮箱	lxaph@sh163.net
网上书店	www.shlx.net	电　　话	（021）64411071
经　　销	各地新华书店		

印　　刷	廊坊市华北石油华星印务有限公司	
开　　本	787毫米×1092毫米	1/16
印　　张	24.25	
字　　数	396千字	
版　　次	2012年11月第1版	
印　　次	2017年7月第6次	
书　　号	ISBN 978-7-5429-3649-3/F	
定　　价	29.00元	

如有印订差错，请与本社联系调换

前　　言

任何企业间的竞争，不仅仅是战略、财力、关系、人才等单方面的竞争，更是一个团队与另一个团队的精神竞争。弘扬团结协作精神对于建设好一个组织、一个企业具有极其重要的意义。

所谓团队精神，简单来说就是大局意识、协作精神和服务精神的集中体现。团队精神的基础是尊重个人的兴趣和成就，核心是协同合作，最高境界是全体成员的向心力、凝聚力，反映的是个体利益和整体利益的统一，并进而保证组织的高效率运转。团队精神是团队能够取得高绩效的灵魂，是成功团队难以被模仿的特质，没有多少人能很清楚地描述团队的"精神"，但每一个团队成员都能感受到团队精神的存在，能够感到令人振奋的力量。

高效团队具有强大竞争力的根源，不在于成员个体能力的卓越，而在于其成员形成的整体合力，其中起最关键作用的，就是那种弥漫于其中、无处不在的团队精神。团队精神的形成并不要求团队成员牺牲自我。相反，挥洒个性、表现特长保证了成员共同完成任务目标，而明确的协作意愿和协作方式则产生了真正的内心动力。

"一根筷子一折就断，十根筷子却无法折断"，这句俗话告诉人们：团结就是力量，团队的协同作战永远要胜过某一个人的单打独斗。还有句俗话说："一个好汉三个帮"。一个人不管有多么优秀，都不可能具备创立并运营一个企业所需的全部知识、经验和技能。如果想要创业成功，就必须组建一支核心团队，借助团队成员所拥有的客户经验、产品经验、创业经验和人际关系等，解决企业发展过程中可能出现的问题。所以，时代需要英雄，但更需要优秀的团队。没有人能依靠一己之力获得某项事业的成功，唯有依靠团队的力量，依靠他人的智慧，才能使自己立于不败之地。一个团队就像一台精密的仪器一样，它需要N个元零件组装起来，而且每个元零件都在发挥着各自的作用，促使整体有规律地运转，使其达到一定的效率，并且步步为营地往既定目标前进。

工作是人生的重要部分，每个工作者都生活在团队中，团队能否顺利发展，取决于团队成员的努力。团队的成功需要每个团队成员担起身上的责任。那么，作为团队中的一个成员，该如何挑起在团队中的责任，如何能够和团队共发展呢？作为团队的领导者该怎样打造自己的团队精神？该怎样处理团队中的冲突？如何建立完善的团队制度、激励机制？怎样和团队成员进行有效的沟通，提高团队的凝聚力呢？《团队精神大全集》将为您拨开迷雾，指点迷津。

本书主要阐述了在当今社会中，团队精神的重要性；高绩效团队的打造；如何设立团队的共同愿景；激励团队成员的工作热情；用信任和关怀等增强团队的凝聚力；团队如何制定完善的制度；怎样加强团队执行力；提高成员的责任感等方面内容。

虽然本书涉及了组织行为学、社会学、管理学、心理学等诸多学科内容，但读起来并不艰涩，行文语言通俗易懂，阐述概念、理论，强调深入浅出，我们在文章中穿插了很多生动、鲜活的寓言故事，商界精英的创业故事以及一些团队的成败经历，以便读者更容易理解文章内容，能够从例子中获得更多的有益启发。本书所论及的个体、团队、社会的关系，沟通、合作、激励、创新、学习等内容具有实用性和广泛的社会性。每一篇的内容都紧密结合时代发展特点，结合社会现实进行阐述。所以，这本书适合各级管理者和员工阅读。

时代需要优秀的团队，也只有优秀的团队才能造就高瞻远瞩和尽职尽责的管理者，才能使团队成员勤奋、忠诚、团结、高效、自律地工作，才能使一个组织、一个企业、一个团队顺利发展，创造出卓越的成就。

本书在编写过程中参考了多部著作，得到了出版社和行内朋友的大力支持，在这里一并致谢。鉴于编者水平有限，见识孤陋，文章中不可避免会出现一些疏漏，敬请大家谅解并积极批评指正。

目　　录

上篇　团队精神是时代的召唤

中篇 团队精神是一曲集体主义的颂歌

下篇　团队精神是一种精英文化

上篇　团队精神是时代的召唤

　　团队精神，简单地说就是大局意识、协作精神和服务精神的集中体现。当今时代是一个需要和呼唤团队精神的时代。在市场竞争日益激烈的今天，企业的竞争力、战斗力决定着企业的生死存亡。一个企业如果不能成为一个有绩效的团队，就是一盘散沙；一个团队如果没有良好的团队精神，就不会有统一的意志与行动，就不会有高的绩效。团队精神是企业的灵魂，对于企业来说拥有积极向上、朝气蓬勃、洋溢着时代气息的团队精神至关重要。

　　团队精神的基础是信任成员，尊重他们个人的兴趣和成就，最高境界是全体成员的向心力、凝聚力协调一致。虽然团队里成员就像手指一样各有长短，但他们都有自己的特点，只要我们能够有一颗相互包容的心，发挥个人的优点，为相同的目标而共同努力、奉献，在工作中相互帮助，相互关爱，共同奋斗，就一定能跨越工作中的重重障碍，取得事业的共同发展。

第一章

神奇的团队，神圣的团队精神

什么是团队

中国文字表示的"团队"，是指有"口""才"和"耳"的一群"人"组成的组织，而只讲不听的一群人构成的只是团伙。由此可见，团队是由管理者和员工共同组成的一个团体，这个团体的每一个成员利用自己的知识和技能与其他成员协同工作，共同努力，解决问题，达成目标。这便是简单的团队定义。

团队不仅注重每个人的业务成果，更注重团队的整体绩效。团队是在集体讨论研究、决策和信息共享、标准强化的基础上，强调通过每个团队成员奋斗获得胜利成果，最终这些成果超过个人业绩的总和。团队的核心是共同奉献，这种共同奉献需要每一个团队成员能够为之信服的目标努力。这就要有切实可行而又具有挑战意义的目标，能激发团队的动力和奉献精神，为企业注入新的活力。团队的精髓是共同承诺，共同承担团队的责任。没有这个承诺，团队就像一盘散沙。有了这一承诺，团队就会齐心协力，成为一个强有力的集体。

团队具有以下几个重要的构成要素，简称"5P"。

1. 目标(purpose)

当我们开始打算建立一个团队的时候，就该树立一个明确的目标，这个目标一直存在，直到这个团队完成这个目标为止。刚开始，团队应该有一个既定的目标，为团队导航。例如，这个团队是因为工作关系而组成的项目团队？还是因为完成某项任务而形成的任务团队？这个团队是短时间存在的还是长时期持续的？这些都是团队刚开始时要确定的问题。知道要向何处去，有了目标，才知道怎么向前走，如果团队没有目标，它也就失去了存在的价值。

如果你只是提出一个建议——"我有一个好主意，咱们来创建一个公司吧"，但是"具体做什么"，"这我还没有想清楚，不过我认为这一定是个好主意"。这就让人感觉你说的话根本没有任何意义，听起来让人感觉有点荒唐。但是，有很多人就是这样考虑问题的。如果还没有确定公司经营的目标，那么谁会为一个前途渺茫的事情去浪费时间呢？可是有些时候，一些经理人就是仅仅因为相信"这是个好主意"而组建团队。然而，最终往往使"好主意"变成"坏主意"。

有了共同目标后，团队成员才朝着这个目标共同努力，在完成一个共同目标的过程中，成员之间就会无形中产生一种高于团队成员个人总和的认同感。这种认同感为如何解决个人利益和团队利益的碰撞提供了有意义的标准，使得一些威胁性的冲突有可能顺利转变为建设性的转折。

2. 定位(place)

团队的定位包含两层意思：第一，团队的定位，团队在企业中处于什么位置？由谁选择和决定团队的成员？团队最终对谁负责？团队采取什么方式激励团队成员和团队以外的相关成员？第二，个体的定位，作为成员在团队中扮演什么角色?是制定计划者还是具体实施或评估者?在对这两方面意思都明确的情况下，然后就可以制定一些规范，来规范团队的任务。

3. 计划(plan)

计划关系到每个团队的构成问题。团队应该如何分配和行使组织赋予的职责和权限？简单地说就是团队中的成员都做什么工作，怎样做？具体来讲，计划有两层含义：第一，目标最终的实现，需要一系列具体的行动方案，可以把计划理解成目标的具体工作的程序。例如，一个团队计划需要回答这些问题：团队有多少成员才合适？团队中必须有一位领导吗？团队领导职位是常设的还是由团队成员轮流担任的？领导者的职责和权限是什么？其他成员的特定职责和权限是什么？团队应该定期开会吗？会议期间要完成哪些工作任务？预期每位团队成员把多少时间投入团队工作中等等具体问题。第二，提前按计划进行，可以保证团工作的顺利进度。只有在计划的指导下团队才会一步一步贴近目标，从而最终实现目标。

4. 职权(power)

所谓的职权，这里指团队负有的职责和相应享有的权限。对团队职权进行界定的过程需要解决以下问题：团队工作的范围是什么？团队可能影响到整个组织的事务吗？你愿意让你的团队作为主要顾问，提出意见和建议吗？你希望你的团队采取实际行动，促成某种结果吗？你所组建的团队在多大程度上可以自主决策等等，这些问题会因为具体团队的目标和定位的不同而各不相同，这取决于团队的规模、结构和业务类型等。在解决职权问题时，我们必须坚持"在考虑团队职权因素时，一定要分清轻重缓急"这一原则。

5. 人(people)

最后一个要素是人，人是构成团队最核心的力量，如果没有人，也就没有团队可言，也就没有计划的制订和执行了。所有的目标、定位和职权都只能是团队取得成功的基础条件，但决定性条件还在于团队成员的具体执行上的表现。一般来说，至少有3个人就可以构成团队，需要有一个人出主意，有一个人订计划，有一个人实施。当然如果3个人以上，那么就还要有人协调不同的人一起去工作，有人去监督团队工作的进展，评价团队最终的贡献等等。因为每个人的特点不同，所以，一个工作安排者如何分配成员工作，达到优势互补、协调合作影响着团队的发展，当然团队成员之间的关系是否和谐，也对团队成功与否起着作用。因此，组建一个团队，就要了解团队成员一些问题。例如，团队成员的兴趣爱好、性格特点，甚至生活习惯都是什么？所选择的成员都有哪些技能、学识、经验和才干？团队成员在多大程度上符合团队的目标、定位、职权和计划的要求等等。

作为一个工作安排者只有真正了解团队成员，才有可能使团队成员的才干发挥到最大限度。也许选择的团队成员不是各方面都很优秀，但是只要能够把所有这些人的资源整合在一起并获得最大效率就可以了。

斯蒂芬·罗宾斯根据团队存在的目的，拥有自主权的大小，把团队分为3种类型：第一种是多功能型团队，这样的团队是由一个组织中同一等级、不同工作领域的员工组成，他们来到一起的目的是完成一项任务；第二种是问题解决型团队，侧重点主要是解决问题，团队成员通过调查研究，集思广益，清理组织中存在的问题，为改进组织工作效率等发展问题，献言献策；第三种是自我管理型团队。例如，美国通用汽车公司有一个附属公司——萨杜恩公司，每个雇员都至少属于一个团队，每个团队由5~15名工人组成。在生产流程中雇员的自我管理式团队可以对训练、雇用、预算以及作息安排等问题进行决断。

团队形式并不能自动地提高生产率，它也可能会让管理者失望。但是，我们研究一些高效团队，从中发现了它们都具有以下特征：

第一，它们都有清晰的目标。它们都很清楚自己做事的目标，并坚信这一目标包含着重大的意义和价值。并且，这种目标的重要性还激励着团队成员把个人目标升华到群体目标中去。在有效的团队中，成员愿意清楚地知道希望做什么工作，以及他们怎样共同工作才能最终完成任务。

第二，相关的技能。一个高效的团队多是由一群有能力的成员组成的。团队成员都具备实现理想目标所必需的技术和能力，并且相互之间能够良好合作，从而出色完成任务。尤其是后者非常重要，但却常常被人们忽视。

第三，相互的信任。成员间相互信任是高效团队的显著特征。每个成员对其他人的品格和能力都确信不疑。我们在日常的人际交往中也能体会到，信任这种东西是最脆弱的，需要长时间培养但又很容易被破坏。信任交换信任，不信任换来的也是不信任。所以，维持群体内的相互信任非常重要。组织文化和管理层的行为对形成相互信任的群体氛围很有影响。如果组织崇尚开放、诚实、协作的办事原则，同时鼓励员工的参与和自主性，它就比较容易形成信任的环境。

第四，一致的承诺。高效的团队成员对团队具有高度的忠诚和承诺，他们甘于奉献，为了能使团队获得成功，他们甘愿做任何事情，愿意为实现这一目标而调动和发挥自己的最大潜能。他们把自己属于该群体的身份看作是自我的一个重要方面。

第五，良好的沟通。这是高效团队一个必不可少的特点。群体成员拥有畅通的信息交流渠道，有利于信息资源的充分利用，有助于提高工作效率。管理层和团队成员之间的顺畅沟通，有利于消除误解。使团队成员能迅速而准确地了解管理层的想法。

第六，优秀的领导。优秀的领导者不一定非得指示或控制团队，高效团队的领导者往往担任着教练和后盾的角色，他们对团队提供指导和支持，但并不试图去控制它。有效的领导者能够明确地给成员指出团队的前途和命运，鼓舞成员的信心，让团队跟随自己共渡难关。

第七，内部支持和外部支持。支持要成为高效团队的最后一个必需条件就是它的支持环境。从内部条件来讲，团队应该有一个合理的基础结构，包括：适当的培训，一套用以评估员工总体绩效的测量系统和一个起支持作用的人力资源系统。恰当的基础结构应能支持并强化成员行为以取得高绩效水平。从外部条件来看，管理层应给团队提供完成工作所必需的各种资源。

什么是团队精神

明确了什么是团队，那么，我们开始阐述本书的重要概念——团队精神。

团队精神，简单地说就是大局意识、协作精神和服务精神的集中体现。团队精神的基础是尊重团队中每个人的兴趣爱好和成就；核心是协同合作；最高境界是全体团队成员的向心力和凝聚力协调一致；反映的是个体利益和整体利益的协调统一，并从而保证组织整体的高效率运转。可见，团队精神的形成不仅不会牺牲团队成员的自我，反之，生活在团队中，更有利于我们个人挥洒个性、健康成长，各自发挥自己的长处，协同合作，保证整个团队完成任务目标的同时，也实现了自己的价值或目标。

一次，联想运动队和惠普运动队进行了一次攀岩比赛。惠普队不断地鼓励大家的士气，强调团队成员要齐心协力，注意安全，共同完成任务。联想队则在一旁，没有作太多的士气鼓动，而是一直在一旁不断地商量着什么。比赛开始了，惠普队在全过程中遇到了几处险情，尽管大家齐心协力，排除险情，完成了任务，但因为时间拉得太长，最后他们还是输给了联想队。

那么联想队是怎么赢得这场比赛的呢？原来，他们在比赛前分析着队员各自的特点，把每个队员的优势和劣势进行了精心组合：第一个是动作机灵的小个子队员，第二个是一位高个子队员，女士和身体庞大的队员放在中间，殿后的队员都是具有独立攀岩实力的队员。经过这样的组合，他们轻松地通过，几乎没有险情地迅速完成了任务。

联想团队最终能够赢得比赛，就是能够让团队成员在才能上互补，每个成员都能充分发挥自己的特长，让整个团队产生协同效应，提高了完成比赛的质量和速度。

德国科学家瑞格尔曼做了一个拉绳实验：

参与测试者被分成了4个组，每组人数分别为1人、2人、3人和8人。瑞格尔曼要求各组用尽全力拉绳，同时用灵敏的测力器分别测量拉力。测量的结果有些出乎人们的意料：2人组的拉力只为单独拉绳时2人拉力总和的95％；3人组的拉力只是单独拉绳时3人拉力总和的85％；而8人组的拉力则降到单独拉绳时8人拉力总和的49％。

在一个团队中，只有每个成员都最大限度地发挥自己的潜力，并在共同目标的基础上协调一致，才能发挥团队的整体威力。

团队精神不等于集体主义意识，团队精神比集体主义更强调个人的主动性。长期以来，以传统集权思想为本的中国社会，更注重的是集体利益高于个人利益，个人利益服从集体利益。这样的价值取向发展到极点，集体主义的独特表象就显露出来了，那就是它追求趋同，而埋没了人最本质的东西——个性与特长。而主张团队精神的人认为，诚信、创新是内在的、自律的，所以不可能在强制的条件下发挥出作用来，必须以个人的自由、独立为前提，在此前提下合作的人们才有可能形成一个整体，构成团队。

比如，为了集体主义的利益，我们会被迫做自己不想做的事情；而因为我们喜欢去加入、去做，这则是团队精神的体现。无论在什么时代，因为自己心中想去动，而主动结成合作伙伴的一群人，会有更多的话题。

团队精神具有以下重要作用。

1. 目标导向功能

团队精神的培养，能使团队成员齐心协力，共同朝着一个目标努力，每个团队成员知道自己做什么才是符合团队目标的。如果有的人知道团队的目标是什么，那么就能知道自己的目标是否正确，就能不断完善自己的行为，而不至于走偏差。但是，如果不知道目标跟着大家胡乱干或者无所事事，那么，就可能走偏差，导致自己工作出现失误。

2. 凝聚功能

团结合作、众志成城，必须使公司的每个成员都能强烈地感受紧密结合就是凝聚力。传统的管理方式淡化了个人的情感，主要通过自上而下的行政指令方式来管理团队。任何组织都需要一种凝聚力，而团队精神则是通过对群体意识的培养，通过员工在长期的实践中形成的习惯、兴趣、信仰等文化心理，来沟通人们的思想，引导人们产生共同的使命感、归属感和认同感，反过来逐渐增强团队精神，无形中产生一种强大的凝聚力。员工的凝聚力是企业发展的源泉和集体创造力的源泉。

3. 激励功能

团队精神依靠的是成员自觉要求进步，力争向团队中最优秀的成员看齐。通过成员之间的良性竞争可以实现激励功能。而且这种激励不是仅仅停留在物质的基础上，还指能得到团队的认可，获得团队中其他成员的尊敬等。

公司管理者应认识到客户的满意不是某一个人能够决定的，而是由整个服务团队来决定。虽然公司不对每个人进行考核，却让每个员工非常清楚自己的目标让客户满意。对此，在工作方法上，公司提供了培训，并给员工相应的授权，让员工有能力提供优质的服务。同时，在生活上，对员工提供关怀，解决后顾之忧，让员工愿意提供优质的服务。因此，不论分工是什么，每个人都在自己的工作范围内尽职尽责。这种"润物细无声"的激励方式，使"海底捞"公司蒸蒸日上。

4. 控制功能

团队精神所产生的控制功能，是通过团队内部所形成的一种观念的力量、氛围的影响，去约束规范，控制团队成员的个体行为。例如，团队成员每一个人都在为团队目标努力奋斗，加班加点地干，在这样的团队中工作，即使是非常懒的人，也会约束一下自己懒惰的心，这是因为受周围人的影响，久而久之，形成习惯，便真正地成为了团队中的一员，习惯于这种氛围了。可见，成功的控制不是强制控制成员的行为，而是控制成员的意识，是对团队成员价值观和长期目标的控制。这种控制更具有持久性，更能深入人心。

我们每个人生活在这个社会上，无论是在工作还是在生活中，经常都需要得到别人的帮助，同时，我们也应当向别人伸出援助之手。

曾经有这样一个故事，有两个人来到一个非常荒凉的地方，他们的干粮都吃光了。就在这时，出现一个神仙，给他们中的一个人一串鱼，给另一个人一副钓鱼的工具。得到鱼的人拿到鱼后就自己吃了，得到钓鱼工具的人则开始四处寻找能钓鱼的地方。没过几天，得到鱼的那人就饿死了，另外那个去找钓鱼地方的人，还没有来得及找到钓鱼的地方也饿死了。

过了很长一段时间后，又有两个人来到这个荒凉的地方，同样在他们的干粮吃完的时候遇到了那个神仙。他们两人同样是一个人得到一串鱼，另一个人得到一副钓鱼工具。但是这两个人却做出了不同于前面两个人的决定，他们决定用这一串鱼来维持两个人的生命，同时一同去寻找能钓到鱼的地方，最后两个人都活了下来。

可见，缺乏团队精神，一群人在一起就像一盘散沙，不能互相照应、互相配合，各顾各的，这样的一群人战斗力是很弱的，是难以生存的。而拥有团队精神的一群人，能互相照应、协调配合，能发挥比各自为战大很多倍的团队力量。这就好比一只蚂蚁拖不动比它体积大许多倍的食物，但几只、几百只……就能拖得动，这是"蚂蚁精神"的胜利，也是团队精神的胜利。正所谓"众人拾柴火焰高"，只有拥有团队精神，才能保证高质量、高效率地完成任务，强大不可一击。

团队精神是企业的灵魂。一个群体形不成团队，就像是一盘散沙；一个团队没有共同的价值观，就不会有统一意志、统一行动，行动就缺乏战斗力；一个企业没有灵魂，就不会具有生命的活力，就不会长久发展下去，终究会被社会淘汰。人需要精神，企业也需要，团队共同的价值观就是企业的精神支柱，而团队共同的价值观就是团队的精神表现。企业没有精神支柱，就失去了活力，这就是说企业没有团队精神的支持，就失去了战斗力。市场如战场，在企业日益成为市场竞争主体的今天，企业的竞争力、战斗力决定着企业的生死存亡。良好的团队精神就成为一面旗帜，它召唤着所有认同该企业团队精神的人，自愿聚集到这面旗帜下，为实现企业和个人的目标而奋斗。

工作态度影响团队精神的培养

心理学家发现：一个人被击败，不是因为外界环境的阻碍，而是取决于他对环境如何反应。中国国家男子足球队前主教练米卢蒂诺维奇所说的"态度决定一切"就是这个意思。埋怨不会改变现实，但是积极的心态和行动可能会改变一切。

一天，几个白人小孩在公园里玩。这时，一位卖氢气球的老人推着货车进了公园。白人小孩一窝蜂地跑了上去，每人买了一个气球，兴高采烈地追逐着放飞的气球跑开了。白人小孩的身影消失后，一个黑人小孩怯生生地走到老人的货车旁，用略带恳求的语气问道："您能卖给我一个气球吗？"

"当然可以，"老人慈祥地打量了他一下，温和地说，"你想要什么颜色的？"

他鼓起勇气说："我要一个黑色的。"

脸上写满沧桑的老人惊诧地看了看这个黑人小孩，随即递给他一个黑色的气球。

他开心地接过气球，小手一松，气球在微风中冉冉升起。

老人一边看着上升的气球，一边用手轻轻地拍了拍他的后脑勺，说："记住，气球能不能升起，不是因为它的颜色，而是因为气球内充满了氢气。"

那氢气就代表了积极心态，拥有氢气，小小的气球就能升上高远的天空；拥有积极的心态，人就能克服重重困难险阻，走向光明大道。

怀着消极态度的人允许或期望环境控制自己，喜欢一切听从别人安排，在这样的情况下，他不可能拥有掌握自己命运的能力，也无法避免失败的厄运；反之，心态积极的人总是以不屈不挠、坚忍不拔的精神面对困难，他的成功也是指日可待的。积极的人总是使用最乐观的精神和最辉煌的经验支配、掌握自己的人生。

两个欧洲人到非洲去推销皮鞋。由于天气炎热，非洲人向来都是赤脚的。第一个推销员看到非洲人都是赤脚的，立刻失望起来："这些人都赤着脚，怎么会要我的皮鞋呢？"于是放弃努力，失败而归。另一个推销员看到非洲人都赤着脚后，惊喜万分地说："这些人都没有皮鞋穿，皮鞋市场大得很呢！"于是想方设法，引导非洲人购买皮鞋，最后发大财而归。

两个人不同的心态决定着他们不同的命运，拥有积极的心态能使人在绝望中看到希望。这两种心态对团队精神的培养都会产生怎样的影响呢？

怀有积极心态的员工能愉快地投入工作中，工作效率和工作质量非常高，这样的员工始终用积极的思考、乐观的精神和丰富的经验支配和控制自己的人生。他们身上充满自信的阳光，并且能够和他人形成良好的人际关系，有助于形成团队精神。

每一项任务的完成都不是一蹴而就的。有的任务看上去难度很大、困难很多，甚至是感觉无答案、不可能完成，此时，团队中拥有积极乐观的成员，他们就能够很容易抱成团，因为他们都很积极，很自信，有必胜的信念做支撑。这种积极的心态能够使他们客观地作出评价，能集中精力做事情，能够全力以赴地去完成任务，最后往往很快就能取得成功。的确，做任何事情都不可能是一帆风顺的，每一个人都会有工作和生活上的困难和压力，如何将压力变成动力、如何用积极乐观的心态、必胜的信念去克服困难，从而取得成功就愈加显得关键和重要。怀有积极心态的员工就拥有这些关键因素，所以总能把握好成功的机会，取得成功。

而当消极心态战胜积极心态时，他们就会无精打采，四肢无力，郁闷心烦，效率和效果自然可想而知。他们受种种失败与疑虑所影响和支配，他们空虚、猥琐、悲观失望、消极颓废，最终走向了失败。并且有消极情绪的员工在心中常产生自卑心理，好忌妒、猜疑，这样他们的人际关系就自然不会很好。这时候，他们会感觉到孤单，对人际关系感到失望，不愿意和他人接触，结果人际关系更加不好，这样就不利于团队精神的培养。

一个团队里的人如果都怀有消极心态，当他们在一起工作时，就会很沉闷，各做各的，遇到了困难也难以主动去寻求他人的帮忙。当这个困难自己无法克服时，就心生失败感，并在心里暗示，这件事情自己一定做不成，结果给自己造成了很大的心理压力。人在心理压力很大，又怀有深深自卑感的时候，常常比较敏感，看到别人攻克了一个难关，就心中忌妒。一些极端的人，可能会想办法让他人也实现不了，拖别人后腿，当看到他人没有做成时，心中暗自窃喜。结果，工作的注意力就可能逐渐转为人际问题，相互钩心斗角，等到结果谁都没有完成任务，他们才心安理得，他们认为这个任务本来就应该失败。

在职场生活中的人，每一天都在和市场、客户、竞争者进行着斗争和较量。

其实，这些较量的背后是此起彼伏的心态的较量，一方面是你自身积极与消极心态的对抗，另一方面，你与对手的竞争最终还是反应在心态的竞争上，只有拥有积极心态的人才能赢得最终胜利。而胜利进一步增强了他们团结在一起继续奋斗的信心。

美国福特公司名扬天下，不仅使美国汽车产业在世界独占鳌头，甚至改变了整个美国的国民经济状况。谁又能想到该奇迹的创造者福特当初进入汽车领域的"敲门砖"竟是"捡废纸"这个简单的动作呢？

那时，福特刚从大学毕业，他到一家汽车公司应聘，一同应聘的几个人学历都比他高，在其他人面试时，福特感到没有希望了。当他敲门走进董事长办公室时，发现门口地上有一张纸，很自然地弯腰把他捡了起来，看了看，原来是一张废纸，就顺手把它扔进了垃圾篓。董事长对这一切都看在眼里。福特刚说了一句话："我是来应聘的。"董事长就发出了邀请："很好，很好，福特先生，你已经被我们录用了。"这个让福特感到惊异的决定，实际上源于他那个不经意的动作。从此以后，福特开始了他的成功之路，直到把公司改名，让福特汽车闻名全世界。

福特的一个小小的举动体现了他心态的积极乐观一面。如果是其他人，因为认为自己条件差，定然是录取不了的时候，一定会很沮丧，有些人甚至会做出踢废纸的举动。而福特则保持着乐观平稳的心态，他还有兴趣把废纸捡起来，这也体现了他较高的素质。

积极心态是黏合剂，能把有着共同志向的人紧密地黏合在一起，紧密团结，共同奋斗。

打造团队精神

团队精神是团队成员在领导的指挥和带领下，为共同的目标而努力奋斗的精神，是大局意识和协作精神的集中体现。当今社会，企业分工越来越细，每个人所能实现的仅仅是企业整体目标的一小部分，发挥团队力量已成为企业赢得竞争的必要条件。

我们可以从以下几点入手，打造企业的团队精神，使企业在激烈的市场竞争中站稳脚跟，取得又好又快的发展。

1. 打造团队精神非一朝一夕之功

团队中，统帅素质的好坏很大程度上决定了团队战斗力的强弱。一个具有良好团队精神的团队要有一个卓越的领导。团队领导成员有什么样的精神追求和价值取向，有什么样的利益观，那么他们所带领的团队成员就会有相同或相似的价值观、人生观，这即是该团队的精神。团队领导成员的价值观对于打造团队精神具有决定性的作用。所以，团队领导要培养自己的个人魅力和感召力，应该有长远的眼光和宽广的胸怀，这样才能带领团队成员走向更好的前途。

2. 建立团队共同的愿景

团队共同的愿景是企业团队精神建设的导航仪，团队的共同愿景是每个团队成员奋斗的方向。有了共同的愿景才能使团队成员知道他们应该做什么，才能激发团队成员努力工作的热情，才能让团队成员同心同德，为达到共同的目标而齐心努力。在设置愿景的时候，我们应该注意以下几个方面内容：第一，愿景的设置要符合实际，切实可行，一个不可能实现的愿景不仅不会让员工产生工作的激情，甚至还会打击员工的工作积极性；第二，愿景的设置必须遵循大家一致同意的共同规划，只有这样才能够使所有的人对愿景持认同和肯定的态度，才能使团队每一个人愿意尽最大的努力去完成。

3. 作为团队成员，要具有主人翁的精神

要把自己的利益和企业的利益看作一个整体，因为个人的利益来源于企业的利益，只有企业的利益有最大收获，得到最大维护，自己的利益才可能有保障。努力工作，使企业创造更多的财富，其实就是在间接地给自己创造财富。真正把企业当成是自己的，这样成员才有动力主动思考，积极工作，创造更好的成绩，如果把工作看成是一件苦差事的话，那工作效率和质量就会大大打折扣了。

4. 团队成员要学会积极和他人沟通，遇事采取积极合作的态度

每个人的工作岗位不同，因此工作性质、内容和操作流程都会有所不同。我们在工作中不免要和其他部门或同部门的其他人接触。面对不同性格、不同办事方式，如何达到顺畅有效的沟通，对于我们的工作进展有非常重要的影响。那么怎样解决这个问题呢？那就需要我们在平日里尽量多了解、熟悉其他部门，其他

工作岗位的工作性质、内容和流程，在实际工作中多和他人交流，多体谅别人的苦衷，多设身处地为别人着想，避免因为误解而带来的不必要麻烦，提高工作效率。也不会出现不甘心情愿的现象，这对工作非常有帮助。

5. 要建立适当的激励机制

人是情绪化动物，在遇到不顺心的事情后往往会产生消极情绪，如果这些消极的情绪得不到正确的引导，那么，就会对人们的工作和生活产生负面影响。这时最为有效的一剂良药便是激励，例如，工作奖励机制，鼓励员工等。把员工的注意力转移到工作中来，摆脱不良情绪的困扰。并且人力资源部门对人事的安排应该遵循"人尽其才，才尽其用"的原则，对每一个人作出最合适的安排；尽可能地满足员工各种合理的愿望，以避免员工产生不良情绪。

6. 在企业团队内部建立积极向上，团结协作的文化氛围

领导者要起到表率作用，要以身作则，带好头做好模范，以便引导下属为企业的整体利益着想；企业团队宣传各种爱岗奉献的模范工作人员；鼓励员工进行良性竞争。

7. 建立完善的制度规范

一个强有力的企业，一定有一套完善的规章制度，没有规矩不成方圆，有了规章制度，员工才能知道自己该做什么，不该做什么；员工才知道企业的发展方向，同时，良好的制度还有利于形成积极和谐的团队氛围。

总之，21世纪的市场竞争是人才的竞争，要让人才聚集在一起形成合力，就必须加强团队精神的建设，这样才能形成强大的凝聚力，进而增强企业的核心竞争力，让企业在市场经济条件下越走越宽，越做越强。

第二章

为什么需要团队：
一盘散沙还是钢铁营盘

团队和团体的区别

在前一章中我们介绍了团队和团队精神的强大动力，但是，在现实生活中我们又常常感到困惑。

我们常常听到领导抱怨自己的部下不团结、不能相互合作，整日斤斤计较、冲突矛盾不断！团队成员把自己的个人利益放在了首位，认为团体内各方威胁到了自己的利益，为了极力捍卫自己的利益，甚至不惜侵犯团体利益。团队成员各执己见，谁都认为自己的想法是对的，谁都说服不了谁，并且相互否定，以至于发生争吵，问题却仍然得不到解决。团队成员总是认为这不是我的职责，我没必要去做或者我坚决不去做。这种现象尤其是在分配的工作责任不明确情况下非常常见，在工作中相互推诿、扯皮，这样的结果轻的拖延了工作的进程，重的可能发生重大事故。一旦发生问题，人人都想尽办法掩盖自己的错误，推脱责任。团队各个部门或人员之间相互指责。有些公司领导想通过公开指责或私下搞好关系的方式，带动团队的积极性，但结果团队的积极性怎么也提高不上来，整个团队都没有干劲，工作松散拖沓，只做表面文章应付领导。私下里跟领导关系不错的员工，工作纪律上会大大放松，因此，其他员工就会觉得受到不公平待遇，团队气氛更加紧张。想要搞一项计划，却没有人响应。公司开会，只有领导夸夸其谈，下边的员工死水一潭，没有一点反应，不提出创新，不提出异议，只等着散会。团队中的员工一听到加班就抱怨，不想在公司里多待一分钟。

这已经不是团队了，它只不过是个工作团体。并且整个工作团体就像是一盘散沙，不能驾驭，没有凝聚力，成员缺乏共同目标，没有积极主动性。这样的团体只能勉强维持现状，并且会逐渐消沉下去，直到以惨败收场。

团体和团队存在着本质的区别，工作团体把目标分配给个人，其本质上是注重个人目标和责任，工作团体的目标只是个人目标的简单总和，工作团体的成员宁愿做超出自己义务范围的事情，也不会尝试那种因为多个成员共同合作而带来的增值效应。并且，工作团体常常无法突破企业层级结构的限制。正是因为工作团体有这些特点，才出现了以上各种问题。当然，优秀的工作团体，能采取各种措施，尽量减少以上这些矛盾冲突发生的概率，但是，这些矛盾依然存在，不能消灭，或多或少会影响整个组织的工作。

而团队则可以避免这些矛盾。首先，团队成员是对其是否完成团队的共同目标一起承担成败责任的，而团体不是；其次，团队的最后成果是经由全体成员共同贡献心力所完成的，而且这个成果绝非个人靠单独力量来完成的；最后，团队更强调员工的工作标准和团队一样，具有能够一起分享信息、观点和创意，共同决策和帮助每个成员更好工作，然后再强调个人工作标准的特点。团队拥有共同目标，并且有一套严密的实现目标的计划，每个成员都会以大局为重，甚至为顾全大局牺牲自己的利益。所以说，要想让企业蒸蒸日上，创造骄人的成绩，就要把工作团体转变成团队。

人多不一定力量大

"人多力量大"、"众人拾柴火焰高"、"人多好办事"，已经成为人们的普遍共识。但是，殊不知，团队的力量不在于人的多寡，而在于队员各自的能力高低、相互间协同作战能力以及团队管理构架的完善。有时候人越多，反倒越阻碍事情的发展，成为成功的绊脚石。"一个和尚挑水吃，两个和尚抬水吃，三个和尚没水吃"，就是这个道理。

一个团队就像是一个木桶，木桶能装多少水，不仅取决于每个木板的高度和宽度，还在于木板之间的结合是否紧密。如果木板太短，那么，木桶就装不了多少水；如果木桶之间的紧密度不够，也同样装不了多少水。这个道理也适用团队。

1. 团队的力量大小受到团队成员能力的影响

现代社会，人们使用的都是先进的技术，先进的技术胜过人多。在科技发达的现代社会，人多但技术素质低，就缺乏竞争力和战斗力，也根本没有优势可言。例如，耕种1 000亩土地，用人力耕作需要几十人甚至上百人，而使用现代农业机械则只需要一两个人。人越多劳动效率越低，人多的优势不但显示不出来，反而会增加消耗和支出。这样看来，3个"臭皮匠"就赛不过1个"诸葛亮"了。可见，在某些情况下，人多了不是好事，反而成了坏事。

2. 缺乏凝聚力，没有团结协作的精神，也无法创造强大的团队力量

松散的人越多就会越缺乏凝聚力，造成人心涣散。一个部门或者单位如果人数多而团队成员之间摩擦多，内部钩心斗角，向心力和凝聚力不强，智力资源难以有效整合，其潜在力量也无法发挥。

3. 如果人力资源过多，也会影响团队强大力量的发挥

例如，一个岗位的工作1个人就可以完成，却用了2个人，这就浪费大量办公和管理经费，造成生产效率低下，并且人浮于事，员工在岗位上不能充分发挥自己的才能，长期下去，员工过于清闲就会无事生非，把注意力转移到人际关系上了；并且人多容易扯皮，结果工作反倒不如一个人干得好，人越多，所考虑的人际关系就越复杂，副作用也就越大。例如，一个负责人如果领导1人，需要沟通的关系系数为1，增到5人时，需沟通的各种关系系数就猛增到100。一些单位的忙乱，正是把许多本可用于工作的时间和精力，用到了平衡和协调各种复杂的人际矛盾与纵横交错的关系上。作为领导和管理部门，尤其要尽可能减少冗员，提高工作效率和指挥能力，做到反应迅速，指挥灵便。

总之，一个强大的团队并不一定指它的人员有多少。那么，怎样的团队才是优秀的团队呢？

一个优秀的团队，应该有有能力的队员。队员要有能力且能达到优势互补，例如，唐僧团队，唐僧知识渊博，精通佛学，通人事，取经途中主要负责与世俗

人群交流。悟空武艺高超，降妖除魔，喜讽刺挖苦人。八戒武艺不如悟空，但吃苦耐劳，什么脏活、累活都是他干，只是有时会偷点懒，有点小心眼。沙僧能耐不大，但忠厚老实，起到和事佬的作用。4人性格能力各异，优势互补，为顺利渡过九九八十一难提供了坚实的基础。刘备团队的人才也是性格能力各异。刘备忠厚仁德，诸葛亮聪颖过人，关张赵勇猛无比。水泊梁山好汉也是如此，宋江仁，吴用智，其余诸将个个身怀绝技。在当今社会，没有能力是没有办法成就大事的，尤其是运用先进技术的能力。现在企业的生产、开发都需要有高技术高知识的人才，如果一个团队成员没有能力，不会使用这些高新产品，只会做一些体力劳动和简单的脑力劳动，是没有办法使团队更好地发展的，自己也不会有大的发展。

一个优秀的团队中，队员应该具有良好的道德。一个成员如果没有一定的道德水平，就很可能导致整个企业走向灭亡。例如，一个成员不遵守职业道德，把公司核心产品的设计方案偷卖出去，就会给企业带来极大的危机。还有一些成员爱背地里说人坏话，制造阴谋，为了自己的利益，不惜伤害团队其他成员，这就会给团队造成内耗，搅得团队鸡犬不宁。总之，一个团队的成员拥有良好的美德，则整个团队也会受到感染，有助于营造和谐美好的团队氛围。

一个优秀的队员还应该有顾全大局、团结协作的精神。团队是全体成员共同的团队，每个团队成员都有义务为了团队贡献自己的力量，甚至是牺牲自己的利益。每个人的个性不同，我们常常会看到一些人彼此性格不合，经常犯口角。但是，当公司面临重大危机，需要这两个人共同协作的时候，我们就应该团结起来，共同进步，为了团队的发展忘却个人的恩怨。

一个优秀团队还应该相互协作。协作才能共赢，不协作不仅团队成员会受伤，整个企业也会垮台。为了自己的发展，为了企业的发展，团队成员一定要精诚合作。

纷繁世界，团队为赢。在现代社会中，人们常常羡慕那些在工作中能够脱颖而出，将潜能发挥到极致的人；同时也十分敬仰那些竞争中能够基业常青、永续发展的企业，希望能够学到它们的成功之处。其实，它们之所以能够成为真正的赢家，并不是因为它们有什么特别之处，而是它们有一支不一定人多但一定力量强大的团队。

团队的力量最强大

就人类本身的生理能量与其他许多动物比较，是非常弱势的。在大地上，人类凶猛不过狮子、老虎，跑不过马和鹿，力气更比不过大象等动物；在天空中，人类飞不过鹰和各种鸟；在水里，人类游不过所有的鱼类。但是，几千年来，人类成为了地球的主人，为什么？就是因为人类用智慧凝聚了团队的力量来掌控世界。

团队力量是一条灿烂的生命。团队生命体现为汇聚和发散的力量，"聚是一团火，散是满天星"。当我们聚在一起，犹如熊熊烈火，在浴火重生中百炼成钢，生成无穷的力量；犹如澎湃大潮，在激情奔涌中引领社会，辐射广袤的大地。而当我们分开，就像繁星满天熠熠生辉，就像涓涓细流润泽苍生，就像缕缕阳光渗透角落。在团队中我们能获得强大的力量。

狼是最懂得团队重要性的，它们每次狩猎成功都是团结合作的结果。当它们选定目标较大的动物时，它们会几只共同围着一个猎物，死死不放过，前面的狼被猎物摔倒了，另一只狼紧追上去，继续撕咬猎物，就这样直到猎物精疲力竭倒在地上，而狼群通过合作获得了一顿大餐。

正是因为狼群懂得合作，所以它们能捕捉到比自己大很多倍的动物。而如果是一只狼去捕捉，则绝大多数情况都是以失败而告终。

所以，只有团结起来，才能保证强大的战斗力。对于现代这个信息迅速膨胀和全面爆炸的时代，即使一个人的智商再高，能力再强，每时每刻都在更新知识，也不能全面掌握，即使你表现得再出色，也没有办法创造出团队所产生的价值。所以，"团结就是力量"，只有团结起来才能创造更大的成绩。一味强调个人的力量，就很容易造成团队的不和谐，形成内耗，这样对人对己都没有好处。

在2010年世界杯足球赛上，一路过五关斩六将的德国队，是一个优秀的足球团队。这支球队的最大优点是能团结一致，坚不可摧。团队中的每个人都是不可缺少的，他们各自发挥所长，相互配合，团结协作，一路冲杀，直至把一直被大家看好的阿根廷队打得落花流水。世人因此对德国球队刮目相看，德国球队的成功并非偶然，而是团结合作的必然结果。恰恰相反，有些球队来比赛不久就被淘汰了，例如法国队一度是世界杯上夺冠的热门球队，曾在1998年世界杯和2000年欧洲杯夺得冠军，但是，在这届世界杯赛场上，他们的表现真是惨不忍睹，他们没有团结起来打比赛，而是专注于制造骚乱，搞内讧、开除球员、全队罢赛，结果他们连小组都没有出线，就早早地回家了。

德国队因为团结，过五关斩六将，勇往直前，战无不胜。其实，法国队也不乏有优秀的人才，他们队在历史上也曾经拿过出色的成绩，但是，他们内部人心涣散，钩心斗角，在赛场上各自做着各自的事情，虽然都竭尽自己的能力踢球，但是因为他们不能很好地配合，致使整体的战斗力下降，这样的分裂导致法国队过早地被打发回家。由此可见，一个优秀的团队能够使团队和个人都走得更远，走得更容易。只有个人融入到团队中来，大家团结起来，互相帮助，团结协作，才能成就事业，才能摆脱困境。但是，有的人很自信，总认为自己才能超凡，不需要别人的帮助，这样的人就不适合在团队中工作。

有一个刚毕业的女生参加麦肯锡公司的招聘。她的履历和表现都非常的出色，一路过关斩将，轻而易举地就冲到了最后一关。最后一关的题目是以小组形式集体面试，每当主考官提出问题后，这个女生总是抢先他人，滔滔不绝地回答一番，伶牙俐齿且气势咄咄逼人，根本不给小组其他成员一点发言的机会。考试结束后，她自信满满地走出考场，心里想，录取人员非我莫属了，然而，几天后招聘结果出来了，她落选了。这让她感到非常意外，她不知道自己到底犯了什么错误，后来从该公司的人力资源部的人员口中得知，人力资源经理认为尽管这个女生各方面能力都很突出，但是在最后一轮面试中，很明显可以看出她缺乏团队精神，这样的人在公司中工作，对公司的长远发展没有好处。

这名女生之所以没有被录取就在于她缺乏团队精神。团队精神是如此重要，以至于一个才华卓越的应聘者缺乏它而遭到淘汰。即使你能力再强，但对优秀的团队力量来说，也是微不足道的，仅仅依靠个人的力量是难以成就大事的。

项羽在推翻秦王朝的战争中起了非常关键的作用，属于实力派人物，其势力远远超出刘邦，而且他"力拔山兮气盖世"。若论单打独斗，别说他能以一当十，就是以一当百也不为过；在与刘邦争夺天下的过程中，一开始，只要他亲临战斗，则每战必克，刘邦则临战必败，但结果却是刘邦势力越来越大，而他的势力却越来越小，最终落得个被围垓下、自刎乌江的结局。

再看刘邦，不仅本领不如张良、萧何、韩信这"兴汉三杰"，而且还"好酒及色"，早在当亭长时，"廷中吏无所不狎侮"，简直就是地痞流氓。但在与项羽的战争中，却最终打败项羽，夺得天下，胜利还乡，高唱《大风歌》。为什么？刘邦在建国后的一次庆功会上，曾向群臣解释说："夫运筹策帷帐之中，决胜千里之外，吾不如子房（张良）；镇国家，抚百姓，给馈饷，不绝粮道，吾不如萧何；连百万之众，战必胜，攻必取，吾不如韩信。此三者，皆人杰也，吾能用之，此吾所以取天下者也。项羽有一范增而不能用，此所以为吾擒也。"

虽然刘邦把胜利的原因归结为他能识人用人，而项羽则不能识人用人，但从团队的角度看，刘邦的胜利，其实也是团队的胜利。刘邦建立了一个人才各得其所、才能适得其用的团队；而项羽则仅靠匹夫之勇，没有建立起一个人才得其所用的团队，所以失败是情理之中的事。

在现实的企业竞争环境内，个人的力量毕竟是有限的，而团队力量的发挥已成为赢得竞争胜利的必要条件，竞争的优势就在于你能比别人更能发挥团队的整体力量。一个优秀的团队，可以把企业带到永续经营的高尚境界；一个优秀团队，可以更好地达成企业的经营和质量方针；一个优秀的团队，是企业战无不胜、走向成功的关键。

团队赢则成员赢

小成功靠个人，大成功必须靠团队。没有完美的个人，只有完美的团队。一个人总会有自己的优势和不足，只有融入团队，才能使自己获得更大的发展。总之，团队的成与败、荣与辱都与我们息息相关，也事关我们的荣辱与前程。团队的成功，也就是我们的成功，团队前途黯然，我们的前途也会很渺茫。团队的失败，也就是我们的失败。我们与团队共命运。

NBA球员就是为团队而战。他们明白球队的命运总是和自己的命运息息相关，如果球队能赢得比赛，那么团队成员也会因此获得很多殊荣。例如，当球队赢得赛季总冠军，那么，球队每名成员都能获得一枚冠军戒指，而冠军戒指是每一个球员毕生的追求，也是他们最大的期望。反过来说，如果他们想要得到冠军戒指，就要寄希望于团队，只有依靠团队成员的共同努力，才能获得成功。球员和球队紧紧地捆绑了在一起。正如伟大的篮球运动员迈克尔·乔丹曾经说过的一句名言那样："一个伟大的球星产生于一个优秀的球队，而一个优秀的球队，也是造就伟大的球星的摇篮。"

当然，从古到今，任何时代都有英雄，人们往往崇拜英雄，认为英雄凭借个人的力量创造了伟大的业绩，其实不然，任何一个时代的英雄所创造的业绩都不是仅仅依靠他个人力量完成的。例如，英雄人物岳飞，人们崇拜他的忠肝义胆，有他在，敌人就不敢入侵。但是每一场战役都不是依靠岳飞一个人的力量就能打赢的，它需要各位将领的出谋划策，需要战士们英勇拼杀。否则，岳飞再英勇，也敌不过成千上万的敌人。所以说，英雄有他的过人之处，但是，并非英雄个人能成就伟大。

绝大多数人都必须在社会机构中奠基自己的职业生涯，每个人都要融入企业这个大团队获得生存和发展，所以，需要团队成员在内心能树立这种和团队共命运的意识。把自己融入团队，让团队成为自己生命中不可分割的一部分。当团队成员能够有团队存我存、团队亡我亡的强烈团队意识的时候，那么，这个团队便具有了超强的战斗力，那样的团队是无敌的。当然我们可以选择团队，我们可以选择更加优秀的团队来提高自己成功的概率。但是，如果成员不能把自己的命运和自己所服务的团队的命运紧密结合，没有强烈的团队意识。那么，成员就永远获得不了成功或者更大的成功。

团队就像是一艘驶往成功彼岸的大轮船，这艘轮船需要有很多人力去操作，很多物力去支持。为了保证这艘船能够正常前行，船长也就是公司的老板需要很多帮手。而这些帮手都只有一个共同的任务和目标："把自己分内的工作做到最好、最正确，并且尽力帮助同伴，共同协助管理者，努力将这事业做成功。"这些帮手都要意识到自己身上责任的重大，如果自己没有做好，就可能影响到全局，自己的一个小小失误就可能导致整个团队走向失败。如果船上的帮手也就是每个团队成员都能这么想，每个团队成员都能意识到自己肩上的责任，那么，这个团队一定能顺利发展，这艘团队大船必然能顺利驶向成功。反之，如果团队成员工作不负责任，团队也许就可能因为其失职而使所有人遭受一定的损失。因此，任何时候，团队成员都应该和团队的每个人同舟共济，无论遇到什么情况，任何一个团队成员都应该负起责任来，和团队共命运，全心全意做好自己的工作。

既然成为团队中的一员，就要时刻和团队共荣辱。每个团队成员都是团队的代表，所以，团队成员应该注意自己的言行举止、着装礼仪，以免给团队抹黑。例如，当我们代表公司参加一些重要会议的时候，我们就要慎重选择服装，言谈都要有分寸，有礼仪，以便给他人留下良好的印象。否则，自己怪话连篇，着装脏乱，那么，就会有人说："某某公司虽然看起来做得很大，但是，他们的员工素质非常低，这样的公司不会有长远发展的。"我们就是团队的脸面，千万不要因为个人形象问题，使他人对公司判断打折扣。

我们与团队共命运，所以，无论公司发生什么样的变故，我们作为团队成员都应该努力工作，让团队朝好的方向发展，只有团队长久发展，我们才能有更大的发展。即便这个团队已经濒临灭亡，但是，我们团队成员能够团结努力，也能创造奇迹，让企业起死回生。例如，海尔集团曾经就是一个债台高筑，濒临倒闭的工厂，结果在张瑞敏领导下的团队的团结协作、努力奋斗中，逐渐起死回生，并在之后获得辉煌业绩。所以说，任何时候，团队成员都要坚定信心，都要有永不后退的决心，这样团队才拥有顽强的生命力，保持长盛不衰的发展状态。当企业起死回生的时候，这样的团队成员必然是企业的功臣，因而获得丰厚的回报。即便是回天乏术，团队真的走向了灭亡，作为团队成员永不后退的优秀品质也会成为他们的巨大财富。

当我们成为团队中的一员时，我们要时刻准备为了"我们"舍弃部分"我"的利益。而当我们放弃小我成就"我们"的时候，我们就帮助了团队茁壮成长，也使自己能在团队中长久发展。同时，这种甘于奉献的精神，也会得到团队赞赏，赢得团队其他成员的尊重，这就为我们取得更大的成功铺就了道路，这个回报会比当初的付出大得多。这就实现了我和团队的双赢。

在工作中，公司是一个团队，这个团队给了我们展示才华的平台，给了我们精神的寄托，给了我们生活的保障。所以，我们没有理由不把团队当成自己最重要的一条生命线。没有了团队这个平台，我们就会像断线的风筝，飘浮不定，诚惶诚恐。所以，珍惜我们的团队，不要等到失去了才发现它的可贵。

团队的成功才是真正的成功

在这个个性张扬的时代，公司越来越重视具有团队精神的员工。团队精神就是欣赏每个人的优点并互相提供帮助，为了一个共同的目标而做些协作，无私奉献，对团队负责同时也对自己负责，只有做到成员间取长补短、互相合作，这样才能达到"1+1>2"的办事效率。

例如《西游记》中唐僧团队就是一个综合能力极强的成功团队，但从外表上看，它不是一个十分理想的组织。唐僧过于善良，常常认为世间只有好人；孙悟空修行不诚，要不是有紧箍咒戴着，早就溜回花果山做山大王了；猪八戒，贪吃又贪色。沙僧勤奋有余，能力很差，每次与妖魔对阵，仅三五个回合就会败下阵来，只会宽慰唐僧说："师父别怕，大师兄会来救我们的。"就是这样一个有着诸多不足的团队，却取得了西天取经的重大胜利。这是因为他们都有"西天取经普度众生"这样一个神圣使命的共同愿景，所以能坚忍不拔，排除万难，坚持到底。同时，唐僧的厚道、悟空的本领、八戒的活泼、沙僧的任劳任怨，形成了一个综合能力极强的团队。因而，他们的成功是必然的。

唐僧团队获得的成功，有唐僧的功劳，有悟空的功劳，有八戒的功劳，有沙僧的功劳，缺了他们任何一个成员，整个团队都不是完美的。每一个团队的成功都写满了每个成员的努力，当团队成功时，成员自然是成功的。而成员能够在团队中使自己的努力发挥最大的效果，最终使团队获得成功。这样的好结果也会使团队成员感到自豪，感到骄傲，感到极大的满足。正是因为他们的参与，团队才取得了成功。而这种人类永远追求不竭的价值感，是个人成功永远达不到的。一个人的成功只代表他为自己铸就了又一美丽的高峰。一个成功者虽然会得到他人的羡慕或者赞赏，但是，这种成就感总不是那么强烈。当身处团队中时，团队成功，成员也是成功的。成功的成员心中不仅是因为自己获得成功的喜悦，也有帮助他人、帮助团队获得成功的满足，同时还有得到他人、团队帮助而获得成功的幸福感。在团队中成员获得了更多，学到了更多。著名的篮球运动员科比·布莱恩特曾经在回答记者提问的时候说过这样一句话："冠军戒指的数量不是最重要的，最重要的是你和团队一起去赢得戒指。"可见，一个人的成功并不是真正的成功，一个团队的成功才是真正的成功。

尤其是在当今社会中，团队奋战夺取胜利才是当今市场竞争的主旋律。可以说，任何人的成功，任何企业的成功，任何国家的成功，都集中了集体的智慧，都是团队合作的结果。姚明的成功，除了个人的努力和天赋条件之外很大程度上依赖于父母和教练多年来的对他的培养和其背后强大的智囊团的成功运作；蒙牛的壮大也不是老板牛根生的个人魅力使然，而是每一个蒙牛人共同努力的结果；我们伟大祖国的崛起也是依靠我们13亿中国人民共同贡献的力量。当然一个人可以成功，但是，在这个时代一个人的成功能持续多久呢？他能成功1年，能成功2年……但是，他永远不如团队走得长久。也许你会举出很多企业家的名字来反驳。企业家成功的背后是所有员工共同努力的结果，如果只有企业家一个人又怎么能做得了一个企业所做的诸多事情呢？即便他累死累活，也只能是作坊式地发展，稍有闪失，就会走向灭亡。较之团队发展的生命力，个人成功的生命力实在太短了，所以说一个人的成功不能称为真正的成功。

一个人的成功并不是真正的成功，还在于一个人进步的速度太慢，永远也赶不上团队进步的步伐，也许一个人用1年换得的成功，一个团队只用2个月就能完成。这样看来，在团队面前一个人的成功还是失败的，并且社会在飞速发展，一个人的速度稍一慢下来就定然会被社会淘汰的。

一个人只有在团队中才能获得真正的成功。团队的生命力延长了一个人成功的生命力；团队的发展速度加快了一个人成功的速度，团队的成功使一个人更快地成为成功者。团队不仅为个人提供了大好的发展平台，还为个人学习和成长提供了丰富的资源，一个团队可以购置价值不菲的先进生产设备；一个团队还能帮助一个人参加各种培训班，帮助个人能力不断增强。而这些都是一个人成功时都无法做到的。所以说，一个人只有在团队中才能得到发展的不竭动力，才能获得更大的成功。

既然团队对个人来说如此重要，身为团队成员的我们，就应该维护团队的利益，为团队的发展贡献自己的力量；就应该和团队成员亲如兄弟，共同团结在一起，和团队共荣辱、共存亡。但是，现实并非如此，有很多人看不明白这个道理，他们不珍惜团队，无视自己的行为可能给团队带来的损害，打着自己的小算盘，相互明争暗斗，拼得你死我活，在斗争中的赢家会沾沾自喜，输家会沮丧流涕。然而，但凡不顾团队发展，夺取私利的人，都是输家。因为成员损害了团队的利益，就是在损害自己的利益。团队走向衰败，自己也发展不好。例如，团队败落了，就没有能力再提供员工去进修的机会，员工能力得不到提升，长期下去，就会在竞争中退败。团队的利益和成员的利益紧密地联系在一起。所以，在团队中，作为一名成员，只有将自己融入到整个团队中，凭借集体的力量，才能把自己单独不能完成的棘手问题解决好，攻无不克，战无不胜，才能取得成功。

合作才能走向未来

俗话说，"一个和尚挑水喝，两个和尚抬水喝，三个和尚没水喝。""一只蚂蚁来搬米，搬来搬去搬不起，两只蚂蚁来搬米，身体晃来又晃去，三只蚂蚁来搬米，轻轻抬着进洞里。"上面这两种说法有截然不同的结果。"三个和尚"是一个团队，可是他们没水喝是因为互相推诿、不讲合作；"三只蚂蚁来搬米"之所以能"轻轻抬着进洞里"，正是合作的结果。

在很多情况下，单靠个人能力已很难完全处理各种错综复杂的问题并采取切实高效的行动。所有这些都需要人们组成团队，并要求组织成员之间进一步相互依赖、优势互补、共同合作，建立合作团队来解决错综复杂的问题，并进行必要的行动协调，开发团队应变能力和持续的创新能力，依靠团队合作的力量创造奇迹。

很久以前，在一座山上有一座寺庙，一天住持方丈派两个小和尚分别去管理山下两座已经废弃了的寺庙。第一个小和尚生性敦厚，待人热情，总是笑脸相迎，所以来的人非常多，但是没有认真管理账务，结果入不敷出，虽然寺庙里香火不断，但是寺庙看上却破破烂烂，好长时间不去整理一次，因而，来这座寺庙里烧香的人也逐渐变少了。而第二个小和尚虽然管账是一把好手，也很注重寺庙的整洁，但他整天阴着个脸，太过严肃，搞得来他这里烧香的人越来越少。一天，住持方丈来到山下检查，发现了他们这个情况，他想了想，于是就把他们俩先放在同一个庙里，由那个爱笑的小和尚负责公关，笑迎八方客，于是香火旺。而让那个严肃的小和尚负责财务，严格把关。最后，在两人的分工合作中，庙里一派欣欣向荣景象，香火十分旺盛。

笑脸相迎的和尚不懂得理财，入不敷出，所以，他不能使香火兴旺；严肃的和尚过于严谨，不懂得接待人，所以，他也不能使香火兴旺。而两个人优势互补，则是一个完美的组合，两个人合作才使香火兴旺起来。这告诉我们每个人身上都有自己的短板，合作可以规避自己的不足，单打独斗终究成不了大事，用团队合作的方式才能把握住成功的希望。

当然，人和人之间因为从小生活环境不同，受到的教育不同，价值观念也有差异。所以，每个人的思考方式，思想观念都或多或少有区别。在团队成员合作过程中就可能产生意见分歧。如果因此产生矛盾斗争，每个人都陷入斗争环境，就没有心思去工作，精力无法集中到工作中，那么，不仅工作上容易出错，工作的效率也会大大降低，这样大大浪费了团队的资源，等到团队不断地走下坡路，可能错过发展的大好时机。这样下去，必然被其他企业挤下去。当企业走向终点的时候，斗争中的员工也就失去了工作，重新面临就业，斗争中的人在斗争中根本得不到一点好处。

例如，曾经有一个人任部门销售经理，这个公司有两个销售部，另一个部门的负责人姓张。同样是销售部门，但是这两个部门却不能相互配合，相互协作，而是互相拆台。这个人常常向那个张姓部门的员工说那个部门没有前途，还是来我们部门好了的话。同样，那个张姓部门也是挖对方部门的人。两个部门的人你争我斗，相互抢客户，最后因为斗争得太厉害，工作不顺心，这个人辞去了这份工作。而这次部门斗争使他失去了一个30万元利润的大订单。有些员工跟随这个人一起辞职了，因此张姓部门也失去了多名主力员工，也逐渐垮了下来。

可见斗争只能是两败俱伤，损人不利己，合作才是硬道理，合作才能共赢。

张涛是一家公司8个部门业务经理中一员。当其他几个经理有事外出的时候，他就主动帮助他们培训员工，帮他们解决工作中的问题。这样，当他出差的时候，其他经理就会主动帮助张涛部门人员工作。因为经理之间相互合作，其乐融融，结果公司越做越大，他们也从中获得了很丰厚的年终奖金。这就是团队的力量，这就是团队精神的体现。谁都会有需要别人帮助的时候，想要得到别人的帮助，首先不要吝啬帮助别人，互相帮助，互相配合，才能走向共赢。

团结合作能化绝望境遇为希望，能转变败局。

美国加利福尼亚大学的一个学者，曾经做过这样一个实验。他把6只猴子平均分放在3间空房子里，每间2只，房子里分别放着一定数量的食物，但所放的位置和高度不同。第一间房子的食物就放在地上，第二间房子的食物分别从低到高悬挂在不同高度的位置上，第三间房子的食物悬挂在房顶。

几天后，他发现第一间房子的猴子一死一伤，受伤的猴子缺了耳朵断了腿，生命奄奄一息。第三间房子的猴子都死了。只有第二间房子的猴子活得好好的。

原来，被关进第一间房子里的两只猴子发现地上有食物，于是为了争夺食物而相互争夺，结果一死一伤。第三间房子的猴子虽然做了很多努力，但因为食物挂得太高，难度非常大，总是够不着，结果被活活饿死。而第二间房子的两只猴子先是各自蹦跳取食。后来，随着悬挂食物的高度增加，难度增大，两只猴子就协作起来取得食物。于是，一只猴子托起另一只猴子跳起取食。这样，每天就都能获得食物，他们也生存了下来。

正所谓"同心石成玉，协力土变金"，团队合作能激发团体不可思议的潜力，合作能使个人的力量变得更强。

第三章

一人是龙，三人是虫，
缺乏团队精神之怪现状

"一个人是龙，三个人是虫"之怪现状

有人说："一个中国人是一条龙，三个中国人就成了虫。"在我们身边的确有这样活生生的例子。

一位在美国IT业工作过多年的知名人士，曾描述过他所经历的一个比较奇怪的现象：如果老板要想解雇一个亚洲人，在一个中国人和一个日本人之间做选择，那么，被解雇的一定是那个中国人。为什么呢？因为中国IT业的精英们个个都自信有余而和气不足。

同样是亚洲人，在美国人眼里，日本人做软件的一个最大的特点就是整体把握得非常到位，他们的作品特别的清晰，满足了客户提出的所有要求，实现了全部功能，而且软件运行也非常稳定。但是，如果只看具体的代码，其实日本人的水平并不怎么高。但是，我们中国的软件工程师总是喜欢独自琢磨数据、结构、算法，各干各的。我们对某些特定的开发工具可能非常精通，但却不能保证整个软件被稳当、完整地开发出来。我们做事情不注重对问题本身进行分析，而往往侧重显示个人的技术。

这位IT行业知名人士又举例说：在招聘的时候，中国应聘者和日本应聘者做同一张试卷。当招聘方审阅试卷的时候，会发现日本人做的编程答案好像是有统一的答案，程序结构、注释、变量命名……就连表达方式都非常相似。而中国应聘者，每个人都有自己的一套解题方法。而等到他们真正到了新的工作岗位上时，就会先把前任的程序数落一通，然后自己再开发有更多问题的代码来代替。他们总认为别人做得太差，自己应该再重新做一套，并且自认为自己的非常有创新性。

社会发展到今天，早已经不是靠比拼逞英雄的时候了，在美国，程序员已经被认为是办公室的蓝领了。在美国或一些其他国家，有许多公司的经理根本就不懂技术。他们虽然不懂得软件技术，但是，他们却知道怎样去领导程序员去做好这份工作，并且没有内部不团结的情况。

而中国企业中，这种现象很少存在，领导者往往是业界精英，即便不是精英，最起码也是要懂得每项工作的内容，是个通才。否则，领导者就很难让属下信服，如果属下不信服领导，那么下属就会跟他搞鬼，或者偷工减料或者口是心非，能推的责任尽量推，能揽到的好处从来不推辞。或者在企业内部搞鬼，使企业不团结。甚至有许多技术高手常常会纠结于同管理层作对，忘了自己工作的目标是要实现自己的梦想或者给自己创造财富。

团队成员在内部不是合作共同进步，而是相互拆台，唯恐哪个比自己升得高，比自己表现得出色。还有些人不愿意跟别人合作，总是防着别人从这里学到什么有用的东西。例如，中国成立的合伙公司常常是刚有点气色，内部就开始争权夺利，闹分家。给老板打工，刚熟悉点业务就要自立门户。这些都是典型的"三人成虫"现象。

但是，独木难成林，靠一个人是无法撑起一个团队的，必须有团队精神，大家一起努力才行。否则相互拆台，只能是给自己设置一道道通往成功的障碍，并且独撑一片天是不能长久的。

在生物界，聪明的海豚就是靠团队的力量来捕食的！当一只海豚发现鱼群的时候，它会发出一种声音，把附近的海豚全部叫过来，围成很大的一个圈，紧紧包围住鱼群。所有的海豚全部发出一种声音，鱼群听到后便会惊慌失措、横冲直撞，但这时所有的海豚并不急着吃鱼，而是再次发出这种声音，让鱼群更加惊慌。这时，鱼群会聚集成很紧密的一团，然后有一只海豚冲入鱼群，张开嘴满满吃了一口后又迅速退回包围圈外，紧接着另一只海豚采取同样的动作上前进食，直到将鱼群全部吃完。

海豚在海洋里也很强大，但是，如果海豚不协作，而是一只海豚追逐一条鱼，可能既辛苦又吃不饱。聪明的海豚依靠相互配合、团队作战，结果不费多少力气，每一只海豚都能饱餐一顿，这样每只海豚都成为了胜利者。

逞个人英雄使自己迈向成功的道路更加艰难，为了自己利益而舍弃团队的利益，这样的行为是绝对不可取的。因为这样我们就无法立足团队，就会失去团队给我们的依靠，而随之，我们的力量也会逐渐干涸。总之，只有团队给了我们很好的发展平台，我们在团队中才能更好地发展。

融入团队，才能发展

没有团队每个成员一点一滴的贡献，也就不会有团队的辉煌成就。所以，每个团队成员对于团队来说都是非常重要的，个体就像是团队这部大机器中不可缺少的零部件。只有团队中每个人都朝着一个共同目标努力，做好自己的分内事，才能使整个团队创造出辉煌的业绩。然而，有许多人自命清高，总认为别人对自己一点作用都没有，结果让自己脱离了团队，走向了更困难的道路。

在一个花园里，有一朵美丽的红玫瑰引来了众人的驻足欣赏，红玫瑰为此感到非常骄傲。但是，红玫瑰旁边一直蹲着一只花青蛙，红玫瑰认为自己美丽而花青蛙长得太丑陋，跟自己太不谐调，于是，它强烈要求青蛙立即从她身边走开。青蛙只好无奈地离开了。没过多长时间，花青蛙再次经过红玫瑰身边时，惊讶地发现它已经枯萎凋谢，叶子和花瓣都掉光了。青蛙说："你看起来很不好，发生了什么事情？"红玫瑰答道："自从你走后，虫子每天都在啃食我，我再也无法恢复往日的美丽了。"青蛙说："当然了，我在这里的时候帮你把它们都吃掉，你才成了花园里最漂亮的花。"

其实，就像玫瑰花需要青蛙一样，我们每个人都有需要他人的地方。一个团队的成员不应该只注意个人名下的辉煌业绩，而是要看到在其背后的团队支持。企业发展最终靠的是全体人员积极性、主动性、创造性的发挥，有团队才有个人，每个人都要积极融入到团队中。

有人固执地认为自己的能力非常强，所以根本没有必要依靠团队力量。但是一个人的力量就像一滴水，如果不能及时融入团队这个大海中，终究是要枯竭的。尤其是在这个知识经济时代，竞争已不再是单独的个体之间的斗争，而是团队与团队的竞争、组织与组织的竞争，任何困难的克服和挫折的平复，都不能仅凭一个人的勇敢和力量，而必须依靠整个团队。一个人是否具有团队合作的精神，将直接关系到他的工作业绩。几乎所有的大公司在招聘新人时，都十分注意人才的团队合作精神，他们认为一个人是否能和别人相处与协作，要比他个人的能力重要得多。所以说，真正优秀的员工不仅要有超人的能力、骄人的业绩，更要具备团队精神，为团队整体业绩的提升做出贡献。如果没有团队精神，即便能力再强的人，他的发展前景也是不容乐观的。

有一个能力很强的员工，在一次与客户的谈判中表现突出，为公司创造了良好的效益，得到了经理的高度赞扬。这次谈判使他更加认识到自己的价值，经理的赞赏使他觉得自己非同一般，能力超群了。之后，他在日常工作中，不再像以前那样和其他同事交往、沟通，而是总摆出一副自命不凡、自高自大、目中无人的态度，在公司里独来独往。这位员工的态度使得同事们渐渐疏远了他，都不愿意与他合作。于是，他成了被孤立的人，在许多事情上都陷入了极其尴尬的境地。在一次业务工作中，由于他的判断失误，给公司造成了不小的损失。同事的讥笑、经理的恼怒，使他无法再继续待下去，他很不体面地自行辞职离开了公司。

这名员工就太自以为是，其实，团队是一个人得以生存和发展的源泉，只有不断地和团队成员交流经验，取长补短，才能使自己有更大的发展。

融入团队能给我们带来很多好处。一方面，团队能给我们带来安全感，尤其是我们还在职业生涯初期，还处在对职业探索阶段时，我们要在探索中学习经验、知识和技能，当我们感到资源不足时，团队能给我们提供学习机会、犯错的包容和发展空间。直到职业生涯中期以后，我们的经验、能力和资源都很充足了，才可能自立门户或自行创业，即使如此，在团体中的安全感仍大于"单打独斗"。

另一方面，团队能满足我们的心理需求。在团体中可以找到归属感、亲和力、自尊心以及自我实现等心理需求。归属感及亲和力，是因为工作场所已经构成了一个小型的社交、联谊中心，当我们受到挫折时，会有人安慰，甚至会有人为我们打抱不平；当我们得到奖赏时，会得到很多人的恭贺和祝福。这些心理上的需求满足，能激发我们更大的创造欲望，能使我们更充分地发挥自己的才能，甚至激发出我们自己都不知道的潜能。

但是，在一些企业，总有些人抱怨自己怀才不遇，感慨工作环境不好，无法融入团队而频繁地跳槽，这样的人往往也不是在行业中做得非常优秀的。原因就是没有找到自己与工作不合拍的根本原因，也就没有从根源上想办法去解决它。其实，在一个团队中，每个成员的优缺点都各不相同，我们生活在团队中，就应该积极主动地寻找团队成员中积极优秀的品质，并且学习他们的良好品质。对于团队成员身上存在的缺点，我们应该以此为戒，防止自己身上也产生这些缺点，如果自己身上已经有这些缺点了，就要及时改正。我们可以常常反省一下自己每天的生活，想一想为什么有人对你冷漠了，为什么有人对你的言辞有些犀利等等，然后分析原因，找出自己身上的不足，及时改正。这样就使自己品质和能力逐步提高，让自己的缺点和消极品质在团队合作中被消灭。如果不注意总结，不了解自己的优缺点，做出事情有失偏颇，那么它将会成为你在团队中进一步成长的障碍。

在团队中，我们要注意培养与同事之间的感情，多跟同事分享对工作的看法，表示对他的工作感兴趣，对同事多些关心和问候，常和同事打招呼，做一个好听众，理解同事，多听取和接受他人的意见。总之，要跟每一位同事都保持友好的关系。否则，在团队中，如果你自己被孤立起来，那将是件很危险的事。融入是一种双方的相互认可、相互接纳，并形成行为方式上的互补互动性和协调一致性。自制力和感悟能力强的人，能够非常自然和谐地被群体接受，因此，也就会获得更多的发展机会。

有效解决团队冲突

冲突就是矛盾表面化、分歧情绪化、情绪对立化。对于所有团队和组织来说，冲突都是无法避免的。冲突，总是让人感到不快。并且当双方情绪对立的时候，就会导致感情用事。

例如，一家旅游公司的总经理非常赏识一个员工，总把重要的任务交给他。可是有一个很重要的工作这个员工没有办好，经理非常生气，训斥了他。结果这个员工摔门而去。不久这个员工便在这家公司的对面开了一个小的旅游公司，后来人们得知他开公司的目的不是为了赚钱，是要搅和对面公司。即使是自己赔钱也要搅和。并且每次他搅和黄一家，还要告诉这个总经理，这让总经理非常苦恼。

这个员工就是感情用事，其实谁都可能有把事情办糟糕的情况，做错事情挨了老板说是很正常的，这个员工这种做法对自己没有一点好处。

冲突只是沟通方式的一种，让大家有机会面对面交换意见，彻底了解彼此的想法。冲突本应该是亲密关系的开始。两个人相处或团队成员相处，如果没有冲突，都是相互谦让不发生碰撞，人和人之间的关系就会停留在某一个距离上。要想有进一步的接触，就必然要有冲突，它是亲密关系、紧密合作的开始。因为有冲突，彼此才能真正表明自己的立场，才能真正开始了解对方。

所以说冲突并不都是坏事，冲突是团队人际关系的晴雨表。在一个团队中，有没有保持一定的冲突，保持良性的冲突，还是恶性的冲突，根据这些我们可以预测这个团队还可以在一起工作多长时间，这个团队能不能坚持下去。

保持良性的冲突有利于企业的发展，但是，即便是良性冲突，人们往往也害怕发生，一方面是为了保护彼此的关系，以免伤了和气。结果为了避免冲突，避免关系被破坏，一些人便选择沉默，但是不沟通的结果，反而使彼此之间更为疏离，自我防卫心更重，更不愿意表达意见，长时间下去，矛盾会越来越深。

有些人为了赶时间，把一些冲突拖后解决或不解决。认为时间紧迫，先做再说。然而，许多问题如果没有在第一时间沟通清楚，必然会不断地累积与扩大，结果，以后就要花更多的时间解决更多问题。因此，你越觉得时间不够用，越急着想把事情完成，出的问题越多。

作为一个管理者该怎样管理好冲突，让团队发展得更好呢？

1. 鼓励每个人都发言，用事实说话

管理者要鼓励所有人公开而直接面对冲突。拒绝员工在私下里抱怨或是事后批评，以便减少员工在台面下解决问题，破坏了团队成员彼此之间的信任关系。当然，每个人在公开提出自己的意见或者提出反对他人意见的时候，都会感觉不自在。这时领导可以起到表率作用，最先发言提出不同观点让大家讨论。或是主动反驳你自己的意见，这样团队成员也比较愿意说出一些不同的想法。

当有人提出不同的意见时，领导可以适时予以认同，以便增加对方的信心或是减缓对方的心理压力。可以具体说出对方的看法好在哪里，这样比只简单说个"很好"更有效。

冲突产生的原因是人们对同样的信息数据，有着不同的解读，或者一开始就有着不同的数据，是因为对事物的意见不一产生的，为了避免一些冲突最后演变成人身攻击，一个好办法就是关注事实。帮助冲突中的团队成员弄清究竟发生了什么。有太多的这种情况，人们认为他们理解其他人的立场，这只不过是自己的想当然，所以要让每个人都阐释自己在说什么。这个简单的行为能够清除误解，并且能使交谈双方对对方的意见有着更开放的态度。

2. 化解团队中产生的情绪上非理性反应

在争辩的过程中，每个人都尽力维持客观，但难免还是会有情绪上的波动，例如愤怒的情绪。一旦情绪受到压抑或是批评，反而更难摆脱无谓的争执。当一个人的感觉受到威胁或是遭受攻击时，就更难改变立场或是接受别人的想法。所以，当某些人有情绪上的语言，不要严厉制止，反而可以鼓励他说出自己的想法，让他自然缓和自己的情绪。

3. 身为领导应该要多听、多观察

领导切忌在一开始就阐述自己的观点，这样不利于员工们开放的、多角度的讨论。所以，领导应该先让大家讨论，多观察，多听，可以适时地重复某个人所说的话，确认自己以及其他成员没有误解对方的意思。当所有人都表达完自己的意见后，最后再提出自己的想法。通常团队成员很容易接受领导的意见。当然，领导在陈述自己意见的时候，一定要观点明确，不能模棱两可，否则会让人感觉你有所保留，就压制住了团队畅所欲言的氛围。

4. 引导团队成员彼此信任，增强凝聚力

当团队成员在个人层面相互了解时，冲突管理往往会更容易。例如，在会议开始前请每个人介绍一下个人工作的最新情况，有时候，这样的介绍能化解其他人对一些人的意见，因为有些冲突可能就是因为不理解对方的工作情况而产生的误解。然后大家再发表自己的不同意见，就可能更加顺利，领导再适时地进行调解，那么，当矛盾解开时，团队成员之间会增加信任感，增强凝聚力。

作为领导者，在调节团队冲突中起着关键的作用，矛盾冲突不可避免，要想使矛盾冲突朝着良性方向发展，领导就要好好地研究一番，真正把矛盾化解开，使团队更加有凝聚力和战斗力。

日本企业团队精神

日本人的团队精神可谓世界著名，他们的个人能力并不一定非常出众，但他们却有极强的团队协作精神

日本是一个国土面积还不及我国云南省的小国，没有丰富的自然资源，但在第二次世界大战之后，日本的经济却飞速发展，一跃成为仅次于美国的第二大经济强国。从历史的角度来看，这不仅要归功于欧美的科学技术和中国传统的儒教文化的结合，同时还要归功于日本人民强大的吸收能力，他们能把外来的科学技术与日本民族的传统文化有机地结合，创造出独特的日本企业文化。他们企业文化的精髓就是团队精神。

企业文化根植于民族文化。日本是一个传统的农耕民族。在日本的历史上没有发生过民族迁徙或外来民族的冲突，种族单一，社会结构比较稳定统一。受中国传统儒教文化影响较深，具有长期的家族主义传统，具有较强的合作精神和集体意识。日本的家族主义传统和与之相联系的合作精神渗透在了企业管理的各种制度、方法、习惯中，这种民族传统要求成员要互相协调，建立相互亲密无间的关系。要有上尊下卑的秩序。企业全体员工结成了"命运共同体"，企业与社会"共存共荣"。企业就好像是一个大家族，员工和企业之间保持着较深厚的"血缘关系"，每名职工就是企业家族的一个成员，企业成员对企业坚守忠诚，信奉家规，对企业有着很强的归属感。正因为日本企业把培养团队精神视为企业的灵魂，所以，即使是企业的经营者，也把自己放在"命运共同体"成员的位置上，提出不能把公司视为私有财产，不能随便拍卖。

日本企业强调"和"、"信"、"诚"。"和"作为日本企业文化的主要内容，它包含了仁慈、和谐、互助、团结、合作、忍让，这种思想已经渗透到了企业员工的生活中，所以日本员工注重与他人合作并约束自己的行为以符合"和"的

观念。

第一，日本企业强调团队精神，并且付诸行动，强化团队精神。例如，日本的大中型企业，管理员工采用终身雇佣制，一般不轻易解雇员工，这不是法律的规定，而是日本企业共同承袭遵守的传统。这样就使员工产生他和企业成果共享、风险共担的心理，使员工把自己命运和企业的命运紧紧联系在一起。

第二，日本企业内部等级分明。上下级在工作中有严格的界限，员工从不越级汇报情况，但是，这种等级制度并没有造成上下信息不通的隔阂和矛盾，管理者和普通员工一样在大食堂里吃饭，休息时间和员工一起聊天，一起参加娱乐活动。这就增加了企业和员工的亲和力。同时，如果工作中出现了问题，领导会第一时间赶到现场，并对员工抱歉，说如"给您添麻烦了"之类的话。而员工心中会非常愧疚，认为自己的失职给企业和领导带来了不便。这就很容易形成上下团结一致的氛围。

第三，企业员工的晋升工资主要凭工龄，相应的职务晋升也主要凭工龄，这就限制了工人的"跳槽"现象，鼓励工人在一家企业一直干到退休。雇员工作时间的长短，表现出他个人的忠诚度。对企业的忠诚态度，比员工拥有技能更重要。这有利于增强员工对企业的忠诚度。

第四，把劳资关系转变为家庭内部矛盾关系，劳资冲突和交涉只限于企业内部，强调"家丑不可外扬"。

第五，在日本，无论大小企业，都实行员工的朝夕仪式。每天早晨上班铃一响，人们都在自己的位置上站立，在值日员的带领下，大家手指社训，大声朗诵。内容多为"为今天工作加油"之类的话。夕礼的内容都是一些"安全驾驶，平安回家"的话。

这些因素，都使日本员工对企业的归属意识非常强，无论是管理阶层还是一般员工，对企业都有很深的感情，对公司也都很忠诚。他们认为只有依靠公司，为公司好好干，才能实现个人的理想。在多数企业，员工从早到晚穿着工作服，勤奋工作；下班后也不会马上回家，要么主动加班，要么就和同事聊天下棋或喝酒吃饭来交流思想，增进同事之间的感情。所以，他们的工作时间从来就不止8个小时，而是10小时、12小时。怪不得外国人说日本人为"工作狂"，正是因为如此，才有了第二次世界大战后日本经济腾飞式的高速发展。

随着时代的发展，日本新一代员工开始对工作按工龄制定工资或升级的管理方式表现不满，企业也在注重"和"的同时，逐渐开始注重突出个人能力，但是日本的团队精神根植于日本的民族文化传统中，作为企业文化的核心，依然大放光彩。

从日本团队精神中，我们应该受到一些启发，取其精华，去其糟粕，不断提高我们的经营管理水平。

第四章

同一个使命，同一个愿景，同一个团队

共同愿景的力量

也许提到"共同愿景"这4个字，大家感觉很陌生，以为是最新的管理方法，其实不然，这种管理方法早在我国的三国时期就有使用。

有一年夏天，曹操率领部队攻打张绣，天气出奇的热，天上一丝云彩也没有，火辣辣的太阳炙烤着行军将士。此时，部队正行走在弯弯曲曲的山道上，两边密密的树林和被阳光晒得滚烫的山石，蒸得人几乎透不过气来。到了中午时分，士兵的衣服都湿透，行军的速度也越来越慢了，有几个体弱的士兵甚至晕倒在了路边。

曹操发现行军速度越来越慢，心里担忧贻误战机，非常着急。可是，眼下几万人马连水都喝不上，又怎么能加快速度呢？他立刻叫来向导，悄悄问他："这附近有没有水源？"向导摇摇头说："泉水在山谷的那一边，要绕道过去还需要很远的路程。"曹操想了一下说，"不行，时间来不及了。"他看了看前边的树林，沉思了一会儿，便对向导说："你什么也别说，我来想个办法。"他知道此时即便下命令要求部队加快速度也没有什么效果。他脑筋一转，便夹住马肚子，快速赶到队伍前面，用马鞭指着前方说："将士们，我知道前面有一大片梅林，那里的梅子又大又好吃，我们快点赶路，绕过这个山丘就到梅林了！"众将士一听，仿佛已经看到了一大片梅林，梅树上长着红红大大的梅子，他们好像都尝到了梅子的酸甜，嘴里都流口水了，这时，他们精神大振，步伐不由得加快了许多。

后来，将士们虽然发现并没有什么梅林，但是，他们在这一念头的鼓舞下，终于来到了有水的地方，将士们都十分高兴地喝了个痛快。

这就是望梅止渴的故事，曹操巧妙地设了一计，使战士们都有了信心，内心充满了希望，因而能发挥超长的忍耐力，最终摆脱了困境。曹操这一招就是给大家一个共同愿景，达到了鼓舞大家士气的作用。作为一个团队，如果没有一个共同美好的愿望支持着成员，成员就失去了前进的动力，就可能完不成任务。所以，团队成员心中都有一个美好的愿望非常重要。

我们这里谈到的共同的美好愿望便是愿景。愿景是人们永远为之奋斗希望达到的图景，它是一种意愿的表达，愿景概括了未来目标、使命和核心价值，是哲学中最核心的内容，是最终希望实现的图景。作为一个企业的愿景就是企业的梦想。当亨利·福特在100年前提他的愿景是"使每一个家族都拥有一辆汽车时"，人们都认为他是神经病，但从现在美国社会情况来看，他的梦想已经基本实现，那我们又怎样理解100年前被认为是疯子的福特说过的话呢？五四运动时期，共产党人李大钊在《布尔什维主义的胜利》一文提出了"试看将来的环球，必是赤旗的世界！"这一无产阶级劳苦大众和有识之士的共同愿景，但在那个时候，有的人甚至不知道无产阶级是什么，但是，正是因为有了这个愿景，有识之士才带领着千千万万的劳苦大众，进行艰苦卓绝的战斗，推翻了压在身上的三座大山，终于实现了广大人民翻身做主人，实现了国家和中华民族的解放。无论是福特的愿景还是李大钊的愿景，在他们那个时代，都被认为是不可思议的想法，但是反观今天美国社会情况，看中国的发展，他们的愿景都已经实现了。可见，愿景是一种梦想，并且这种梦想通常会令人感到不可思议，但又会不自觉地被它的力量所感染。因此，如果愿景是一种能立即被人把握并实现，那么它就不是愿景，而只能说是一个战略目标。

愿景的力量就在于它处于可实现而又不可实现的模糊状态，它既是宏伟的又是能够激动人心的。它能使人热血沸腾，甚至热泪盈眶，能使人充满热情，心中涌起一股冲动，如果这种愿景能够顺利地灌输到员工的身上，那么，所有员工为了共同的愿景努力的激情，将是多么大的力量啊。愿景的哲学智慧就在于它会激发人群无限的潜能去实现其人生哲学与企业哲学的终极发挥。很多成功的企业都有自己的愿景。

苹果公司——让每个人拥有一台计算机；

腾讯——成为最受尊敬的互联网企业；

索尼公司——成为最知名的企业，改变日本产品在世界上的劣质形象；

毕博公司——为顾客创造真实持久的价值，为员工创造发展的机会、为我们的投资者创造长期的价值，成为全球最具影响力、最受尊敬的商业咨询和系统集成公司；

华为公司——丰富人们的沟通和生活；

迪斯尼公司——成为全球超级娱乐公司；

戴尔计算机公司——在市场份额、股东回报和客户满意度3个方面成为世界领先的基于开放标准的计算机公司；

通用公司——通用电气永远做世界第一；

沃尔玛公司——给普通百姓提供机会，使他们能买到与富人一样的东西。

正是这些企业创造出让广大员工认同的共同愿景，才激发了员工们强大的动力。共同的愿景，不仅是对未来的美好描述，而且是组织团队为着一个共同目标努力奋斗的精神力量。使他们充分发挥自己的才能，为实现愿景而努力。当然愿景越具体，越能让员工感同身受，越能起到激励作用，越能唤起团队的积极性。

曾获得美国"年度创业家"的企业家奇普·康利（Chip Conley）曾指出，成功的创业家能够把复杂愿景化成简单的概念，让所有人相信势在必行。那么怎样做，才能使企业的愿景和员工产生共鸣呢？他曾提出如下3种方法。

1. 简单的图像或符号

有时候，一个简单的视觉图像、符号，就可以清楚地诠释愿景的内涵，并且作为愿景的象征。这个图像或符号的概念可能源于组织的历史事件，或是象征产品特色。

例如，日本一家有名宅急送公司的标志是一个大猫叼着一个小猫，它的意思是为客户运送货物，就要像大猫叼着小猫那样小心翼翼。

2. 讲故事的方法

一个令人印象深刻的故事，也能够非常有效地传达愿景的内涵，还可以营造并维系企业的文化。

比如，沃尔玛的创办人山姆·沃尔顿，他每周六上午都会通过卫星跟全球各地的沃尔玛超市管理层召开视频会议。他常常在会议上告诉与会者一些成功的故事，通过这些故事，不仅传达了沃尔玛的目标，也增强了员工们的向心力。

3. 让人振奋的标语

大多数人都喜欢简洁扼要的沟通方式，所以管理者可以想办法找到一句话或一个词，包装自己的愿景，并时常向他人说这个标语，以便表达愿景的重要性。

例如，杰克·韦尔奇出任通用电气公司CEO时提出："在通用电气涉足的每一个产业里，都必须做到不是第一就是第二。"在接下来的20年时间里，通用电气公司上下始终贯彻执行韦尔奇这段话，结果使通用电气公司更为壮大，获得了更高的利润。

员工在追求远景的过程中会自然而然地产生强大的勇气和坚强的意志，为了实现目标则会不惜一切代价，勇往直前。愿景的作用是巨大的，它使每个员工都像战士那样周身充满战斗力。

明确的目标是团队前进的基础

一个团队要向前发展，要取得进步，就要首先有明确的前进目标，只有目标明确了，才不会走错路。

相传，在古希腊时期的塞浦路斯，曾经有一座城堡里关着7个小矮人，其中包括阿基米德。据说他们是因为受到了可怕的诅咒，才被关到这个与世隔绝的地方。他们住在一间潮湿的地下室里，找不到任何人帮助，没有粮食，没有水。这7个小矮人越来越绝望。

在7个小矮人中，阿基米德是第一个受到守护神雅典娜托梦的人。雅典娜告诉他，在这个城堡里，除了他们待的那个间房间外，其余的25个房间里，有一个房间里有一些蜂蜜和水，能够维持他们的生活；而在另外的24个房间里有石头，其中有240个玫瑰红的灵石，他们如果收集到这240块灵石，就把它们排成一个圈的形状，可怕的咒语就会解除，他们就能获得自由，安全地回到自己的家园了。

第二天，阿基米德便迫不及待地把这个梦告诉了其他的6个伙伴。其他4个人都不愿意相信，只有爱丽丝和苏格拉底愿意和他一起努力。开始的几天里，爱丽丝想先去找些木材生火，这样既能取暖又能让房间里有些光线；苏格拉底想先去找那个有食物的房间；阿基米德想快点把240块灵石找齐，好快点让咒语解除。3个人一时意见无法统一，于是便决定各找各的，但几天下来，他们3个人都没有成果，反而个个累得精疲力竭，让其他4个人取笑不已。

但是3个人没有放弃，失败后，他们意识到大家应该团结起来。于是他们坐在一起，商量决定，大家先一起去找火种，再找吃的，最后一起去找灵石。很快，他们3个人便在左边第二个房间里找到了大量的蜂蜜和水。接下来，他们又找到灵石，解除了咒语。

由此可见，拥有一个共同而明确的目标，对于任何团队来说都是非常重要的。在我们的生产实践中，我们可能会遇到这样那样的因素妨碍团队合作。比方说，生产部门生产的产品，销售部门发现销售不畅；设计人员可能对生产部门的难处或市场需求方面考虑得不周，开发出来的新产品没有办法做出来，或做出来销售不出去；组织内部的等级制使老板和下属之间产生摩擦和误解，下属抱怨老板根本不想理解他们的问题，而老板认为下属工作不认真，不能顾全大局，对公司漠不关心。因此，只有企业制定明确的目标，并且在组织内部每个人都明白这个目标，员工和老板形成紧密合作的团队才能取得成功。

埃德蒙斯曾经说过："伟大的目标构成伟大的心。"华兹华斯曾经说过："崇高的目标能切实地保持，就是崇高的事业。"可见拥有一个伟大的目标，就能使一个平凡人变成伟大的人；拥有一个伟大的目标，能使团队创造伟大的事业。

摩托罗拉公司就是因追逐目标而成功的典型。美国国家品质奖象征着美国企业界的最高荣誉。在1988年有66家公司竞争美国国家品质奖。其中参加这次竞争的，大部分都是像IBM、柯达、惠普等大公司的某一部门。但最终夺得这个奖项的却是摩托罗拉公司。

摩托罗拉在1981年就要开始竞争这个奖，为此，它专门派一个侦查小组，分别奔赴世界各地对表现优异的制造机构进行考察。目的不仅是看他们怎么做，也要看他们如何精益求精。要求所有摩托罗拉的员工都要降低工作的错误率，对于员工来说挑战非常大。一批以时计酬的工人，负责指出错误并有奖励。工程师设计的移动电话零件数目，由1 378项减到523项。结果使错误率降低90%。但摩托罗拉公司仍然不满意。它又制定了一个新的目标，要求生产的每100万个零件中，最多只能有

3个不合格，换句话说，就是要求生产的电话要达到99.9997%的合格率。

为此，公司还特别为每名摩托罗拉员工制作了一张皮夹大小的卡片，上面标明着公司的目标。公司还制作录音带播放给员工，向他们说明为什么产品99%合格率仍嫌不足。在录音带中，高层人员说，如果一个国家的每一个人，都以99%的合格率作为工作的目标，那么，这个国家每年就会产生二十几万份错误的医药处方，会有3万名新生儿被医生或护士失手掉落在地上。那么，99%的品质，对于一个面临危险的人，把他的生命托付给使用摩托罗拉无线电话的警察而言，是否足够呢？

等到了美国国家品质奖真正评审的时候，摩托罗拉公司产品的质量已经达到了无与匹敌的水平，因此，公司很轻松地就拿到了这个奖。如此高的产品质量不仅给公司带来了荣誉，也给他们带来了丰厚的经济效益。在1988年度，摩托罗拉公司因减掉了昂贵的零件修复与替换工作，节省下了1.5亿美元，利润从而提高了44%，达到了前所未有的成绩。这样丰厚的回报出人意料。摩托罗拉公司上下也因此而士气高昂。一名主管声称："得美国国家品质奖，有一种金钱买不到的奇效。"

这就是目标的效力，有什么样的目标就有什么样的人生。然而有些人因为没有目标而失败的例子也是比比皆是。我们常常听到有些老年人感叹，自己年轻的时候没有好好努力，生活浑浑噩噩，没有目标，茫茫然间，就到了知天命的年龄了。再想干点事情，已经力不从心了。一个人没有了目标，就只能碌碌无为地度过一生。一个团队如果没有了目标，团队不仅会大大降低工作效率，而且只能维持现状，并且随时有受到其他团队的冲击而倒闭的危险。作为团队的成员也应该有自己的目标，这样才能知道自己的前进方向，才能提高工作的积极性。

为使命而工作

在很多人看来，工作的目的就是赚钱养家，谋求生存。那么，我们看看阿里巴巴的老总马云对工作有怎样的看法。他曾在一次记者采访中说道："好的团队不应为某个领袖而工作，而是为使命感、价值观而工作……""要赚全世界的钱是荒谬的，但要影响世界却是合情合理的。我很相信一个想法：'要赚钱的人必须把钱看轻'，我要赚的不是能计算的money，而是value。"马云认为，为钱而忙的人才是疯子。"走向社会第一天，我已告诉自己我不要为钱工作，所以钱一直没有影响我，我也没有被钱影响过。别问我身价多少，我连自己工资多少也不晓得。"

的确，人不是为了赚钱而工作，而应该为使命工作，否则世界首富比尔·盖茨已经非常富有了，他还工作干什么？中国最富有的李嘉诚，为什么还要工作？创新工场创始人李开复已经非常富有了，他为什么还工作？还有许许多多身价上亿的富翁，他们为什么还不享受，还要工作？

2008年5月12日，一场百年罕见的大地震突袭汶川，此刻灾区的情况牵动着全国人民的心，也牵动着平顶山汝州市夏店乡党委书记张平怀的心。

一个多月后他接到上级命令，他将和省内其他各地市的39名干部一起，赶赴四川江油市，分别在该市的40个乡镇挂职3年。

几天后就要起程了，他才把这件事情告诉妻子。

"去四川？3年？听说那里还余震不断……"妻子依依不舍。

"咱娘还在打针，你多费费心照顾着，多管管孩子的学习。"张平怀想到自己正在患病治疗的母亲，对家人的愧疚之情油然而生。

但是他还是决定去四川灾区。在去江油的路上，他看到一路断壁残垣，心中非常沉痛。来到政府，发现这里需要做的工作非常多，到处都是混乱不堪。他首先去了各个镇去走访，每天在临时搭建的板房内工作。当时气候潮湿、昼夜温差大、蚊虫很多，但他依然在不断地分析着灾区的情况，替灾区人民排忧解难。正在工作紧张进行时，一天晚上，他接到了舅舅的电话："你妈得了脑血栓，这次非常严重，你要随时做好回来的准备。"他强压抑住自己的悲痛心情说："后事你们准备，需要花费什么尽管给我说，我，还不能回去。"之后每天夜里，他都是在惴惴不安中度过的，眼睛布满了血丝，幸好老母脱离了危险，让他松了一口气。后来他在接受记者采访时说道："我是怀揣着使命在工作，必须要倾尽全力。"

不仅仅是张平怀，还有祖国各行各业的同胞，在大灾面前，不顾个人安危，为了自己的使命，他们奔赴灾区，尽自己最大的努力帮助灾区人民，他们中有的人因此壮烈牺牲。其实他们也可以不去，毕竟生命是最宝贵的。但是他们还是去了，他们告诉了我们为了完成使命，自己的生命都可以不顾，他们值得我们敬佩。工作不单是为了多赚钱，还为了完成自己的使命，实现自己的人生价值。

有一位心理学家发现，金钱积累到一定程度，就不再诱惑人了，而能让人继续前进的动力就是更高层次的追求，自我实现便是人最高的层次需要，它能激发人的强大动力。其实，人生的真正意义，不仅仅在于维持生计，还在于满足我们的精神需求。只有追求自我实现，人们才能迸发出持久的热情和动力。人的大半生都在工作，如果只把工作当作是自己用来糊口的工具，不去把工作和自我实现相联系，那么我们生活会很痛苦。即便是你正在从事着一份非常感兴趣的工作，但是，如果你以养家糊口为目的，长时间下去，也会变得机械而木讷，开始厌烦这份工作了。以养家糊口为目的工作的人，实现了这一目标后，就不再有动力去深入研究工作，去努力向上追求了，不愿意牺牲自己的时间去为公司加班，多做贡献，不愿意为团队的利益而牺牲自己的利益。长此以往，他会被社会淘汰。工作可以挣钱，其实工作也可以给人带来快乐和满足。用心去工作，在工作中实现自我，才能使自己对工作保持持久的兴趣，使自己有动力去向更高的层次追求。

有一位刚毕业的大学生，来到一家广告公司做业务员，他的主要工作是用电话联系指定客户，然后再去拜访那些有广告意向的客户。在办公室里打电话是件很轻松的事情，可每当要出去和客户见面的时候，他就有些不愿意了，因为那时外面的气温很高，而且有些公司地址很偏僻，交通非常不方便，不仅要倒几趟车，有的甚至还要步行一段时间。但是后来，他想既然选择了这份工作，就应该好好做。现在，这位大学生已经成为一家跨国公司的销售总监了。回忆起那段在广告公司做业务员的经历时，他说："拜访客户的经历使我学到了很多，让我终生受用。"

美国一位前教育部长曾说："工作是需要我们用生命去做的事！"对于工作，我们要抱着认真的态度去做，要知道工作的使命是什么。因此，作为一名员工，一定要了解公司的使命是什么？自己的使命是什么？这样，工作起来才有真正的动力。当我们为使命，而非为金钱工作的时候，不仅能够获得更多的金钱，还能获得更多的成就感，最终达到实现自我价值的目的。

工作有着更丰富的内涵，工作是实现自我价值的需要，一个有团队精神的员工，一定不是只为薪水而工作的人，他会为了团队的利益，甘愿牺牲自己的利益。他会把团队的使命当成自己的使命，并尽全部努力去完成使命，实现自我。也只有这样的员工，才能实现自我，才受团队的欢迎。

认同你所服务的团队

团队中的成员既是团队中的一员，也是一个独立个体。不同的人有着不同的自我价值追求，有着不同的自我发展目标。作为团队中的成员，如果不能认同团队的目标或理念、文化，那么他在工作中就会产生很多矛盾，遇到许多阻碍，对工作也没有积极性，最终，工作也做不好。只有在认同自己所服务的团队的基础上，个人才能在团队中有所成就，才能实现自我价值。

对团队的认同感是指每个成员和团队对发生的一些重大事件与原则问题，通常能有共同的认识与评价。这主要是因为成员和团队有一个共同的目标，彼此间存在一致的利害关系。

作为一个企业中的团队认同感不是让员工去认同企业的业绩和规模这些标签，去认同已经约定俗成的规章制度和行事原则，而是来自心灵和精神上、来自文化和价值上的认同。成员对企业有良好的认同感，那么每个人不是看上级的脸色去做事，而是听从自己内心的声音和指引，就能实现较高的工作效率，大大降低企业的监督成本。建立认同感更深远的意义在于，它能够激发人们的动力和热情。而没有文化和精神认同感的企业，即使再能够赚钱，也注定是一台不会长久生存的赚钱机器，因为它是心灵的荒漠，而人是无法长期在荒漠中找到生命的营养的。

其实，简单来说每个人都想找个自己做着舒服的工作，隐含的意思就是这份工作的工作氛围，公司的理念和自己都非常接近或相同，自己比较认同这些观念。只有在自己所认同的团队中工作，自己才能过得愉快舒心，过得有意义。

杰克·韦尔奇曾经说过："个人与企业共享的价值观能增进个人与企业的效率。如果这两者互不相关，就可能产生许多冲突和愤世嫉俗的事情；如果个人与企业有相同的价值观，就能够和谐共事。许多优秀团队都有相同的价值观和信念。"

有时候，我们会被某家公司的优厚待遇诱惑，而进入这家公司，但是，如果自己不能认同这家公司，那么用不了多长时间，你就会对工作失去兴趣。在一个企业里工作，不管我们是否真的喜欢这个家业，既然我们选择了，就应该学着主动去接受它，认同这个团队。从某种意义上说，接受公司其实就是接受自己。这是一种非常积极的观念，也是一种非常基本的观念。只有认同团队，才能获得成功。当然，如果我们实在不能接受一个团队的价值观念，那么，我们就应该毅然离开，这对自身的发展，对团队的发展，都是非常有益的。

当然，不仅员工要学会认同团队，作为企业的领导也要学会增强团队的认同感的方法，留下优秀的员工！

1. 要多激励、少批评

避免是非不清、赏罚不明，避免纵容下属，制定行之有效的奖惩措施。让每个人在工作中知道自己应该去做什么，不该做什么，要树立榜样员工，让其他员工找到追求的目标；同时要及时激励员工，员工即便是只加了五六分钟的班，也应该表示关怀和鼓励，这会让员工心存感激，对公司的形象产生好感。

2. 要多培训员工

除了对团队成员进行各式各样的产品知识、礼仪知识、营销知识和成功案例的培训外，还要鼓励优秀员工参加外界培训。使团队中的成员都能感受到自己在不断进步，发现公司能够对自己有所帮助，那么，员工就会愿意留下来的。当然在逐渐的培训中，企业的一些价值观念或者是文化氛围就会在无形中影响到员工，员工会在培训中逐渐认同企业。

3. 重视带头作用

企业的各级领导要身体力行，起到模范带头作用。领导如果不斤斤计较，常常加班加点，那么，员工也会不自觉地积极努力地工作，而不会因为一点个人的利益损害集体的利益，长时间积累下来，就会形成对员工行为的道德约束。员工在努力过程中会逐渐对公司产生认同。另外，上级身体力行，也会得到员工的尊重，形成权威。

4. 关注反馈

多关注各级员工的意见和建议，以便快速地化解员工心中的不满情绪，解决成员间的不协调行为。鼓励员工多思考，多献言献策，让他们有当家做主的感觉，这会增强他们对企业的认同感，并且会帮助企业去除不好的价值观和发展理念。

5. 重视归属

每个人都有害怕孤独和寂寞；希望自己归属予某一个或多个群体，如有家庭有工作单位，希望加入某个协会、某个团体，以期或获得温暖、帮助和爱。作为领导就应该体恤员工这种心情，多给员工以关怀，多满足员工的一些需求。在团队中多创造"又快乐又赚钱"的家的氛围，使大家有归属感，大家在快乐氛围中工作，定然提高效率。

6. 重视发展

要让真正优秀的员工充分发挥他们的才能，为他们提供施展才华的平台。这样才能使有才能的人对企业更加认同。

如果我们要自己创业的话，想要找到和自己志同道合的合作伙伴，也要考虑彼此认同，彼此认同主要表现在：

（1）情感认同。情感认同即是团队成员之间彼此个性和由此而产生的感受的认同，包括思维模式和行为习惯上的认同，其中尤其重要的是要在共同成长过程中互相尊重。情感认同是事业团队的基础，事业团队成员的组建，一定是彼此有情感共鸣。彼此有友好情谊的，这样的团队才能拧成一股绳，遇到一些困难，就不会解散。陌生的路人之所以不可能成为我们风雨同舟的事业伙伴，就是这个原因。所以，先找对人、再去做事，这样才能成就事业。如果只根据做事去找人，那么，合作伙伴之间就只有利益关系，而这种利益关系是很容易折断的，这种合作也不可能长久。

（2）事业认同。事业认同即是从专业和职业出发，对事业的愿景和目标能达成一致，并愿意为实现这个目标付出长期的努力和辛苦，并随时愿意为可能的失败承担责任。如果一个人的事业不能被别人认同，不能成为彼此共同的事业，那么，这个事业是很难做大做强，很难持续长久的。只有在认同前提下实现参与的合作才是牢固的。如果因为某种利益，而被迫参与合作，那么彼此的合作一定不会长久。一旦条件具备，合作伙伴会立即远走高飞，另攀新枝。而在事业正在发展的关键时期，失去主力队员，对事业来讲是个沉重的打击。

（3）价值认同。价值认同即是对共同的信念、使命和文化的认同。这是从每一个人基本的价值观和人生观出发，对团队愿景、使命和文化的高度认同和统一。大家都有着共同的信念和愿景，那么，团队伙伴才能凝聚在一起，才能共同努力奋斗，实现每个人的价值，实现团队事业的价值。

人和人之间在共同合作中难免会产生摩擦，发生冲突。用共同遵守的信念、价值观念和使命来使团队成员达成统一，才能使团队中的矛盾得到化解，才不至于团队分崩离析。

总之，想要有所成就，想要建立强大的团队，并非一朝一夕的事情，它需要我们在实践中不断地探索团队的发展之路，成员间的关系也需要长期的磨合。

第五章

激情成就梦想，让激情在团队内流淌飞扬

积极的态度更具竞争力

态度是人们在自身道德观和价值观基础上对事物的评价和行为倾向，它是个性倾向性的表现。它是一种潜在的意志，是个人的能力、意愿、想法、价值观等在工作或生活中的外在表现。

在我们现实生活中，之所以有的人一生建树颇多，一些人一辈子碌碌无为；有的人功名显赫，有的人庸庸碌碌，默默无闻；有的人向来心平气和而有的人总是牢骚满腹……原因之一是每个人的才智有差别。其实，除了非常聪明和非常愚笨的人之外，我们绝大多数人的才智都是不相上下的，而之所以每个人的人生却各有千秋，一个重要因素就是"态度"的影响。态度是世界上最神奇的力量，它栖息在我们的思想深处，影响着我们的思维和判断，控制着我们的情感和行动。一个人以什么样的态度去对待生活，就有什么样的生活现实。积极的态度可以使我们到达人生的顶峰，尽享成功的快乐和美好，消极的态度使我们一生陷于困难与不幸之中。态度影响着我们的事业、生活、人际关系等等各个方面，决定我们的人生成败，可以不夸张地说态度决定一切。

一头驴，不幸掉进了一个很深很深的废弃的陷阱里。主人考虑了一下，认为救它上来不划算，于是便走了，只留下孤零零的驴。每天，还有人往陷阱里面倒垃圾，驴很生气：自己真的很倒霉，掉到了陷阱里，主人不要它了，就连死也不

让它死得舒服点，每天还有那么多垃圾扔在它旁边。

可是有一天，它的态度发生了转变，它决定改变自己的命运，它每天把自己身上的垃圾抖落下来，然后踩到自己的脚下，并从垃圾中找些残羹来维持自己生存。终于有一天，陷阱被垃圾堆满了，这头驴又重新回到了地面上。

驴没有抱怨自己的不如意，而是改变自己的态度，积极地面对现实，最后，它克服了困难，重新获得了自由。可见当我们面对生活中的困难时，也许换个态度，积极地面对，就会拨得云开见月明。

但是在工作中，我们常常会听到一些负面的态度，例如，有些人总是牢骚满腹，这种人对生活悲观失望，总是抱怨自己的生活环境不好，自己的工作不顺心，认为自己处处碰壁，总是不如意。并且他们的不良情绪还会传染到其他人，搞得整个公司或企业都乌烟瘴气，影响到了这个团队工作的积极性，这样的人往往是公司在准备裁员时的第一人选。

其实这样的人是自己给自己的行动设限，是一种懒惰、不能积极进取的态度表现。如果一个人长久存在这样的态度，那么，他自己就会被这种负面情绪淹没，体会不到工作的乐趣。

还有一种人，他们得过且过，工作不用心，总是认为："大家都拿的是一样的薪水，自己何必多劳动，搞得自己很劳累呢？"他们的追求，只是把自己分内的工作做完就可以了，不想着在本职工作中精益求精，更不会考虑本职工作之外的其他工作，即使是公司有非常重要的任务，需要人帮忙，他们也会要权衡自己的利益得失，能少干就少干。总之是不求有功，但求无过。

这样的人遇到挫折时总是喜欢自欺欺人，自我安慰，他们每天重复着平淡的生活，上司对他们的评价始终是不好不坏，而随着新员工的不断招进，这样的员工就很可能被淘汰出局。

这两种人都不是团队需要的员工，团队需要的是积极进取的员工，只有每个员工都能积极奋进，整个团队才能永远保持战斗力和活力。积极进取的员工总是那样忙碌，他们乐观开朗，常常和同事热情地打招呼，每个人和他接触时，都能感受到他身上所焕发出来的工作活力和激情，这样的人总是被大家喜欢，并愿意追随。这样聚集在他身边的人越来越多，那么他做任何事情的时候，都有人来帮忙，都有人来献言献策，做起事情来就非常的容易了。这也就使他在竞争中总能保持不败。如果整个团队中这样积极进取的人多，那么这个团队就具有强大的战斗力和竞争力，能够克服困难，积极进取，取得卓越的成就。

积极的态度是可以培养的，例如，当你遇到挫折时，可以想一想那头驴的故事，把自己生活中的垃圾踩在脚下，让它们成为你成功的垫脚石。当你感到工作不顺心的时候，静下心来想一想到底是什么原因导致自己不高兴，可能自己刚刚参与这份工作，有些生疏，所以工作进度跟不上，那么就多给工作点时间，让自己熟悉这份工作。如果你感觉自己的工资太低，那么你可以客观地评价一下自己的付出和报酬是否等同，如果的确感觉不合理，那你很有必要去和领导商量一下。如果的确是自身的问题，那么你就要多加努力，保持自己强大的战斗力和竞争力，让自己不落伍，自己的努力终究会得到回报的。当你的业绩上升了，老总为了留住你，会自觉给你增加工资的。总之，凡事都有个前因后果，多向好的方面想，积极主动地去工作，当这种积极的态度成为你的一种习惯时，你就会受益终生。

一位哲人曾经说过："人生所有的能力都必须排在态度之后。"在态度这一内在力量的驱动下，我们常常会激发自身的无限潜能，而这种潜能如果被正确地用在生活、学习、工作中，结果会远远超出我们最美好的构想。所以，无论你是团队中的领导还是员工，都要有一个积极进取的态度。

让激情化为行动成就梦想

激情是一种超常的情感，是被激发起来的一种高昂的精神状态。一个拥有激情的人，总是保持积极进取的精神状态，不断冲锋一个个人生挑战。

孙正义是日本软银集团创始人，现任总裁、董事长。他不仅是一个享有盛誉的风险投资家，还是一个充满激情和梦想的企业家。

1981年，软银公司刚成立，孙正义就提出了要"在5年内销售规模达到100亿日元，10年内达到500亿日元，使公司发展成为几兆亿日元、几万人规模的公司"的目标，这个目标对于仅有2张办公桌，还没有正式业务的软银来说，听起来确实狂妄得吓人，于是吓跑了当时仅有的2名员工。他虽然感到有些沮丧，却不改初衷。

他相信，被吓跑的是那些不能和他一起共享未来伟大愿景的鼠目寸光的人；而坚信他，愿意追随他的人，必然能看到软银发展成为一家伟大公司的那一天。

他的激情也带动了留下的人，他们紧紧追随着孙正义，和他同心同德，构成了众志成城的强大力量。

在软银发展初期，软件流通给公司带来了不小的收入，业务员四处出击，以寻找到更多的计算机软件为目标，可谓南征北战。软银规模得到急剧扩张，很快就成为了日本最大的软件流通公司。

但慢慢地，库存成为了管理者们大为头疼的难题。那个时期日本的软件生产行业非常混乱，不仅制作手法非常粗糙，而且有一些粗制滥造的软件根本就没有市场价值可言。这些卖不出的软件堆放成山，它们造成的赤字将业务员们辛辛苦苦挣来的利润蚀掉了。长此以往，必然会置软银于困境之中。

于是孙正义在开会的时候撕掉一万日元纸币，然后告诉大家，库存软件货值比一万日元多得多，但是都浪费了。这次会议之后，软银废弃的软件大大减少，在行业竞争日趋激烈的时候，软银公司仍然保持着较高的发展速度。

2007年，软银也经历了几番沉浮。但孙正义靠百折不挠的精神，狠抓苦干，终于在这一年，他重新登上了日本首富的宝座，并且在多个投资项目上收获颇丰。

可见，孙正义的事业并非一帆风顺，但是正是因为他心中有梦想，有激情，所以能带领团队一次次去艰苦实践，去付诸行动，实现逐个突破的结果。

一个团队需要激情，但如果只是一时的激情，说完大话后，就拍拍屁股走人，好像自己从来没有说过一样，那么，激情只能是一时的情绪发泄，根本没有任何实际的意义。谁都不会喜欢夸夸其谈的人，也不会喜欢光说不做的人。作为一个团队，无论是领导还是员工不仅要心中有热情，还要是一个有理智的实干家，否则头脑一热就激情迸发，冷静下来后，就又恢复原状，没有勇气去实现自己的承诺，那这个员工不会有太大的作为，这个领导不会带领大家做出什么事业。

刘备可以说是有激情有勇气的人，他虽然没有盖世的武功，虽然没有超凡的才智，但是，他拥有一颗匡扶汉朝大业的激情和抱负，并且为此付出坚忍不拔的努力。开始，他连自己的一块立足之地都没有，但是，他谦虚向人学习，请来才智超群的诸葛亮辅佐自己，一点一点地建立了自己的基业。当时群雄并起，有很多人的实力都胜过刘备很多倍，例如袁绍，刘表等等。但是他却成为了最后的大赢家之一。他能取得如此辉煌的成绩跟他勤奋努力，谦虚仁爱、坚忍不拔的态度是分不开的。他拥有远大的志向，拥有激情，他更知道怎样把激情化为行动，让自己的梦想得以实现。

当然，有的团队成员充满激情和勇气，但是也没有做出什么大的成就，这又是为什么呢？这可能就和团队的行动力有关系了。一个团队领导者的执行力差，不能很好地组织团队成员进行有效的工作，使人浮于事，会消耗企业的大量人才、财力，还会错过机会。企业员工的工作效率大打折扣，就会影响企业的战略规划和发展。杰克·韦尔奇说："管理者的执行力决定企业的执行力，个人的执行力则是个人成功的关键。关注执行力就是关注企业和个人的成功。"企业领导的执行力，对于目标达成与否非常重要。

上级的命令到了下边不能很好地贯彻是不能实现目标的一个原因，还有另一个原因是，领导者不能明确分工，团队成员不清楚自己的职责，不知道该怎么行动，那么这个团队也会出问题。有激情还要有有力的行动，作为一个团队的领导者，首先要制定工作的长短期目标，然后根据目标和每个团队成员的特点，把每个人该负责的东西，每个人需要把任务完成到什么程度，都明确地写在工作要求中，不要出现职责上的盲区，使员工出现相互扯皮的现象。然后根据员工在工作中是否完成这个要求，完成好坏程度来制定相应的奖惩制度，提高员工工作的积极性。实现一个远大的目标，需要长久地坚持，如果工作中前松后紧，虎头蛇尾，那么，只会给公司带来更大的损失，而没有什么效益可言。所以付诸行动，一定要坚持，有时候成功和失败就在于你是否再坚持一点点时间。坚持才能胜利，遇到任何困难决不能轻易地放弃。

海尔曾经是一家资不抵债的集体所有制街道小厂，设备陈旧，管理混乱，工厂濒临倒闭。张瑞敏上任后，没有放弃这个厂，他和自己的团队不断研究，引进国外生产线，启动改革措施，学习外国先进技术。又根据自身特点，不断改进产品，最终生产出了大量受大家欢迎的冰箱，使企业起死回生。后来，他们又趁着改革开放的大潮，和其他企业合并做大做强。再次成功后，他们又开始把眼光投向了世界，开发国际市场。如今，海尔已经成为享誉世界的知名品牌了。

可见，就是张瑞敏没有放弃这个厂，坚持努力工作，才使海尔有了如此大的成就。

激情需要与时俱进观念的支撑

团队要有激情才能有前进的动力，但是，如果没有与时俱进的观念，也是无所作为的。例如，现在家家都有了电灯，那么此时，一个人说，咱们要力争在10年内让家家都有电灯照明，那就可笑了，因为这个目标早已经实现了，对于团队来说哪里还有激情。所以，激情需要与时俱进的观念来指导，使激情的力量用在正确的事业上，这就像是航行的船，如果方向错了，那么船越走离目标越远。

与时俱进是指准确把握时代特征，始终站在时代和实践前沿，始终坚持解放思想、实事求是和开拓进取，在大胆探索中继承发展。当我们的团队成员个个斗志昂扬时，作为领导者却要学会冷静思考，制定的团队目标是否正确？团队目标随着时代的发展还要做怎样的调整？这都是领导者应该慎重考虑的。

如果领导者没有及时调整企业的发展计划，那么，很容易被现在激烈的企业竞争所淘汰。而团队的激情付出，就将付之东流，没有任何收获。这会大大挫败员工的激情，失去了工作的激情，就失去了工作的积极性，企业就该走下坡路了。

我们国家在改革开放前，国有企业不按照市场经济方式经营，待遇不与创造的利益挂钩，大家无论盈亏，统统吃国家的，在国企工作就给自己抱了铁饭碗，不愁以后失业。结果养成了员工不思进取，懒惰，得过且过的不良习惯，国企的效益一天不如一天。后来改革开放了，国企要按照市场的需求来生产，有的还自负盈亏，但是，一些国企没能与时俱进，及时改变自己的观念，依然等着别人上门来买货，不求更新改进产品，吸引顾客，结果导致最后以破产告终。

凡是能在激烈竞争中存活的企业，无不在时刻改变自己的策略，紧抓时代脉搏，保持与时俱进。

北京同仁堂是有着300多年悠久历史的中医药行业著名的老字号企业。300多年来，同仁堂人继承中华民族优秀传统文化，严格遵守"炮制虽繁必不敢省人工，品味虽贵必不敢减物力"的古训，树立"修合无人见，存心有天知"的自律意识，在经营过程中坚持"德、诚、信"的优良传统，创造出了许多广大消费者放心的精品良药，确保了同仁堂金字招牌熠熠生辉。改革开放以后，同仁堂在继承传统制药工艺技术的基础上，大胆改革创新，从体制和机制上逐步适应了社会主义市场经济的要求，生产经营和改革发展均取得了前所未有的好成绩。同仁堂又把自己的发展目标转向了国外，在国内国外都进行了上市，在海外设立了将近100多家分店，总资产达到了30多亿元，年销售额30多亿元。形成了集产供销、科工贸为一体的大型企业集团。随着时代的发展，同仁堂药业还在不断改变服务，加入新的时代元素，时刻以顾客为中心，以帮助顾客、方便顾客为前提。

正是与时俱进的观念深入企业，所以同仁堂长盛不衰。

在1930年以前，英国工人送到订户门口的牛奶都是不加盖的，所以，当地的山雀和知更鸟每天都会愉快地享用漂浮在瓶口的奶油。后来随着科学技术的发展，牛奶公司把奶瓶口用铝箔封了起来，以阻止鸟雀偷奶。但是聪明的山雀用喙啄开铝箔，继续喝自己喜欢的牛奶。但是知更鸟却没有学会这个本领，从此再也喝不到美味的牛奶了。

正是因为山雀能够在环境改变的情况下，不断地学习，不断地适应新环境，才喝到了牛奶。

由此可见，就像山雀的成长一样，企业的成长、发展也不是一成不变的，它要时刻准备确定新的目标，学习新的技术，生产新的产品。

不仅团队的领导者要懂得与时俱进，作为企业的员工也要有与时俱进的思想。员工有了与时俱进的想法，才能发现工作中的不足，才有紧迫感和危机感，才有不断学习的动力。而在不断地学习和自我充实的过程中，员工也获得了极大的满足感，实现了自己的人生价值，因而，也会更加充满激情地投入到工作中。凡是企业的劳动模范都是与时俱进的典范。

三江航天集团红阳机械厂的杨波，1993年获湖北省青奥赛钳工组第一名和全国青奥赛钳工组第四名，被机械工业部等部委授予"全国青工技术能手"，省团委授予"新长征突击手"；2000年被评为高级技师并作为优秀工人代表被选送赴德国参加技术培训；2002年获首届中国航天科工集团行业职业技能赛钳工组第一名，并被国家劳动和社会保障部授予"全国技术能手"称号。并且创建了"杨波三不操作法"得到广泛推广。这就是一个典型的与时俱进，积极进取的员工。他面对荣誉没有停止前进的脚步，不断与时俱进，让自己的技术更加精湛，正是因为他的努力，他获得了去国外培训学习的机会，这让他开阔了眼界，学到了更多先进的技术，随后，他不满足于学习他人，他结合自己的实践经验，创建了"杨波三不操作法"，他在学习的过程中不断进步。随着时代的发展，会有更加先进的设备引进，那时，作为我们的企业劳模还将充满激情地投入到新产品的研究中，为企业的发展再次贡献力量。

正是因为我们的企业有很多像杨波这样的劳动模范，才能使企业效率得到大幅度的提高，正是因为有这些人的建言献策，才使企业朝着正确的方向发展。无论是领导还是员工，只要坚持与时俱进，时刻调整自己的目标，追上时代的步伐，终究会在社会中站有一席之地的。

带着热情多做一些

团队成员和团队有着共同的命运，团队的发展就是自己的发展，所以，我们应该视自己为团队的主人翁，只要是对团队有好处的事情，我们都应该积极努力地去做，也许因此付出了自己的休息时间，甚至有时候付出了自己的金钱，但是，付出多少就会回报多少，我们付出的越多，回报也越丰厚。所以，不要吝啬付出，凡是对团队发展有利，就努力去多做些。

约翰·格兰特是"青年俱乐部"的成员，当时在五金工具店里工作，每周的工资是2美元。他刚走进商店，老板对他说："你应该熟悉工作中的所有细节，这样你才能成为有用之才。一旦你能表明自己的能力，我就会马上承认你的工作成绩。"

年轻的格兰特，在工作中勤奋努力，总能细心观察工作中的各个环节，即便不是自己的工作，他看到需要有人去处理的时候，也会主动去做，结果在工作中他学到了很多东西。后来，他发现老板总是仔细查看进口商品的清单。这些产品是从德国和法国进口的。于是，他便在工作之余研究起货物清单来，从而认识了一些法国和德国商人。有一天，他的老板工作非常紧张，没有时间整理清单，他主动帮助老板整理好清单，并且完成得非常出色。老板非常高兴，决定把整理清单的任务全交给他管理。

一个月后，他被招进办公室，商行的两位主要人物会见了他，与他进行了谈话。谈话后，年长的那位说道："我在这一行干了三四十年，你是我所见到的最出色的男孩。我们希望你来主管商品进口的工作。这是一个很重要的职位，也是一项必不可少的工作，我们需要有能力的人来从事这项工作。我们认为你是最佳人选。"就这样，格兰特的工资被提高到每周10美元，5年后，他的周工资收入就达到800美元，后来被派往法国和德国。他的老板说："等约翰·格兰特到30岁的时候，可能会成为商行合伙人中的一员。他是一个把商行的命运视作自己命运的人，并愿意为此付出自己的代价，使自己能够为商行做得更多。一个付出代价的人，最终必有回报。"

正是因为格兰特不斤斤计较，能够处处为公司的大局着想，为了公司的发展自己甘愿多做一些，多掌握一些，多帮助公司发展。这种甘愿奉献的精神，使他的能力不断得到提高，也使他获得了老板的赏识，最终，他也为自己赢得了更大的发展空间。但是，在当今社会，越来越多的人选择做好自己的工作就行了，而不愿意多为公司做点事。这是为什么呢？一方面他们怕因此给自己招惹是非；另一方面，他们认为自己多做事，就是吃亏。其实，不愿多做事的人才是最大的输家。

小王是一家大公司的办公室员工，他年轻能干，对自己的工作尽职尽责，交给他的工作，他都能准时高质量地完成，工作一年来没有出一点差错。很快，年底考核评比了，小王意外地得知自己的考核在部门中处于中下，小王觉得很不能接受，就去找部门领导谈话。

主管拍着小王的肩膀，语重心长地说道："你在工作中表现得中规中矩，也没有什么差错，我还满意。如果你能更主动地工作，就很完美了。"

小王回去后反复思量主管的话，有所领悟。后来，他总是主动地要求领导给自己任务。在公司开会时需要大家发言解决一些问题时，他能提出一些非常行之有效的措施。因而，老板常常让他负责一些额外的项目，他都高兴地答应了，并且做得非常出色。半年后，公司设置一个新的部门，老板便选定他当这个部门的主管。

虽然能把自己的分内事做得很好，但是，这是他应该做的，所以没有得到老板的过高评价。而当小王能够主动帮助公司做事，解决问题，这就意味着小王视自己为公司的主人翁，有了更强烈的责任心，这才使老板发现他，信任他，他才最终得到了提升。所以说，多做一些，表面上吃亏，却能够赢到最后。否则，如果小王继续以前做完自己的事就什么都不做的工作状态，那么，他很难获得晋升。

有的人也意识到多做些事情对自己有好处，于是便强迫自己去多做事情。但是，强迫自己多做事情总是心不甘情不愿，做起事情来效率低下，质量不高，且总会关注自己多做事情会得到多少回报。一旦自己多做了事情却得不到回报便心生怨气，便提高不了积极性。结果连自己该做的事情都开始懈怠了。这样反倒不利于自己的工作。

多做事情是一种自动自发的行为，只有员工在意识上认识到自己和团队紧密联系，从内心热爱这个团队，员工工作起来才能投入很大的热情，这种发自内心的工作热情才能使员工积极主动地去工作。这样也使员工心里少些一时的不平衡感，愉快地工作。

所以，团队成员应该培养自己的工作热情。既然我们一生大部分时间都要工作，既然团队给了我们发展的大好平台，那么，我们为什么不热情地投入到工作中呢？况且，团队的命运和自己的命运息息相关，我们在为团队工作，也是在为自己的发展努力。如果不积极主动地工作，也是对自己不负责任，对他人不负责任的表现。难道为了自己还不去投入热情好好工作吗？

当我们热情地投入到工作中的时候，我们就会发现，自己的付出都是值得的。自己的努力，终究会得到别人的认可，而我们的热情工作，也会使自己的生活变得充实而愉快。总之，当我们投入热情努力工作时，我们会得到很多意外的惊喜收获。所以，不要吝啬付出，不要无奈地付出。只要热情地工作，热情地付出，幸运的天平就会向我们倾斜。

拥有一个激情的领导

诸葛亮曾多次北伐，兴师动众，不但都没有成功，还使蜀国国力衰弱了下来。在首出祁山时，蜀国大将魏延曾提出"兵出子午谷"的战略方案，但却遭到诸葛亮的否定。现代军事学家多认为这一战略是当时的最佳方案，司马懿也说："诸葛亮平素谨慎仔细，不肯造次行事。他却不知吾境内地理；若是吾用兵，先从子午谷径取长安，早得多时矣。"那么，诸葛亮为何不采纳这一战略呢？这是因为诸葛亮在晚年思想趋于保守，缺乏激情的缘故。他在晚年的战争中，常常根据常规出招已经没有了任何新意。反而是魏国的年轻将领邓艾、钟会等经常奇招百出，后又以奇兵突袭这一策略以少胜多，一举征服诸葛亮苦心经营多年的巴蜀大地。

激情，是一种强烈的情感表现形式，往往发生在强烈刺激或突如其来的变化之后，具有迅猛、激烈、难以抑制等特点。人在激情的支配下，常常能调动身心的巨大潜力。激情的力量能帮助我们在成就事业中勇敢争先，敢于思考，敢于创新，有克服任何困难的决心。晚年的诸葛亮之所以缺乏激情，是因为他怕多年打下来的江山，在自己手中丧失，所以只能坐失成功良机。

心理学家邓尼斯·韦特利说："热情有传染力。当一个热情的人出现时，其他人就很难再无动于衷保持冷漠。"当你将一群充满热情的人组成一个团队的时候，整个团队就会爆发无穷的力量。可见，激情和活力是一个团队的灵魂，一定要使自己的团队充满活力和战斗力。但是，一个人的激情和活力并非无本之木，无水之源，它需要一个引领者和带动者，需要有一个人激发其他人的激情和活力。那么，这个人就是团队的领导者，团队的领导者本身就应该是一个充满激情、活力四射的人，因为富有激情的领导能够凝聚团队成员，能够激发广大员工内心的热情；跟着有激情的领导，能使员工感到前途光明，因而刺激他们工作的热情，使他们自觉地投入工作。而这样，员工会自然服从领导的管理，使工作有序进行。

迈克尔·杰克逊这位流行音乐之王就是这样的一个领导者，他在20世纪80年代缔造了一个现代流行音乐新时代。他把世界人民禁锢在心灵深处的热情引导了出来，他让每个人都变得自由而热情，他影响了几代人的生活，他张力四射的音乐、舞蹈，让世界人民为之倾倒。他死后，吸引了世界上30多亿人的关注。

但是，现在有的领导上级让干什么就干什么，至于怎么干也需要上级一一指示，从来不会主动开动脑筋，创造性地开展工作；有的领导满足于已有的成绩，对团队即将面临的困难和未来的长久发展缺乏足够的认识，懒于思考，疲于应付，得过且过，不图思变；有的领导迷信于过去工作中形成的老经验、老做法，不能与时俱进，固守已经不符合时代发展的老方法，没有了继续解放思想的勇气。这样的领导是不负责任的，也没有激情可言。领导缺少激情会让下属觉得索然无趣，从而影响员工的工作激情，使员工没有较高的工作效率。而这样的团队，终究会被社会大潮淘汰的。还有的领导人虽然心中有带动员工的意愿，但是苦于没有方法。

那么，怎样成为一个有激情的领导者呢？

作为一个有激情的领导一定要熟谙"要先激励别人当先激励自己"的道理，随时鞭策、砥砺自己，控制自己的情绪，为人表率。因此，你若不懂得如何激励自己，你就很难成为成功的激励者。

接下来关键是正确传递自己的激情，感染员工。微软的执行总裁史蒂夫·鲍尔默为了表达对微软的热爱，他甚至在日本大叫"Windows"，都喊破了嗓子不得不接受治疗，他在微软会议上跳上讲台，用沙哑的嗓子喊着"I Love this company!"台下数万员工扭动着身躯，和他一起疯狂地喊叫，这个场面让所有参加者热血沸腾。曾有一位年轻的职员感慨地说："我被CEO鼓动得热血沸腾，那个时候，如果让我为微软撞墙，我都会义无反顾。"虽然他说得有些夸张，但是，却证明了史蒂夫·鲍尔默传播激情的效果。而他在疯狂地喊着微软的时候，如果一个不知道是什么原因的人看到这般场景，一定会以为他是个疯子。但是他取得了巨大的成效。可见，领导者要使自己充满激情，就是要以令人吃惊的效果吸引你的部属的注意力；充满激情意味着领导要能够吸引人的五官感觉——要让人能看到、听到、闻到、品尝到和感觉到你的存在。在举手投足间，一颦一笑间，都要传达一种积极的热情态度，例如，在和员工交谈时，姿势稍稍向对方倾斜，并且注视着他的眼睛，这样他就会感到你很值得信赖。充满自信的目光接触是一种重要激励方法。在传递信息时语气要重，这会在相当大程度上关系到其产生的效应。例如，领导可以真诚地对员工说："在所有和我一起工作过的人中，你是最有职业道德的一位。"这会极大地增强员工的信心；反之，如果领导者口气中含讽刺，这样就会给员工造成极大的伤害。总之，领导者要态度明确、热情洋溢、举止得体、值得信赖。

在该鼓舞员工的时候，也可以像史蒂夫·鲍尔默那样疯狂一把，勇敢地说出自己对公司的热爱，这会收到奇效。

榜样是激情持久的动力

激情在长时间的工作中很容易被消磨掉，这时就需要在团队中树立一个榜样，榜样是一种力量，彰显进步；榜样是一面旗帜，鼓舞斗志；榜样是一座灯塔，指引方向，有榜样的地方，就有进步的力量。从小我们就被教导要像雷锋叔叔那样乐于助人，像张海迪那样学会乐观坚强。在20世纪七八十年代曾经一度掀起学雷锋，学习张海迪的热潮，大家都把他们视为自己的偶像，学习的目标。我们是在榜样感召下成长起来的，这些榜样人物，深深地印刻在了我们的心中，影响着我们的价值观，对人品德的养成的确起到了不小的作用。后来我们又有了人民的好领导焦裕禄，再后来中央电视台一套节目在每年都要评选"十大最感动中国人物奖"，各级省市的媒体，也纷纷评选各行各业做出突出贡献的人，目的都是为各行各业的员工树立学习的榜样，不断提高广大人民的品格素养，彰显道德，遏制社会中出现的不良风气。

榜样的力量是无穷的，日本的"经营大师"松下幸之助就曾给松下员工做了一个很好的榜样。

日本战败后，松下电器公司面临着极大的困境，濒临倒闭。为了渡过这个难关，松下幸之助要求全体员工都振作起来，要积极努力工作，再创辉煌。为此，公司制定了一系列的规章制度，其中有一条就是上班不能迟到。

后来，有一次，因为公司的车接松下幸之助时晚了点，所以导致他迟到了10分钟，按照规定，迟到了是要受到批评、处罚的。松下于是便做出了以下的处罚措施：他先给迟到的司机以减薪的处分，然后给司机的上司以监督不力的处分。而他对自己实行了重罚，退还了自己全月的薪水。

只不过是迟到了10分钟，松下却处理了这么多人，并且连自己也不放过，这个事件，深深地教育了松下的员工，从此以后，松下员工再也没有迟到的了。

一个企业的领导向来是人们关注的对象，企业领导的一言一行都在无形中对员工起到一定的影响。俗话说，兵熊熊一个，将熊熊一窝，如果一个企业的领导不能以身作则，将会对整个企业的员工树立一个不良的榜样作用，领导树立不起自己的威信，下边的员工也不信服自己的领导，这样就会给企业的发展带来巨大的不利影响；反之，如果一个企业的领导能像松下幸之助这样严格要求自己，自我完善，以身作则，处处做员工的楷模，那么，企业的员工就会受到好的影响。当然，企业不仅可以把领导当作员工们学习的榜样，企业还可以在员工队伍中树立榜样。

当然，作为企业的领导，当我们试图在企业中树立榜样激励其他员工的时候，就要注意考虑以下两个问题：

第一，榜样是否得到大家的一致认可，是否得到大家的佩服，榜样是否令普通人敬而远之？

第二，对于其他人来说，榜样是否能对他们起到激励作用，榜样得到了什么回报？

任何一个团队中每个人的性格特点、能力都是不相同的，而这个榜样所做到的事情，是否其他人通过努力也能够做到呢？如果这个人有天赋的资质，比别人的才能高很多，让其他人遥不可及，那么，榜样在团队中就失去了力量。榜样一定是比别人多付出，比别人多劳动，比别人更能钻研，所以他才有更大的进步。他的勤劳行动得到了大家的认可，领导把这样的人树立成榜样，每名员工都会从心底佩服这个榜样，并且愿意主动向榜样学习，激励自己工作，不断向榜样靠拢。而如果是一个趋炎附势，喜爱巴结上司而得到榜样荣誉的人，这样的人只会招来他人的憎恶，更不用说会得到他人的学习了。如果领导真的把这种人树立为榜样，那么就会在企业中形成巴结的风气，人人都认为巴结上司就可以获得荣誉，就可以得到提升，这样下来，企业就乱套了。

当然，榜样不仅的确有值得人们学习的优秀品质，榜样还应该有比普通人更优越的工作条件和更优厚的工作待遇。试想一下，一个企业把一个人树立成了榜样，但是他的劳动收入和普通人没有什么区别，那么大家就会取笑他是个傻瓜，这样的榜样只能让人敬而远之，成为"无私奉献"的代名词，对其他员工根本不会有激励作用。尽管上级领导非常欣赏这样的人，普通员工却不一定喜欢。并且这样的榜样还会招来他人的冷眼，受到大家的孤立，反而害了他。

因此，榜样不仅直接影响到公司员工的士气，而且会在公司内形成氛围，久而久之形成公司的文化。所以树立榜样也是一把双刃剑，只有恰当地树立榜样才能收到激励其他员工的效果。

第六章

信任激发能量，人人信任团队拧成一股绳

信任的力量

信任是指相信并敢于托付。信任是一种学问，信任是一种有生命的感觉，信任也是一种高尚的情感，信任更是一种连接人与人之间的纽带。

在18世纪，英国有一位富有的绅士，一天深夜他正走在回家的路上，被一个蓬头垢面、衣衫褴褛的小男孩拦住了。"先生，请您买一包火柴吧！"小男孩儿说道。"我不买。"绅士回答说。说着，绅士躲开男孩继续走。"先生，请您买一包吧，我今天还什么东西也没有吃呢！"小男孩紧追不舍。绅士看到躲不开男孩，便说："可是我没有零钱呀。""先生，您先拿上火柴，我去给您换零钱。"说完男孩拿着绅士给的一英镑快步跑走了，绅士等了很久，小男孩也没有回来，绅士无奈地回家了。

第二天，绅士正在办公室里工作，仆人进来说有一个小男孩要求面见绅士。于是男孩被叫了进来，这个男孩比卖火柴的男孩矮一些，穿得更破烂。"先生，对不起，我哥哥让我给您把零钱送来了！""你哥哥呢？"绅士问道。"我哥哥在给您换完零钱，找您的路上被马车撞成重伤了，在家躺着呢！"绅士深深地被小男孩的诚信所感动。"走！我们看你哥哥去！"

绅士来到男孩的家一看，家里面，两个男孩的继母在招呼受重伤的男孩。一见到绅士，男孩连忙说："对不起，我没有给您按时把零钱送回去，失信了！"

绅士说："没关系。"接着，他了解到两个男孩的亲生父母都亡故了，于是，绅士毅然决定把他们生活所需要的一切都承担起来。

正是小男孩的诚信，让绅士毅然决定帮助他们；正是小男孩的诚信，改变了他们的命运。这就是信任的力量。

在一个企业中，信任也是一种管理。再强势的领导人，总有照顾不到的地方，只有充分授权，把有能力的人安排到各个岗位上，让他们随时随地行使权力，做出符合市场规律和企业要求的正确决策，企业才会高效运转，这样的企业才有生命力。尤其是当下属能力超过自己的时候，特别需要信任管理。广告创意专家戴维·奥格威早在50多年前就告诫所有的企业家："如果我们总是雇用那些不如我们的雇员，公司将逐渐成为侏儒，只有当雇用的员工总是超越我们，并放手让他们施展才华时，公司才会成为巨人。"这话说得很有道理。

一位管理着数亿元资产的企业家，一年四季其实真正的管理时间很少，大多数时间要么在国外学习考察，要么就是从事登山等体育活动。当别人探寻他的管理经验时，这位企业家说，我不过是把最优秀的人才集聚起来，组成优秀团队，然后放手让他们去干！这位企业家实施的就是信任管理。信任能增强员工对企业的忠诚感、责任感和使命感，工作起来会更有效率，做到领导在与不在一个样，不遗余力地与企业同甘苦、共命运、创效益。

有一家知名银行，管理者特别信任自己的员工，特意放权给自己的中层雇员，让他们一个月尽管去花钱营销。这让有些人担心他们会乱花钱，可事实上，员工并没有乱花一分钱，反而维护了许多客户，其业绩直线上升，成为业内的一面旗帜。相反，有些管理者，担心员工乱花钱，他们把员工用钱管得很严，好像防贼一样，盘问每一次的开销，生怕别人乱花钱，但是，他们自己却大手大脚，从来不想着节约，结果员工暗地里也想尽一切办法谋取一己私利。

还有一家经营环保材料的合资企业，总经理的办公室跟普通员工的一样，在一个开放的大厅中，每个普通雇员站起来就能看见总经理在做什么。员工出去购买日常办公用品时，除了正常报销之外，公司还额外付给一些辛苦费，这项措施杜绝了员工弄虚作假的心思，每个员工都尽心尽责地工作，想办法为公司节省开支。

通过这些事例，我们可以体会相互信任对于一个组织中每个成员的影响，相互信任尤其会增加员工对组织的感情。从情感建立起来的相互信任，是最坚实牢固的，这种信任能给员工一种安全感，员工才能真正认同公司，并把公司当成自己的家，把这份工作当作自己发展的舞台。

当一个人犯了错误的时候，我们本能地会怀疑他会再犯错，但是，如果我们能信任他，那么，他可能就会成为让我们信任的人。

一个劳改犯人在外出修路时，捡到了1 000元钱，他不假思索地就交给了警察。可是，那个警察却轻蔑地对他说："你别来这一套，用自己的钱来变着花样贿赂我，好让自己减刑，你们这号人真是不老实！"

囚犯听到这个警察的话，心中像被刀割一样痛苦，万念俱灰，他想这世界上再也不会有人相信他了。于是，一天晚上，他越狱了。

在逃亡的途中，他大肆地抢劫钱财，准备外逃。在抢到足够的钱财后，他踏上了一辆开往边境的火车。火车上人很挤，他只好站在厕所旁边。这时，一位十分漂亮的小姑娘走进厕所，关门时却发现门扣坏了。她走出来，轻声对他说："先生，你能为我把门吗？"

他一愣，看着这个纯洁无邪的姑娘，点点头。姑娘红着脸进了厕所。而他像一位忠诚的卫士一样，严严地把守着门。

就在这一刹那间，他突然改变了主意。他决定在下一站下车，到车站派出所投案自首。

正是因为小姑娘的信任，让这名囚犯看到了人间美好的一面，虽然有人会不信任他，但是还有很多人信任他。这个故事启发我们要信任团队中的每个成员，即使他曾经犯过错误，只要他能真心改正，他还是好的，继续信任他，他也会因为被信任而更加忠诚于自己的团队，他会因为被信任，而更加努力地工作。相信重新被信任的人，一定会大有作为。当然，继续信任一个人的前提是，真正了解到这个人是值得信赖的人，否则，相信一个不值得信赖的人，将会给企业带来更大的危机。

能力不等于信任

有很多员工会经常遇到这样的情况：我这几年业绩都特别好，为公司创造了很大的成绩，但是，为什么我做了这么多，做得这么好，公司还没有提拔我呢？为什么公司还不提出邀请我做合伙人？的确有很多员工在工作中，能力非常强，业绩非常出色，但是为什么最后没有结果呢？原因非常简单，因为你没有得到公司的信任。要永远记住，忠诚度高于一切，赢得公司的信任比有能力、做好业绩更为重要。

我们常常会发现，公司重用的人，他的能力不一定强，但他一定是最忠诚的人，值得公司信任的人。忠诚度是企业重用员工时首要考核的问题。一个人没有在决策层做过就可能不知道，如果一味地说自己有多棒，为公司创造了多少业绩，这就是没有站在公司的角度来考虑问题，看待自己，就不值得公司信任，即便你能力很强。职场中的人经常会存在一个弊病，喜欢用放大镜看自己公司的缺点，用望远镜看别的公司的优点。他们喜欢发牢骚，抱怨公司不好，说其他公司怎样好，这样的话一旦传到领导耳朵里，便马上失去了信任感，所以如果你的价值观和公司的价值观发生冲突并且无法重合时，那就另作选择，但千万要牢记的是不能因为自己的原因给公司带来负面的影响，也就是在一个公司里面，一定要给领导高度的信任感和忠诚度。

一个人力资源经理，从一家外企跳到港资，刚到任便受到不同企业文化的猛烈冲击，再加上人力资源部门在这家公司的地位比较低微，所以他异常苦恼。但是在短短的半年时间后，他融入了这家企业，自己的工作终于转入正轨。谈起他这半年的经历，他感慨地说："有能力不一定能得到别人的认可和信任。"

接着他介绍说，在他刚来这家公司的时候，便想立刻开展业务。但是，他发现因为自己不熟悉公司，得不到公司的信任，所以，开展业务时处处碰壁，随时都会受到来自领导、同事们的挑战或挑衅。即便自己有很丰富的从业经验，有很强的工作能力，因为得不到公司的配合，也没有办法发挥才能把工作做好。

后来经过总结，他找到了解决问题的办法。首先就是要让自己融入公司，让自己生存下来。港企比外企更讲究人情味，特别在这样一家有10多年历史的公司。因此，努力营造良好的人际关系，得到他人信任是开展工作的重要前提。否则，别人总认为你和他们不是一伙的，排斥和非议就来了。

他碰到的几个中层脾气都比较古怪，急躁，难沟通，甚至有点喜怒无常，难于理喻，后来才明白每人背后都有自己的故事。于是，在相处时尽量投其所好，找到共同的语境，为他们的部门管理提供更多有益的支持。慢慢地，很多业务上的沟通和工作上的配合，统统迎刃而解。例如，张经理是个20世纪50年代出生的老同志，前些年离异，后再婚。倒霉的是，新老婆突然病倒，不能工作，家庭生活陷入困境。所以，他总喜欢唠叨和抱怨，为此他就多和张经理沟通，让张缓解心中压力，理解张的抱怨，这样他和张经理建立了友好的关系。

结果，他得到了员工的认同，自己的工作也得到他人的配合，老总也开始赏识他。

这个人力资源经理做得非常好，殊不知，绝大多数新员工没有在公司中生存下来的关键原因，就是在刚刚进入公司时没有做好而遭到公司淘汰的。例如，一个人进入一个新组织的时候，光芒四射，这个人的能量就威胁到了一些人的利益，危害到他们的存在。这时候，他们就会给他设置各种障碍，让他的工作情况变得非常复杂。突然这个人发现自己把所有的精力都放在处理这种复杂的人际关系上，很少能够把精力放在业绩上面，半年下来，没有突出的业绩表现，公司因此开除了他。

公司聘用你是看重你的能力，希望你能为他创造更好的业绩，但是业绩高并不代表公司对你的信任，信任是靠磨合、靠一些事、通过很多时间才能验证的。你在某个公司做了3年，你已经融入了这个公司，那么这时候公司领导也已经对你有了一定的信任。但是，如果公司想要重用你，他可能要再考核你，比如明明你应该拿10 000元工资的时候，公司会再等一等，想看看你是为了那些钱来的，还是为了做一番事业来的。因为公司要找一个真正做事业的人，所以希望他的员工也是一个能够跟他享受富贵又能同时迎接困难的人。当你通过考核，那么公司就会信任你，让你放手去干，大展才华。如果没有通过考核，那么哪怕你能力再强，也得不到公司的支持。

所以，不要认为有能力就一定会成功！安心踏实地做好每一份工作，搞好和同事的关系，让老板信任你，这才是你一生中最有价值的东西。

不能靠个人感情判断信任

每个领导身边都有几个自己喜欢的员工，或者因为两个人的性格相同，价值观相同，有着共同的兴趣爱好，或者是因为有着共同的经历，所以，有很多聊天的话题，因为经历相同，沟通起来非常顺畅。所以，领导常常把手头的事情交给这个员工，并且因为偏爱这个员工，所以，有时候没有考虑到他是否有这个能力或者是否值得公司信任。这就是一种盲目的信任行为，很可能因此给企业造成灾祸。

例如，有一家染料公司的老板，曾经当过兵，所以，非常喜欢和下属讨论军队的事情，每次提到有关军队的话题，他总能滔滔不绝，说上几个小时都不觉得累。

不久公司招来一个业务员，这个业务员也是个退伍军人，听说老板喜欢听军队的事情，便想办法搜罗了很多有关这方面的内容，一有机会和老总介绍有关军队的事情。结果不久，两人便聊得火热，老板非常喜欢这个员工。经常请老兵到饭店里吃饭，送老兵回家，真是亲如兄弟一般。这个老兵也因此成了公司的红人，每天进公司都会有很多人热情地跟他寒暄、打招呼。因为老板很喜欢这个员工，所以，在工作的时候，总是愿意把一些重要工作也交给他，老板有时候甚至把本不应该他负责的事情交给他。时间长了，一些员工就有意见了，认为领导偏向这个老兵，便纷纷辞职走了，眼见厂子一些重要的员工都走了，厂子也渐入发展的低迷时期。这个老兵看到在这里对自己也没有什么好处了，便心生辞职的意思。而老板还是很器重他，把公司的染料配制方法也交给他，让他负责下一期的染布工作。

恰巧这时，一家与之竞争的公司老板，请老兵吃饭，并且暗示他如果把这个染布配方卖给他，他一定能得到丰厚的回报，这让老兵心动，老兵把自己手中掌握的配方卖给了对手，然后便在老板的一再挽留下毅然离开了公司。结果，没过多久，对手提前染出了这家公司想要染的布，获得了很大赢利，而这家公司则损失惨重，以至于到最后不得不暂时停产整顿。后来老板调查原因，才知道正是自己喜欢的那个老兵出卖了他，这让他悔恨不已。

如果老板不是把喜欢错当成了信任，那么，这个老板也许不会惨败。其实这样的例子在我国古代也非常常见，例如，商纣王因为喜欢妲己，便信任妲己，结果，凡事都听妲己的，但妲己心黑手辣，杀害了很多人，导致了国家的灭亡。

在当今企业中尤其是私营企业中，老板根据个人好恶来选任人才的现象非常普遍。例如，老板喜欢什么样的人，他就会在公司里招一些自己喜欢的人做事。如果哪个员工会讨好老板，老板就可能因为喜欢这个员工便提升他，或者额外给他好处。这种企业管理方式，对公司的发展非常不利。第一方面，这样做就会造成公司内部人员待遇不公平，影响到员工的情绪，进而会挫败员工工作的积极性；第二方面，这也助长了企业员工不专注工作，拉帮结派，阿谀奉承风气的形成，一旦这种风气形成，就很难改变，不利于公司的发展；第三方面，老板根据个人好恶选择人才，不利于企业招揽优秀人才。因为有真才实学的人一般素质都很高，讨厌溜须拍马，他们得不到老板的重用就会很消极，如果这种情况长久下去，就会离开公司。总之，根据个人好恶去信任员工是有百害而无一利的。

所以说，一定不能依靠个人的喜好去管理公司，而应该根据员工的能力水平，以及对公司的忠诚和业绩来评判员工是否值得信任。

如果这个人非常有能力，交给他的任务他都能尽职尽责地完成，并且完成得非常出色，那么作为领导就应该相信他的能力，交给他能够让他展现自己能力的任务，让他充分发挥自己的才能。否则，如果因为自己喜欢一个人，而交给他任务，但是，因为这个人能力不强，结果完不成任务，会给公司造成很大的损失。

如果一个人对公司非常忠诚，这种忠诚的态度是最为珍贵的，作为公司的老板应该因为得到忠诚的员工而高兴，应该倍加珍惜这样的员工，应该充分信任他。因为得到领导的信任，这个员工会更加努力地为公司的发展卖力，会和公司共荣辱、共成败。即便这个员工的能力也许一时还不是很强，但是，能力是可以后天锻炼的，好好地培养这样的人，他定然能够成为公司的顶梁柱的。即使这个人并不会取悦老板，一个英明的老板也会发现这样的人，并赏识他。虽然，这个员工的行为有时候并不令老板满意，老板也应该宽容这样的人，给他改进的机会。如果老板重用了对公司不忠诚的员工，那么，这样的员工就如同公司里的不定时炸弹，随时会出卖公司，给公司带来损失。

总之，一个公司的领导是否能够客观、正确地判断一个人，是非常重要的。

那么，领导信任什么样的人呢？一个值得信任的人一定是个诚实的人，一个值得信任的人一定拥有高度的责任感，一个值得信任的人应该是个正直的人，一个值得信任的人应该是个坦率的人。作为领导者一定不要被表象蒙蔽，要擦亮眼睛，看清一个人，找到真正的工作助手、真正值得信任的员工。

信任危机是一个团队真正的内耗

美国作家戴维·威斯格特曾说过：信任是一种生命的感觉，信任也是一种高尚的情感，信任更是一种连接人与人之间的纽带。你有义务信任一个人，除非你能证实那个人不值得信任；你也有权受到另一个人的信任，除非你已证实不值得那个人信任，每个人都需要被信任的感觉，信任弥足珍贵。而没有了信任，生命就失去了光彩。

一个男孩因为父亲去世得早，他和母亲相依为命，并且感情一直很好。在男孩读高三的那一年，学校要求住校，母亲为儿子安排好一切后离开了学校，后来才发现自己的包不见了，便赶紧给儿子打电话。儿子说包落在了他的寝室，他想趁着学校中午休息的时间把包给母亲送回去。母子俩约好在一家饭店见面，那天寒风凛冽，儿子因为走得匆忙，忘记戴帽子和手套，脸被冻得通红。母亲接过包后，迅速地扭过头去打开包，看了看里面的卡，然后拿出里面的现金边走边数。儿子看到这一幕，突然停住了脚步，说自己忘记了下午还有自习课，就转身消失在了凛冽的寒风里。不久，母亲接到了校长打来的电话。等她匆匆赶到的时候，却只看到了儿子冰冷的尸体。儿子的室友说，他从外面回来就一直心情沉重、坐立不安，晚饭后写完日记，他就早早地上了床，就在大家都快要进入梦乡的时候，他突然坐起身来，打开窗户跳了下去。后来母亲在收拾儿子的遗物时，发现了儿子生前的日记，最后一页上是这样写的"妈妈竟然在我把包送过去之后，看了看里面的卡，还数了数包里的现金，她竟然不相信我！世界上最疼我的人、我最爱的人竟然不相信我！我真不知道活在这个世界上还有什么意义！"

"信任"两字是多么重要，就是因为母亲一个不信任的举动，让儿子有了自杀的念头，正是因为不信任，使母子阴阳相隔。信任是人与人之间最起码的交往承诺，一旦打破这承诺，这人与人之间也就再无默契可言。特别是在一个团队中，因为团队成员众多，人际关系复杂，如果彼此之间不能充分信任，那么就不会产生有效的沟通。沟通出现障碍，就很容易产生矛盾误会，矛盾误会会进一步增进团队成员间的不信任感。长此以往，就形成了恶性循环，彼此的矛盾会越来越深，直到无法解决。并且，团队成员之间不信任，心中就会总是猜疑别人的言行，这样就不能把所有精力投入到工作中，工作效率会大大降低。

有这样一个故事。甲要坐出租车去建设银行。"劳驾，"甲对司机说，"别关计价器，我到ATM那里去去就回来，然后我们再朝前开。"

"先结账不是更好吗？"司机问。"不不，我还要继续坐您的车呢。"甲说，"难道不信任我吗？您以为我会溜走？""我可什么都没想，"司机说，"不过，现在什么样的乘客都有……"

甲有些不满地说："就是说，您还是认为我可能会溜走？！好吧，我把帽子押给您。"司机看了生气地说："您说哪儿去了！我要您的帽子干吗？我信任您……干脆您把公文包留下来吧。"甲听了生气地说："啊，什么？好，我把公文包放在这里。但是，请您让我用笔记下您的车牌号码。""您这是做什么？不信任我吗？您想我会开车溜掉？"司机紧锁着眉说。"我可没这么想。"甲说。

"啊，说什么呢？"司机说，"那好！把我的车号记下吧：鄂Z—38—48。不过您得先让我看看，您公文包里都有些什么。""这又是干吗？""免得过后说不清楚。""看吧，"甲没好气地说，"里边有文件、书、电动剃须刀。""剃须刀是好的还是坏的？""怎么会坏呢？现在还能用。""什么叫'现在'还能用？我可不打算在这儿测试。""谁知道您……"甲冷笑一声，"您的胡子正没刮呢。脸有点水肿，眼睛是淡色的，左颊上有个瘤……""您在记我的外貌吗？"司机凶狠狠地说，"那好！我也不会忘了您的！蒜头鼻子圆眼睛，两只耳朵不对称……左边有颗虎牙……"

"好，既然事情发展到了这一步，"甲也凶狠狠地说，"干脆就来正式的！这是我的证件：身份证、工作证。拿去吧！要知道，您可是在和一个正派人打交道。把您的也给我！""给！"司机说，"这是驾驶证、行驶证……"甲走出车子，两人又恶狠狠地瞪着对方，甲说"好，没什么，必要时警察会找到您的。""必要时您也会被传唤的……""万一出事，您触犯的是刑法第144

条！""而您触犯的将是第147条第二款。"

寂静了一阵后，甲说："听我说，您不觉得害臊吗？"

"您呢？"

"我为我们两个感到害臊！"甲说。

"我也是！"司机说着垂下了眼睛，"收回您的证件吧……"

"您也收回您的……"

"请把公文包拿去……"

"谢谢，"甲说，"我会把您的车号忘掉的：鄂Z—38—48。"

"让我们都忘了吧。"司机说。接着两人亲热地相互拍拍肩。

"我怎么会把您往坏处想呢？"甲觉得奇怪，"您的脸这么讨人喜欢。眼睛是灰色的，脸颊上有颗痣。"

"您长得也很帅，"司机说，"大眼睛，耳朵干干净净。要注意保护牙齿……"

"我一会儿就回来。"甲说。

"去吧，"司机说，"您不在我还怪闷的……"他们相互温和地笑了笑，接着甲向ATM机快步走去，这时候，甲突然发现工作证不见了。

"真见鬼！"甲想，"就是说，他还是扣下了我的工作证以防万一……哼，没什么，……他溜不掉的……我也采取了万全之策，趁他没注意我用水果刀戳破了他的后轮胎……"

在这个故事中，如果司机能对甲稍稍信任点，那么，他们就没有必要耽搁那么长的时间，也许他们所耗费的时间可以让甲顺利地到达目的地，也许此时司机已经拉上了第二个顾客。后来，甲又扎破了车的后轮胎，这样，司机就要花时间去修轮胎，又要掏腰包。两个人还要纠缠一阵子，也许他们需要几天才能解决这个矛盾。这样就给彼此都带来了非常大的损失，真是害人不利己。在团队中如果出现不信任的情况，同样会有这样的损失，而作为一个团队来说，如果损失，可能就不只是一个轮胎的价值了，也许会更多。

同样，信任能够降低一个企业的管理成本。一个企业的领导如果不相信自己的下属，时时处处都要对下属设防，那么，他有再多的精力也会累死。尽管企业中总有少数人会因法律观念淡薄或道德意识不足，做出一些对不住企业的事，但这种人的危害毕竟是很小的。明智的领导者，应当相信大部分人还是靠得住的，你只有信任员工，员工才能信任你，才能放开手跟你干。盛大网络总裁陈天桥说："信任是成本最低的管理方式，比方说一个员工报销车票，如果我不信任他，我就要找会计审核他。但是如果我信任他的话，我就立刻给他报销，他就可以去干更多的活，效率更高，成本更低。"

如果团队中多些信任，大家打开彼此的心扉，用平常心去对待团队成员，那么团队才能拧成一股绳，才能有更大的发展。信任的建立是需要时间积累的，所以，当你帮助别人，却受到别人的怀疑时，不要气馁，你用真诚的心去对待他人，总有一天会得到他人的信任和认可的。当然，我们也要学着信任别人，当别人向你伸出援助之手时，请不要拒绝，信任他，让他帮助你克服困难。你们可以共同进步，共创辉煌。

信任不等于放任

美国前总统罗斯福说："一位最佳的领导者，是一位知人善任者，而在下属甘心从事于其职守时，领导要有自我约束能力，不可插手去干涉他们。"日本"经营大师"松下幸之助说："最成功的统驭管理是让人乐于拼命而无怨无悔，实现这一切靠的就是信任。"可见，无论何时何地，信任都是领导者带兵的重要手段。

格兰仕能从羽绒制品的轻纺行业成功转型到微波炉这个完全陌生的家电行业，根本原因就在于"信任"两个字。

总裁梁庆德为了聚拢一批微波炉行业的专家，曾5次到上海，最后他的真诚感动了上海无线电十八厂的几位工程师，他们加盟了格兰仕。而且在工作中，梁庆德的用人态度向来是"疑人不用，用人不疑"。现任副总裁陆荣发刚到格兰仕，梁庆德就让他全权负责引进一条价值1 000多万美元的生产线。正是梁庆德充分信任自己的属下，凝聚了格兰仕管理层的战斗力，带出了一支2万多人同心同德、冲锋陷阵的坚强队伍。

我国台湾知名企业家、宏碁集团董事长施振荣在管理企业过程中非常重视信任下属、充分授权。明基的李耀、宏碁的王振堂、纬创的林宪铭、华硕董事长施崇棠、精英创办人陈汉清、采钰科技董事长蔡国智都是施振荣手下的得力干将。在这些人的支持下，施振荣才得以成为台湾巨富。

信任能使团队团结一心，拧成一股绳，使团队充满活力和战斗力，这样企业才能逐渐强大起来。但是在我们的实际工作中，有些领导人常常把"信任"混淆为"放任"，因此给企业造成了很多麻烦和损失。

例如，山西一些小煤矿非法开采造成工人大量伤亡的事故，调查原因表明，一些相关领导为了从中图利，对一些小煤窑睁一只眼闭一只眼，放任他们肆意妄为。如果这些领导能够为了百姓的安全，严格监督检查，加强煤矿的整顿建设，就不会出现这么多伤亡的惨剧。

信任与放任，虽一字之差，但有着本质的区别。信任是连接人与人之间的纽带，是相信而敢于托付；放任是不加约束，放任自流。信任是有效限制的放任；放任是无限制的信任。

信任不等于放任。随着事业的发展和领导的信任，一些员工得到了宽松的工作环境，可以自己放手去工作，这本是一件好事。但是，有些员工在信任面前头脑不清醒，放松了对自己的要求，他们在工作中自己违反组织原则或工作纪律，结果栽了跟头；有些员工不思进取，不再继续学习理论素养，不再去锻炼自己解决实际问题的能力，结果，使自己的工作越来越做得不好；还有些员工得到上级信任后，到处张扬显摆，甚至有些骄傲自大，因而引起其他员工的强烈反感。放任的行为既损害了领导的信任，又孤立了自己，断送了自己的前程。只有在信任基础之上的放手使用，才能最大限度地发挥每个人的聪明才智，燃起工作的激情，创造优异成绩。

克里斯公司因为信任、尊重员工而深受尊重。克里斯又买下一家商店后，管理层决定拿掉店中的打卡钟。管理层说："我们何必用打卡钟来贬低他们呢？他们是成年人，他们知道什么时候应该上班，他们知道自己应该尽到的本分。"管理层以实际行动表明他们相信和自己共事的人是值得信赖的，而且是有其重要地位的。

克里斯公司里的员工餐厅完全以荣誉制来经营——贩卖机不上锁，没有收银机，员工付账时，自行将钱放入一个敞开的钱箱里。克里斯说："你要么信任员工，要么不要信任。你若信任他们，就不需要上锁的收银机、打卡钟，外加几十个管理员。你若不信任员工，那就不要录用他们。"

结果，正如克里斯说的那样："把人当人看，日子会好过些，而且，你若尊重为你工作的人，长久下来，生产力会比较高。"公司不仅没有任何损失，经济效益也越来越好。

这就是信任的力量带来的回报。正是因为克里斯公司信任自己的员工，所以，放手让他们自己去决定该怎么做，这样使员工心中产生了责任感，这样，他们就会自愿去把事情做好。

作为一个领导，要信任员工就应该懂得授权给员工。高明的授权方法是既要放一定的权力给员工，又要引起他们的重视；既要检查督促员工的工作，又要让他们感觉自己手里有一定的自主权。总结起来，可以说是，一手软，一手硬，一手放权，一手监督。只有这样的管理才是放权之道的真谛。

例如，美国肯德基国际公司的子公司遍布全球60多个国家和地区，达9 900多个。但是，肯德基国际公司在万里之外，又怎么能相信其下属能遵守公司的规章制度呢？一次，上海肯德基有限公司收到了3份总公司寄来的鉴定书，对设在上海外滩的快餐厅的工作质量和店长分3次进行了鉴定评分，分数分别为83、85、88分。中方经理都为此瞠目结舌，远在国外的总公司是怎么评出中方店长的分数的呢？原来，肯德基国际公司雇佣、培训了一批人，让他们装扮成了顾客潜入店内进行检查评分。这些"特殊的顾客"来无影，去无踪，这就使快餐厅经理和员工时刻感到某种压力，丝毫不敢疏忽，因而，各级肯德基公司能够在全球保持一致的服务标准。

当然，作为一个领导者，本身也要努力获得员工的信任。作为一个领导要不断追求进步。其中重要的一点是要提高自己的修养，拥有良好品格的领导者，才能让员工尊重并信服。如果作为一个领导，品格都是值得揣度的，那么，作为员工怎么能尽心尽力地做事呢？岂不要日日担心领导算计自己吗？信任其实是非常脆弱的，虽然，人都会有做错事情的时候，但是如果一个领导经常犯错误，失去了员工的信任，那么这个领导就很难再当下去了。大仲马曾说过："信任，是一种稀有的珍宝。"失去了信任就再难找回来了。领导如果做出失信于人的事情，一定要真诚改过，认真道歉，只有这样，才能赢回员工的信任。

如何建立信任

随着市场竞争日趋激烈，任何企业要想立于不败之地，都需要有一个好的团队来支持企业发展。如果没有信任，团队成员之间不能分享自己的思路和好点子、好的创意，那么，结果注定谁都不会成功。因此，要想把众人的智慧和力量凝聚起来，就需要高度的信任。

信任是人和人之间最宝贵和最难以获得的东西。信任一个人需要实践来检验。如果你只信任那些能讨你欢心的人，说不定什么时候你就会碰到麻烦；如果你对见到的每个人都给予同样的信任，你就很容易上当受骗；如果你不假思索地去信任一个人，也许最终会被这个人背弃；如果你总是不肯去信任一个值得你信任的人，那你就不能获得爱的温暖和帮助，你的挚友也会和你疏远。总之，员工之间想要取得信任需要做到以下几方面：

1. 正直诚实，兑现承诺

这是最基本最重要的一点。一个人只有自己坚守信用，不失信于人，才能得到他人的信任。否则自己不讲信用，失信于人一次，就等于减少了自己的一分诚信。要想让人相信，就必须要说到做到。做人一定要正直，不因为一些利益，做出出卖他人的举动，这样才会得到他人的信任。

2. 在团队内部不要散播闲话、流言或搬弄是非，更不要妄下评论

要懂得洁身自好，否则多嘴多舌，背地里说人闲话，定然招来很多人反感，无法赢得他人的尊重和信任。长时间下去，还可能受到别人的孤立，导致自己在团队中待不下去。

3. 让反对你的人也信任你

做到这一点非常不容易，需要有极强的自我克制力，多迁就别人，在任何时候和任何人交往都做到诚实无欺，宁可自己吃亏或付出再大的代价，也要言必行、行必果，绝不放任或迁就自己。

信任不仅仅是指员工之间的事，还有企业对团队成员的信任。现在有很多企业主抱怨有些员工阴险狡诈，有些员工背信弃义，不值得信任。那么，员工和企

业间的信任该如何建立呢?

1. 懂得信任是一种互动的行为

这里包括信任他人与被他人所信任,只有这两方面同时发生作用,信任才能发挥强大的力量。要建立员工对企业的信任,首先作为领导者,要想一想自己是否信任下属。自己要以身作则,做员工诚信的榜样,因为领导者具有极强的榜样作用与影响力。所以,员工对领导者充分信任了,那么,员工就对企业非常信任了。领导者要想建立自己值得信任的形象,其中重要的一点就是讲求诚信,做到言出必行。言出必行说来容易,但是一个领导者的决定常常影响重大,所以在对他人承诺之前一定要慎重考虑,想一想自己的承诺是否能够兑现,如果不能兑现,那么就不要说,说了就一定要履行诺言。当然,从员工的角度讲,员工也一定要讲究诚信,要充分信任上级领导。领导交给员工任务,员工不应该推三阻四,认为领导对自己不好,总是偏袒他人,使自己受累,其实领导能交给你重大任务,说明他认可你的能力,作为员工,应该为此感到高兴。员工要信任领导的决策,并一心一意地跟着领导扎扎实实地努力工作,这样领导和员工共同通力合作,才能创造出辉煌的成绩。

我国春秋时期的思想家曾子就做出了兑现诺言的表率,有一天,曾子的妻子要到集市上去,儿子哭着也要跟着去。母亲就哄骗儿子说:"你先回家吧!等我赶集回来杀猪烧肉给你吃。"听了母亲的话,儿子不闹了,乖乖地回了家。曾妻赶集回来后,孩子就嚷着要杀猪吃肉。曾子知道这件事情后,二话没说,提起刀便去杀猪。妻子忙上前阻拦道:"我只是跟小孩子说着玩的,你还当真了?"曾子郑重其事地说:"身教重于言教,如果我们大人言而无信,又怎么能教育孩子遵守诚信呢?"说完便把猪杀了,烧肉给孩子吃。

2. 公平公正

这对于一个领导者树立诚信非常重要,有些企业领导者常常自觉不自觉地同和自己观点一致、志趣相投或非常欣赏的下属走得很近,即使对这个下属没有特别的恩惠,但是这样也破坏了领导者在员工中的公正形象。员工认为领导偏心,有失公正,那么,定然不会信服领导,领导也就难以组织员工了。因而,作为领导者一定要表现出公平公正的办事态度,不可在企业中搞小团体,也不背后议论某个员工,把公事和私事分开,就事论事,不感情用事,在自己的言行上也要注意分寸，以免让员工误会成有失偏颇。

3. 要有能力

作为领导者想要树立威信，重要的一点是要有能力。之所以把"兽中之王"给了老虎，就是因为它有强大的力量，能够制伏森林中的小动物。同样，一个领导者有能力，就会得到员工的信任，因为员工普遍认为一个有能力的领导者，能够带领着大家朝好的方向发展，这也是为什么强者、伟人的身后总会有一些拥护与追随者的原因。而一个领导者的能力主要体现在有长远的眼光和把握全局的能力。简单地说，他能给员工指出充满光明前途的成功之路。领导还要有果断抉择的能力，如果没有主见，优柔寡断是做不成大事的，这也会影响他在员工中的威信。另外，领导者还要有清晰的表达能力，能清楚地表达信息。如果一个领导说话口齿不清，那么，就会对他建立威严的形象打折扣。

4. 要辨别分析

信任并不是盲目地相信一个人，一定要有信任的原则和方法，通过冷静地判断，细致地观察，长时间地了解，然后衡量这个员工或这个领导是否值得信任。例如，作为一个员工，他可以就企业提出的一些薪酬待遇方面的承诺，进行观察，看这家企业是否信守承诺，兑现了薪酬待遇。作为领导者，要看员工的言行是否一致，他是否有言行不一的劣习。尤其在重要人事任用或合作等方面上，领导可以在可控的情况下，给予员工充分的信任，放手让他去做。这样在实践中，就可以更准确地考量这名员工的诚信度。因为员工没有得到公司给予的相应的待遇，或者企业没有看到这个员工在应聘书中所说的能力，裁员或辞职的现象就会时常发生。并且"一朝被蛇咬，十年怕井绳"，一旦一个人上当受骗，他就会对企业心存戒心，用人单位在用人上也不敢相信员工，如此造成恶性循环，不仅耽误了员工自身的发展，也给企业造成了大量的人力成本浪费。

5. 要负责

让人信任就要敢于承担责任。面对困难或责任不敢承担，有了过错就推卸给别人，那么，这个人如果是领导者就一定得不到他人的信任，如果是员工，同样得不到领导的信任，只有敢于承担责任的领导者才能获得员工的信任，员工才相信领导能带领大家过上好日子；而也只有敢于承担责任的员工才能得到领导者的信任，领导才敢于把大事情托付给这样的员工。尤其是在情势危急的时刻，一个领导者或员工是否具有责任心，对企业的发展起着非常重要的作用。

6. 要有爱人之心

当然作为一个领导者，对下属有爱人之心，一定是建立在有威望的基础上的，否则，一个没有威望，得不到大家尊敬的领导，他的爱人之心，不但得不到员工的感激，反倒会把他的爱人之心当成是懦弱、无能的表现。员工就可能更加不听从领导的指挥，甚至"犯上作乱"。只有在建立威信的基础上，给员工以关怀，员工才能感激并更加信任领导。

7. 要有宽容之心

领导也有可能犯错误、犯糊涂的时候，这时候，作为员工要有一颗宽容的心，多替领导考虑，毕竟领导有很多事情要做，所以，一时的失误是可以理解的。当然作为领导如果发现员工做错了事情，也应该有宽广的胸襟，要宽容员工的错误，但是这不等于不追究或对员工的过错视而不见。如果领导不追究，有的员工会误以为领导不知道，心存侥幸，以后就可能还会犯同样的错误。还有的员工会以为领导已经记下了自己的错误，不知道什么时候再算账，这就会给员工心理带来压力。一定要指出员工的错误，并告诉他怎样做更合适，以免他再犯同样的错误，当然，说话的语气分寸一定要掌握好。唐太宗李世民就是一个非常宽宏大度的人，即使魏征经常出言冒犯他，他也不会恼怒，只要说得对，他都会虚心采纳。正是因为他虚怀若谷、广开言路，所以，大臣们信任他，积极为国家的发展献策尽力。只有宽容的领导者，下属才更敢信任他。

8. 要有积极的心态

作为一个领导者，一定要有积极的心态，让员工感到你的活力和热情。领导者的热情会感染周围的员工，员工也会对工作变得热情积极。整个团队气氛就会热情活跃，这样的领导者就能得到大家的认可和信服。

第七章

尊重、问候和鲜花，兄弟友爱姐妹情深

尊重团队成员

尊重指敬重、重视。每个人的内心都渴望得到他人的尊重，但只有首先尊重他人才能获得他人的尊重。我们不经意间的尊重他人之举，也许会改变一个人的命运。

在美国，有一个非常有名的富商在大街上散步。一天，他遇到了一个瘦弱的摆地摊卖旧书的年轻人，缩着身子在寒风中啃着发霉的面包。富商怜悯地把8美元塞给了那个年轻人，头也不回地走开了。没走多远，富商忽然又返回去，从那个年轻人的地摊上捡了两本旧书，并且说："对不起，我忘了取书。其实，您和我一样也是商人！"2年以后，富商应邀参加一个慈善募捐会，在那里，一位年轻的书商紧握着他的手，感激地说："我一直认为我这一生只能是个摆地摊的乞丐了，直到2年前的那天，你亲口告诉我，我也和你一样都是商人，这才使我树立了自尊和自信，才使我有了今天的辉煌业绩……"

正是因为富商没有把他视为乞丐，而是平等地看待这个年轻人，使年轻人找回了自尊，使他的人生发生了巨变，这就是尊重的强大力量。

尊重他人是一种高尚的美德，是一个人内在修养的外在体现。尊重他人是一个人良好思想修养的表现，是一种文明的社交方式，是顺利开展工作、建立良好的社交关系的基石。

作为一个管理团队的领导者，首先要尊重团队成员，能够真诚地对待团队中的每一个人。如果你能够真诚而不虚伪地对待每一个人，尊重他们思想，尊重他们的感受，那么，他们也会真诚地对待你和身边的同事，久而久之，就会形成一种真诚、团结的文化氛围。

摩托罗拉公司的创始人高尔文有一句名言：对每一个人都要保持不变的尊重。在这一信念的指导下，高尔文在刚刚创办公司的时候，就形成了一整套以尊重人为宗旨的企业制度和工作作风，并且将这一思想渗透到企业文化的各个层面。这个信念有以下几层含义：尊重每名员工的价值和个人自由；给予员工最大的信任；尽量满足员工的要求；创造和谐、团结、乐观、向上的工作氛围。为了体现对员工的尊重，创造和谐的企业氛围，摩托罗拉公司规定：公司一级及其下属各层管理者的办公室要始终保持敞开状态，意在表明：第一，领导者和一般员工是平等的，始终保持交流，允许员工随时进入领导者的办公室提出自己的意见或发泄不满；第二，领导者也要和员工一样，在上班时间只有全力以赴进行工作的权利，不能在公司内处理私人事情。

通用电气的"情感管理"，称得上是尊重员工的典范。通用公司的最高首脑和全体员工每年至少举办一次生动活泼的"自由讨论"，公司从上到下直呼其名，无级别上下之分，互相敬重，彼此信赖，关系融洽、亲切。在通用曾经发生过这样一个故事：1980年1月的一天，旧金山一家医院的隔离病房外面，一位老人和护士软磨硬泡地要探望一名住院的女士，但护士严守制度不让探视。这位老人就是被誉为"世界最佳经营家"的通用总裁斯通先生，他探望的只是公司一位普通销售员哈桑的妻子。这件事不仅让后来才知道的哈桑感激不已，还成了企业管理教科书中的典型案例。

领导者只有充分尊重员工，能理解员工，他做出的决策才更具有实用性，也才更能得到员工的认可。如果企业领导高高在上，看到某个人的地位卑微，就可以随意处置，那么，再弱小的人也有尊严，当一个人的尊严受到挑战时，他会不顾一切地奋起反抗。

现在我们常听到一些案件，是有关农民工讨薪的事情。一些农民工干着最辛苦的体力活，到头来，一些黑心的企业主却拖欠其工资。农民工去讨要，企业主就恶语相向，甚至雇人对农民工拳打脚踢，根本不把农民工当人看。最后，有的农民工因为过于激愤，拿炸药去炸厂子，拿刀杀企业主的事件便发生了。发生这样的事情，无论是对企业主还是对农民工都是最不好的结局。如果企业主多些仁爱之心，尊重农民工的劳动成果，那么，这样的事情就会少很多了。

做领导不容易，做员工也不容易，作为领导人不仅要有过硬的业务水平，还要有勇于创新的能力，不仅要懂得智力投资，还要懂得感情投资，领导能从自身做起，从细微处做起。尊重员工的劳动成果，尊重员工的思想，那么，企业的氛围才会和谐融洽，才有利于企业的发展。

企业不仅要尊重员工的人格和劳动，也要尊重员工的意见。李嘉诚曾说："领导全心投入热诚，是企业最大的鼓动力。与员工互动沟通、对同事尊重，方可建立团队精神。人才难求，对具备创意、胆识及谨慎态度的同事，应给予良好的报酬，并向其展示明确的前途。"

作为领导者自己不仅要有一定的业务水平，还要懂得尊重知识，尊重人才。因为，作为领导可能什么都懂，但是不可能什么都精通，公司的大小事务不可能都做到正确的判断和恰当的处理，所以，作为领导对一些专业性强的工作，也要谦虚请教一下下边的员工，虽然他们不是通才，可一定是专才。做领导最忌讳不懂装懂，胡乱指挥，搞得下属无所适从。不要嫉贤妒能，看到自己的手下员工比自己有能力，就想办法打压、阻止，使有才能的人不能充分发挥自己的能力。其实，打压有才能的人不会对企业的发展有任何好处的。所以，作为领导者也应该有宽广的心胸，尊重人才，尊重知识，让每个有才能的人发挥他们的才能，而自己也要不断学习，学会管理人才的方法。这样才能保证企业不断创新，充满活力。否则，员工没有一个有才能的，那么他们也创造不出多大的成绩，而一个人的才智毕竟有限，这样的企业只能是故步自封，得不到长久的发展。

同样，企业的员工和员工之间，也要相互尊重，互帮互助，这样才有利于整个团队的发展。

关爱团队成员

美国著名的管理学家托马斯·彼得斯曾大声疾呼：一边歧视和贬低你的员

工，一边又期待他们去关心产量和不断提高产品质量，这无异于是白日做梦。每个员工都需要来自企业的关爱，员工也只有从企业的温暖中提升自我的满意度。创造一个关爱的企业氛围，是给予员工良好的工作环境，给予员工足够的工作支持，使员工安心工作的措施。员工利用企业的舞台，企业利用员工的资源，只有在互相关爱、共同奋斗的工作氛围中，双方的价值才会显示出来。反之，如果企业内部缺少沟通、诚信和关爱的工作氛围，那么，提高员工的工作热情、发挥他们的潜能就成了一句空话。

汤娜从哈佛大学毕业后，便一直在一所大学里任教，在她工作的这几年中，已经有好几批优秀的教师相继离开这所大学，教师的流动性非常大。究其原因，是管理者在招聘时把自己看成了"救世主"，好像聘用求职者，是对求职者最大的恩赐和施舍，没有一点关爱员工的氛围，因此导致很多教师在这里混日子，等到自己能力得到提升后，就离开这个学校。

人心换人心，因为学校没有真正关心过教职工，所以教职工对于学校没有一点感情，彼此之间只是冷冰冰的雇佣关系，这样的学校是定然留不住人的。其实，钱对于员工的去留并不起决定性作用，因为，即使企业给员工丰厚的利益，如果没有一点人文关怀的话，那么，员工在冷冰冰的企业中是不会待太长时间的。所以，要想留住员工，留住优秀的人才，还要懂得感情投资，让员工把企业视为他们自己的事业，这样才能让他们充分发挥才能，才能减少人才的流失。

国内著名的民营服装企业集团、中国男装衬衫的领军企业富绅集团，在自我壮大、发展的同时，也给工人们撑起了一片蓝天。

富绅建厂20年，从来没有发生劳动争议事件。这是因为富绅高层总是把每一位员工看作是自己的亲人，大家像一家人一样相处，非常和谐。

在富绅，全厂有700多名一线工人，200多人都是40岁以上的，超过15年工龄的有100多人，很多是母女、母子同厂的。富绅何以能让工人们扎根在这里？董事长陈成才说："厂里一直以来都是把工人当成自己的兄弟姐妹，只有公司把对员工的关爱做好，才能留住工人的心，工人也才能全心全意做好工作。"一次，工人刘玉美的婆婆和爱人相继生了重病，她不得不请长假回家。当时考虑到请假时间长而且不确定，她想辞职，但领导说，厂里的位置永远都为你保留着，你安心回去照顾家人。刘玉美的爱人因病去世后，她回到了富绅，而且公司为了照顾她，还给她另外安排在图书馆做管理员，收入还多了几百元。正是富绅关爱员工，理解员工，所以才使富绅有了如今的成就。在公司里面，许多员工都习惯亲切地称陈成才为"陈叔"，在他们心中，早已把陈成才当作了自己贴心和信赖的亲人。

关爱还体现在平抚员工低落或不安的情绪、企业能给予及时的关心和开导这些小事情上。例如，某个员工生病了，此时，他最需要有个人关心。如果企业能及时发现并关心他的病情，并适时给予请假或一些医疗服务，那么这个员工一定会感激不尽的。当一个刚上任的员工，对工作还不是很熟悉，还在彷徨时，给予关注，并热情帮助员工尽快熟悉工作流程，那么，员工就感到很温暖，工作效率也会大大提高。当人事调动发生时，员工常常心中不安，这时候和员工交流、谈话，消除他们的顾虑，这样就不会影响他们的工作。当员工个人感情出现问题，如果能给予一定的帮助和开导，也会增加员工对企业的感情。关爱员工还体现在为员工分担生活压力上，例如，企业可以做出一些如带薪休假、医疗养老保险、失业保障等制度，为员工解除后顾之忧。

法国企业界有句名言："爱你的员工吧，他会百倍爱你的企业。"企业能多给予员工以关爱，从细微处关怀员工，用真挚的情感对待员工，那么企业必能感动员工，员工才会以真情回报，担负起做好工作的责任，为企业全心全意效力。

当然在企业团队中，还需要同事之间的相互关心相互关怀，同事之间亲如一家，则更有利于企业团队的发展。

懂得和团队成员分享

懂得分享，企业团队和员工共同分享企业的每一次成功，团队成员之间能相互分享彼此的工作收获，那么，整个企业才能收获更多的荣誉和快乐。

一名在日本工作了9年的员工，在离开公司的时候，能拿到数十万日元的年金。这个数字已经很可观了，但是，他的老板还遗憾地说："如果你做满10年，年金的系数还能增加1.5倍。"这就是日本企业的管理方式，他们制定年金制度，员工在企业工作的时间越长，积累的年金便越高，如果能从一而终干到退休，一次性领取的退休金是相当可观的。

企业制定年金制度是和员工分享企业成果的重要方式。

据统计，早在20世纪80年代，日本的年金覆盖率就超过90%，丹麦几乎是100%，其他一些欧美国家也有相当高的比例：荷兰85%，英国60%，美国50%，爱尔兰40%，就连最低的西班牙也达到了15%。高年金不仅提升了人们的幸福感和安全感，也大大有利于企业的稳定和长期发展。

艾美特公司是专业生产家用电风扇、电暖器等家电的台资企业，1991年在深圳建成投产，现有员工8 000人。建厂第二年，艾美特公司就成立了工会，成为深圳市第一家建立工会组织的台资企业。该公司在2004年推行了"明确配股原则，规定配股条件，量化配股数额，逐步扩大配股比例"的举措，开创了非公企业职工共享发展成果的先例。

企业发展离不开员工的辛勤努力。把企业收获的利益和员工共同分享，例如，年金制度或分给员工股票这样的分享方式，把员工的利益和企业的利益紧密地联系在了一起，这样员工就会产生自己多劳动就是间接地给自己多赚钱，员工就会关注企业的发展，把企业当作自己的一样，努力工作，这样就会给企业带来更大的效益；反之，现在有些私营企业不懂得分享，总是一味地克扣工人的工资，压榨工人的劳动成果，一副资本家的嘴脸，那么，这样的企业是定然不会得到较大发展的。企业的主力是员工，正是因为员工们的努力，才使企业获得成就，如果不犒劳员工，企业主吃独食，员工认为自己再努力，也只不过是给老板送钱，自己也没有任何回报，这样就会大大挫伤员工工作的积极性，就很容易出现消极怠工、偷懒等不良现象。这样的企业也留不住真正的人才。

当然企业不仅可以和员工一起分享成果，也可以和员工一起分享企业未来的前景，企业在和大家分享未来前景的时候，能使员工看到企业的光明的未来。这样能提高员工的积极性。

企业懂得和员工分享成果和前景，企业团队中的每个员工之间也要懂得分享成就和成果。懂得分享的员工成功路上才不会孤单，分享使我们不再孤军奋战，它使我们凝结团队的温暖和力量，朝着梦想前进。

但是，我们也常常看到这样的现象，在一个企业团队中，员工之间因为存在竞争，而很少沟通，说话时候只不过是一些敷衍话，从来不会把自己的工作体会相互交流，总是防备着别人从自己这里学到什么东西，防止其他员工超过自己。然而，这样的结果是企业员工成长很慢，或者是故步自封，尤其是在一些需要创新开发思维的公司中，企业员工不能交流思想，只是一味地闷头苦想，常常不利于创新思想的产生。长此以往，员工就会被新来的更有能力的人代替。所以要想自己在竞争中保持强大的竞争力，就要学会和同事分享自己的经验和成果，这样才能有利于团队成员的发展。

每个人都应该是平等的，团队成员之间的分享是不应存在任何私心的，一些人机关算尽，想尽办法获得他人更多的经验或信息，却用各种方法避免他人从自己口中获得任何知识、经验。彼此的分享应该是双向的，坦诚的，只有你把自己的想法真实地说出来，别人也才会把他的真实想法告诉你。开启心灵之窗，坦诚地和团队成员交流经验，只有这样，团队中才能营造一种团结、和谐、正当竞争的氛围，团队成员才能共同进步，共同发展。

团队成员在交流经验的同时，也增进了彼此的了解，在畅快无阻的沟通中，我们能享受到更多的分享所带来的快乐，因为帮助他人时，我们能收获他人的感激和微笑，这使我们的心灵得到了极大的满足。同样他人帮助我们的时候，他人也收获了心理上的满足，这样大家就都非常高兴，大家都在愉快的氛围中工作，就有利于成员之间的进一步沟通，进而相互帮助，团结协作，共同分享工作的得与失，共同探讨提高工作效率的方法，那么这个企业团队定然能得到很好的发展，而员工彼此之间增进了感情，就使员工的流动性减少，使企业留住有才能的人。

谦虚是赢得团队成员尊重的优秀品格

谦虚就是指不自满，虚心接受他人的批评，并诚恳地向他人请教。一个有真才实学的人往往都虚怀若谷，谦虚谨慎；而不学无术、一知半解的人，却常常骄傲自大，自以为是。谦虚是一种美德，是进取和成功的必要前提。正是富兰克林的谦虚态度让他走得更远。

富兰克林被称为"美国之父"。在谈起成功之道时，他说这一切源于一次拜访。在他年轻的时候，一位老前辈请他到一座低矮的小茅屋中见面。富兰克林来了，他挺胸抬头，大步流星，一进门，"砰"的一声，额头重重地撞在门框上，顿时肿了起来，疼得他龇牙咧嘴。老前辈看到他这副样子，笑了笑说："很疼吧？你知道吗，这是你今天最大的收获。一个人要想洞察世事，练达人情，就必须时刻记住低头。"富兰克林之后便牢牢记住了老前辈的教导，把谦虚列为他一生的处世准则。

作为一个团队成员，更需要有谦虚的精神，因为团队中的任何一位成员都可能是某个领域的专家，所以你必须保持足够的谦虚。你可能会觉得某个方面他人不如你，但你更应该将自己的注意力放在他人的强项上，只有这样才能看到自己的肤浅和无知。当我们发现自己的短处时，就会使我们有压力，并努力克服自身短处，在团队中不断进步。

小李博士毕业后被分到一家研究所工作，成为这个所里学历最高的一个。有一天他到单位后面的池塘去钓鱼，正好正副所长都在那里钓鱼。

小李心里在想这两个人都是本科生，跟他们没有共同话题，没有什么好聊的。于是小李只是朝着两人点点头。一会儿，正所长放下渔竿伸伸懒腰，蹭蹭从水面上像飞一样跑到对面去上厕所，这可把小李给惊呆了，心里想这难道是武侠小说中所说的"水上漂"？怎么可能呢？但是，这可是两三米深的池塘啊！正所长上完厕后，依然是从对面"漂"过来。小李想去问个究竟，可刚才没打招呼，便不好意思开口，并且自己可是博士啊！可是没想到，过了一会儿，副所长也站起来和正所长一样从水上"漂"了过去。这一下使小李更是惊讶，差点晕倒，心想今天难道真是碰到了传说中的武林高手了吗？过了一会小李也想去上厕所。可是池塘两边都是围墙，要去厕所得绕行十多分钟呢，这可怎么办？

小李又不愿意问两位所长，所以憋了半天后，于是横下心就往水里跨，心想："我就不信我一个博士生，还不如两个本科生，他们能过去我也能过！"结果"扑通"一声，他掉进了池塘里，两位所长冲上去赶紧把小李从水中救了出来，关心地问他伤到没有，并问起原因来。小李涨红着脸说出缘由。两位所长听后哈哈大笑，原来在他们钓鱼的位置有很多木桩通向对面的厕所，这两天下大雨，池塘的水位上升了把木桩都淹没了，但是木桩的位置都知道，所以才有了刚才"武林高手"的表演。小李听到这里才恍然大悟，惭愧地低下了头。

其实，当时只要小李谦虚一点，放下博士生的架子，就可以顺利地去对面上厕所。正是因为他没有谦虚请教两位所长，反而招来这样大的笑话。人和人本质没有区别，就像一句谚语中说的那样："光滑的瓷器来于泥土，一旦破碎就归于泥土。"学历的高低不代表能力和品德的高低，尊重有经验的人会使自己少走很多弯路。"尺有所短，寸有所长"，任何人都可能成为你的老师，谦虚向他人学习，自己才能不断进步。

谦虚是一种美好的品德，它也是拉近同事之间关系的最好武器，因为没有人喜欢骄傲自大的人。当然，我们每个人都希望展现自己美好的一面，想要得到上级或同事的认可和赏识，的确需要适当表现自己的能力和成就。但是，如果表现过了头，不能及时收敛，那么，最后就可能被人莫名其妙地孤立起来。

小张毕业于北京一所重点高校，人长得漂亮，业务能力又强，常常得到上司的赞赏，她也不谦虚，总认为自己哪里都比别人好，总是流露出一种优越感，这让其他同事感觉很不舒服。仗着自己被老总赏识，她有时候对不小心冒犯她的同事冷言冷语，一副不可一世的样子。久而久之，公司里的人都和她疏远了，后来，公司里就传言，小张和老总有暧昧关系，每天小张一进办公室，就感觉有人在她背后议论纷纷。但是，谁又能帮她辩解呢？她在公司里越来越孤单了，后来她实在待不下去了，便辞职了。

其实，小张之所以被逼辞职，归根结底就是在平时工作中太炫耀自己，还不注意搞好同事之间的关系，结果落得没人帮助的地步。她若谦虚点，定然会有人替她辩解的。法国哲学家罗西法古有句名言："如果你要得到仇人，就表现得比你的朋友优越；如果你要得到朋友，就让你的朋友表现得比你优越。"懂得谦虚，尊重他人，人尽其才、物尽其用，事事不争第一，处处为他人着想，这样才能使团队共同进步，才能立足于社会。

谦虚绝不是通常意义上的客套和虚伪，也不是遇到工作时的退缩和推诿，更不是大家一般所谓的深藏不露，如果企业需要你发挥自己的能力，并且你有这样的能力的时候，你就要以大局为重，知难而进、当仁不让，绝不能把谦虚作为推卸责任的借口。

心 怀 感 恩

感恩的意思就是感激他人对己所施的恩惠，并设法报答。感恩是一种积极向上的态度，感恩是一条人生基本的准则，是一切生命美好的基础。心怀感恩之情，我们对环境、对他人就会多一分欣赏和感激。常怀感恩之心，我们生活的世界会更加美好。

一个生活贫困的男孩为了积攒学费，挨家挨户地去推销商品。一天傍晚，他感到疲惫不堪，饥饿难挨，但是，他推销得却很不顺利，以至于他有些绝望。这时候，他十分饥饿，于是他顺便敲开一扇门，希望主人能给他一杯水喝。开门的是一位美丽的年轻女子，她给了他一杯浓浓的热牛奶，这让男孩感激万分。很多年过去了，那个男孩成了一名著名的外科大夫。而曾给他恩惠的那个女子身染重病，当地的大夫都束手无策，便被转到了那位著名的外科大夫所在的医院里。外科大夫为妇女做完手术后，惊喜地发现那位妇女正是多年前在他饥寒交迫时，热情地给她牛奶喝的那个年轻女子，正是当年那杯热奶使他又鼓足了信心，完成了学业。手术结束后，那名女子转危为安，当她拿起手术费单，想看看这个手术到底有多昂贵时，却惊喜地发现，手术费单上只有一行字：手术费＝一杯牛奶。

正是年轻女子的一个小小的善举，使她在遇到困难时得到了有力的援助，而那个年轻的男子正是因为接收到了女子的关爱，才重新燃起对未来的希望之光，并坚定地走了下去，完成学业，用自己的双手去拯救他人的痛苦。心怀感恩之心，我们看世界才多了更多的美好和光明，少了很多狡诈和黑暗。

一个人想了解地狱和天堂的区别，上帝就带他先去看地狱。那天地狱吃的是三鲜饺子，可一看地狱的人个个面黄肌瘦，饿得嗷嗷直叫。原来，饺子盘都放在一个两米宽的大长桌子的正中间，地狱的人分坐在两边，人人手里拿着叉柄两米长的不锈钢叉子，叉住饺子送不到嘴里，能看不能吃。到了天堂那边，也是吃三鲜饺子，桌子一样，叉子也一样，桌子两边坐的人却个个红光满面，快快乐乐，原来他们在互相喂对方！

这就是天堂，天堂上拥有的都是一群懂得感恩的人，他们乐于帮助别人，当然，在帮助他人的同时其实他们也是在帮助自己。但是在现实生活中，我们却常常看到像地狱中所说的这种情况，有些人不懂得感恩，不懂得团结，所以，虽然他们有着和天堂一样的环境，但是，他们因为不懂得帮助和感恩，所以，彼此都不能吃饱，生活变成了地狱。在生活中，有的人却对他人的无私帮助熟视无睹，甚至伤害帮助他的人。这样的人就像是东郭先生救下的狼一样，不懂得感恩报答，却要对自己的救命恩人下毒手。所以狼最后被猎人打死的下场也是罪有应得。

团队成员之间如果不知道感恩，就会像渔夫和金鱼的故事中的渔夫的妻子，她只知道一味地索取，却不知道满足，不知道感恩，最后，她还是变回了穷老太婆，没有人再帮助她了。所以，作为团队成员，我们应该珍惜他人对我们的热情帮助，心存感恩之心，并在能帮助他人的时候，报答他人。这样相互帮助，相互支持，团队成员团结一心，亲如姐妹兄弟，才能共同进步，走向成功。总之，一个懂得感恩的员工，才是一名优秀的员工，才能得到团队的认可和帮助。

当然作为企业团队中的一员，我们更要懂得感恩企业，感恩企业给我们就业的机会、感恩企业为自己提供了成长的机会、感恩企业为自己提供提升个人能力及素质的机会。用一颗感恩的心去面对工作，我们心中才充满热情，才有更多的工作的动力和积极性。感恩企业，能使我们努力克服工作中的困难，帮助企业获得更大的成就，把工作看作是自己的事业。这样，我们在工作中会收获更多，而我们在感恩之心推动下所取得的成绩也会是非常突出的。这时，企业也会对表现突出的员工给以相应的回报。这样企业和员工才能团结在一起，共同进步，共创事业上的辉煌。反之，一个不懂得感恩的人，整天抱怨企业对他们太刻薄，企业不人道，自己却在每天的抱怨声中消磨日子，不思进取，那么，这样的人必然会遭到社会的淘汰。

作为企业主，同样需要怀一颗感恩的心。我们经常会看到一些企业主高高在上，一副不可一世的样子，和员工讲话摆出一副骄傲的样子，好像员工都应该感激他给他们工作。这让员工很不舒服，员工会因此很反感企业主，心中更没有对企业主的丝毫感激，即使企业主真的大发善心，接济了一个家庭困难的员工，员工也会有一种耻辱感，而不是感激。这是为什么呢？因为企业主没有平等地看待员工，这严重打击了员工的尊严。这样想要得到他人的感恩是不可能的。其实，企业主也应该感谢员工，因为正是有了员工的奉献，才使企业得以生存和发展。而企业主如果怀一颗真正的感激之心去感谢员工，去用奖励回馈员工，那么，员工就会从中体会到工作的快乐，就增加了对企业的感情。企业主视员工如自己的兄弟姐妹，那么，员工就会用兄弟姐妹般的情谊来看待企业，就会努力工作，以不辜负领导的期望。一个懂得感恩的企业主，才能得到员工的支持和拥护，才能成为一个成功的企业主。

第八章

自豪感+荣誉感+成就感=团队精神

为团队而自豪

自豪，是指为自己或与自己有关的集体所取得的成就、荣誉而感到光荣、骄傲。一些员工常常会因为自己在一个非常知名的企业工作而感到自豪，因为当家人或朋友问到自己的工作时，员工可以非常自豪地说我的公司是某某跨国公司，我们在某某公司工作，这家公司是全国十强，电视上某某广告就是我们做的……显而易见，员工们感到非常自豪。因为公司的发展壮大，集结了该公司每名员工的智慧和汗水，当员工们的辛苦没有白费，当员工们的努力使企业发展壮大了，成为著名企业时，员工们心中不仅仅是停留在待遇丰厚方面的满足，而是对公司有了更深层的依恋感，为公司发展而自豪。所以，员工的自豪感是使员工心系企业、扎根企业、奉献企业的根基。当这种精神力量付诸行动时，其力量非常强大。

当然，作为现在还处于起步阶段或者刚刚发展起来的公司中的一员，我们也要为之感到自豪，因为一个刚刚成长的公司，也许在每名员工的努力下，它将来也能成为企业界的龙头。而在这样的企业中更容易发挥我们的能力，我们努力收到的效果会更明显。当我们和企业共同成长时，我们会经历很多事情，我们为了共同的理想走到了一起，和团队中的成员团结一心。在团队中，我们会熬夜讨论方案，会为了研究某个问题整日啃着方便面生活。但是，在这个过程中，我们因为爱这个企业，所以，当我们取得一点成绩时，我们更能体会自豪的感觉，这种自豪的感觉还能增加我们继续拼搏，继续奋斗的信心。

在银行业竞争激烈的北京城，北京银行在刚刚成立时，和四大国有银行相比，根本就没有任何先天优势。但是，月坛管辖分行业务部主任付月英没有因此而气馁，她和她的团队每天都在市场上拼搏，终于，他们取得了骄人的成绩。当记者采访她时，她说："每个人都很努力，我真的为我所在的团队和月坛管辖分行感到自豪，这绝对是一个非常优秀的集体。正是这支优秀的团队使我在工作最困难的时候依然坚信，我们一定能够取得成功。"

自豪感还表现为团队成员对团队的普遍认同感。一个高效的团队往往对团队具有非常高的认同感。他们会把团队建设当作自己的事情，当成自我不可分割的一部分。团队成员的这种自豪感，能使团队成员为了团队的发展，为团队大局着想，甘愿舍弃自身的小利益。自豪感是团队成员愿意为团队奉献的精神动力，它能使员工心系企业、扎根企业、奉献企业，把企业的事情当成自己的事情去做，关注企业的发展，把企业当成自己的企业。

当然如果一个企业管理涣散，奖惩不明，效益上不去，领导没有作为，那么，这样的企业只能使员工看到企业发展的末日，根本不能激发员工的积极性。对员工没有关怀、没有理解、更没有什么奖励，那么，这个企业的员工是没有什么自豪感可言了，更没有工作的积极性了，长此以往，这个企业必然走向败落。反之，即使这个企业效益不好，待遇也不是很好，如果领导能让员工看到未来的发展方向，能关怀员工，理解员工，能让员工因为有这样一个管理者而自豪，那么，这个企业还是有发展前途的。由此可见，员工的自豪感关系着企业的命运前途，至关重要。

那么我们如何增强员工对企业的自豪感呢？

1. 企业应该给员工优厚的福利待遇

有些企业本来效益不好，为了节省开支，就降低员工的待遇，以此苟延残喘。然而这样做的结果，只能使更多的人才流失。没有了人才，企业同样会受到大的损失。所以，要想留住人才，就应该给员工好的待遇，留住优秀的员工。同时，还应该让员工知道企业发展的困难，员工的收入没有因此受到影响，他们则会对企业产生好感，则不会计较个人利益的得失，从而为企业发展积极献言献策。即使有时候需要员工无偿加班，那么，员工也会考虑到企业的发展，而不去计较。企业的凝聚力强大了，员工都能齐心协力，共同努力工作，这个企业就能逐渐转危为安。员工因为有这样一个企业而自豪，企业的发展也会使员工感到自豪。这样就加深了员工和企业的感情。这种自豪感便会成为一种持续的动力，支持着员工努力工作，支持着企业不断前进。

2. 多给员工提供培训的机会

作为企业一定要关怀员工的成长，如果企业视员工如机器，不理会员工的心情，员工不能收获关怀，情感上是冷寂一片，那么，员工也不会有自豪感。每名员工都渴望在企业中得到发展和锻炼，希望企业能给自己多创造成功的机会，但是在现实生活中，一些企业为了减少成本，很少给员工进行培训。员工认为企业太吝啬，如资本家一样压榨员工，那么，员工的积极性会大大降低。其实企业给员工作培训，虽然有所消耗，但是，培训能使员工学到好的专业技能，能更好地工作甚至提高工作效率，同时更重要的是，培训能使员工增进对企业的感情，能建立一种自豪感，这样会大大提高员工的积极性，而员工既然有了优越的发展空间，对企业有着很好的感情，又怎么能轻易地走了呢？即便是有人走了，还会有优秀的人才被吸引过来的。这样整个企业必然能够在发展上更上一层楼。例如，陕西一家公司的配货中心就是通过优化完善人才机制、给员工开展培训来激发员工的自豪感，这种方法获得了许多店长及店员的赞许，也增强了他们的集体自豪感。

3. 鼓励员工

经常和员工沟通，多把员工集合在一起开会讨论，在会议上讲明企业的发展状况，并用一些员工的优秀事例来激励员工。对员工做出的成绩要及时鼓励，以便提高员工的积极性。经常鼓励员工，长时间下来，就会对员工有潜移默化的影响，员工的气势上来了，精神面貌会焕然一新。

总之，建立员工的自豪感，要抓住员工的心态，增强员工对企业的感情。

团队的荣誉感

荣誉是指因为成就和地位而得以广泛流传的名誉和尊荣。

荣誉感，是人们的一种高层次精神追求，在人生旅程中有着举足轻重的地位。法国思想家孟德斯鸠说："光荣是我们获得的新生命，其可珍可贵，实不下于天赋的生命。"歌德也曾说过："你若失去了财产——你只失去了一点儿，你若失去了荣誉——你就丢掉了许多。"一个人有了强烈的荣誉感，才会有向往荣誉、远离羞耻的道德取向，才能有不畏艰难、顽强奋斗的战斗精神，才会有争创一流、建功立业的无穷动力。一个没有荣誉感的人不会成为一个优秀的人，一个没有荣誉感的团队是没有希望的团队。

西点军校始终把荣誉教育放在优先地位。在西点，每一位学员都必须熟记所有的军阶、徽章、肩章、奖章的样式和区别，记住它们代表的含义和荣誉，同时还要记住西点会议厅有多少盏灯，甚至校园蓄水池有多少蓄水量等这类内容。这样要求，在无形中会培养起学员的荣誉感。

作为企业来说，同样需要培养员工的荣誉感。军人把荣誉视为自己的生命，任何有损军人荣誉的言行都是绝对禁止的。同理，如果一个员工对自己的工作有足够的荣誉感，对自己的工作引以为荣，对自己的公司引以为荣，那么，他在工作中一定会焕发出强大的工作热情。反之，如果一个员工缺乏荣誉感，他就对工作没有了热情，就激发不了他的兴趣，那么，他做起工作来就很困难。因为心不在焉，或者痛苦地工作，所以往往工作做得也不完美，也不求甚解。并且长时间工作还会形成他的厌烦情绪，对公司的规章制度视为是多余和麻烦，违反了规章制度也不知道悔过，对公司的惩罚还会产生抵触心理，这样的人在工作中就不会有积极的作用，时间久了，必然会遭到淘汰。当然，如果这个人是身居要职而又居心不良的"精明能干者"，就会留下很多祸患，不知道什么时候就可能做出有损公司的事情来。所以，每一个企业都应该注意培养员工的荣誉感，每一个员工都应该唤起对自己岗位和公司的荣誉感。

一名学者入住一家有名的宾馆，第二天早晨，他刚打开门就看见走廊上站着一位漂亮的服务员，她走过来对学者说早上好，并叫出了这个学者的名字。这让学者很惊讶，学者问："你怎么知道我的名字。"她回答说每个客人入住我们的旅馆，我们都要记住他的名字和他的房间号。

后来这个学者从四楼坐电梯下去，到了一楼，电梯门刚一开，就有一个服务员站在那里，微笑着对学者说早上好，同样也叫出了他的名字。这让学者更惊讶。学者问她，她说上边有电话打下来，说您要吃早餐。随后，服务员把学者引到了餐厅，给他端上来一个点心。学者好奇地对这个颜色鲜艳的点心问这问那。"这个红的是什么？"服务员看了一眼，然后后退一步说："那是樱桃末"，"那个黑的又是什么呢？"服务员又看了一眼，后退一步说："是巧克力"。学者看她说话时总是向后退，又是纳闷，后来才知道服务员是害怕自己说话的唾沫落到点心上。

当然，这种情况在其他一些高级旅店中我们也会看到，然而员工能自觉自律地把这件事做得这样好，这其中不乏有荣誉感的驱动。正是因为她们心中以旅店为荣誉，所以她们工作充满热情，能尽心尽责地做好自己的分内事，并且非常小心，生怕自己的一个小小的错误给旅店沾上污点。正是因为有这样一群懂得创造、保护荣誉的员工，才使这个旅馆有了如此的辉煌。而这样的员工，也是企业所青睐的对象，即使这个人没有多少才能，企业也愿意留住他作为企业的培养对象，因为，这样的员工才会把企业当成自己的家，这样的员工才能更加忠诚于企业，值得企业信任。

凯伦是一家大饭店的服务生，因为工作努力被评为最佳店员。有一天，一位正在饭店吃饭的顾客突然倒地，口吐白沫。众人见状都大惊失色，纷纷认为是饭菜中有毒。在这关键时刻，她没有惊慌，而是先打了急救电话，然后再去竭力安抚顾客，并向其他顾客保证饭菜中绝对没有毒。但是，当时还是有绝大多数人不相信她说的话。为了让大家相信她，她当场吃了口吐白沫顾客桌上的饭菜，又吃了其他一些顾客桌上的饭菜。为防止谣言的扩散，她还请求大家等医生来判断。这样，顾客的情绪安定了很多。

不一会儿，急救车来了。经过医生的细心诊断，断定这名顾客是犯了"癫痫病"，并非所谓的"中毒"。

在这次事件中，凯伦表现出了极大的勇敢和智慧，从而极大地维护了公司的荣誉，避免了公司受损，因此，她受到了公司的高度赞扬，不久便被提升为外事部主管。

优秀的员工认为，工作绝非为了一份薪水，而是因为他们能真正融入到这个团队中去，他们具有一种对企业的认同感和归属感，而这一切都建立在荣誉感的基础之上。具有荣誉感的人，才能全力以赴地去工作，才能做出有益于单位和工作的行为。但是，在现实生活中，有多数人都觉得自己是在为老板打工，干活、拿钱就是工作的全部，认为企业的发展与否不是自己负责的。企业发展得好，我就在这干，发展得不好，随时都可以走人。但是，作为企业团队中一员，企业有需要员工帮助的时候，员工应该负起责任，绝不能袖手旁观，看热闹。这种员工才是企业真正需要的。而一旦企业发展好了，企业也会为这种人展示个人才能、实现他们自身的理想提供广阔的空间，他们个人的成功之路也会走得更快、更远。

为了增强团队的荣誉感，作为企业也应该让每名团队成员清楚地知道团队的现状和发展情况。把团队的发展和团队成员的前途紧密结合起来，如果团队成员不能认识到荣誉对他们、对他们的工作、对企业意味着什么，那么，团队的员工就没有动力去争取荣誉、创造荣誉。

同时，明确奖惩制度，使每名员工看到自己的努力到什么程度就会得到怎样的荣誉，在团队中创造争夺荣誉的氛围，那么，员工就会更有热情和动力投入到工作中。

团队的成就感

成就感就是指一个人做完一件事情时，因为自己所付出的努力有了成就而产生的自豪感。

在物质产品如潮水般涌向人们的今天，精神上的快乐却似乎离人们越来越远；在以谋生为目的的工作中，快乐更是成了"奢侈品"。因此，中央电视台联手10多家媒体进行了一次"快乐指数"调查。调查显示在认为工作快乐的群体中，他们之所以快乐的绝大多数原因是"工作体现自己的能力和价值"，而"挣钱多"排在了最后。由此可见，现代职场人对于成就感有着强烈的关注，成就感是快乐最有效的催化剂。

一般情况下，人们在工作中贡献的力量越大，取得的成果越多，他的成就感就越强烈，然后他对创造更多的成就充满热情和动力。

楚汉相争初期，项羽的谋士要比刘邦多，可是到了最后，项羽的谋士像韩信、陈平都投奔了刘邦，结果刘邦胜利了。项羽武艺绝伦，并且他也懂得兵法，每次征战，项羽都要亲自上阵，把全部的荣耀揽于自身；而刘邦却是好色贪杯之人，但他却能把所有的荣耀分给他手下的将领和谋士。显而易见，在战争的成就感上，项羽的成就感是最强的，但最终他失败了，因为他没有让他的团队中其他成员也获得成就感。例如韩信，韩信的出谋划策都没有被项羽重视，于是韩信的成就感没了，工作的积极性也没了。

同样，如果让工作团队中的每个人都有展示自己的机会，当他们从工作中有所收获时，他们也收获了成就感，这种成就感会催促他们继续努力工作。而如果作为领导者处处插手，干预员工的工作，使员工失去了自主权，那么，员工就没有了成就体验，降低了员工的成就感。适度地放权，让员工在一定范围享有充分的自主权，才能极大地激发员工的成就动机，极大地满足员工的成就需要。

那么在团队中如何培养员工的成就感呢？

1. 减小工作团队

把工作任务交给小的团队组织，让团队中的每个成员都有更多的任务去完成，那么，每名团队成员所做的贡献就非常明显，这样就能增加团队成员的成就感。例如，做一项工程，就可以一个人负责外联，一个人负责设计，一个人负责采集材料，一个人招工人。这样每个人负责整个工程不可或缺的一部分，那么，当他们完成时，那种成就感就非常之大。

2. 让每名员工体会到自己的重要性

在一个团队中，一个人的地位越高越重要，那么，他就越能体验到更多更强烈的成就感。但是，在工作实践中，管理者只有很少的一部分人，那么作为普通员工又怎么能建立他们的成就感呢？这就需要团队为每一个成员规定明确且具体的责任，让团队中的成员认识到团队所取得的工作成果中有自己的一份贡献，使团队成员都认识到自己是不可缺少的一员，那么，团队成员就会为了早日看到自己的成果而努力奋斗。当团队成功实现自己的目标时，要对每个员工表示庆贺，让每个员工都分享自己劳动成果所带来的满足感。

3. 企业领导要学会授权

团队中的成员应该有充分的自由权，自主地决定自己该怎么做，而不能没有自己的意志，像一台机器那样完全受负责人的支配。如果这样工作，处处找负责人，不清楚自己所做的工作的目的，或想要达到的程度，在工作中就很可能出现失误。所以，企业管理者应该把适当的权力授予员工，员工担负起了业务重任，领导相信员工，鼓励员工创造性地工作，并且经常对员工给予鼓励和关怀。这样员工就会心怀感激，在工作实践中能全身心地投入，并且能总结经验，逐步提高自己的工作能力。员工肩负着领导的重托和工作任务，有了压力，也有动力，便能努力把工作做好。如果员工在工作中出现一些小的失误，那么，作为领导者要多鼓励，提高他们的自信心，多指导而不是批评和不管不问。只有这样，他们才能消除消极思想，继续努力。当他们有所成就的时候，他们就得到了极大的满足，并且这种满足感能促使他们继续努力工作，为企业创造更大的辉煌。

4. 建立公正、透明的业绩比较平台

通过比较才能知道自己的位置，通过比较才能发现自己的欠缺。业绩比较能使优秀的员工得到极大的成就感，能提高他们工作的积极性。对于成就不明显的员工也是一种激励，让他们找到工作的动力，更加努力工作。当然这个结果要让人信服，就一定要制定清晰明确的考核办法，让每个员工都能明白努力的方向，这样才能激发员工的成就感。同时，让下属真正感觉到管理者在关注着他们，使他们看到一个机会。

5. 多给员工提供培训机会

员工通过培训找到了自身的不足，并且也开阔了他们的视野。这样他们就能找到自己继续发展的方向，对自己的职业生涯有了个清楚的规划。那么，他们会更加努力，朝着自己的期望目标一步步前进。

6. 给员工提供具有挑战性的工作

适度的挑战性工作能激发员工的工作热情，激发他们自身的潜能，使员工有一种通过努力达到成功的渴望。当员工通过努力实现了这个目标的时候，这份具有挑战性的工作会给员工带来极大的自信和成就感，会为他以后的工作带来积极的影响。

成就感比物质激励更有作用，它是激励一个人前进的强大动力和不竭的源泉。虽然，它的推动作用大于物质，但是，如果一味地强调精神鼓励，却没有一点物质上的鼓励，也不能调动员工的积极性，毕竟物质是基础。

个人如何在团队中取得成功

团队成功了，作为成员的我们感到光荣、感到自豪，也体会到了成就感。那么当我们通过努力，使团队获得成功，团队又给了我们良好的发展平台时，我们该怎样做才能在这个平台上充分展示自己的才能，取得个人的成功呢？

首先是能力问题，要想自己在团队中获得更大的进步，关键的一点是自己一定要有能力，这是一个硬性条件。如果连能力都没有，团队给你的任务，你都不能完成，不能胜任这些工作。那么，你只会给团队带去很多麻烦，其他团队成员也会对你产生抱怨，这样，你是自动放弃了大好的发展平台。我们想要在工作中取得一定的成果，需要具备哪些因素？我们在职场中怎样获得这些因素呢？

我想应该把握以下关键的5点：

第一，加强专业技能。专业能力主要是指从事某一职业的专业能力。在求职过程中，招聘方最关注的就是求职者是否具备胜任岗位工作的专业能力。例如：你去应聘教学工作岗位，对方最看重你是否具备最基本的教学能力。这是最基本的能力，这是能够进入相应职场的敲门砖，如果没有这个能力，就等于说你不能给团队创造价值，那么，团队怎么会要一个没有用的人呢？专业能力的提高主要有两个途径：一方面来源于书本知识，平日里我们可以根据工作需求去查找相关资料，来提高自己的专业能力；另一方面来源于实践，在实践中自我学习，自我摸索，还有就是当遇到一些自己难以解决的问题时，可以向别人请教。过去所谓"一技之长"，现在成了"一技之短"，因为单一技能的人才过剩，若能跨领域培养多重专长，将可拉开领先距离。

第二，锻炼学习能力。机遇永远垂青于那些有准备的人，有准备的人就是平时善于学习、善于积累的人。为什么起点一样，有的人工作成绩突出，有的人不突出，有的人一遇机会就脱颖而出，有的却不能。一个很重要的原因就是学习上的差异。养成时时学习、处处学习的良好习惯，会使我们成长得更快。一个具有学习能力的人，在别人一句不经意的话中，就能捕捉到很多重要信息。例如，别人说了句"这个菜不能买，现在正是贵的时候"。也许就是这句简单的话都会引起具有很强学习能力的员工的好奇，他会追问原因。在询问中，他学到了怎样买商品更便宜。要提高自己的学习能力，扩大自己的见识面。有时间和机会的话，可以到自己不熟悉的部门看看，了解其他部门的工作性质。多接触其他部门的同事，可扩大自己的人际网络。

第三，锻炼处理人际关系的能力。有些人往往会在你意想不到的时候，提供你意想不到的一臂之力。但是"贵人"不会从天上掉下来，平时就要勤于耕耘，多结交朋友，多建立人脉网。要想让别人帮助自己，自己就要先帮助别人，这样，当你需要帮助的时候，才会得到他人的帮助。换句话就是"付出才有回报"。

个人能力是事业成功的地基，而人际关系就好比是一扇门，打开了就会平步青云。所以说，一个员工就算工作表现非常好，但如果没有和同事保持良好的关系，最终只会令自己的工作前景变得不理想。要保持和谐的工作关系，首要学会尊重别人，并保持大方有礼的表现。从古到今，广言之"得民心者得天下"，可见人脉关系多么重要。你不可能让公司里所有人都喜欢你，但你可以让公司里大部分人喜欢你。所以你平时要勤加努力，能帮助别人的，在做好本职工作的同时就尽量多去帮助别人，人心都是肉长的，你的付出大家都会看在眼里，你的成长大家都是见证人。群众的眼睛是雪亮的。不要说别人坏话，言多必失，如果没有必要尽量少开口，多听，多应和别人。不要参与派别纷争，如果你还没有实力就不要加入任何一方，在公司内部党派纷争中，牺牲的往往是最卑微的人。用真心诚意去面对每一个人。

第四，进入公司核心部门，并在工作中表现自己。在公司中要想获得成功，还要抓住公司的核心部门，核心部门决定着公司发展状况，核心部门的人也最有权威，公司最为重视。在这个核心部门工作，一方面能够给自己充分发挥才能的机会，这里有优厚的资源；另一方面在这个部门要想实现理想，就应该在工作中表现出色，发挥自己的才能。另外在每日的工作流程中，总会有许多意想不到的问题出现，职场中人应该抱着勇于面对的精神。事实上，逃避要处理的问题是非常不理智的决定，因为问题仍然存在，始终都需要自己解决。

第五，要抓住机遇，善于把握机遇。能否善于抓住机会，是一个人成功与否的重要条件。机会往往是偶然的，稍纵即逝。因此，要抓住机会，就必须有一个精明的头脑详细地研究，细心地察看，捕捉机遇。

例如，拿破仑起初在军队里只是个小小的尉级炮兵军官。1793年，他被派往前线，参加进攻土伦的战役。正当法国军前线指挥官面对土伦坚固的防守犯难的时候，拿破仑立刻抓住这个机遇，直接向特派员萨利切蒂提出了新的作战计划。在萨利切蒂苦无良策时，看到拿破仑的计划很有新意，就立即任命拿破仑为攻城炮兵副指挥，并提升为少校。拿破仑抓住这个机会，在前线精心谋划，勇敢战斗，充分显示出他的胆识和才智，最后攻克了土伦。他因此荣立战功，并被破格提升为少将旅长，为他后来叱咤风云，登上权力顶峰奠定了基础。

首先，抓住机遇，机遇是给有准备的人的，所以，在机遇还没有到来之前，应该先为抓住机遇做好充分的准备。其次，从小事做起，认真做好每一件事。因为机遇总是突然地、不知不觉地出现，有时你甚至一辈子也不知道哪个是机遇。所以，把每件事做好，也许当你成功的时候，才知道，你做的那件不起眼的事情就是机遇。再次，必须发现机遇。生活中处处充满机遇。社会上的每一项活动，报刊上的每一篇文章，人际中的每一次交往，生活中的每一次转折，工作上的每一次得失等，都可能给你带来新的感受、新的信息、新的朋友；都可能是一次选择、一次机遇，是一次引导你冲破人生难关的契机，为了及时发现机遇，我们要锻炼敏锐的洞察力。最后，当发现机遇的时候，要全力以赴，兢兢业业地抓住它。人生能有几回搏，"机不可失，时不再来"，一旦发现机遇，就不要错过，一定要全力以赴去追逐，不要掉以轻心，有好多机遇往往就相差一点点就失去了。

总之，一个成功的团队给了我们大展才华的极好平台，这已经奠定了一个人成功的一半，如果自己再稍加努力，定然能取得卓越的成就。

中篇　团队精神是一曲集体主义的颂歌

　　一个团队的精神，首先应该体现在领导的决策上。决策是作为一个团队的领导者最应该做的事情。决策关系着团队发展的方向，关系着团队内部的团结，所以，决策非常重要。好的领导，再加上铁的纪律和绝对地服从，才有一个战斗力强大的团队。这个团队的核心是强大的执行力，没有执行力就没有效率。团队每一个成员都要忠于企业，忠于所在的团队，把团队当作自己的家，积极主动地做事，努力奉献自己的聪明才智，勇于担当属于自己的责任，不推脱、不懈怠，迅速果敢地提高速度，提高效率。当企业遇到困难的时候，成员还要顾全大局，以团队的利益为重，团队在前，个人在后。团队中有红花也有绿叶，团队中有甘当绿叶做配角，和成员团结协作，乐于奉献的人，那么相信团队的力量一定是无穷的，是战无不胜的。

第九章

不能制定完善的决策
就不能塑造完美的团队

做出完善的决策

决策是指为了实现某一特定目标，借助于一定的科学手段和方法，从两个或两个以上的可行方案中选择一个最优方案，并组织实施的全部过程。一个良好的决策首先要有目标。这是团队决策的前提，如果没有目标就不会产生决策。其次是要有两个以上的方案，这是实现决策必需的条件，决策的目的是从众多实施方案中找到最优的解决方案，如果仅有一个方案，那么决策就失去了意义，就谈不上从优选择。再次，决策方案一定要用科学的方法和手段，而不能一意孤行或者不求科学方法。当然有了方案还不行，还要有负责人进一步把方案中任务落实到人，合理分配到每个人身上，然后共同为实现目标努力。

企业不能没有决策，因为企业大大小小的事情是否进行，是否继续，是否结束都需要决策，企业没有决策，没有个决定事情的人，那么这个团队就失去了前进的方向，不知道该何去何从，什么工作都不能进展。所以，团队需要一个做决定的人，那就是领导。但是如果领导在工作中，做出的决策有失偏颇，经常出错，那么决策不好，企业这条正在航行的大船就失去了前行的方向，只能漫无目的地漂泊在大海中。时间久了终究会面临危机的。领导者作为决策者，是整个团队最关键的人物，要制定完善的决策还需要一个英明的领导者。领导者个人决策在对一些小的问题上，或者需要立即执行的问题上有它的优势。但领导一个人决策事情，必然会受到他的价值观、知识结构、兴趣爱好等因素影响，带有个人主观因素，所以，做出的决策也会有失偏颇。即便是非常英明的领导者也不能保证所有的决策都是正确的。尤其是在这个竞争日趋激烈的社会中，如果靠一个人决定企业大的目标或发展方向，则显得势单力薄。因此，随着时代的发展，为了规避个人决策的风险与弊端，往往会采取集体决策。俗话说："三个臭皮匠，顶个诸葛亮"，我们不能绝对地说集体决策比个人决策好，但是，在现代社会，在决定大的问题上，越来越需要客观的集体决策方式。集体决策具有以下优点：

第一，提供完整的信息。团队中每个人都有自己的信息，一个群体就会带来个人单独行动所不具备的多种经验和不同的有利于决策的信息，因而有利于完整信息的搜集和分析。

第二，集体决策更能保证决策的合理性和正确性。因为大家共同讨论，共同分析，最后做出的决策是集合了众多人的智慧的，这要比一个人对问题进行认识、分析和决策要客观得多，精准得多。

第三，集体决策能产生更多的方案。因为每个人都有自己独特的思维方式，拥有不一样的知识结构、价值观和经历等等，所以，每个人都会产生不同的决策，这样就形成了很多决策方案　决策方案越多越有利于团队做出正确的决策。

第四，集体决策常常会产生创造性的结果。一起讨论、辩论的过程很容易激发人的创造潜能。因此说，在决策过程中，可以使用集体决策。

当然，集体决策也有它的弊端，集体决策提倡团队中的每名成员都可以畅所欲言，各抒己见，为团队方案的决策建言献策。但是我们却常常会看到这种现象，大家一同开会，对一些重大的问题进行决策时，每个人各执己见，互不相让，大家辩论一番后，往往不欢而散，最后也没有讨论出个结果。即便是有人想要努力通过各种迂回、退让的方法，来实现意见的统一，但是，也往往难以奏效，每个人都有自己独特的解决问题的方法，谁都不能改变谁，以致无法协调。

一家大型仓储公司的信息服务部门进行重组。新团队成立之后，第一件要做的工作就是检查和合并服务软件——包括700多种不同的应用软件。于是这团队又分成了多个小组整合不同类型的软件。

待工作了一段时间后，所有这些小组召开了一个会议，要求每个小组发表各自的建议。

结果，因为每个小组以不同的优先顺序和方式进行软件评估，每个小组得出了不同的报告。各个小组互不相让，以至于最后，大家都变得情绪化，有的小组专门根据自己的喜好游说其他组，有的甚至到了人身攻击的地步。结局可想而知，什么结果都没有谈出来。

很多事情就这样浪费了很多宝贵的时间，大大降低了工作效率，总是讨论不出个结果，甚至会错过大好的发展机遇。这就是集体决策常常出现的问题。集体决策出现的问题，也是决策的中心问题，决策其实就是在解决事情本身的不确定性。为了解决这个不确定性，就应该有个判断标准。拿上面这个案例来说他们在开会决策之前之所以没有产生一个好的决策方案，关键在于他们在开会前没有想到该以一个什么标准去判断哪个方案更好。在决策前先制定一个选择方案的标准，那么，我们在决策时就会更轻松些了。

也许许多人在谈到决策标准都会想到应该选择最优方案。其实不然，最优方案不一定适合公司的实际情况，如果不顾条件地盲目追求最好，最后可能连好都找不到。如果企业非要想找到最优的决策方案，那会花费很大的成本，是得不偿失的。所以，选择"最满意"方案才是最佳选择，最满意的方案是指能够用最小的成本实现最大的效益。例如，一家企业要生产衣服，最优方案就是要生产出最好的衣服。但是因为他们生产设备，现在拥有的材料都无法满足最优方案中的各项要求，那么，就不应该采用这种方案。我们可以选择最满意的方案，就是在现有公司的生产能力和生产条件下，另辟蹊径，生产出最漂亮、款式最多的衣服。这样既节省了成本又增加了生产效益。

无论是集体决策还是个人决策都有它的优缺点，所以，我们要根据具体情况来选择究竟使用哪种决策方法，作出完善的决策。

建立完善的决策流程

决策是人类社会特有的一种活动和现象。决策无处不在，无时不在，它渗透于政治、经济、军事、文化等各个领域。对于个人来讲，人们要对自己的升学、就业、婚姻等问题做出选择或决定。对于组织或集团来讲，某个单位、地区以至国家，对于有关自身发展的重大问题更要做出选择和决定。一个良好的决策流程则能保证好的决策的产生和实行。

为此就要建立完善的决策流程，以下这个决策流程可以供参考：

第一，应该先认识和分析问题。决策的目的是为了解决现实工作中需要解决的问题或者为了达到需要实现的目标。决策是围绕着某些问题而展开的。如果没有问题就不需要做出决策；如果问题不明，也难以作出正确的决策。

一个决策是否正确首先应该取决于判断的准确程度，因此，在决策过程中认识和分析问题是最为重要也是最为困难的环节。当然在一个团队中总是存在许许多多的问题。例如，在一个企业中，需要解决企业如何在市场竞争中发展自己、开发什么样的新产品、开发新产品的资金如何筹集等诸多问题。在一个具有两个或两个以上层次的组织中，仅仅将问题提出来是不够的，还必须在提出问题的基础上，对众多的问题进行分析，以明确各种问题的性质，弄清楚哪些是涉及组织全局的战略性问题，哪些只是涉及局部问题，哪些是非程序性的问题，哪些是程序性问题，由此确定解决问题的决策层次，避免高层决策者被众多的一般性问题所缠绕而影响对重大问题的决策。现代管理要求管理人员运用现代管理科学的"望远镜和显微镜"以及分析问题的系统化技术，揭开纷繁的现象，显示其本质和核心，以使管理决策立足于真正问题之源上。

作为一个高效率的团队来说，必须时刻注视形势的变化，以免使自己因毫无思想准备而陷入被动状态。环境因素的许多暗示都会预示着是否面临决策的问题。制定决策的负责人还应对环境的变化进行认真的分析，只有对各种预兆进行分析，才能透过表象看到环境变化的本质，才能找到造成问题的真正原因，才能对事物的发展作出超前的、正确的预测。不过，因为对形势的分析会受到决策者个人行为的影响，因此对同一现象，不同的管理者就可能得出不同的结果，自然也就作出了不同的决策。例如，一个冷静、沉稳的领导会对新投资项目持观望态度，要很长时间才做决策，而一个有工作激情的领导则可能立刻投入新项目。

所以，决策的第一步就要求决策者必须主动地深入实际调查研究，及时发现并提出新问题进而解决问题，以保证组织的健康发展。

第二，明确决策的目标。所谓决策目标是指在一定的环境和条件下，根据预测，对这一问题所希望得到的结果。在所要解决的问题及其责任人明确以后，则要确定应当解决到什么程度，明确预期的结果是什么，也就是要明确决策目标。

目标的确定非常重要，同样的问题，因为目标不同，可采用的决策方案也会大相径庭。目标的确定，要经过调查和研究，掌握系统准确的统计数据和事实，然后进行一定的整理分析，根据对组织总目标及各种目标的综合平衡，结合组织的价值准则和决策者愿意为此付出的努力程度进行确定。

第三，拟订几种待选择的行动方案。为了解决问题，必须寻找切实可行的各种行动方案。然后再进行决策，决策实际上是对解决问题的种种行动方案进行选择的过程。各种行动方案都有其优点和缺陷，决策要求以"满意原则"来确定方案。

制定备选方案既要注意科学性，又要注意有创造性。无论哪一种备选方案，都必须建立在科学的基础上。方案中能够进行数量化和定量分析的，一定要将指标数量化，并运用科学、合理的方法进行定量分析，使各个方案尽可能建立在客观科学的基础上，减少主观性，增加准确性和可参考性。集体的力量是强大的，要充分发挥集体的智慧才能，让大家畅所欲言，充分发表自己的意见，然后通过集体讨论，这样制定出来的备选方案往往会更有针对性和创造性。

第四，对各行动方案进行分析评价。在拟定了备选方案后，就要对已制定的备选方案逐个地进行评价。为此，首先要建立一套有助于指导和检验判断正确性的决策准则。决策准则体现了决策者关心的主要是哪些方面，其中主要包括目标达成度、成本、可行程度等。其次根据这些方面来衡量每一个方案，并据此列出各方案满足决策准则的程度和限制因素，即确定每一个方案对于解决问题或实现目标所能达到的程度和所需的代价，及采用这些方案后可能带来的后果。再次是分析每一个方案的利弊，比较各方案之间的优劣。最后根据决策者对各决策目标的重视程度和对各种代价的承受程度进行综合评价，结合分析比较结果，提出推荐方案。

第五，选择满意方案并组织实施。在对各方案进行理性分析比较的基础上，决策者需要最后从中选择一个满意方案并付诸实施。

在决策的时候，要注意不要一味地追求最佳方案。由于环境的不断变化和决策者预测能力的局限性，以及备选方案的数量和质量受到不充分信息的影响，决策者可能只作出一个相对令人满意的决策。

决策的实施要有广大团队成员的积极参与。为了有效地组织决策实施，决策者应当通过各种渠道把决策方案向团队成员进行通报，争取得到成员的认同，对成员给予支持和具体的指导，调动成员的积极性。当然最可取的方法是设计出一种决策模式争取所有的成员参与决策，了解决策，以便更好地实施决策。并且在方案实施的过程中还要对新出现的问题进行协调和解决。

第六，监督和反馈。决策的最后一个流程就是衡量一个决策的效果。一个决策应该通过信息的反馈来衡量其产生的效果。决策是一种事前的设想，在实际实施过程中，随着形势的发展变化，实施决策的条件不可能和设想的条件完全相吻合，况且，在一些不可控因素的作用下，实施条件和环境与决策方案所依据的条件之间可能会有很大的出入，这时，需要改变的不是现实，而是决策方案了。所以，在决策实施过程中，决策者应及时了解、掌握决策实施的各种信息，及时发现各种新问题，并对原来的决策进行必要的修订、补充和完善，使之不断地适应变化了的新形势和条件。一项决策实施之后，对其实施的过程和情况进行总结、回顾既可以明确功过，确定奖惩，还可使自身的决策水平得到进一步的提高。例如，如果一个方案实施后达到了原来的要求，那么，这一方案就达到了理想的效果；如果没有达到原来的要求，那么就要分析对决策形势的认识和分析是否出错或是这一方案在执行过程中的方法是否正确，从而决定是对方案本身进行修改还是对实施的方法进行改进。

决策中的几种坏现象

我们在决策中常遇到几种坏现象。

现象一，我们常常听到这样的话："虽然我们一直努力建立信任和合作精神，但是每当我们管理团队开会的时候，我都要硬着心肠，参与每个重大问题的决策混战。我已经记不清我们做了多少次让步，采取了多少迂回之术，但一切都没有效果。每个人都有自己独特的做事方法，都不希望改变。我的确很喜欢自己的工作，但是公司决策的方式真的让我伤心欲绝。"这种现象在我们的工作中真的很常见，上自董事会，下至普通的工作团队，团队成员都发现很难共同解决一些棘手的问题。在讨论决策中，成员之间没有应有的合作和鼓励，他们面对的只是相互冲突的利己主义和行事风格。彼此之间缺乏承诺，办公室政治横行，个人差异似乎难以协调。

为什么会出现这种现象呢？主要原因是大多数团队成员都有种种担忧和顾虑：他们担心自己的团队不能成功，担心其他的团队成员因为成功贡献了好点子而出彩，担心自己的贡献不被他人认可。总而言之，他们担心缺乏足够的时间、财力和认可，担心自己所得比他人少。

那么，怎么才能让团队成员摒弃顾虑，畅所欲言，真正为了决策而讨论，而不掺杂个人的杂念呢？其实，这个问题并不难解决。有一种方法可以让大家通力合作、有效决策，那就是让大家带着希望工作、决策，而不是带着担心。因为希望的态度能够突破一个人自己强加的局限性，为成功结局奠定基石。那么，怎么能让团队成员带着希望决策呢？那就要推行更加丰富、更具操作性的选择方案。希望使团队工作敏捷，相互支撑。以便使团队成员能够把自己的注意力从我们应当做什么这类无效的方式，转移到怎样才能实现我们真正想要的目标这种结果导向型的方式上。

现象二，当要进行一些重大决策的时候，大多数团队都会认为没有足够的时间让所有的团队成员参与进来，所以在决策时，决策的参与者常常就是几个主要负责人商议决定。而决策者都会从个人角度考虑，这样就可能产生决策误差。例如，急于满足最后期限的产品开发小组，也许会忽略对典型客户进行产品测试；高层管理人员也许没有通知具体实施人员，就启动了一项全新的服务举措。这种僵硬的、狭隘的观点使得团队不能仔细思考那些重要的信息。结果决策失误，也使决策者在团队中失去了信任和信心。

应该尽可能实现全员参与。一些重大的问题不是经理一个人要承担的责任，这些重大问题还会影响到团队中的所有人员，所以，做出最终决策、受决策影响以及具体执行决策的人员都应该参与进来，让那些真正掌握有用信息之人加入决策过程。每个人都应贡献自己的意见并和他人分享经验。应该鼓励全员参与，开会讨论等一些更好的参与性方法。为了鼓励他们参与，作为决策者应该向他们保证，团队成员的每个意见都会得到尊重，通过让全员参与，让他们共同分享经验，决策者能够获得一些更重要信息，能够客观合理地进行决策。

现象三，许多团队都不清楚什么才是对他们真正重要的。团队成员常常是站在担心出现的后果的角度，来考虑决策的。

例如，年收入3亿美元的技术公司的总经理里克，为了满足母公司设定的年度目标，他只有不到6周的时间扭转局势。当出现这种情况的时候，里克会向团队成员指出，如果完不成目标将承受母公司的暴怒，通过这种方式来尽力集中团队的所有力量完成公司目标，这是一种担忧驱动式方法。每个成员在担忧的驱动下，把压力转为动力进行工作，他们的工作具有被迫性。其实，虽然效率提高了，但也不能说完全能发挥团队成员的所有力量。

但是，另一家分公司的经理约翰则采取了另一种方法。他要求团队所有成员写下自己的希望，以发现什么才是对他们真正重要的及原因所在。结果大大超出他的预期。他记录道："我们不但发现了完成年度目标的许多解决方案，而且发现了改变行业可能帮助我们一飞冲天的创意。"约翰这种方法成功释放了团队成员的能量，不仅公司圆满地完成了任务，而且，每位成员都享受到了结果的喜悦。

可见，约翰的方法更能激发团队的活力和能量。要这样做首先要询问团队成员如下两个问题"你们的希望是什么"和"它们为什么对你们很重要"，并让他们把自己的希望都写到纸上，然后将各自的希望与整个小组分享，找出共同主题，然后再核查每位成员是否支持其他成员的希望，并以希望为中心进行讨论，最终找到大家共同的希望。

现象四，在决策的时候，我们常常不能发现真正的问题，结果讨论来讨论去，不知道该解决什么问题。所以，在讨论议题，进行决策的时候，我们应该集中注意力倾听各种意见，发现关键问题。

例如，承包商马克就是因为没有找到问题的关键而变得压力越来越大。马克苦恼地说："我正在努力完成50万美元的建筑合同，因为我的客户萨姆朝令夕改，我们已经超出预估10万美元，而且，因为他不断打电话告诉我一些鸡毛蒜皮的事，我不能全身心投入工作。"

其实，萨姆之所以讲得太多，是因为他感觉到马克并没有把他的话听进去，所以，他才不断陈述。要解决这个问题，其实马克只需要在萨姆打电话的时候要求他把自己的想法告诉他，然后马克再对萨姆的想法进行了解释，并问萨姆是否正确。这样，萨姆就认为他已经阐述了心中所想，马克理解了他的意思，便不会再频繁打电话给马克了。

这是一种印证式倾听，这种方法有助于分析问题，解决问题。当人们有机会说出自己心中所想，并且听见自己所说之话，他们有时能够自己解决自己的问题。这样有利于决策的顺利产生。

为此，我们在决策的过程中不应当聚焦于解决问题而应当专注于发现问题。可以在讨论的时候，让所有的参与者依次表达自己的想法和感觉，不要担心他人的嘲笑。不要对他人进行评判，相反要静静倾听，不要辩论和提出解决方案。只需听大家陈述，让他们把听到的话题全部表达出来。这样，真正的问题将浮出水面。由此才可能找到正确解决问题的方法，并进行可行决策。

现象五，有些小组忽略了选择方案的步骤，为了抢时间仅仅考虑一个主意之后就匆忙做出决策。其实选择方案是必不可少的一个环节。选择方案给决策者带去信心和力量，这是因为各种不同的决策方案能够将决策者从传统思维的禁锢中解放出来，释放新能量。在对某项特定的解决方案进行评估之前，我们必须将所有的选择方案摆在桌面上进行分析。

这种将选择方案摆在桌面上的方法大有作用。一般来说，团队成员通常在讨论方案时心中有被别人比下去的担忧，所以，他们总是不能专注讨论议题，而总是鼓吹自己的创意，攻击他人的想法，或者为了避免冲突而缄默不言。这些基于担心的反应降低了发现创造性解决方案的概率。如果把供选择的方案都摆出来，让参与者必须收起他们的利己主义，对各种选择方案进行分析，就能为顺利决策打下良好的基础。

为此，当我们在进行一项决策活动时，可以让每一位成员依次阐述一个选择方案，尽量避免辩论和评论，坚持开放式头脑风暴的方式，列出所有可行的值得进一步研究的选择方案。

现象六，有时候，决策结果只采纳一方意见，而对另一方的意见一概否定。其实每个方案都有它的优缺点，所以，应该吸收每个决策方案的优点，做出综合的方案。

现象七，在方案实施的过程中出现了障碍，但是没有一个备选方案，导致工作延误，大家惊慌失措。其实，决策是一个不断发展的过程，而不是某一特定结果。方案在实施的过程中需要修正，是一件很平常的事情。在决策的过程中应该考虑到这一问题。应该找一个备选方案，以防万一。这样团队才能从困境中摆脱出来。

领导决策的地位

决策是作为一个团队的领导者最基本的也是最重要的职责。领导的决策决定着一个团队兴衰成败，决策的失败是最大的失误，如果决策错了，就是从根本上错了，会导致团队重大的挫折或损失，即使其他什么都是正确的也没有意义，严重的甚至会导致团队败亡。同样，如果决策是正确的，那就是从根本上保险了，即使其他方面出点毛病，也无关大局，能保证工作顺利开展，并不断取得新的成就，使整个事业得到蓬勃发展。领导决策的正确与否，事关全局，决定着事业的兴衰成败。所以，领导的决策非常重要。接下来让我们先了解一下什么是决策，什么是领导决策。

决策就是为了实现某一个目标，使用一定的科学方法和手段，从两个或两个以上的方案中选择一个切实可行的满意方案。领导决策就是领导者在领导活动中，为了解决重大的现实问题，通过采用科学的决策方法和技术，从若干个有价值的方案中选择一个最佳方案，并在实施中加以完善和修正，以实现领导目标的活动过程。

决策是领导者的一个重要工作内容。无论是达成一项协议、作出一个判断、宣布一个决定，还是下一个决心，都是在做决策。所以，决策对管理者每一方面工作的重要性怎么强调都不为过。一个管理者在制定决策的时候，多数都是惯常性决策。但是，即便一个决策很容易作出，或管理者以前已经遇到过很多次了，但它依然成为决策。

领导者的存在价值就建立在决策的基础上。作为一个领导者必须对决策具有预见性；能果断地作出决策；能修改决策；能明确决策的目标；能对决策持明确的赞成或反对态度……一个好的决策者能果断决定某件事情，并且能准确预见决策的结果。

一般领导者制定的决策包括以下几方面内容：

第一，计划方面。例如领导者要制定组织的长远目标，决定哪个方案更有利于目标的实现。制定组织的短期目标，预见目标实现的困难程度。

第二，控制方面。团队中哪些活动需要控制，哪些活动需要提倡，怎样控制或倡导这些活动。

第三，领导工作方面。决定如何激发员工的积极性，在哪种情况需要使用哪种领导方式。什么时候是激励员工或解决冲突的最好时机。

第四，团队工作方面。如何确定直接向自己报告的下属成员，组织成员的集中程度需要达到多大，如何设计职位和职务，什么时候该改组。

领导者明确了自己该管什么，不该管什么，哪个急，哪个缓，那么在制定决策时就能更高效。

作为一个领导者要使自己的决策正确，就应该做到多谋善断。多调查、多讨论、多交谈，多听取意见，以便为自己的谋划提供更多的信息，促使自己能做出正确的判断。与此同时，还能及时做出正确的判断。

作为一个领导者怎样才能做出正确的决策呢？

第一，一定要把问题弄清楚，要多提出问题，因为把所有的资料都收集到一起，才能掌握更多的信息，越能看清事情的本质，对做决策越有利。有的领导常常会自以为是，想当然地作出决定，而不去仔细地分析事情，观察事情，不去认真地倾听他人意见，这样常常会使人做出武断的错误的判断。

第二，作为一个领导者要保持谦虚的态度，这样才不至于因为领导过于威严而阻塞了员工建言献策的通道。领导者总是能做出正确的决策，有其个人能力，也是其他诸多因素促成的，其中就可能有众下属的帮助，有宏观环境的促成。所以，一个成功的领导者，总是能够谦虚地向员工学习，从来不居高自傲，从员工中吸取制定正确决策的养分。

第三，把决定坚持下去。一项决策不可能受到所有人的欢迎，可能有人会持反对意见，这时候就需要领导者去沟通，去不断征求意见，考虑所有的事实，力求完善，终究会被下属们接受的。如果一个领导不能贯彻执行，对决策优柔寡断，那么就可能耽误做事的大好时机，这样的领导也无法树立自己的威望。

第四，去定一个时间表。提出建议、得出结论、开始行动都需要有一个计划，有一个时间安排。处理复杂事情，更需要有一个时间限制，以便保证及时完成任务。因为时间错过了，即使是一个正确的决定，也可能变成错误的东西。

领导者是一个团队的重要决策者，很多事情等着领导去决定，很多会议等着领导去讨论，很多情况等着领导去调查研究。此时多谋善断则显得尤为重要，才能使工作更高效，此时，多谋善断也是评价一个领导好坏与否的标准。那么一个领导者如何工作才能更高效准确呢？

第一，领导者总是诸事缠身，但是他最重要的任务就是要做出决策，领导不能对下级提出的问题来者不拒，有求必应。应该让下级自己想出解决的方案，提出解决的办法。

第二，为了提高工作效率，就应该避免重复做决策。对于一些工作中常出现的事情，可以制定行之有效的处理规范，明确有关职能部门如何去处理。

第三，领导者要职权明确，不对下一层次的事情做决策。如果企业的领导者越级处理下一层的事情，就会越俎代庖，造成管理上职权不明，混乱不堪。而且还会吃力不讨好，影响下一层领导的积极性，造成责任不明。

第四，领导者应该根据公司发展的不同阶段、规模大小和管理对象，随时调整自己的领导风格和方法。正如松下幸之助所说："当我的员工有100名时，我要站在员工最前面指挥部属；当员工增加到1 000人时，我必须站在员工的中间，恳求员工鼎力相助；当员工达万人时，我只要站在员工后面，心存感激即可。"这样才能实事求是地作出不同的决策。

第十章

制度高于一切，铁的纪律打造铁的团队

没有规矩，不成方圆

中国有句俗话：没有规矩，不成方圆。凡事都要按规矩办事，按规矩办事人类才能享受更大的自由，把东西制度，更有利于管理。

美国哈佛大学创始人留下一笔遗产——250本书，学校将它们一直珍藏在图书馆内，并规定学生只能在馆内阅读，不能带出馆外。1764年的一场大火烧毁了图书馆，在火灾发生前，一个学生恰巧将其中一本《基督教针对魔鬼世俗与肉欲的战争》拿到馆外阅读，而幸免于难。第二天，他得知火灾的消息，意识到自己这本书已是那250本珍品中唯一存世的孤本。经过一番思想斗争后，他找到校长，把书还给了学校。校长感谢他，然后下令把他开除，理由是他违反了校规。有人提出异议，毕竟是他使哈佛留下了唯一的遗产，不应该开除他。校长则认为：他感谢那个学生，是因为他诚实；开除他，是因为校规不可违反。

哈佛的理念就是让校规管理哈佛的一切，这比让道德管理更有效。哈佛坚持制度化管理，这便是他的行事态度。

规矩也就是规章制度，是我们应该遵守的，用来规范我们行为的规则、条文，它保证了良好的秩序，是各项事业成功的重要保证。如果没有这些规章制度的约束，人类的行为就会陷入混乱。

有7个人曾经住在一起，每天分一大桶粥。要命的是，粥每天都是不够的。一

开始，他们抓阄决定谁来分粥，每天轮一个。于是每周下来，他们只有一天是饱的，就是自己分粥的那一天。

后来他们开始推选出一个道德高尚的人出来分粥。强权就会产生腐败，大家开始挖空心思去讨好他，贿赂他，搞得整个小团体乌烟瘴气。然后大家开始组成3人的分粥委员会及4人的评选委员会，互相攻击扯皮下来，粥吃到嘴里全是凉的。

最后他们想出来一个方法：轮流分粥，但分粥的人要等其他人都挑完后拿剩下的最后一碗。为了不让自己吃到最少的，每人都尽量分得平均，就算不平，也只能认了。大家快快乐乐，和和气气，日子越过越好。

同样是7个人，不同的分配制度，就会有不同的风气。我们可以对比一下分粥的几种情况对应的现实的企业之间关系。

方法一：拟定一个人负责分粥。这就像公司里一个老总说话，说什么是什么，从来不和他人商量。这样很容易腐败。

方法二：大家轮流主持分粥。这就像是市场经济，每个人坐在老板的位置上的时候就很少替员工考虑，而到了员工都离开他，企业破产之后，他也就没有好日子过了。因为大家都可以分"粥"，所以只要一个产品好，有市场，大家都会跟风上，无序竞争，造成产品积压，导致了资源浪费。

方法三：大家选举一个信得过的人主持分粥。这就像是搞项目招投标，或产品拍卖一样，看上去是公平的，但这位主持者的个人修为决定了公平的真实性和长久性。有些人能禁得住诱惑，而有的人则容易被贿赂，而不再公平办事。比如一些犯罪官员，开始的时候其实都是为老百姓做出过一些事情的，而后来是经不住溜须拍马人的请客送礼，慢慢失去了公正公平，成为国家和人民的罪人。

方法四：选举一个分粥委员会和一个监督委员会，形成监督和制约。现实中要做到这样是很难的，首要条件就是要有言论自由。其实这有点像美国的两党制，在朝党是分粥委员会，在野党是监督委员会。这样做也会造成很大的浪费，大家都知道美国4年一次的竞选费用是多么惊人。

方法五：每个人轮流值日分粥，分粥的那个人要最后一个领粥，令人惊奇的是，在这种制度下，每个碗里的粥每次都是一样多，就像用科学仪器量过一样。每个主持分粥的人都认识到，如果碗里的粥分得不相同，他确定无疑将享有那份最少的。诚信的制度正是在此基础上完善起来的。虽然现在还不是很完美，但已经很有创造性了。

因为分配方法不同，结果导致习气不同。不同分粥方式对照使用不同制度的企业，我们可以看到一个企业如果有不好的工作习气，一定是机制问题，一定是没有完全公平公正公开，没有严格的奖勤罚懒。

制度建设大致包括3方面内容：一是制定公共规则；二是保证规则执行；三是坚持公平原则。一个组织或团体内部的制度建设水平和机制创新水平直接决定着组织或团体的发展水平，合适的制度会极大地强化激励的有效性。

例如，麦当劳公司拥有量化性和可操作性的制度使它发展迅速，保持旺盛的生命力。它拥有严格的检查制度，各个营业点的检查包括12个重点，即营业额、顾客量、顾客平均消费、食品原料价格、人员工资、周转现金、其他销售及损失、收银机操作错误、作废处理、水费、电费、煤气费等。无论月报表还是周报表、日报表，每小时、每一次收银记录都以此为基础，并且所有的运营都要达到标准。

麦当劳的每个标准也做到尽可能的细化量化。如面包厚度17厘米，烤面包需要55秒，煎肉饼要1分45秒，牛肉饼重47.32克、直径9.85厘米、厚6.65厘米、炸薯条超过7分钟、汉堡包超过10分钟就必须扔掉。还有员工的头发怎么疏，衣服怎样穿，帽子怎么戴，指甲剪多长等等都有详细明确的规定。

这种详细的制度规定，给了员工明确的努力方向，同时公司也能够清晰地看到每个员工的工作能力和敬业精神等，所以，员工要想得到高薪，获得提升，就需要加倍努力。

可见制度对于一个企业来说，有着非凡的重要性，导向好的制度能使一个团队获得更大的发展和进步。导向不好的制度则会对团队的发展起到负面影响。所以，要建立有利于团队精神建设的良好制度，是每个领导者肩上重要的任务。

让制度促进竞争

社会上之所以产生制度，是因为人们要避免利益上的纷争，有了制度，凡事都会变得更简单些，如果没有制度，有些事情更变得更加复杂。

有一家菜馆生意一直非常红火。但是没过多久，有3个兄弟在他们家的对面也开了一家菜馆。开始还是个不起眼的小门脸，但是，这三兄弟都有一手炒菜的绝活。所以，生意越来越好。结果把这家菜馆生意抢去了大半。菜馆经理见生意越来越不景气，非常着急。他和助手小张商量对策，小张想出了一个好主意：他每天去三兄弟家的菜馆买份菜，拿回来仔细研究。一个多月后，他买齐了三兄弟家做的所有菜。然后在他在报纸上刊登了这样一则广告：大举推出这些菜，并且菜价比三兄弟家的高了三倍。餐馆经理看到助手小张这么做非常不理解。但小张却胸有成竹，在经理面前保证这一招绝对灵。

此时，三兄弟家的餐馆更加红火了，餐馆逐渐由一个小门脸，扩大到买下两层楼。自从富了之后，三兄弟也变得越来越奢侈，出门只坐车。后来，三兄弟经常为了分钱大吵大嚷。

小张看他们越来越不团结，便瞄准这个机会，把同样的菜降低价格，这下，他们家的菜比三兄弟家的菜便宜了1/3，生意立刻就红火了起来。而对面三兄弟因为不和，没有及时改变策略，3个月后就倒闭了。

这家餐馆经理看到对面三兄弟的餐馆终于倒闭了，但是又不明白为什么，便问小张。小张解释说，他们三兄弟在刚刚创业的时候很抱团，并且感到竞争压力很大，但是等他们都发达了，他们就感觉不到压力了，也就不那么抱团了，容易分裂。这时再对他们发起进攻，就很容易攻破他们了。

这个故事中三兄弟的这种情况非常普遍，俗话说："生于忧患，死于安乐"，只有在适当的竞争和压力下才能保持团队的一致性和充分的活力。在创业时期，团队成员有一个共同的目标，为此可以抛头颅、洒热血。但等到团队顺利发展到一定阶段的时候，事情就多了，就要有权力和利益的分配。当分配稍有不均时，就可能产生纠纷。为了避免纠纷，我们要有提前预防的想法，要有未雨绸缪的忧患意识。这就是在建立团队制度的时候，建立恰当的制度，让团队成员总是处于良性竞争状态。这样就会促进团队保持活跃的状态，又避免了无事生非，这样团队才能保持长久的健康发展。

例如，猪圈里有两头猪，一头大猪，一头小猪。猪圈的一边有个踏板，另一边是投食口。猪每踩一下踏板，在踏板的另一端投食口就会落下少量的食物。如果一只猪去踩踏板，另一只猪就有机会抢先吃到另一边落下的食物。当小猪踩动踏板时，大猪会在小猪跑到食槽之前刚好吃光所有的食物；若是大猪踩动了踏板，则还有机会在小猪吃完落下的食物之前跑到食槽，吃到另一半食物。

结果，小猪将选择"坐享其成"策略，也就是舒舒服服地等在食槽边，而大猪则为剩下的那一点儿食物不知疲倦地奔忙于踏板和食槽之间。

这是什么原因呢？因为小猪踩踏板将一无所获，不踩踏板反而能吃上食物。对小猪而言，无论大猪是否踩动踏板，自己不主动踩踏板是最好的选择。反观大猪，明知小猪是不会去踩动踏板的，自己亲自去踩踏板总比不踩强，所以只好亲力亲为了。

其实"小猪躺着大猪跑"的现象是因为故事中的游戏规则导致的。规则中的核心问题是"每次落下的食物数量和踏板与投食口之间的距离"。如果改变一下核心问题，猪圈里就可能发生另外的现象了。

第一种方案：减少投食量。把投食量改为原来的一半，结果是小猪、大猪都不去踩踏板了。小猪去踩，大猪将会把食物吃光；大猪去踩，小猪也会把食物吃光。谁去踩踏板，就意味着为对方贡献食物，所以谁也不会有踩踏板的动力了。

第二种方案：增加投食量。投食量增加为原来的一倍。结果小猪、大猪都会去踩踏板。谁想吃，谁就会去踩踏板，反正对方不会把食物吃光。小猪和大猪将生活在物质相对丰富的环境中，所以竞争意识不会很强。对于游戏规则的设计者来说，这个规则的成本相当高；而且因为没有竞争，想让猪多踩踏板的效果并不好。

第三种方案：减少投食量，增加距离。投食量变为原来的一半，但同时把投食口移到踏板附近。结果呢，小猪和大猪都抢着踩踏板。等待者不得食，而多劳者多得，每次的收获刚好消费完。对于游戏设计者，这是一个最好的方案。成本不高，但收获最大。

从管理者的角度说，第三种方案是最好的管理员工方法，员工在这样的制度中，会努力工作，积极进取，实现了有效的激励。这样的方案能保证团队的长久健康发展，值得管理者深思。

如果员工之间没有合理良性的竞争关系，则大家很容易因为某个共同点站到一起结成同盟，并且互相影响，一些不良的情绪会被夸大，并在同盟中传播，在传播中又会因互相的倾诉而加深感触，进而影响到团队的和谐和稳定。长此以往，员工因精力被分散自然也会影响到工作。而管理者假如没有很好地安抚情绪并解决问题，则这种没有竞争而产生的合力会将矛头指向管理者，并最终上升到公司的结构层面。此时情绪爆发的结果可能就是消极对抗，导致工作千疮百孔的混乱局面，团队已经名存实亡。从企业的角度讲，管理者之间没有竞争，由于见识和认识层面比普通员工有所提高，也更容易"绑"到一起，这种统一阵线一旦因某些事而爆发，对企业的打击更像釜底抽薪般巨大。

如果我们能在公司平台的基础上，通过多个方面、多种制度建设来形成一系列的良性竞争机制：如表扬、警告、扣（发）奖金、综合评定等等。也不必是金钱的奖励：休假或者累积积分达到某种程度可以在时限内行使某项权利等。建立不同的沟通渠道，如有效投诉及建议也可以累积积分等。总而言之，让大家在这种制度下工作，逐渐领悟到公司的理念，公司的用人要求。这样坚持实行下去，公司的面貌一定会得到改观。

如何制定企业制度

有效的制度是一个团队生存和作战的保障，没有了制度保障，这个团队就会像一盘散沙，各自为政，失去凝聚力，更形不成战斗力。同时，有效的制度也保障了自由和创造。为了更好地发展，为了大家共同的利益不受侵犯，每个企业都会制定一些规章制度，以约束员工的行为。这不是对员工自由的限制和剥夺，相反，只有在这样的制度之下，每一位员工才能获得真正属于自己的自由，才不会受到别人的侵犯，才能真正开展具有创造性的工作。企业的制度建设正是对员工利益的最大保护。

国内某著名企业集团的老总对企业的管理行为提出的"斜坡球体理论"，其中就指出"企业就像置于斜坡上的球体，要向上发展需要动力，动力来源于差距，要防止向下滑坡，需要止动力，止动力就来源于企业的基础管理制度"。

既然企业制度对于员工和企业都有重要的作用，那么，该怎样制定企业制度呢？企业制度的制定要从以下几方面出发进行综合研究。

1. 要结合企业文化来制定企业制度

制度是灌输和贯彻企业文化的一个重要渠道。例如，在一个强调奉献精神的企业里，制度就应该多一些反对私利，打击损公肥私，倡导公平、奉献的内容；在一个强调沟通的企业里，制度就应该多一些反对自我封闭，打击地盘主义，倡导团队团结精神的内容；在一个强调创新的企业里，制定的制度就应该多一些反对故步自封、经验主义，而包容某些失败，倡导学习的内容……如果一个企业在建立企业制度的时候没有考虑到企业文化，这个制度便失去了它的生命力。例如有人说，他经历过的企业都这样……其含义就是，企业制度都是大同小异，根本没有区别，虽然每个企业都有不同的文化，但是在制度上根本体现不出来。企业在强调产品差异化、品牌差异化的同时，也应该考虑到制度差异化，因为既然你想搞差异，你在运作上就必然和别人不一样，你也就需要不一样的保障了。

2. 制定的制度要和企业发展的阶段性相适应

在不同的发展阶段，企业会面临不同的阶段性任务，相应地就不可避免地要应对不同的问题。制度这时的作用就是保障企业在这个阶段的运营，圆满完成阶段性任务。例如，企业在成长阶段大多强调销售，这时的制度应该偏重销售方面，"能抓住老鼠的猫就是好猫"，而其他的某方面应该包容；而在发展已经成熟的企业中，要更加注重整体协调，所以制度就必须考虑全局，注重综合治理。

3. 企业制定的制度要和企业资源相适应

制度的功能之一就是不断促进企业资源的完善，而不是无谓消耗资源。例如，当企业正处于人才缺乏的时候，在制度的某些方面就必须考虑到包容性，不要使人都让制度罚走了、吓走了，否则谁还为企业做事呢？而在人才充沛的时期，就要考虑到对人的综合要求。

4. 企业制定的制度要充分考虑到市场因素

每个企业都有不同的作业流程。制度在这里的任务就是充分保障作业流程的顺利实施，也就是手里拿着笔，眼睛要盯到市场上去，盯到一线去，这样的制度才不会成为效率的绊脚石，而且将促进效益的提升。

5. 制定的企业制度要有服务员工的观念

管人是需要技巧的，例如你本来是在管他，但是，你不能说我管你，而应该说我帮你。这样他人才会接受你的想法，乐于被你管。为此，制定制度的时候，应该注意以下几点：首先，制定的制度本身要易于理解，简单明了，能让员工很快能看明白，容易记住。在西方文化中，他们讲制度，所以西方人用制度管人，任何人都不能超越制度。所以，他们制定的制度非常详细。但是这种方法在中国就不适用。中国人是讲情理，如果只跟员工讲制度，他们会不愿意、不接受。所以，在中国制定制度要简化，不仅仅是易记，更重要的是留下合理权变的空间。没有这个空间，你权变了，员工会认为制度根本没用，有了这个空间，员工会认为你讲理讲情，即便罚了，也服了。另外，制度写得简单，就避免因为执行层面过多而制造出不必要的麻烦，并且既浪费时间，又消耗资源。

6. 群策群力，共同制定企业制度

发动所有员工对制度建设献计献策，为了制定更有效的制度，有更多的企业员工参与，才越有利于企业制度的制定。但是，如果让企业员工自己说，他可能顾虑重重，所以，我们可以采取一些策略，让他说出自己的想法，提出宝贵意见。例如，在企业制定制度前，我们可以让每个员工包括中高层管理者写一篇东西，就是如果让他去做一个企业，他该怎样去创建。然后采取匿名打印的征稿形式，多做动员工作，让员工热情参与进来，制定制度的负责人就能从投稿中找到很多宝贵的意见和建议。

7. 制度制定要有罚有奖

有些公司制定的制度满篇都是公司禁止员工做什么，做了什么要受到怎样的处罚，这样就无形中约束了员工工作的自由度。总是束缚员工做事，不利于发挥员工的主动性和创造性。有罚就应该有奖，适当地制定一些奖励措施，有利于激发员工的积极性和工作热情。奖励或惩罚也不一定要用奖多少钱罚多少钱，可以灵活一些。例如，惩罚打扫一周的卫生，奖励一款手机等等。有时候这样的措施，更能激发员工工作的积极性。

8. 制定的制度要有救人的观念

当一个员工出错，在惩罚他的同时，也要有要求他改正错误。这样能够使他们更加深刻地认识到自己的错误，并更加坚定决心改过自新。例如，一家公司的3个业务员没有完成月销售任务，按规定扣了他们工资后，又让他们看指定的有关销售技巧的图书，并且每周向经理汇报自己读书的心得。结果，下一个月，除了1个人的量很接近任务未完成外，另外2个都完成了。

9. 制度要适时进行更新

制度不是死的，一成不变最终肯定变为形式主义了。随着市场环境的不断变

化，员工队伍、企业组织也在发生着相应的变化，企业制度要注意适时更新。当然，制度更新的频率不要太快，不能天天更新，月月更新。而是当外界发生的变化导致企业自身在组织、管理、运营层面发生改变的时候，制度就必须要变了，而且最好是变在前面，这样主动权就在企业手里了。

企业制度制定得是否合理，关系到企业发展大局。"无情的制度，有情的管理"，作为员工应该自觉遵守各项规章制度，用制度制约并保护自己；作为领导应该以身作则，以自己的一言一行去教育员工，引导员工。

企业家团队制度

当今社会是个充满不确性因素的市场经济社会，任何一个人的天才终究难以躲避瞬间可能产生的失误，将一个企业的命运完全寄托在企业主要负责人身上，而没有一个很好的制度加以辅助的话，就可能造成企业和企业负责人的全盘失败。个人的力量总是有限的，将企业家作为一个人的认识已经远远不能反映现代企业家的本质了。从中外成功的现代企业家的实际存在和发展状态看，企业家的概念已经大大超出了自然人的个体属性而演变成为了自然人群体的社会属性，即企业家已经突破单个人的范畴而成为了一种制度，这种制度就是建立在特殊人群关系之中的一种团队制度。只有借助团队的能力和智慧，个人的能力才可以变得战无不胜。

那么，什么是企业家团队制度呢？大概包括以下几方面的含义。

1. 企业家团队制度是一种自组织制度

所谓自组织就是一种因社会关系而自发自然形成的人群团体，其组织的构成是一个相互接纳的过程，每个人都是自愿地加入这个组织的，组织内部的管理者不是独裁者，而是平等协商的领导。团队领导是从一个团队成员的角度进行工作的。一个企业的高管层如董事会成员，经理层班子，如果除了按法律制度和公司章程等规章组成一个企业经理团体之外，还能自觉自愿地组成一个相互配合、平等协商、自我学习、自我管理的组织，则我们称之是企业家团队。企业家团队必须形成既定规则，并不是什么人想改变就可以改变的。因为人都具有机会主义倾向，一旦组织形成之后某一个人担当了领导重任，他就有可能继续强化这种领导权力并使之沿袭下去。这样，自组织的特性就会消失，团队就会逐渐蜕变为传统的行政组织。在这种情况下，团队就需要有一种自动抵抗这种蜕变的机制，使任何解体团队功能的企图都成为不可能，这种机制就是自组织制度。企业家团队就存在这样一种制度，它使得任何企业的独裁都成为不可能。如果某个董事长、总经理想借助行政组织赋予的各种职权实现企业独裁，企业家团队制度就会启动自组织制度，很快地将独裁者排除。只有当企业家高层自组织为一个团队并形成团队制度的时候，成功的企业家才会存在，企业也才会得以顺利的发展。企业家团队制度是一种人力资本交易制度。

在企业高层管理者中，每个成员都是人力资本的载体。一个企业如果产生了企业家，则一定是这个企业有了一个由人力资本结成的团队。人力资本团队能够放大单个人力资本的增长能力，从而造就企业家或者说企业家团队制度。人力资本团队是如何形成的呢？它是依据一种人力资本交易制度形成的。这种交易体现为：一是互补性人力资本交易。例如，缺乏技术能力而具有管理能力的经理，通过汲取具有技术能力的人力资本所有者参与自己所承担的工作，使他的技术能力缺陷得到弥补，从而顺利地达到了工作目标，这一交易过程能使他的人力资本功能发挥到最大。二是增强性人力资本交易。比如，两个具有专业技术能力的企业管理者通过人力资本交易，结合成一个整体去从事某项工作，其效果会大大超过单个管理者通过努力所能取得的成绩。这种人力资本交易的增强效果不是简单的数字相加，而是几何级数的增加。简单地说两个人联合在一起创造的成就不是1+1=2而是1+1>2的效果。三是融合性人力资本交易。即具有各种特质的人力资本在企业高层管理群体中相互渗透、相互融合，最终形成一种高能人力资本复合体，并在人力资本运行中融合成整体，最终使巨大的人力资本能量爆发出来。

人力资本交易制度的形成还需经过以下几个途径：一是企业高管层成员的默契合作需要有共同认可的规则，每个人都愿意合作，而且要遵循彼此熟悉的规则。二是企业高管层成员的牺牲精神须得到规则的补偿。三是企业高管层需要有一个人力资本交易的自动监督指导的规则。

2. 企业家团队制度是一种价值管理制度

企业家团队制度作为一种价值管理制度是指企业家团队的建立和运行以对价值的计划、组织、指挥、协调和控制为中心，并构成了一个系统。在价值管理制度下，企业家团队不仅能够创造出最大的企业价值，而且能够给自身带来最大的价值，以致使企业内部的各种生产要素都达到最优化配置状态。这种价值管理制度主要包括以下内容：

一是价值管理制度是一种对人性价值的扩展和延伸。在现代的团队组织中，每个成员的人性价值得到充分的伸展就会提高团队的创新能力、应变能力。如果企业高层管理团队的人性价值得到有效发挥，企业的效率就会得到应有的提高。所以，作为企业家团队，首先要对人性价值进行管理，以促使团队成员的人性价值的伸展。

二是价值管理制度是一种对信任价值的张扬。企业家团队之中有一种成员与成员之间和成员与团队之间的充分信任。如果企业家团队制度能够有效地维护好这种信任关系，它就会转化为一种信任价值，并通过信任价值的张扬来实现团队的最大价值目标。

三是价值管理制度是一种对团队核心价值的运营。企业核心价值内聚于企业家团队之中。在企业组织中，企业的品牌价值、市场营销网络价值、先进技术价值、物质资源价值、商业供应链价值、人力资源协作价值等等相互依赖，分布在企业各个方面，这些价值要真正在市场中体现出来，就必须在企业内凝聚为一个整体。要使企业内的各种价值凝聚在一起，只有靠企业家团队的价值管理制度来达到。因为企业家团队可以控制企业组织体中各种价值的流向：企业家团队的成员从高层管理的角度掌管着企业各种价值资源的命脉，可以根据需要对价值资源进行调节。

总之，现代企业家应当具备这样一些基本条件：首先，企业家是一个群体，这个群体应该是具有异质型人力资本的企业经营者所组成的企业高管层；其次，企业家是一个团队，这个团队是由企业高管层自愿结合形成的组织，并且没有固定的组织负责人，企业董事长或总经理只是传统组织中的负责人，在团队中他们同样只是其中的一个成员；最后，企业家是一种团队制度，是团队制度造就了一个个成功的管理者，并在企业形成企业家整体，任何凌驾于团队之上的企业领导者都要被排除在外。因此，当企业家作为一种造就天才管理团队制度的时候，真正的企业家也就随之产生了。

第十一章

步调一致，服从是团队精神的第一军规

步调一致，战无不胜

团队的力量是强大的，它能使人绝处逢生，使人摆脱困境找到希望的曙光。

在野火燃烧起来的时候，很多蚂蚁迅速聚拢到一起，然后像滚雪球一样飞快地滚动，逃离火海。在这期间，蚂蚁球发出噼里啪啦的烧焦声，那是最外层的蚂蚁用自己的身体为集体开拓生路发出的呐喊，无怨无悔！在洪水来临的时候，蚂蚁们同样迅速地抱成团随着波浪漂去。蚁球外层的蚂蚁不断被波浪打入水中，一旦蚁球能够上岸，蚁球就会层层打开，迅速而有序地冲上堤岸。

蚂蚁们团结在一起，连火海和洪水都能战胜，还有什么战胜不了的呢？蚂蚁的奇迹告诉了我们团队的力量之大，即便是10个优秀的个体也无法和10个普通的个体组成的优秀团队相匹敌。

从前有10只小羊很不团结，有时就为了多吃一根草，都要吵架，甚至大打出手，弄得满地都是羊毛才肯罢休。羊妈妈再三地教育他们要团结，可他们总是屡教不改，今天和好了，明天又吵起来了。羊妈妈也只能叹气，无奈地摇摇头。直到有一天，一只大灰狼发现了那群小羊。他趁着羊妈妈不在，悄悄地溜到了小羊家，用身子拼命地撞门。这可把小羊们吓坏了，老大颤颤巍巍地从门缝里往外一看，大叫起来："不好了！大灰狼来了！""我们来帮你顶门。"老二、老三、老四、急忙跑来帮助老大，老五、老六见状也去帮忙了。"我，我给虎警官打电

话。"老十急中生智，拿起电话拨了110。老七、老八、老九你一言，我一语地争着向虎警官报告情况。一会儿，一阵警笛声由远及近，"虎警官来了！"小羊们高兴得跳了起来。虎警官抓住了大灰狼。这时羊妈妈回来了，虎警官告诉了她事情的经过，羊妈妈对小羊们说："你们真勇敢，你们真团结，你们真的长大了！"小羊们也终于明白了：如果自己团结起来，大灰狼也奈何不了他们。

如果小羊们在关键时刻还像平时那样不团结，那么，结果可能就是它们都被大灰狼吃掉，幸好，它们团结在了一起，所以避免了一场不堪想象的灾难的发生。同样作为一个团队，也应该坚持团结一致。每个团队成员都团结起来，一致行动，共同成长，这样才能为了共同的目标努力前进，才能克服困难，取得事业的成功。

在一个公司内，每个团队之间的关系就好像一个个大家庭中的兄弟姐妹，成员之间应该和和气气，团结一致。但是，有时候我们团队成员之间也会发生一些摩擦和不愉快，可能只是因为一个鸡毛蒜皮的小事，便闹得很不开心。其实，遇到问题，大家应开诚布公地解决，应该勤沟通，多交流，而不要把彼此视为"敌人"。因为大家都在同一企业工作，一旦某个团队出现问题，甚至溃不成军时，其他团队也将会深受其害。

有这样一个故事。从前，某个国家的森林中有一只双头鸟，名叫"共命"。这鸟的两个头"相依为命"。遇到什么事，两个"头"讨论一番，才会采取一致的行动，例如到哪里去找食物，在哪儿筑巢栖息等。

有一天，一个"头"不知因为什么对另一个"头"产生了很大误会，结果形成了谁都不理谁的仇视局面。

其中有一个"头"想尽办法和好，希望还和从前一样快乐地相处；而另一个"头"则睬也不睬，根本没有要和好的意思。

不久，这两个"头"为了食物又争执了起来，那个善良的"头"建议多吃健康的食物，以增进体力；但另一个"头"则坚持吃"毒草"，一心想毒死对方才能消除心中怒气！和谈没有办法成功，于是只有各吃各的了。最后，那只双头鸟终因吃了过多的有毒食物而死去了。

这正是因为两个"头"不团结，行动不一致，才造成了惨死的下场。

避免团队成员之间的矛盾，就应该团结一致。团队应该建立一个良好的沟通渠道，使团队上下认知水平一致。同一个团队中，大家互相配合，心往一处想，劲往一处使，协调一致，才能事半功倍，团队才能顺利发展。西安杨森制药公司有一段精彩而感人的故事在业内广为流传。

杨森公司的几位员工陪着他们的客户在美丽的漓江游览。正当他们欢声笑语、兴致盎然的时候，偏偏天公不作美，突然下起大雨来，眼看着大家的衣服就要被雨淋湿，这时令人感动、让人惊讶的场面出现了：杨森公司的员工们不约而同地脱下自己的西服，用手张开，围成人伞，使他们的客户免受风吹雨淋。这一场面不仅令在场的客户惊讶和感动，也令经过的游客们赞叹不已。杨森公司的员工迅速而默契的配合，是公司文化和精神的具体体现，他们的团结协作精神令人折服。

通过这件事情我们能够想到，杨森公司能够在中国医药行业中遥遥领先，的确不是奇怪的事情。

再比如温州人做生意做到了世界各地，他们之所以能走遍世界，凭的是什么？除了精明的生意头脑之外，还有"抱成团"的精神。建立在共同认知水平上的团队，成员们会为了共同的愿景和使命一起奋斗，把同一个群体凝结成同一个团队，大家分工协作，相互扶持，彼此学习，共同成长。共同成长的结果便是整个团队成长壮大，便会实现整个企业的繁荣。

和团队步调一致

一个团队要在激烈的竞争中生存下来，首先这个团队应该具有强大的凝聚力。这种凝聚力体现在团队内部，成员之间应该八仙过海，各显神通，每个成员都能充分发挥自己的才能，秀出各自的魅力。但对外则应该全体成员一个调子说话，一个动作打出，这时候不能有七嘴八舌的杂言，更不能犹豫徘徊，各显神通。否则，这个团队就像一盘散沙，团队也就不成其为团队了。

在现在这个强调英雄的社会中，能把人"以一当十"用并不难，难的是把人"以十当一"用。"以一当十"只要最大限度地发挥每个人的潜能就可以了。但"以十当一"则不同，它需要最大限度地发挥团队的潜力，并且需要使这些潜力都朝一个方向用劲，具有一种团队精神。团队应该拥有一个共同的目标，能够用最理想的状态来面对和解决所遇到的任何问题和困难。一个人才就像一颗晶莹的珍珠，我们不仅要聚集起最大最好的珍珠，而且还要有自己的"一条线"，能够把这一颗颗零散的珍珠串联起来，成为一条精美的项链。如果没有这条线，珍珠再好、再多也还像是一盘散沙，它们起的作用不过是"以一当十"的匹夫之勇。而把珍珠用线连起来成为项链，就能使珍珠的价值倍增。同样，人才也需要有凝聚在一起，步调一致，为共同目标而努力的团队精神。

不愿过宁静生活、希望能开创自己事业的全国政协委员张晓梅，10多年前便与美容行业结下了不解之缘。她从小小的美容店起家，到现在已经在全国有了几百家加盟店，并创办了西南美容学校。她是中国美容行业的第一代开拓者和见证人。为了传播美容文化，对美容行业产生更大的影响，她创办了一份行业内权威报纸《中国美容时尚报》，并担任社长兼总编辑。她在谈起团队和人才管理方面问题时提到，"没有人十全十美，也没有人一无是处"。只有合作才能弥补个体的不足，才可能创造出"完美"。在几年前他们曾筹办"中国国际美容时尚周"，在那次活动中他们成功地举办了一次具有代表性的、涵盖美容、美发、表演、科技、展会、商务、竞赛、教育等内容的行业综合性盛会。在常人看来，举办这样一场规模宏大的盛会最起码也得五六百人，但是，其实，这次会议完全是由二十几个编辑部的小姑娘一手筹办起来的。

张晓梅骄傲地说："我们团队的稳定性非常好，特别是高层人员的流动很少。我的员工对团队的忠实度也比较好，他们大部分都比较朴实，执行能力强。其实我的心里很清楚，我们就是靠这种整合的力量，团队步调一致形成的合力，推动着事业不断向前发展。"

个人能力很强，但不考虑整个团队，等于没有用，而且这种人一旦离开团队，对团队的伤害也会非常大。只有团结协作才有力量。

我们之所以都喜欢看军人整齐地走出的方块队，是因为他们整齐划一的一举一动，看起来非常美，这就是协调一致的效果。如果其中有人，即使是一个人，没有跟上节奏，那么，就会显得非常不协调，也就失去了美的效果。

作为一个团队的领导者，怎样管理团队，使团队的步调一致呢？

第一，他应该在态度上就直接把团队看成一个整体，把团队看成是一个人一样，如此，这个团队就会拥有像一个人一样的优势、性格、文化甚至是行为方式。但是，团队的这些特点并不是简单的个体成员特点的综合，而是团队成员的合力。总之，把管理团队看成是在管理一个人一样去管理，一定会产生意想不到的效果。

第二，任何一支团队都有自己的优势，就像每个人都有自己的优点一样。作为领导者应该记录下每次团队讨论中所带来预测的结果，然后再和每次实施之后的结果作对比，经过一段时间的总结和积累，就可以从中发现团队在哪些方面决策更有力?在哪些方面决策能力有所欠缺?这样就可以更清楚地了解这个自己的团队，然后，再采用一些手段和方法，使团队的优势充分发挥出来，改进团队的薄弱环节。例如，如果一个IT团队，擅长做软硬件设计决策，但在系统设计决策方面不是很有力。在这种情况下我们可以在软硬件设计决策时，鼓励团队的参与，在做系统设计方面决策时更尊重个人的一些想法。这样既能提高团队的决策效率和正确性，还能建立起团队的凝聚力和个人的自信心。

第三，了解团队的工作方式。每个团队的工作方式就像是一个人的性格一样独一无二。

作为团队领导就可以采用一些政策和领导艺术对其进行加强。这里我们要强调一下，团队的工作方式不是简单的个人工作方式相加，而是个人工作方式的矢量和，当个人的工作方式固定的时候，团队的工作方式最终也会被锁定。同时，无论是个人还是团队，工作方式大部分是由性格和职业特点决定的。例如，作为软件组喜欢自由的工作方式，而作为文档管理员则喜欢固定上下班。掌握了团队的工作方式，就等于摸清了团队的性格。一个人的性格形成了就很难改变，一个团队的性格也是这样。所以，领导者需要采用一些领导艺术来因势利导，利用团队的性格特点来做事。但是有些领导者试图去改变每个人的工作方式，这是不可取的。

第四，作为团队领导者要确定团队发展的目标，使每个人明确自己做到了哪里，哪里还需要改进等等。

第五，作为一个领导者要协调好团队成员间的关系，协调团队成员工作能带来很大价值，当然也会遇到很大的阻力。当团队无法保持步调一致时，我们往往会感到痛苦，并且体验这种痛苦时会很快开始抱怨。和团队成员进行有效沟通则是协调团队成员关系的有效方法。因为现在的团队早已不能依靠强权力量来管理，而是建立在信任和互相了解的基础上。如果团队有很强的外部沟通能力，对团队的高效运行非常有帮助。

总之作为团队领导者，用一颗热情的心把团队成员的力量凝聚到一起，共同进退，才能使团队发挥出更大的力量。

服从团队命令

服从是事业的根基。学会服从，才能找到自己的正确道路；学会服从，才能保证我们在正确的道路上顺利前进。在团队中，这种服从精神的建立，不单是员工自己的事情，也是企业与员工共同用汗水浇灌出来的硕果。企业和员工有着密切的同生共存，双赢互利关系。优秀的人才总是向往优秀的企业，而优秀的企业也在不停地寻找服从且忠诚、德才兼备的一流人才。服从和忠诚不能代替能力，但没有服从和忠诚，能力就无从发挥，作用也无从谈起。

服从就是一种美德。企业作为一个组织性和纪律性非常严格的集体，下级要服从上级，个人要服从组织，局部要服从全局，这样才能保证企业的生产。每位员工，每个基层都应该具备这种服从精神，这不仅是对自己负责，也是对企业负责。真正具有服从意识的人，把服从看成是自己的天职，在接到任务后，能主动挖掘自身潜能，力求把工作做到最好，即使感觉接到的任务还不具备成功的条件，也会千方百计地克服困难，为最后的成功创造条件。如果不能完成任务，也绝不会找借口推脱责任，具有承担责任的勇气。

而服从意识淡薄的员工，喜欢钻各项规章制度的空子，在领导或者组织分配任务后，总是找出各种理由，要么做事拖拉，要么不去做，他们常常会找到例如："路上塞车了或车子坏了"，"别人也做得不行"，"我没有那么多时间"，"人手不够"，"我已经尽力了"等等的借口来搪塞。这样，不仅破坏了企业的正常运转，还会给企业带来不必要的损失。因此，员工是否具有服从意识，直接影响企业的执行力。

中国电子信息企业百强之首、世界第四大家电制造商海尔集团，已相继进入家电、厨卫、医药、通讯、电子、电脑等10多个行业和领域，成为中国企业界真正的航母，它的品牌早已经从家电品牌走向泛化品牌，从产品品牌转向了品牌产品。那么，海尔维持如此庞大的企业高效运转的动力是什么呢？那就是海尔能形成一种程序优化能力，使企业具有强大的执行力，使其足以支撑起海尔在各个竞争市场上获得足够的先机。

一切行动听指挥。正是超强的执行力，使海尔的高层决策能够迅速而毫不走样地贯彻落实到基层，落实到生产销售的每个环节，落实到每个员工的工作之中。有效的执行需要以绝对服从为基础，没有服从就没有行动的方向，就没有工作的落脚点，就没有执行的高效，那么执行力，就是有名无实，成为一纸空谈。

所以，对人的管理，一直是海尔企业文化建设的重中之重。集体事业感的培养，服从意识的建立，忠诚品质的修养，一切行动听指挥，绝对服从，积极主动、心悦诚服地服从，已成为海尔文化的核心和高效执行力的有力保障。

每个去过海尔文化中心的人，都会看到一张发黄的稿纸，上面列着13条企业的规章制度。这是张瑞敏掌管海尔后，颁布的第一个管理规章。其中，甚至还写着"不许在车间随意大小便"这样低的要求，但在张瑞敏刚刚上任时，的确存在这个问题。张瑞敏刚刚接受海尔厂时，工厂快倒闭了，员工没有素质，经常和领导对抗，在前几任领导中，就有被员工赶出去的。张瑞敏在刚刚上任时，从朋友那里借来几万块钱，为每位员工发了一个月的工资，解决了员工的燃眉之急，使员工们深受感动。于是员工们开始相信这个带头人，因为他能够为他们着想，有能力，办实事，让他们看到了希望的曙光。

解决了员工的生活问题，稳定住他们的情绪后，张瑞敏又根据自己独特的思维和经营理念，结合当时社会发展形势、企业的状况，和员工们希望企业走出困境、谋求发展的迫切心理，及时制定规章制度，开始严格按照规章制度管理工厂。第一个规章制度就是上面提到的13条。在实施这些制度的时候，张瑞敏并没有采取强硬措施。且因为这13条，都紧紧扣住员工的道德底线最起码的常识要求，并不是高不可攀，所以一经推出，就让员工感到确实不应该违背，否则从道德和良心上都说不过去，这就为制度的有效实施打下了坚实的基础，当有人违反制度时，他不急着惩罚，而是召集大家进行讨论，让每个员工深刻认识到违反制度的危害性，从而使员工在内心深处认真反省，并养成了自觉遵守的好习惯。紧接着张瑞敏又制定更加严格的制度，引导员工养成遵守制度的良好习惯。就这样，一步一步以理念为依据制定制度，以制度的执行推动理念的养成，使得海尔制度建设越来越完善，越来越严格，整个团队思想越来越统一，行动越来越迅捷和一致，形成了今天海尔强大的执行力。

我们从海尔成功的脚步里，可以看出，只有绝对服从才能使企业的规章制度有效地执行，只有严格的制度和严明的纪律才能保证服从习惯顺利养成。企业或团队要想生存和发展，必须有严明的纪律作为保障。

当然这种服从不是盲从，虽然两者仅有一字之差，但实际意义却大相径庭。服从是无条件地执行，不找任何借口，迅速认真地根据上级指令完成任务。盲从是对上级的指示、决定，还没有充分理解其意图的情况下一味附和、一概听从、一律执行的盲目行为。服从需要人去辩证思考问题、分析事情、处事有主见。对领导的能力、水平、人格可以认同和赞赏，但不能迷信、崇拜和不分是非。尊重领导，要学会思考，并认真执行其正确意见和主张。领导也是人，他也会有说话不准确、不全面或不正确的时候。如果发现领导出错，下级就要冷静思考，权衡利弊。尤其是在原则性问题上，绝不能不明是非地一味顺从，否则，出了问题只会给领导带来更大的负面影响。遇到问题一定要及时向领导坦诚地提出自己的看法和建议。

从细节中表达对领导的忠诚和尊重

服从不仅仅体现在圆满地完成上司交给自己的任务上，在日常工作中，也应该注意一些细节，让领导感受到你对公司的热爱，对领导的忠诚。

一个小小的细节就会给领导留下很好的印象。例如，当见到老板或上司的时候，应该主动起立问候。如果距离比较远，不便呼叫，可注视之，点头示意就可以。近距离相处则用礼貌用语打招呼。如果在途中碰到老板或上司，假装看不见并躲避开，无论是矮人半截，或自命不凡秉性傲岸，避开的方式都是不可取的，它显得人鬼鬼祟祟，有损于人际交往精神。大大方方地走上前去和老总打招呼，这让老板或上司感觉你是个非常有素养有礼貌的人，会给老板或上司留下非常好的印象。当和老板打招呼的时候，不要表示出特别热情，礼貌问候就行了。特别不要问寒问暖跟他说个不停。因为当你过于热情的时候，老板或上司会误认为你是在讨好他（她），认为你是个油腔滑调的人，对你产生反感。另外，如果你在老板或上司面前滔滔不绝地问候不停，就可能耽误了他的紧急事情。在公共汽车或地铁遇见老板或上司，要主动招呼并让位，下车时说"再见"。但是在特别拥挤而狼狈的公共场所遇见了老板或上司，请一定巧妙躲开，让他认为你没有看见他，以维护老板的尊严和脸面。

不要在公司电梯里或办公室有第三者的情况下和老板或上司谈家常，特别是他们的家事，这些都是老板的私事，即便你和老板关系很好，也许老板只能允许你知道，但是不想让更多的人知道。所以，你应该尽量避免在有第三者的情况下谈论他的家事。否则，老板会认为你是个大嘴巴，什么都会说出去，不注意保密，所以，以后有什么事情，他就不会告诉你，把你当成他的心腹了。并且问他人家常是一种很不礼貌的事情，尤其是有上下级关系的。如果偶然碰到老板或上司涉及隐私的事情时，应该装作没看见或看不清、看不懂，不要触碰他们的隐私，更不要再次提醒，或在公共场合、公司同事间传播。

在工作场合和领导说话的时候，一定要掌握分寸，随时维护领导的权威感。不要当着其他员工的面讨论你们的私事，或者勾肩搭背，拍头拍肩。同样即便你们是好朋友，也要保持一定距离，以便保持领导的威严。

当遇到老板或上司的时候，应该注意整理一下自己的衣冠，有证章者，要扶好摆正，以示尊重。虽然这个细节非常小，但是不可忽视。试想一下，如果你是一家公司的老板或上司，当你看到一个员工刚刚进入公司，头发还是乱糟糟的，衣服歪在一边，你的第一感觉就是他没有礼貌，不注意个人形象，做事情肯定也考虑不周或者拖拖拉拉。如果老板或上司对你有了这个印象，想要改正他对你的看法就需要另花很多时间了。

无论是在公司内部还是在公司外部，只要老板或上司在场，离开的时候你一定要跟他们打声招呼，比方说声"抱歉，我先走了"，或者说"再见"等。主动往往给他人留下有好修养的美好印象。

当受到老板或上司的邀请，无论是请客吃饭或者喝茶，第二天一定要记得表示谢意，这会给老板留下非常好的印象。如果你邀请老板或上司参加了你的派对或你举办的活动，一定要当面致谢，并应送个小纪念品以示谢意，哪怕是一张小小的卡片。在工作中的酒会、宴会上一定要等到老板或上司举杯了，你才可以举杯，或者是你举杯敬他们。但是千万不要拿起杯子一句话也不说就一饮而尽，那样，他们会以为你对工作有不满情绪，更不要在他们面前醉酒失态，这会影响到其他人喝酒的兴致，更会使场面尴尬，领导也会认为你不懂礼貌。

进老板或上司的办公室要先敲门，报上姓名，然后在门外等待一会再进去，以让他们有准备地见你。

作为男员工一定不要盯着女老板或上司化妆，更不要告诉她"您化了妆是多么的美"。以免让上司误解，认为你心怀叵测。

迟到、早退与请假都应该自己写假条或打电话向老板或上司本人报告，不要请家人或同事传话。这样才有礼貌，表现了你对领导的尊重，对工作的认真态度。

主动理解老板或上司的命令和要求，不要机械地行事，否则很容易出错。如果做事出了错，一定不要找借口，更不能说"是您叫我这样做的"。老板或上司讲话时不要插嘴，更不要在挨批评的时候反驳。要学会自我检讨，不能推诿责任。

与老板或上司一起出差的时候，一定要订两套房间，老板或上司进入客房后，宾馆客房成了他们暂时的私人空间，如果要找他们谈工作，必须打电话联系，否则不要贸然敲门进去。

不要和老板或上司在同一时间上洗手间，特别是洗手间小的时候；也要避免与老板或上司同室淋浴。

老板或上司给红包的时候，应该立即致谢，不要当面拆开。不要把自己红包里的具体金额告诉周围的同事，因为老板或上司把红包包起来就是一种不公开的奖金方式。奖金多少不一样，如果你说出奖金数，其他少得奖金的人就会心中产生不平，他就认为老板偏向你，出于嫉妒，没准哪一天就会为难你一下。

以上这些在工作中常见的小细节是员工非常容易忽略的，你给公司做了一件大事，也许老板会给你一些奖励，但是，他不会对你产生深刻的印象。而一个个小细节往往能引起人的注意。这些细节如果能做到位，表明了你热爱这个团队，服从领导安排，并且明白道理，素质高，有礼貌，领导对你有这么良好的印象，一旦有什么发展锻炼机会，你就可能成为备选人物。所以，员工一定不要忽视这些细节，往往细节决定成败。

借口使你远离成功

怕承担责任、害怕领导或者其他人的指责，往往逃避责任的最好办法就是为自己找来借口；明明知道找借口的不良后果，但还是不自觉地冲口而出。借口给你我他挡避了一时的责难，可也阻止了积极上进、更正错误的机会；也许是关闭了为你敞开的一扇成功之门。

保罗在一家商贸公司上班，他也算是这个企业的一位老员工了，之前主要做销售工作，专门负责跑业务，深得上司的器重。只是有一次，他手里的一笔业务让别人捷足先登抢走了，造成了一定的损失。事后，他很合情合理地解释了失去这笔业务的原因。那是因为他的腿伤发作，比竞争对手迟到半个钟头。以后，每当公司要他出去联系有点棘手的业务时，他总是以他的腿脚不行，不能胜任这项工作为借口而推托。

保罗的一只脚有点轻微的跛，那是一次出差途中出了车祸导致的，留下了一点后遗症，根本不影响他的形象，也不影响他的工作。

第一次，上司比较理解他，原谅了他。保罗心里很得意，他知道这是一宗费力不讨好、比较难办的业务，他庆幸自己的明智。

但如果有比较好揽的业务时，他又跑到上司面前，又说脚不行，要求在业务方面有所照顾。如此种种，他大部分的时间和精力都花在如何寻找更合理的借口上。时间一长，他的业务成绩直线下滑。与许多找借口的人一样，保罗在享受了借口带来的短暂快乐后，起初有点自责。可是，重复的次数一多，也就变得无所谓了。最终，保罗被公司辞退了。

保罗之所以被辞退，是因为他没有服从老板的命令。正如一位名人说过，借口是制造失败的根源。99%的失败都是因为人们惯于为自己寻找借口。借口是一种思想病，而染有这种严重病症的人，绝大多数都是失败者。那些没有任何作为，也不曾计划要有番作为的人，总是为自己的失败找出各种理由，但他们却从不愿意承认自己是个爱找借口的人。

善找借口，那是懦弱者的行为，一个失败者找出一种"好"的借口，就会抓住不放，然后总是拿这个借口对他自己和他人解释：为什么他无法再做下去，为什么他无法成功。起初，他还能自知他的借口多少是在撒谎，但是在不断重复使用后，他就会越来越相信那完全是真的，相信这个借口就是他无法成功的真正原因，结果他的大脑就开始懈怠、僵化，让努力想方设法要赢的动力化为零。很多人会完全或部分屈服于各种借口，他们太低估自己的能力，同时太高估别人的能力。因为这些错误，使许多人轻视自己，不愿面对挑战。其实只要他勇于一试，往往就能够非常胜任。

"没有任何借口"是西点军校200年来奉行的最重要的行为准则，是西点军校传授给每一个新生的第一个理念。西点军校有一个很著名的例子。莱瑞·杜瑞松第一次被派到外地去服役。有一天，连长让他到营部去一趟，有7件任务要完成：去见几个人，向上级领导请示一些事情；申请一些重要物品，比如地图和醋酸盐(当时醋酸盐供应紧张)之类。杜瑞松心里告诉自己一定要把7件任务全部完成，虽然他的心里并没有十足的把握。终于，办事的过程中出现了一些问题，就出在醋酸盐上。他苦口婆心地向负责补给的中士解释缘由，说服他从仅有一点的存货中拨出一部分。杜瑞松一直缠着他，最后，中士终于给了他一些醋酸盐。

杜瑞松回来向连长报告任务完成情况，连长听到结果，脸上写满了意外，因为要在这么短的时间里完成7件任务，确实是非常困难的一件事。

其实，即使杜瑞松不能完成任务，也是可以为自己找到借口的。但是杜瑞松根本就没有想过去找借口，他心里一直就是一定要完成任务的念头。他在心中建立了"我一定赢"的态度和强烈渴望。要运用自己才智积极创造，寻找成功的方法，而不是用来证明自己会失败。抛弃找借口的习惯，承担起责任，服从领导的计划，我们就会在工作中学会大量解决问题的技巧，这样借口就会越来越远，而成功就会越来越近。

在企业中，在团队中，只要每个员工将每件小事都做得尽善尽美，那么，这个企业一定会提高一大步，这个团队也会有很强的凝聚力和战斗力。而对每个员工来说，把每一件小事做好就是不简单。不积跬步，无以至千里；不积小流，无以成江海。成功从来都不是一蹴而就的，成功是一个不断积累的过程。要想在商场上立于不败之地，就必须拥有一支高效的、战斗力强的团队。任何一个经营者都知道，对那些做事拖延的人，是不可能给予太高的期望的。

今天该做的事拖到明天完成，现在该打的电话等到一两个小时后才打，这个月该完成的报表拖到下个月，这个季度该达到的进度要等到下一个季度……真不知道喜欢拖延的人哪儿来的这么多的借口：工作太无聊、太累，工作环境不好，老板脑筋有问题，完成期限太紧等等。奇怪的是，这些经常找喊累找借口的人，却可以在健身房、酒吧或购物中心流连数个小时而毫无倦意。

寻找借口唯一的好处，就是把属于他们自己的过失通通掩饰掉，把应该自己承担的责任转嫁给社会或其他人。这样的人，在单位中不会成为称职的员工，在社会上不是大家可信赖和尊重的人。这样的人，注定只能是一事无成的失败者。这样的人，早晚会落到被社会所淘汰的境地。

美国成功学家格兰特纳说过这样一段话：如果你自己有系鞋带的能力，你就有上天摘星的机会！一个人对待生活、工作的态度是决定他能否做好事情的关键。首先改变一下自己的心态，不找借口，学会服从，这是最重要的！

所以在追求事业成功的过程中，最重要的一个步骤即为：防止自己找借口。不寻找借口，就是敢于承担责任；不寻找借口，就是永不放弃；不寻找借口，就是锐意进取。这样不仅有利于个人的进步，更有利于团队的发展和竞争。

第十二章

强大执行力是团队精神的核心灵魂

团队执行力

千里之行，始于足下。无论多么美好的愿望和周密细致的组织计划，归根到底都要落实到行动上。没有执行力就没有一切，执行对于团队来讲至关重要。执行力是团队精神的核心灵魂，是团队战略、规划转化成为成果、效益的关键。在21世纪，执行力成为企业竞争力的重要一环。一个企业执行力如何，将决定企业的兴衰。因此，要打造优秀的团队首先就要执行到位。一个高效能的团队一定是个执行力强的团队。如果一个团队的执行力差会消耗企业的大量人力、财力，不仅如此，它还会使团队错过大好机会，影响企业的战略规划和发展。比尔·盖茨称："在未来的10年内，我们所面临的挑战就是执行力。"可见，拥有强大的执行力在未来才能保证团队内部正常、畅通运作。那么，什么是团队的执行力呢？

对于团队执行力的定义，每个企业家都有自己的看法，通用公司前任总裁韦尔奇先生认为所谓的团队执行力，就是"企业奖惩制度的严格实施"。联想集团董事局主席柳传志先生认为，团队执行力就是"用合适的人，干合适的事"。由此可见，团队执行力就是上级下达的指令或要求，能迅速做出反应，并迅速贯彻或执行到下级去的能力。执行力要求每个成员对团队下达的命令都要迅速做出反应，深入实践，这样才能保障企业的畅通无阻。

阿里巴巴总裁马云与日本软银集团总裁孙正义曾探讨过一个问题：一流的点

子加上三流的执行水平，与三流的点子加上一流的执行水平，哪一个更重要？结果两人得出一致答案：三流的点子加一流的执行水平。再好的决策必须要得到严格执行和组织实施。一个好的执行人能够弥补决策方案的不足，而一个再完美的决策方案，也会死在差劲的执行过程中。从这个意义上说，处于现今市场经济中的现代企业，没有执行力，就没有竞争力。

我国东北地区曾有一家大型国有企业因为经营不善导致破产，后来被日本一家财团收购。厂里的人都在翘首盼望着日本人能带来一些先进的管理方法。但是，出乎他们意料，日本只派了几个人来，除了财务、管理、技术等关键部门的高级管理人员换成了日本人之外，其他的什么都没有动。制度没变，人没变，机器设备也没变。日方只有一个要求：把先前制定的制度坚定不移地执行下去。结果这个企业不到一年时间就扭亏为盈了。日本人的绝招是什么？就是执行力，无条件的执行力。

杰克·韦尔奇说："没有执行力，哪有竞争力。"彼得·德鲁克说："管理是一种实践，其本质不在于知，而在于行。"一个团队如果没有执行力，那么它就像是海市蜃楼，永远不可能增强企业的竞争力，更不可能实现企业的成功与辉煌。强有力的执行才是企业成功的关键。上海的必胜客就是一个典型的例子。

每当我们打4008-123-123的时候，就能得到必胜客的服务，这个号码是必胜客的唯一号码，当我们打电话到必胜客的时候，必胜客的工作人员立刻用电脑将电话分类，30分钟之内将比萨送到我们的家里。必胜客之所以有如此高的工作效率和它注重执行力有关。必胜客有严格的规定，如果员工在送比萨时忘记了带作料要扣钱，顾客没有及时收到比萨，员工要扣钱。顾客进来时没有跟顾客问好的员工要扣钱。顾客走时没有说再见的员工要扣钱，等等，很多新员工进去还没有拿到薪水就已经被扣光了。正是必胜客的严格要求，使得必胜客能够在快餐业遥遥领先。

反之，执行不力，企业也会遭遇险境。例如，联想公司在1999年进行ERP改造时，业务部门不积极执行，使流程设计的优化根本无法深入。长此下去，联想必将瘫痪。最后柳传志不得不施以铁腕手段，才浇灭企业内部试图拖垮ERP以保全既得利益的势头。

在中国执行力不强的现象非常普遍，这和中国人的思维方式有很大的关系。有这样一个例子。

在南方的某个城市，一家跨国公司的中国区高管在一幢摩天大楼的60层举行一年一度的营销年会，在座的80多人中，美方高管有50多人，剩下的就是中方的高级雇员。在会议即将结束的时候，美国的总裁忽然站起来，对大家说：全体人员跟我一起跳下去，这个时候，空气一下子凝重了起来，只见那50多个人齐刷刷地站起身，眼睛紧盯着这个总裁。中方雇员们慌了起来，也匆忙站起来，惊恐地望着美方总裁，心想："这老头是不是疯了！"

通过这个小故事我们可以看到，中国人在执行一项措施的时候往往是老板在考虑员工怎么想，员工在考虑老板想得对不对，这样就会使一项命令在执行的过程中因为主观因素的误导而出现偏差。例如，老板按照公司规定给一个员工安排生产塑料花的任务，领导在安排人的时候会想哪个员工更适合做呢？哪个员工能做得好呢？员工也同样会考虑领导的想法，他会想："怎样做才会被领导夸奖呢？""领导喜欢什么颜色的花呢？"等等。其实制作塑料花本就是员工的职责，每个制造塑料花的员工都应该能完成任务，如果完不成就应该按规定去处理。所以，领导根本不用考虑哪个人能做得好，只要员工按照公司的要求完成就可以了，而员工也不必去想领导的喜好，因为这不是在给领导做塑料花，而是给买主做。总之，把工作更多地程序化就会避免领导和员工因为主观上思维不同而导致的失误。每个职务已经设定了该做的事情，领导下达了命令，员工按照公司规定执行就可以了，这样就会减少很多麻烦。

缺乏执行力的原因

有很多企业无论是战略上还是目标设定上都很有发展前景，之所以出现企业效益不好，发展不景气很可能就出在执行力上，一个企业缺乏执行力可能有以下几方面原因。

第一，下属缺乏贯彻执行的能力。例如，一个IT总裁想要开发一种具有多种功能的全新软件，但是如果手下的人都不擅长软件开发，那么，总裁的命令在实施的过程中就会受到重重阻碍，即使可能勉强完成，也不会有太大的成效。还有，如果下属是个优柔寡断的人，他在执行过程中犹豫不决，不知道怎样执行才能更好，那么这个人在执行任务上就可能拖拉低效，且还可能因为判断失误或难以决断而出错或错过执行大好时机。

第二，执行结构过于冗繁，不适合贯彻执行。执行一项命令，要等着上司批，然后再等着上上层的领导批示，然后在董事会讨论决定，之后才能执行这项命令，而执行的时候每个环节还要相互协调。如果是这样的话，一项命令就可能错过了它执行的大好时机，一个任务就已经浪费了很多大好时光，所以，执行结构太冗繁，不利于企业或团队贯彻执行。

第三，下属执行的态度不端正。例如，下属常常推卸自己的责任，把本该承担的过错责任推卸到他人身上，这样就会使员工之间出现矛盾，给企业制造了不稳定因素。同时这样的人就像是企业中的一颗不定时炸弹，因为他因为没有责任心，做事情就不会太认真，敷衍塞责，上面下达的命令，也不能保质保量地完成，很可能出现问题，而出现问题他就溜之大吉，就可能给企业带来巨大的损失。还有一些人不专心努力做事，而是总喜欢把功劳往自己身上揽，这也会给团队人际关系造成很大危害。有这些毛病的员工到哪个公司都不会受到青睐，这种不负责任的态度，是在应付差事。

第四，没有明确的奋斗目标。目标是员工们前进的一大动力，如果企业连未来的发展目标都不明确，那么，就会使员工陷入没有希望的境地，稀里糊涂地工作，不知道为什么目标而工作，就像是盲人走路，定然是小心翼翼，速度超慢。

第五，只重制度，忽视文化。增强员工对企业的感情也会提高领导的执行力。条条框框的制度即使再严密，如果员工内心没有实行的动力，他执行起来也是敷衍了事，达到标准就好，不会有动力和热情做到精益求精。而如果建设企业文化，培养一种员工们你争我赶，谁都不甘落后的氛围，那么，他们会主动尽职尽责，并且精益求精。

第六，缺乏对员工培训指导。每一个新员工在刚刚上岗时，都要有一个适应的过程，需要企业进行适当的培训，帮助员工尽快掌握现在的工作，但是一些企业为了降低成本，根本没有给员工作培训的环节，直接让他们上岗工作。新员工因为对工作不熟练，执行环节就会大打折扣。

第七，考核制度不明确，赏罚不当。没有明确的考核制度，员工做好做坏一个样，做多做少一个样，久而久之定然会趋于松散，有句话这么说"员工只会做你衡量的事情，不会做你想要的事情"。领导者们常常困惑——为什么我的想法老是执行不下去呢？如何做到我在场和不在场一个样呢？我的压力这么大，而我的员工怎么感觉什么事情都没有似的呢？公布一项政策怎么没有几天就坚持不下去了呢？如何区分员工业绩的好坏呢？为什么这么多事情要我亲自盯呢？……其实这些困惑都可以通过绩效考核来解决，让员工看到他们努力后一定会有成果，那么，他们一定会努力去做。

第八，只重指令，不懂沟通。作为领导只知道下达命令却不懂得和员工沟通，员工如果不理解公司的政策和领导的意图、要求，他就很难执行到位。即使被问到他们是否了解公司的战略意图时，绝大多数员工的回答都会是一个字：是！其实，他们所认知的公司战略意图并一定是正确的。如果他们理解出错，那么，做事情可能会出问题，这样就会给企业带来不必要的麻烦。沟通则能把公司的意图和目标渗透到他们工作中的每个环节。有效的沟通还能增进员工和领导之间的了解，这有利于员工更快更准确地理解领导的意图。大凡执行力好的企业或团队都会非常努力地营造一个让领导者有效沟通的环境，使员工对组织目标有一个全面的了解。而一旦领导者之间的沟通非常有效、员工对目标都有一个明确的了解时，企业或团队的执行力就会得到很大的改善。否则沟通不畅，员工理解出现偏差，那么员工劳而无功，领导执行效果也不佳。

第九，事必躬亲，领导不懂授权。诸葛亮"鞠躬尽瘁，死而后已"的忠诚之心常使后人"泪满襟"。但是一生谨慎的诸葛亮在受到人们崇敬的同时，也引起一些人的非议，原因是诸葛亮不懂得授权，不信任任何人，事无巨细，事必躬亲，最后终于把自己累死，蜀国也因此后继无人，最终导致灭亡。一个国家的安危维系在一个人的身上是危险的，同样一个企业，一个团队的成败系于一个人的身上也是危险的。强调执行力的现代企业管理中，授权更是关键环节。可以说不懂得授权，就谈不上执行力。

第十，流程不畅，衔接不良。一件事情的完成需要每个人的配合，尤其是像企业要完成一项任务或目标，更需要员工之间的配合，部门和部门之间的默契合作，如果其中任何一个环节出现问题，那么就会影响到整个工作流程的进展。这样就会使执行力大打折扣。

增强团队的执行力

一家权威公司曾做过一项调查：在整整一年时间里，许多公司仅有15%的时间在为顾客提供服务，剩余85%的时间都在做对顾客来说根本没有意义的事情。换句话说，就是公司把大量的时间和精力花在了处理协调企业内部关系、开会、解决人事等问题上，以此来维护组织自身平衡和稳定，而顾客却需要用100%的货币，换取15%的价值。这样的组织是没有执行力的，更没有竞争力。

在当今社会，所有企业间的竞争，事实上绝大多数都是执行力的竞争，团队执行力强与弱直接关系着企业的成与败。团队的执行力在企业中有着重要作用，那么我们该怎样增强团队的执行力呢？

1. 作为领导者要有解决问题的勇气和决心

当发现团队存在问题时，能不怕阻挠和困难，及时勇敢地解决问题。而不是害怕困难，一拖再拖，等到问题严重到一定程度了再去解决，就可能问题大得根本没有办法解决或者错过了很多大好机会。

2. 要和团队成员进行有效的沟通

一老板让一名员工去买点复印纸。员工去了，不一会儿，买回3张复印纸。老板有些生气地说："你也不想一想，3张复印纸怎么能够，我至少要3摞。"员工第二天又去买回3摞复印纸。老板一看，大叫说："你怎么买的是B5的，我要的是A4的。"过了几天，员工又买回3摞A4的复印纸，老板骂道："一点复印纸，竟然能买一个星期。"员工抱怨说："你又没有说什么时候要。"

为了3摞复印纸，员工跑了3趟，老板气了3次。为什么呢？老板没有交代清楚责任，而员工也缺乏主动性，没有及时询问一些详细内容，因为沟通不到位，结果白费了很多工夫。

3. 要提升属下的能力

因为没有工作能力是不可能按照领导的要求保质保量地完成工作任务的。而团队的竞争力的强弱往往取决于团队中所有人的综合能力。因为一个人团队的发展需要每个人付出能力，如果其中有一个环节的成员能力不足，那么，就会影响到整个团队前进。这就像是一个用参差不齐的木板做成的大桶，往往桶上最短的那块木板决定了水的高度。同样，团队中最弱的那个环节决定了团队的整体实力。

伊利集团为了鼓励员工不断发展，实行技术和管理双轨晋升制度，为专业技术人员和管理人员分别建立了各自的晋升制度，使每一位员工都能根据自己的专长、个性、兴趣和经验选择职业生涯和发展方向，并通过培训和个人努力不断找到新的机会。2001年，伊利集团发布实施《集团公司培训制度》为员工不断提升个人知识和技能，进而为获得终身职业竞争能力提高了制度保障。2002年，伊利集团又与南开大学、清华大学等合作，为中层管理人员和后备人员进行为期一年的在职MBA培训，使管理人员的个人职业生涯规划和公司的发展需求实现有机结合。

4. 使用激励政策

恰当的激励是促进团队凝聚力的最好方法。但是激励机制也要使用恰当，如果激励机制不能使团队成员的行动和团队目标吻合，那么，这种激励就是无效的。虽然胡萝卜加大棒式的管理方式在中国非常普遍，但是如果把员工的需要和团队的目标有机地结合在一起，会更有效地激励团队成员。例如，给团队成员更大自主权，使任务富有挑战性等。把员工的成绩与团队的业绩结合起来，制定薪酬制度，促进团队整体执行力的提高。

5. 领导者要起到表率作用

"领导"的职责无非两条，一个是"领"，就是要率先垂范，以身作则，不搞特权，充分发挥领导的模范和带头作用。一个是"导"，就是要把握方向和大局，及时解决遇到的各种矛盾和问题，纠正出现的偏差和错误，积极引导广大员工朝着正确的方向前进，促进企业的发展。作为一个团队的领导，一定要以身作则，对所负责的事情一定要坚定不移地执行到底，不能因为遇到困难就止步不前。

要提高执行力，作为中层领导干部要充分发挥"桥梁"作用。吃透上级的命令指示，把领导的意图完完整整地传达给职工，又要结合实际，把落实过程中出现的问题及时全面地向领导汇报。

6. 制定合情合理的制度，以便执行力能有效地执行下去

制定制度的目的不能只是为了约束员工，合情合理的制度不仅对企业环境氛围有作用，还能提高员工工作的积极性。一个好的制度一定是反映规律、符合规律、遵循规律，才可能得到认同和遵守，才可能真正具有根本性、全局性、稳定

性和长期性。好的制度建设一定要有广泛参与性，能广泛地听取各方面意见，使制度能够反映大多数人的意志，能赢得员工的广泛理解和支持，从而使员工自觉遵守。一个好的制度一定得非常详细，这样才更容易执行。一个好的制度也一定是简便易行的，这样执行起来才有效率。

执行流程不畅的原因

要推进管理创新、全面提升执行力，团队不仅要积极培育执行文化、构建执行机制，更要打造敏捷流程。

当前，随着市场竞争日益走向深入，要全面满足用户多样化的市场需求，及时应对各种市场挑战，团队就应该适时转变管理思路和管理方式，调整团队组织架构，整合企业资源，建立以市场和客户为导向的更加快捷的业务流程，提高执行效率，降低管理成本，全面增强企业竞争力。可以说，在执行机制保障有力的情况下，打造敏捷流程是团队提升执行力的关键因素之一，也是企业做大做强的有效途径。阿里巴巴总裁马云有一句话说：阿里巴巴不是计划出来的，而是"现在、立刻、马上"干出来的。如果我们每个员工严格按照制度的要求，按照流程要求去工作，不互相推诿、不拖拉懈怠、尽心尽职，团结协作，将每一个流程的工作都落实到实处，将每一件任务都不折不扣地完成，这样的公司何愁不能发展壮大呢？

拥有一个好的流程对于成员完成任务有着非常重要的作用。好的流程规定了每一个职能和岗位在每一个流程中要做的事情和要求达到的标准，把所有的流程对于一个职能的要求和标准归纳起来，就形成了某一个岗位的具体职责。这样一个员工进入到某一个岗位后，只要按照这些可操作性很强的具体职责来做事，执行力自然就加强了。但是，我们有时候会看到，一些企业经常在说要加强执行力，并且也知道自己公司目前的执行力还比较弱，企业有些命令不能执行下去，但却一直找不到执行力弱的原因。其实，很可能问题就出在执行流程上，如果执行流程出了问题，就会大大影响团队的执行力。一个团队的执行流程不畅，主要出于以下几方面原因。

第一，一些执行者过于自由散漫，不按制度做事，结果使命令或政策在执行过程中出现停滞状态，可能造成很大的损失。

在2009年4月10日的上午，太原火车西站派出所附近一家汽车维修铺发生了油箱爆炸事故，造成了一死一伤的惨剧，最后调查结果表明，这是因为该维修铺的一名维修工人违规操作导致的。那名工人当时在给卡车焊接油箱。按照正确的操作流程，必须在油箱放干汽油后，对油箱不停抽气的情况下，才能对油箱进行焊接。虽然这名员工把抽气管放进油箱里，却没有打开气泵。结果，因为油箱内残余汽油挥发，遇到焊接时产生的高温，便立即发生了爆炸。

这就是因为不按流程办事造成的结果。同样作为企业或团队中成员，如果不按流程操作，私自违反规定去做事，很可能会导致工作发生紊乱，造成团队整个执行流程不畅。

第二，一个企业或团队内各个部门要通力合作，各个环节要密切配合，否则缺乏沟通，工作出现脱节现象，也会影响到执行的顺畅性。有些企业忽略了沟通，命令下达到每个部门后，每个部门就根据自己的想法去做事情，各干各的，部门之间不相往来和沟通，有些涉及两个部门需要合作的地方，也惰于交流，根本不考虑和其他团队交流合作，到最后，生产出的产品和预期想要达到的标准相差遥远。例如，一家企业想要制作冰箱，一个部门负责外壳制作，另一个部门负责零件的选配，两个部门没有协调好，生产出来的冰箱壳的尺寸要么过小要么过大。结果，因为产品不符合标准，装配环节就没有办法进行，给企业带来了巨大的损失。还有生产环节和销售环节脱节，生产产品的员工不懂得市场，做出的产品根本不符合客户的需求，不符合标准。这样销售部门就销不出去产品。销售出现问题，就会影响到产品的生产，结果会导致整个生产停滞下来，这样不仅给企业带来了巨大损失，也会影响到员工个人的薪酬待遇。如果销售人员和生产部门的人进行良好的沟通和交流，生产部门的人就知道哪些问题非常重要不能犯，犯了哪些问题对销售没有影响，那么生产人员就能知道好的产品应该是怎样的。而如果生产部门去主动问销售部门，把自己的疑惑提出来，让销售人员给以解答，那么，整个流程也能顺畅无阻。

第三，一项任务如果出现多个人指挥，也会使执行流程不顺畅。因为每个人的想法都不一样，不同的人有不一样的标准，不一样的预期结果。一项任务由几个人指挥，这个人让那样做，然后下一个指挥者又要命令成员按照另一种方式去做，第三个指挥又要换工作方式，如此下去，这项任务就停滞不前。任务无法执行下去，拖一天，就会给团队造成一天的损耗，非常不利于企业发展。

第四，企业各个员工分工不明确，职责不清。执行任务时相互扯皮，推卸责任，谁都想少做事情，少负责任，这也不利于执行流程的顺畅进行。

第五，在执行过程中，出现利益不公平现象。有的人多做了事情却没有得到应有的回报，那么，就会挫败执行者的积极性，他们在执行任务时就会松懈下来，执行的质量就会欠缺很多。

第六，缺乏监督检查机制。一项任务要执行得好，还需要有监管部门的监督。监督部门的有效监督无形中给执行者施加压力，使执行者能按照上级指示，不打折扣地执行下去。如果监督不力，执行者就可能自我松懈，执行任务时就会缩水，执行力度不够，到最后，命令不能执行下去。

优化执行流程

在企业中我们常常会听到这些抱怨：这不是我们部门的职责，出问题和我们没关系；这些乱七八糟的事情，怎么他们不管？他们不管，我也不管；这件事我不知道，没有人告诉过我；我们一直是这么做的；很多事情都需要我们全程跟催，不跟催就办不成事情；本来是他们的职责，常常要我们求他们办事；为什么我们的交货期总是比竞争对手慢。这些问题在国内企业相当普遍。经济形势好的时候，很多企业处于超负荷运转状态，管理者在业务上忙得不亦乐乎，对于这些流程问题视而不见，即便认识到问题的严重性，也根本无暇顾及。此外，在业务繁忙的时候，大规模的修改或调整流程尤其是业务流程，很容易导致混乱的局面，影响正常业务运转，流程提升与变革存在较大的风险，决策者一般不敢也不会在这个时候对流程进行大手术。

但随着市场环境的变化，很多企业的业务出现停滞或下滑，企业已经不是昔日忙忙碌碌的繁荣景象，经济效益迅速下降。如何才能提高利润，是摆在每个企业面前的问题。有些企业集中力量抓市场，抢占空白市场。但是市场的空白已经越来越少。其实，作为一个优秀的企业应该懂得要内外兼顾，内外兼修。我们不仅要提高市场占有率，同时也要加强企业内部管理，减少成本和资源浪费，实现企业利润的提升。在内部管理中，企业执行流程不畅造成的资源浪费、效率低下等问题都是关系企业发展的重大问题。因此，优化团队执行流程，构建企业的竞争力非常重要。

怎样优化团队执行流程呢？有以下几种方法可供参考。

1. 要制定一个统一的标准

标准是伴随着流程的必不可少的模板，没有了标准，流程的可执行力将会很差。因为同一岗位的人对于一个工作流程有不一样的理解。例如，编辑要编一本书，标题和大纲都已经给了，但是如果不确定内容的语言风格和特色，那么有的人会把它写成一本理论性极强的教材；有的人会把它编写成一本生动诙谐的科普读物；还有的人会把它写成一本小说。但出版社只要求有一种，如果作者不清楚出版社的标准，就很容易做错事情，不得不返工，这大大降低了工作效率，减弱了执行力度。

只有制定详细、明晰的岗位工作标准，才能保证团队流程畅通，团队顺利发展。就拿肯德基来说，为什么全世界肯德基的味道都是一样的？那是因为它们的产品都是严格按照同一个标准生产出来的，如果肯德基也像中国饭店一样用大厨做菜的话，那么肯德基就不会走到今天了。为什么这么说呢？因为每个大厨都有自己做菜的标准，所以，制作出来的菜即使用料一样，口味也有区别。并且即使一个大厨做菜非常好，但是一旦这个大厨不在这个饭店了，那么，他带走了手艺，也带走了顾客。这个饭店以后的生意就可能因为大厨的离去而不再兴隆。作为一个企业也是一样，如果依靠一个人的好技术，使企业的产品得以合格或优秀，那么等到这个人走了后，这个企业就不能长久兴旺，这样对于企业来说是致命的。如果制定了各个岗位职责标准，而且每个员工都按照这个标准做事，使岗位工作流程化，那么即使某个岗位上的员工离职了，也不会影响到整个企业的发展。这个标准实际上就是工作和管理经验的积累，也是一个公司的技术、管理、文化在人员流动情况下得以维持和发展的基础。它主要包括操作类（如操作指标书）、评估类（如项目可行性评估）、检查类（需求评审检查表）、记录类（如报告、表单）、计划类（如项目计划）、制度和规定类（如公司的规章制度）。流程规定了做什么，而标准规定了怎么去做，两者缺一不可。

2. 统一价值取向

现在的企业一般都是按照职能不同划分部门，这样方便以部门进行管理，不过划分部分也导致了部门间缺乏沟通，给跨部门的流程执行造成了困难。

一些部门负责人认为自己部门内部怎么实施流程、怎么进行流程运转是内部事情，与其他部门或公司无关，并认为流程运转到自己部门时自己做好自己的事情，按照自己的理解来执行就行了。一旦出了问题，要么埋怨上游做得不好，要么说下游没有责任心。总之，自己一点责任都没有。这种想法其实是不可取的，这种想法是只为流程而流程，却没有细究流程的最终目的，没有从整个流程高度把握自己那部分流程工作目的。

各部门的流程执行时目的各不相同，这样就不可能形成跨部门流程工作的统一价值观。其实，对于客户来说，公司就是一个整体，所以，各部门在处理同一个事件的不同流程阶段时应该保持相同的理念和价值。

3. 流程要以客户为中心

公司希望有更多的客户来购买我们的产品接受我们的服务，以便维持公司的正常运营和发展。如果产品不好或者服务不到位，少有客户光临，那么公司运营就会受到阻碍，就是在砸自己的牌子。所以说，公司所有的流程运转的目的就是为客户服务。

在企业内部中，流程的上游就是下游的客户，下游就该以上游为中心，尽量满意上游的需求。因为上游是外部客户的代表，代表外部客户的利益，最终也代表了公司的利益所在。因而当我们负责流程运转某个阶段时，要想着怎样让顾客满意，要树立让客户满意的服务意识。

4. 把岗位职责制定得越详细越好

流程中会涉及很多岗位，所以在流程执行过程中，可以根据流程对岗位的要求，进一步把岗位职责具体化，并且考虑到职责的协调和安排问题，以便达到流程的目的。

5. 考虑到流程运转中的突发事件，做好预防措施和解决问题的心理准备

作为领导者在做好防御措施和解决完突发事件后，就应该归纳总结，把这些意外事件的防御措施和解决方法流程化，以便以后使用，这样就会大大提高以后的生产效率。

6. 制定流程监控体系

流程运行起来后，要对流程的运行状况进行监控，尤其是在流程的关键阶段，一定要对其时间、成本、质量、服务等要素进行详细的记录和分析，以便发现问题和解决问题。

公司流程优化和发展要逐步进行，不要指望一夜之间解决所有问题，要知道，一口吃不成胖子，否则会给企业内部造成混乱。

第十三章

忠诚于企业，忠诚于团队，忠诚于自己

忠诚能带来丰厚的回报

忠诚是一种美好的品德，践行忠诚，我们会收获丰厚的回报。

三国时期的诸葛亮，他对蜀国可谓是忠心耿耿，身居高位依然兢兢业业，为光复汉室劳心劳力。正是因为诸葛亮的忠诚，所以刘备对他十分信任，君臣之间相处和谐，如鱼得水。在刘备临终的时候，他曾说："如其（阿斗）不才，君可自取。"这是刘备对他充分信任的表现。最后，诸葛亮为了蜀汉大业劳累过度，终于病死在五丈原。他的忠诚之心流芳百世，为后人所敬仰。

在企业的团队中，忠诚的品质也非常重要，因为只有所有的员工对企业忠贞不贰，团队成员才能凝成一股绳，劲往一处使，才能发挥出团队的力量，推动企业走向成功。一个公司的生存和发展，依靠的是少数人的能力和智慧，却需要绝大多数员工的忠诚和勤奋。忠诚已经成为企业选任人才的重要标准。

1999年，马云带领"18罗汉"在杭州创立了阿里巴巴，最艰难的时候，每个人的薪水只有500元，但没有一人选择离开。十多年过去了，当初的18人一直不离不弃。正是这种忠诚于团队的精神，使他们不管在逆境还是顺境，和领导者共进退，成就了阿里巴巴今天的辉煌。所以说，员工忠诚度是团队迈向成功的无形推手。

任何一个企业都喜欢忠诚的员工，拥有忠诚品质的员工能够在自己的工作岗位上兢兢业业，任劳任怨，为了公司的发展甘于无私奉献。因而这样的人往往

能够在企业中获得稳固位置。因为这样的人会引起领导的注意，在老板心目中，这样忠诚的员工是肯与公司同进步的人才。所以，一旦有工作需要，老板就会想到这个员工并委以重任，而作为一名员工能够得到领导的赏识，是一个非常好的发展机会。但是在一些企业中，有很多人对自己的付出斤斤计较，总是抱着"领多少工资做多少事"的心态去做事，做事的多少不是以公司的标准去做，而是以自己的标准去做。还有些人把就职的公司作为过渡的跳板，做事不认真，不负责任，没有感恩之心，更谈不上对企业的忠诚度，这样的人就像是企业中的不定时炸弹，随时会给企业带来危害。其实对企业忠诚，企业必然会给员工相应的报酬，忠诚于企业，尽职尽责地为企业工作，企业得到了壮大，自己也才能更好地发展。一个员工的忠诚度越高，在企业中的地位越稳固，越能得到企业的重视，这样的人也越容易获得发展的良机。

日本企业招聘员工的时候，首先看重的就是应聘者的品质，其次再看他的能力。他们认为一个员工的技能是可以培养的，而想要改变一个人的品质则非常困难。

一位成功学者就曾说过："如果你是忠诚的，你就会成功。"作为一名员工，忠诚是你成功的通行证。忠诚的人容易获得别人的信任和支持，也值得别人对他委以重任。因此，忠诚的人更容易获得成功的机会。

克里丹·斯特是美国一家电子公司很有名的工程师。他所在的这家公司是一个很小的公司，时刻面临着比它规模大的比利孚电子公司的竞争压力，处境非常艰难。

一天，比利孚电子公司的技术部经理邀请克里丹一起吃晚餐。在饭桌上，这位经理对克里丹说："如果你把你们公司里最新产品数据资料给我一份，我会给你丰厚的回报的。"

向来彬彬有礼，态度温和的克里丹一下子就愤怒了，"不用再说了！我的公司虽然效益不好，处境艰难，但我绝不会出卖自己的良心做出这种勾当，我不会答应你的任何要求的！"

"好，好。"这位经理见克里丹反应这么强烈，不但没有生气，反而很欣赏似的拍拍克里丹的肩膀说，"好好，别生气，这事就当我没说过。来，咱们干杯！"

不久，克里丹任职的公司因为经营不善宣告破产。克里丹失业了，一时很难找到工作，于是他只好在家里等机会。可是没过几天，克里丹竟然接到了比利孚公司总裁打过来的电话，说是让他去一趟比利孚电子公司。

克里丹非常迷惑，"老对手"找他会有什么事呢？他带着疑惑来到了比利孚公司，出乎他意料的是，比利孚公司的总裁热情款待了他，并且拿出一张大红聘书要聘他做技术部的经理。

克里丹非常惊讶，他小心地问："您怎么这样相信我？"总裁哈哈大笑，说："原来的技术部经理退休了，他向我说起了那件事，并特别推荐了你。你的技术是一流的，你正直忠诚的品格更让我佩服，所以，我认为你是值得我信任的那种人。"

克里丹这下子明白了。后来，他凭着自己优越的技术和管理水平，成为了一名一流的职业经理人。

"忠诚"二字不仅对于企业非常重要，对于自身的发展也至关重要。然而大千世界中，有很多名利诱惑着我们，有些人禁不住考验而丧失忠诚，昧着良心出卖一切。然而一个人抛弃了忠诚，就等于抛弃了成功和发展的机会。

2006年，美国发生了一桩商业机密盗窃案，这件刑事案件轰动全球，发生这个案件的两个主要公司分别是可口可乐公司和百事可乐公司。

可口可乐公司有一个负责新产品配方研究的高管，利用职务之便，偷到了配方，并想把这个配方卖给百事可乐以获得丰厚的回报。于是就打电话给百事可乐的高层领导。他正在期待这个配方能获个好价钱的时候，结果百事可乐的高级领导把这件事情告诉给了可口可乐公司，可口可乐的高层得知这件事情后，第一时间向联邦调查局报案，联邦调查局派几个人，假扮成百事可乐的人与这个想要卖配方的人进行交易，交易的过程当中，直接把他抓获归案。经查这个人是主谋，获刑8年，辅助他犯罪的人获刑5年。

这个人虽然在可口可乐公司工作了很多年，但他仍然出卖了自己的忠诚，结果他的行为断送了自己的大好前程。

热爱工作是忠诚的基础

有这样一句话，如果你视工作为一种乐趣，那么，你的人生就是天堂；如果你视工作为一种义务，你的人生就是地狱。由此可见，人生、工作，是应该有一种态度的。工作能维持我们的生存，是我们生活的物质保障。如果没有工作，没有生存的物质基础，那么我们心中所有美好的幻想都将成为泡影。工作使我们生活下来，那么，我们为什么不热爱自己所从事的工作呢？况且，工作和员工的关系紧密，血脉相通。如果我们能投入自己百分之百的热情努力工作，我们还会从工作中获得自身提高，技能提升和他人的尊重等等。没有了工作我们失去了生存所需要的物质需求，没有了工作，我们失去了实现自我人生价值的机会，生活也会变得索然无味。

在古老的欧洲，有一个人在他要死的时候，发现自己来到一个美妙而又能享受一切的地方。他刚进入这片乐土，就有个看似侍者模样的人走过来亲切地同他："先生，您有什么需要吗？在这里您可以拥有一切您想要的：所有美味佳肴，所有的娱乐活动和各种各样的消遣，其中还有妙龄美女，都可以让您尽情享用。"

这个人听了之后，感到很惊奇，但非常高兴，他暗自窃喜：这不正是我在人世间的梦想嘛！一整天他都在品尝所有的佳肴美食，同时尽享美色。然而，有一天，他却对这一切感到非常厌倦，于是他就对侍者说："我对这一切感到厌烦了，我想要做一些事情。你可以给我找一份工作吗？"

但是那个侍者摇头说："先生，很抱歉，我们这里唯一没有的就是工作。"这个人感到非常沮丧，他愤怒地挥着手说："这真是太糟了！那我干脆就留在地狱好了！"

那位侍者温和地说："您以为，您在什么地方呢？"

这个幽默的小故事告诉我们，失去了工作就等于是在地狱中生活，就失去了快乐。工作是一项特权，它带来比维持生活更多的事物。工作是所有繁荣的来源，它也塑造了无数天才。工作使年轻人奋发有为，工作能奠定幸福的基础，工作能增添生命的味道。但人们必须先热爱它，工作才会给予人们最大的恩惠。我们常听到这样的话，攀登高峰的人会牺牲很多。但是成功攀登高峰的人，不是在牺牲，他们努力工作是因为他们真的热爱工作，因为热爱工作，就会全身心地投入工作中，一心一意地做事，因为不懈努力，所以，他们自然会成功。

石油大王洛克菲勒是白手起家的，他就是靠着自己对工作的一腔热情，在工作中不断思考、创新，才最终获得了如此巨大的成功。他的第一份工作是查看生产线上的石油罐盖是否被焊接好，这个连小孩子都能胜任的简单工作，年轻的洛克菲勒并没有因为这个工作单调而厌烦和放弃，也没有闷闷不乐地工作，而是积极乐观地面对不断重复的传送带。在经过仔细的观察后，他发现每焊接一个油罐需要39滴焊接剂，他开始思考是否可以减少焊接剂以节省工作成本。最后他的试验成功了，这给公司节省了5亿美元的开支，他也从此走上了成功之路。

一个人热爱工作，所以他在工作中就会表现出极大的忠诚。因为热爱工作的人，把工作当成是自己的事情，他们把自己的心血都放在了工作上，工作的成果是他们智慧和汗水的结晶，他们把工作看成是自己生命的一部分，所以，他们倍加珍惜。他们不允许有任何对工作有损害的事情发生，他们会成为工作的忠诚捍卫者。

但是，理想和现实总是有很大的差距，每个人不可能都会找到自己热爱的工作，为此，有些人灰心丧气，对待工作消极应付，工作没有动力，抱着做一天和尚撞一天钟的心态，草草应付每天的工作，过着碌碌无为的生活。这样的人极容易被利益诱惑，而做出出卖公司的事情来。当一个人做出这种事情来，其实也违背了做人的道德底线。

培养员工的工作热情，需要员工和企业共同努力。作为企业应该把每一名员工当作企业不可或缺的一员，用高度负责感去关爱员工，使员工内心产生感激之情。这样员工会努力工作，以表达对企业的感激之情，而在努力工作中就易于培养出员工对工作的热爱之情。而心怀感激，员工出于一种责任感，也不会轻易出卖企业，能和企业同舟共济。企业还要帮助员工正确理解企业文化和理念，让员工在观念上认同企业，产生对企业的认同感，把个人价值实现和企业发展目标紧密联系在一起，更容易激发员工的工作热情，使员工爱上这份工作。作为员工，应该抱着积极乐观的态度去工作，不论你目前所从事的是不是你热爱的工作，和你所期望的工作有多大差距，你都应该勇敢地面对和接受。不必去抱怨你的机遇有多么的不好，不要抱怨上天不公平，用感恩的心态去对待你获得的工作机会，认真地去完成工作的每一个环节。当你每天工作中都能保持这种心态的时候，一定会时时感受到这种神奇的力量所带来的回报，它能帮助你克服工作中的困难，使工作变得更加顺利，更重要的是它还能使你收获很多希望和信心。我们可以想象一下，如果每天你都能感受到别人的好意和工作带来的愉快，那种感觉，和总是觉得管理者对自己不公平，自己的处境多么糟糕是多么不同。这样不仅工作出色，也会使我们享受到工作的快乐，生活也会因此而变得丰富多彩。

让我们以热爱以基石，以忠诚为人格尺度，把团队的远大抱负等同于自己的理想，相信团队，相信自己，明天会更好！

忠诚是执行命令的强大动力

忠诚是中华民族的传统美德。古语说：为人谋而不忠乎？就是尽心为忠，赤诚无私，诚心尽力，它主要是个人的内在品德。忠诚也是职业人应该遵循的基本准则。这种内在品德和行为，是保证团队或企业的各种活动能够正常进行的重要因素。

但是，一个人想要为企业做贡献，只有忠诚的品行和工作热情还不够，还要有足够的执行力。执行力就是正确地理解和准确地把握公司的战略意图和领导的工作部署，保质保量地完成工作任务的能力。因为正确思路能否贯彻，美好蓝图能否实现，宏伟目标能否达到，关键在于员工执行是否到位。

任何一个企业的资源都不是应有尽有的，即便是像沃尔玛、可口可乐这类大型企业，也不能保证所有资源都是充足的，在这样的企业里执行任务，也并非轻而易举。而对于处于成长期的企业来说，资源就更不一定能满足需要了。在资源不足、条件不具备的情况下执行任务，此时员工的忠诚度就在其中发挥强大的动力。战国时代，齐国将领田单的故事应该引起我们深刻的思考。

周赧王三十一年（公元前284年），燕国大将乐毅攻破齐国，接连攻克齐国70多座城池，他们紧接着又进兵围攻齐国仅存的莒（今山东莒县）和即墨两座城池，在齐国危在旦夕之时，齐国将领田单率领族人用铁皮护车轴逃到即墨，集结7 000多名士兵，修筑、加固城垒，加强防御工事。他和战士们同甘共苦，为了收复国家失地，他在坚守城池的同时，想尽各种进攻办法。功夫不负有心人，最后他终于抓住一个机会，采用妙计，打败了乐毅，收复了国土。

田单之所以能够克服重重困难，用一城之兵力克燕军，是因为他心中对国家忠诚和热爱。同样，作为企业的员工如果心中怀有对公司的满腔忠诚之心，那么，他也会为了公司而克服重重阻隔，甚至在企业利益和自己利益的抉择中，会毅然选择放弃自己的利益。中央电视台曾经报道过这样一件事。

在我国西藏阿里地区有一位邮递员，名字叫次仁桑珠。他负责给藏民牧区投递邮件，他所服务的牧区面积很大，且牧民居住地分散在各处。因此，他每天都要在高原牧场上或自行车、或步行上百里路为牧民投递邮件，工作环境和条件非常艰苦，行走的路线也非常遥远。但是，他没有一句抱怨的话，只要信件拿在他的手里，他就一定会按照规定的时间把信件准确地送到牧民手中，风雨无阻。不仅如此，他还热心地帮助那些不识字的藏族牧民读信、写信。

次仁桑珠作为一个普通的邮递员却忠诚于自己的岗位，他从来没有抱怨过工作环境有多么艰苦，也从来没有提出过什么要求，他在自己的岗位上兢兢业业，尽职尽责。出于满腔的忠诚之心，他不怕风霜雨雪，总是按时准确地投递邮件。他在自己平凡的岗位上，干出了不平凡的业绩。

但是，如果员工忠诚度低，对企业没有感情，工作没有热情，那么这样的人在执行上级命令的时候，定然不会有多少动力，执行任务的质量也会大打折扣，甚至会做出背叛企业的事情。

有一家著名的跨国公司曾经派3人小组，前往南亚地区采购原材料。这个3人小组手中随时可以拥有上千万美元的资金，总部却对资金使用的安全相当放心，公司认为：第一，这个小组有着完善的工作手册和几乎滴水不漏的控制制度；第二，这3个人的工作能够相互牵制，一个负责合同洽谈，一个负责资金往来，一个负责物流；第三，公司总部要求这个小组每天传真资金开支报表，并且通过互联网随时监控资金余额。就在公司总部认为这3个人一定会出色地完成任务回来的时候，却发生了严重的事情。

一天，3个人同时对手中上千万的资金产生了据为己有的念头。他们想平分手中的巨额资金，3个人一拍即合。他们为此也为自己设计好了如何瓜分资金的计划：他们先找了供应总代理商中的一位会计人员，并许诺给这个会计好处费，如果总部对资金流向产生怀疑，就让这名会计来应付，谎称钱已经化给了各个中小供应商；然后，他们把上千万美元化整为零，分别转入自己临时的个人账户；最后，他们准备好潜逃时的机票，再把钱取走。

他们一切安排妥当后，便依计行事，就在公司总部还在等下一批材料运到时，3个人已经到了一个没有人知道的地方，逍遥地享受着瓜分来的钱财。

公司总部在管理上出现了重大失误，他们忽视了对员工忠诚度的检测。虽然执行力是完成任务的重要武器，但是，如果没有了忠诚之心，执行力就成了助长员工犯罪的重要武器。这就好比是一把手枪落在了好人手里，比如警察，会发挥济贫扶弱、打抱不平的良好作用。如果是落在了恐怖分子的手里，就会成为恐怖分子胡乱杀戮，制造惨剧的工具。所以说执行力是把双刃剑，关键看一个员工的忠诚度，它应该排在忠诚度后边。执行力稍弱的人，如果对公司还算忠诚，那么，他的能力可以后期培养，还会给社会和他人做出贡献。但是，如果他缺乏忠诚且有很强的执行力，那么，他就成为企业的一颗不定时炸弹，随时可能会给企业带来危害。

员工忠诚于企业，忠诚于团队，就会不遗余力地为团队努力工作，对企业下达的命令会绝对服从，无论任务执行起来多么的困难，他们也不会有一句异议，而是选择服从，为了集体的利益，他服从领导的安排，为公司做出自己的贡献。

把团队当成自己的家

忠诚不是靠简单的说教可以形成的，是赢得和换取的，是团队和个人之间心灵相通后自然而然产生的一种默契；是团队以高度责任感来关心和爱护员工，使员工内心产生的一种感激和感恩的人格优点。忠诚，是在团队繁荣与艰难时的不舍不弃，同舟共济；是对团队精神，文化、理念的坚信不疑与正确解读；是对团队技术，商业机密的严格保守；是坚决同危害团队形象，利益举动做斗争的一种主人翁意识。团队要想获得更好的发展，就要视员工为自己的亲人，关心他们、热爱他们，和他们多沟通，调动他们的热情，让他们把团队当成自己的家。

亨达集团曾在一次创办知名品牌表彰大会上宣布，把政府奖励企业的300万元奖金全部用于打造企业学习型组织上，用在奖励集团后备力量的培养和创新上。利用这部分资金，该企业又送出18名企业员工去北京大学举办的MBA班就读。亨达集团总经理还说，根据员工学习情况，亨达还会陆续选送优秀职工进修，争取在2年内中层以上人员全部实现MBA毕业。

亨达集团花费重金用在员工的培养上，把员工当成了自己的儿女一样培养他们成长，帮助他们进步。可见正是因为亨达对员工无限关爱，所以，它才能取得辉煌成就。

在当今社会，企业的发展依靠员工的努力，企业的命运掌握在员工手中，员工处处想着企业的快速发展，那么，企业就能快速发展；员工只想着自己发达，为此损害企业的利益，那么，这个企业发展必然受阻。但是，有很多企业的员工认为自己做成一笔业务能够为企业带去上百万元的收益，因此，自己在企业里浪费一点点没有什么关系。还有员工认为反正都是企业的东西，损害了也伤及不到自己，所以对办公用品不珍惜。还有的员工认为自己只是在做工作，对公司的发展根本没有兴趣了解。有的员工没有责任感，做事拖拖拉拉，有了功劳赶紧去抢，有了责任躲避推脱。这给企业的发展带来了很多隐患，阻碍了企业健康顺利地发展。因此，企业要努力创造和谐氛围，营造家的氛围，培养员工把企业当成家的思想。以下有几点措施帮助企业创造"家"文化。

1. **要尊重每一名职工**

尊重每一名员工，这里的员工不仅是能力非常强的优秀员工，也包括普通员工。这里的尊重，不仅指领导者和管理者尊重每一名员工，还要教育员工相互尊重，尊重彼此的劳动，尊重彼此的人格。

2. **要让职工了解公司的发展**

领导者应该把每一名员工看成是共同合作的伙伴，而不仅仅是把员工看成公司下属，把企业发展中遇到的各种情况及时告诉员工，增强他们的主人翁责任感。尤其是有关企业发展愿景和有关人员选拔任用等关系到员工切身利益的事情，更应该让员工及时了解，做到心中有数。

3. **为职工提供更多的学习机会**

尤其是一些青年员工，他们已经知道在这个竞争激烈的市场上，如果不学习不提高自己就会随时面临被淘汰的危险。所以，企业要积极引导职工学习知识，可以制订一些学习的计划，为他们学习提供便利条件。例如，可以把他们调到有利于学习的岗位上，给他们的学习提供时间和资金等。

4. **为员工提供发挥才能的平台**

企业可以多了解员工，掌握员工的各种才能，为他们提供适合展示自己才能的机会。例如，可以举办一些娱乐活动、体育活动和各种竞赛活动，使员工能充分发挥自己的聪明才智。这样也有利于帮助员工建立积极向上的工作状态。

5. 帮助员工解决思想问题

企业应该给员工一个发泄自己不良情绪的机会，帮助他们走出思想困境，引导他们树立正确的人生观、价值观。

6. 真心关爱员工

辉煌水暖集团副总经理赵雪明说："我们的产品需要员工用手一道一道把关，员工工作开不开心，生活满不满意，直接影响到产品的质量。因此，我们总是致力营造好的环境，让员工有家的感觉。"企业要关心员工的生活环境、工作环境，吃住行都要关心到，例如，节假日帮助员工购买往返车票。

总之，企业只有真正把员工当成自己的亲人，当成自己的伙伴，真正地关心他们，帮助他们，员工才能更加热爱企业，扎根勤恳工作，对企业负责，才能降低公司成本，为企业的发展贡献更多的力量。

一个把企业看成自己家的员工才能时刻勤劳工作，兢兢业业，即便企业濒临倒闭。

在20世纪80年代初，拥有1.5万多名员工的日本十大纺织公司之一的钟纺纺织公司董事长伊藤先生，就是因为把企业看成自己的家一样，忠诚地为企业服务，兢兢业业地工作，才有了他现在事业上的辉煌成就。

钟纺公司曾经有许多家企业，其中有一家分公司做得非常不好，年年亏损。时任董事长的武藤便打算让这家公司停止生产，把该分公司的员工们都解散。

该分公司的员工们听到这个消息后，人心惶惶，更加无心工作了，有的人甚至对经理爱答不理。但是，其中有一个员工却整日地沉寂在自己的办公室里忙碌地工作着。这个人就是伊藤先生。他还在整理和处理公司的一些收尾工作，他做起工作来比以前更加卖力，更加负责任。伊藤这种忠诚无私的举动深深打动了武藤先生。于是，武藤先生请他到钟纺公司当他的秘书，并且对他十分器重。因为他的表现非常突出，3年后就让他当上常务董事。又过了几年，武藤就把这家大公司交给伊藤来管理了。

正是因为伊藤勤恳工作，把企业当成自己的家，所以，他才能在企业即使面临倒闭时，依然为企业勤恳地工作，并且更加珍惜在这家企业工作的日子，更加卖力。正是他的忠诚使他在平凡的岗位上做出了杰出的贡献，最后取得辉煌的成就。

第十四章

罗文精神的启示：
主动自发为团队建言献策

积极主动地做事

"罗文精神"源于一个故事，1895年，西班牙入侵古巴，1897年，美国军舰驶入哈瓦那港，1898年，西班牙军队击沉了美国军舰，美国随即对西班牙宣战。美西战争爆发后，美国总统必须立刻把一封信交给西班牙反抗军首领加西亚手中，希望能和他尽快取得合作。但是加西亚深藏在古巴深山中，没有人知道确切的地点，找到他非常困难。这时一个陆军低级军官接受了这个任务，他就是罗文，罗文拿到这封密信后，把它装进油布制的袋子里，封好，放在胸前，划着一艘小船去到那个陌生而神秘险恶的国度，寻找那个隐秘的人物。4天之后的一个夜里在古巴上岸，钻进丛林中，他经历了"勇闯牙买加、海上遇险、丛林枪声"等艰难险阻之后，终于在3个星期后按规定时间把那封信交给了加西亚，从而保证了美军在战争中获得胜利。

上司不知道加西亚的地址，需要罗文自己去寻找。罗文送信的路途坎坷艰难，但是他没有退缩，在送信的路途中，罗文行进在古巴森林中的时候，美国强大的海军正在进攻菲律宾马尼拉湾，已经打垮了那里的西班牙舰队。罗文知道美国海军已经击沉西班牙战舰，他意识到形势十分急迫。在这样一个关键的时刻，他和他的队友们一分钟也不能耽误了。于是，天还没亮，他们又前进了。他终于克服了遇到的种种困难成功地完成了送信任务。

他之所以能够成功完成任务，其中非常重要的一点就是罗文拥有主动自发的宝贵品质。那么，什么是主动自发呢？主动自发就是指在没有人要求和强迫的情况下，自觉而且出色地做好自己应该做的事情。

在团队发展中也需要主动自发的品格。当上级交给我们一些事情的时候，他一般只提出目标和要求，至于事情如何才能处理好，怎么才能把事情做得更完美……就都需要我们自己去发挥主动性和创造性。特别是当我们要独当一面的时候，更需要具有主动思考解决问题的品质。也只有具备主动自发精神员工才是优秀的员工。

约翰在一家商店工作，他一直认为自己是一个非常优秀的员工，每天都能完成自己应该做的事——记录顾客的购物款。于是，约翰向经理提出了升职的要求，没想到经理竟然拒绝了他，理由是他做得还不够好。约翰非常生气。一天，约翰像往常一样，做完了工作后就和同事站在一边聊天。正在这个时候，经理走了过来，他环顾了一下周围，示意约翰跟着他。约翰不知道经理到底要做什么。只见经理一句话也没有说，就开始动手整理那些订出去的商品，然后，他又走到食品区，清理柜台，将购物车清空。

通过这个故事我们可以看到约翰显然做得还不够好，约翰虽然做完了自己该做的事情，却没有站在公司的立场上想一想还有什么需要做的，因为没有更多的努力，所以也就只能收获自己付出的那点有限回报了。

约翰这种情况在企业中很普遍，我们常常会听到这样的说法，"你领导指向哪里，我就打到哪里""你不指挥，对不起，我就休息"，"你叫我干，我就干，你不说，我就不干"，在工作中不去积极主动地思考，而是一味地执行命令，即便发现某个程序可能有问题，也不去理睬，结果发生事故。其实这样做的员工已经丧失了自己的主动性，是消极怠工，故步自封。

主动自发地工作，员工才会有更大的进步，才会有光明的前途。

张同和李雷同时受雇于一家店铺，开始他们拿同样的薪水。但是过了一段时间后，张同又是升职又是加薪，这让还在原地踏步的李雷感到很不平衡，他认为老板不公平。终于有一天他到老板那儿发牢骚。老板一边耐心地听他的抱怨，一边在想着怎么能让李雷看到张同的优点。后来老板想出这样一个办法。

"李雷，"老板让李雷去集市上看一下今天早上有什么卖的。过了一会儿工夫，李雷从集市上回来向老板汇报说："今早集市上只有一个老农在卖一车土豆。"

老板问："有多少？"

李雷没问，于是又赶紧跑到集市上去查看，回来后告诉老板说："一共有40袋。"

老板继续问他："多少钱一斤？"

李雷又是不知道，他委屈地对老板说："您又没有让我打听价格。"

"好吧，"老板接着说，"现在请你坐在后边别出声，看看张同怎么说的。"于是老板把张同叫了过来，也是让他去集市上看今天都卖什么东西。

不大一会儿工夫，张同从集市上回来了，他向老板汇报说："今天集市上只有一个农民在卖土豆，车上一共有40袋，每斤价格是两毛五。我看了看，那些土豆质量不错，而且价格也很便宜，所以，我带回来让您看看。"

张同边说边从包里拿出一个土豆，"我想这么便宜的土豆一定可以赚钱，根据我们以往的销量，40袋土豆在一个星期左右就可以全部卖完。所以我把那个农民也带来了，他现在正在外面等您回话呢。"

此时老板转向了李雷，说："现在你知道为什么张同比你的薪水高了吧？"

李雷佩服得五体投地。

正是因为张同能积极主动地思考，主动自发地从公司的角度考虑问题，为公司能更好地发展建言献策，所以他获得升职和加薪是理所应当的。哈伯德说："像罗文这样的人，我们应该给他立塑像，以表彰他的精神。年轻人所需要的不仅仅是从书本上学习来的知识，也不仅仅是他人的一些教诲，而是一种精神：主动自发，迅速地行动起来，全力以赴地完成任务——'把信送给加西亚'"。

执著诚恳推动人主动工作

当罗文诚恳地接受命令的时候，有一连串的疑问困扰着他，"谁是加西亚"、"他在哪儿"、"怎么才能找到他"、"为什么会选中我去完成这项任务"……但他没有任何借口地去执行了。凭着自己对完成任务的执著精神，克服重重艰难险阻，完美地完成了任务。

态度决定我们做事的成败，试想一下，如果罗文在丛林中遇到困难，就知难而退，那么，美国历史也许就因为他而改变。试想一下，如果罗文以路途险要，不能急速寻找为借口，拖延时间，美国军队可能错过了最好的战争时机。正是因为他拥有执著于完成任务，坚决不放弃的态度，所以，他能克服险阻，完成任务。拥有执著诚恳的态度能使我们有足够的动力去主动做事。这两种优秀的品质在团队建设中非常重要。

当我们要接受一项任务的时候，首先要端正态度。用诚恳执著的态度去工作，不给自己找任何借口，积极努力地去完成任务。

亨利·福特在一所普通大学毕业后，到处奔波求职，在应聘过程中，他遭受了一次次的失败和挫折，但这并没有让他失去信心。他为了得到一间安静、宽敞的实验室，便和妻子多次迁居，期间吃了很多苦头，但他没有放弃，依然执著地追求自己理想的工作。他们非常高兴于每一次的迁居，因为每次迁居都会使他们更加熟悉社会，了解人生。这些生活经历的积累为他未来新的冲刺打下了坚实的基础。后来福特终于实现了自己的理想，成为爱迪生照明公司主发电站负责修理蒸汽引擎的一名员工。不久，他又因为工作出色，被提升为主管工程师。

正是因为亨利·福特执著地追求自己的工作，执著而努力地奋斗，最终实现了自己的理想。同样，在工作中，我们也应该去执著地追求进步，尽善尽美地完成任务。但是在现实生活中，我们总会看到这些现象，有的人总是拿自己学识浅、工作经验少、身体弱等借口或者编造谎言推卸工作职责。抱着拖拖拉拉、三心二意、讨价还价的工作态度，做事推诿塞责、故步自封、吊儿郎当，缺乏对工作的执著精神，这样常常耽误了企业的工作进程，给企业带来巨大的损失。这样的人得不到领导的肯定，最终也做不出什么大的成绩。

王丹是某电视台娱乐节目的主持人，在他工作到第二个年头的时候，总监告诉他："元旦这期节目由你做统筹，负责导演以外的一切事务。"王丹在主持工作上兢兢业业，但是她从来没有留心过身边同事做事。统筹工作需要管理很多事情，虽然级别不高但是负责的事情很多，责任重大，需要维护广告商的关系和挑选适合的供应商。王丹担心自己无法胜任这份工作，便一再向总监反映："我的经验还不够，我怕胜任不了。"

结果总监从新闻部借来主持人当元旦那期的司仪。年终总结中总监给王丹的评语是"工作能力一般，没有做过一个令人印象深刻的项目"，后来每逢重大节目，王丹都被换下来。直到她半年后才获得一次发挥才能的机会，不再坐冷板凳。

作为团队中的成员，既然上级给了我们任务，那么，就是对我们的信任，我们要诚恳地接受任务，积极地去完成工作。就像罗文那样，凭着执著的精神硬是创造奇迹。而不应该抱着应付或不理的态度，推卸或拖延工作。

抱着执著诚恳的态度去完成任务，诚恳能让我们正视现实，执著会激发我们强大的潜力，它能推动我们主动地去思考解决问题。

陈美玲去一家户外信息传媒公司应聘销售职位。经过层层面试之后，她顺利地到达了最后一关，这一关要和总经理面谈。在和总经理面谈时，因为其他竞争者准备充足，表现比她突出得多。公司负责人对陈美玲说，如果被录用，将会电话通知她。

面试3天过后，陈美玲没有接到通知，她想询问公司一下自己是否真的被淘汰了，前两次对方说负责人出去了。她过了几个小时又打了第三次电话，对方明确说，如果还没接到通知，那一定是被淘汰了。但是，陈美玲并不甘心。第二天，她到公司，诚恳地询问自己是否被淘汰了，当她知道自己真的被淘汰后，心情很低落，但是，她想着还会有更多的机会。

没想到，在次日上午，公司副总经理给陈美玲打来电话，告诉她已被破格录取了。副总经理称，正是陈美龄身上那股执著的精神打动了他。

陈美龄因为执著于结果，不轻易放弃，所以，机会也没有放弃她。正是因为她很执著，所以，才激发她一次次地打电话，最终获得了这个就业机会。试想一下，换了其他人，也许打了第一个电话，就没有动力再打了呢。

等待机会不如主动创造机会

在去往古巴的海上，瓦西奥掌舵，罗文和另一个人摇橹。他们想尽快上岸，可是海上的风力太小，他们的船太小，根本快不起来。再往北航行100英里，就到达古巴海岸，全副武装的西班牙轻型军舰经常在这一带出没。他们有先进的武器。这些武器能轻而易举地消灭掉罗文他们。怎么穿过这一带海域呢？虽然前面的路很危险，但罗文一心想如何尽快找到加西亚。罗文心想：等待是解决不了问题的，唯有想办法去创造机会。最后，罗文等人依凭自己的勇气和智慧终于惊险地穿过了古巴海域。

"等待解决不了问题，唯有想办法创造机会"，这句话在今天也同样适用，智者常常能在条件不具备的时候创造机会去实现目的。

有资本的等待机会，没有资本的创造机会。作为团队中的成员，团队的发展需要每个人去努力，这种努力就是在帮助团队创造成功的机会。例如，你是一个技术人员，你能在自己的工作岗位上做得非常出色，那么，你就可能给公司带来成功机会。

一年秋天，温州某五金机械厂的一名员工来到上海联系客户，在他经过一个食品店的时候，卖炒栗子的店铺排起的很长的一支队伍引起了他的注意，他仔细观察，看到在买到栗子后，便急着想吃，但是他们又是咬又是剥，常常不能把栗子肉完整地剥下来，往往栗子肉被剥得四分五裂。这为买栗子的人带去了极大的不便。

这个员工看到这里，不由灵机一动，为什么不研究一个剥栗子的机器呢？于是他回到厂里，就开始日夜研究，画草图，找制造材料，最后他制作出来剥栗机，每只的成本仅有0.15元，出厂价是0.30元，他找到食品店的老板，把机器介绍给他们，他们都对这个方便的小机器非常满意，认为肯定会受到顾客欢迎的。

他迅速把这个消息告诉厂里，3天后，厂里生产出一卡车的剥栗机去上海卖，大大小小商店门口的糖炒栗子摊主成了剥栗机的经销商。这个秋天，一个小小剥栗机至少给厂里创造了4万元利润。

这就是创造机会的典型例子。厂里根本没有这个项目，但是员工通过细心观察，发现了商机，给企业带去了获利的机会。这就是主动创造机会的典型例子。所以说，作为团队中的一员，不仅仅要完成自己的工作，还应该积极主动地关心团队的发展，讲究完成的质量，不能抱着对工作应付了事的心态，还要精益求精，努力在自己的岗位上创造出一些成就，就像这个技术工人一样，发挥自己的主观能动性，为团队创造更多的效益。

有时候条件不具备或者根本没有这个条件，但是，通过团队成员的努力，机会就可能呈现在团队面前。但是在生活中，一些员工在企业工作根本就没有想过主动去为企业创造成功机会，他们只是从自己的角度去考虑问题，认为只要干完自己的工作就行了，创造机会只是说给领导听的，是领导该负责的事情，自己不必去操心。其实这是一种不负责任的表现。创造机会不仅能够给团队带来效益，也是在发挥自己的才能，锻炼自己。

温州一家鞋材企业，在刚刚起步的时候是一个家庭式小作坊，当时鞋业市场红红火火，创业环境宽松。但该鞋厂的规模太小，不能大批量地生产鞋材，而其他大一点的企业都在逐步扩大规模，销量也与日俱增，给这个鞋材厂带来了很大的压力。经过一段时间的积蓄后，厂长的秘书发现现在厂子正处在关键时期，虽然厂子实力很弱，但是如果不能立刻扩大厂子规模，在不久的将来就可能被其他同行挤掉，在市场上无法立足。于是，他积极去跟厂长商讨这件事情。厂长听了他的话，非常高兴，原来厂长也正在犹豫是否要扩大规模的事情。厂长听了秘书的话，决定背水一战。于是让秘书协助自己做这个事情。

之后每天，秘书和厂长都到处奔走，寻找合作伙伴，希望建大工厂。功夫不负有心人，终于他们找到了合作伙伴。厂子规模也变得越来越大。在这期间，秘书和厂长建立了很深厚的友谊，厂长也看出了秘书的才能，在厂子扩大规模之后不久，就任命秘书为副厂长。

因为秘书关心这个厂的发展，能积极主动地为厂子的发展建言献策，所以，他才有后来事业的发展。试想一下，如果当时厂子还求着再积蓄一点再去扩大规模，那么很可能被其他商家挤出市场，厂子被挤出市场就意味着员工失业，那么，就不可能有秘书后来的成长和锻炼。所以说要多关心团队的成长，积极建言献策，为自己创造发展机会，也为团队创造成功可能。

提前准备，为成功争取主动权

罗文之所以完成了这件看似根本不可能完成的任务，难道仅仅是依靠敬业精神和勤奋的行动吗？绝不是这么简单。当他接受任务时，他要面临的不仅仅是敌人的子弹，还有复杂的地形和恶劣的气候，并且他连加西亚长什么样都不知道，更不知道他的确切位置。能够克服这些困难，单凭一腔敬业的热血和勤奋是远远不够的。促使他出色完成任务的更深层原因应该是他有提前准备的意识。

例如，当我们查阅有关罗文的资料时就发现他有提前准备的素质。一次，罗文和几名士兵去运输一批重要的军用物资。接到任务后，罗文在出发前的一小段时间里，他查找资料了解途经道路的情况，查看途经地区以往的气象记录，并做了详细分析。罗文从资料中分析到，途经地区的雨季即将来临，为了安全起见，罗文决定提前一小时出发，如果顺利的话，他们就可以在天黑之前通过最险的路段，这样就可以避免因为下雨可能发生的泥石流和山体滑坡带来的危害。

而正是罗文这提前一小时行动的决定救了他们。因为行驶途中，有一辆汽车轮胎被扎破耽误行进时间，这时天气突然阴沉，眼看就要下雨。他们拼命赶路，等最后一辆车冒雨离开盘山路后不久，后面的一段路就塌了。第二天，他们顺利抵达目的地，这使当时来接他们的人都很惊讶。原来，在他们昨天经过的地方发生了严重的泥石流，出现了惨重的伤亡事故。迎接的人以为他们不可能到达了呢。

正是罗文能提前准备，才保证每次都能圆满地完成任务。在当今时代，提前准备仍然是值得我们学习的优秀素质。因为提前准备就可能免于灾祸，因为提前准备就把握了更大的成功的可能。总之，提前准备能让我们抢占先机，赢得主动权，更容易成功。

每个人的心中都有一个梦想，有的人把梦想变成了现实，有的人则没有实现梦想。之所以会出现差异，其中之一就是有的人做好了准备，有的人没有准备。俗话说："机遇总是青睐有准备的人"，成功不是从天上掉下来的，一个人要想成功就要不断磨炼自己，积累能力和经验。这就像是高考一样，有的人在刚上高中的时候就开始为高考做准备，而有的人到了快要高考的时候，才意识到自己该准备了。结果可想而知，准备了3年的学生如愿走进了自己理想的象牙塔，而刚刚准备的学生则可能错过良机，走入另一条并非自己愿意的人生路。

作为团队中的一员，团队的发展就是自己的发展，团队失败就等于我们自己失败。团队的命运和团队中的每名成员都息息相关，所以，团队成员有义务去为团队的发展建言献策。如果团队成员没有准备为团队建言献策，那么，即使有为团队出力的机会，也可能就和你擦肩而过了。

有一家银行，分别贷巨款给4位20岁的青年，条件是：他们必须在30年内还清本息。

第一位青年心想，一下有了这么一笔款，可以先放松一下了，30年的时间还很长，到那时一定能还清的。于是，他之后工作变得懒散、不积极，常常敷衍了事。结果还不到5年，他就把贷的钱全花光了，变成了一个一无所有的穷光蛋。

第二位青年拿到巨款后很高兴，他之后每天都忙忙碌碌，抓紧时间挣钱，恨不得每周工作8天！但是因为他做事总是不用脑子，常常是忙完这个忙那个，工作没有提前准备，如一团乱麻，做起事情来总是事倍功半。付出的劳动很多，但得到的却很少。他坚持到第11年，但最后还是赔光了本钱。

第三位青年则是小心谨慎，凡事服从，总是接到命令才敢动手。常常临时抱佛脚，结果事倍功半。累死累活地才在30年后还上本息。

第四位青年工作积极，他总能提前把要做的事情安排好，准备妥当，所以，他的工作效率非常高。最后他在第10个年头就把本息全部还清，并且还留下了很多余款贷给别人。

这四个人都获得了一大笔货款，但是，前3个人或懒惰或思考欠缺或故步自封，不能积极主动地去做事，不能事先准备好要做的事情。结果是忙忙碌碌，事倍功半，没有效率，错过了成功的机会，浪费了大好时光。唯有第四个人因为凡事都能提前做好准备，所以，工作起来有条不紊，不仅自己轻松自在，而且还非常有效率。结果他获得了成功。

团队成员有为团队的成长积极建言献策的热情是好的，但是有时候他们不知道自己的对策是否正确，所以，常常犹豫不决，结果可能就错过了帮助团队成长的大好时机。而只有有了充分的准备才能促使我们果断出击，从而抓住机会。

阿尔伯特·哈伯德虽然生活在富有的家庭，但是他还是想自己创业，因此，他很早就开始有意识地准备了。他首先选择学习一些相关的专业知识，以便积累自己知识和前人的经验。后来，他有机会进入哈佛大学学习，又有一次机会去欧洲考察，后来他又调查市场，咨询成功人士。待准备工作都做充足了之后，他就开始积极筹备自己的出版社——罗依科罗斯特出版社诞生了。结果出版社经营很出色。后来他又发现旅馆业的商机。但是，他没有贸然进入这个行业，而是抽出大量时间亲自去做了调查，了解市场的行情。后来，他成功地跨入了这个行业。

之后，他又进入了家具行业，做得也非常不错。

总结阿尔伯特的成功经验，其中重要一条就是他之所以能果断出击，抓住商机，是因为他的决定都是建立在充分准备基础上的，正是准备意识成就了他事业的辉煌。

可见，准备是执行力的前提，是工作效率的基础。有了充分准备我们才能正确果断地决策，有了充分准备我们才能抓住机会展现自己，更好地为团队发挥效力。

第十五章

承担责任责无旁贷，
一个人就是一个团队

责任是获取成功的关键

对"责任"二字的含义，古今中外有许多哲学家、思想家、社会学家等都做了很多非常精辟的解释。责任更多地体现了一个人的品格，体现了一个人的价值观和思想境界。人生在世，总是在社会中扮演着各种各样的角色，承担着各种各样的责任。只有个人承担起自己的责任，社会才会变得更加有秩序，生活才能更加和谐美好。

范仲淹写道："先天下之忧而忧，后天下之乐而乐"；林则徐说："苟利国家生死以，岂因祸福避趋之"；顾炎武说："天下兴亡，匹夫有责"。正是有了这些尽忠尽责的人，我们的民族才得以延续，百姓的幸福才得到了保证。

责任是一种高贵的品质，在当今社会显得更加重要。任何一个伟大的人，成功的企业都具有强烈的责任感。没有责任感的人，绝不会成就事业的，一个没有责任的企业，也绝不会获得长久的发展。有责任感的人才会给别人信任感，会吸引更多的人与自己合作，最终走向成功。一个有责任心的企业才能得到长久的发展。

日本的邮政大臣野田圣子年轻的时候，在东京帝国酒店做服务员，这是她从学校踏入社会的第一份工作。在这里，她万万没有想到上司安排她去洗厕所。并且对她的工作质量要求特别高：必须把马桶洗得光洁如新。当时野田圣子陷入了矛盾中，我竟然要做这样的工作，怎么办？是接受还是另谋工作？一位老前辈看她犹豫，便一声不响地为她做起了示范。当他把马桶洗得光洁如新的时候，他竟然从马桶里舀了一碗水喝了下去。这位老前辈对工作的态度，深深地打动了她，也使她明白了什么是工作，什么是责任心，从此她认真清洗厕所，也不止一次地喝过马桶里的水。正是她这种对工作高度负责的态度，使她逐渐得到了他人的认可，事业逐渐走向巅峰。

福特汽车公司是世界上一流的汽车企业，其成功的秘诀是：尽力了解人们的需求，用最好的材料，由最好的员工，为百姓制造人人都买得起的好车。一百多年来，福特汽车不仅专注企业自身的发展，更时刻注重对社会的责任和义务。福特总裁比尔·福特认为，追求商业利润和追求社会责任并不矛盾，真正成功的企业不仅能为顾客提供优质的产品和服务，还主动承担起让世界变得更美好的责任。

团队的成功离不开成员的努力，团队的责任心是所有成员拥有强烈责任心的体现。有高度责任心成员的团队，能够变得坚强，战胜懦弱和恐惧，能不断取得成功。

有一个民间登山队决定进攻珠穆朗玛峰。队员们各个激动而信心十足，他们有决心和信心征服珠穆朗玛峰。

终于，在一个天气晴朗的日子他们出发了。攀登一直很顺利，队员们相互照应，没有出现什么问题，他们在预定时间，到达了1号营地。大家都感到很高兴，这样一个良好的开始，让他们相信成功就要到来。

但是，第二天，天气却突然发生了变化，风非常大，并且还夹着雪不断地刮在登山队员的脸上、身上。队长为了安全起见，征求大家的意见，是否要回去。大家都建议继续攀登，他们认为这样才更有挑战性。

于是，登山队继续向上攀登。尽管环境很恶劣，但是队员们仍然信心十足，小心翼翼地向上攀登。"队长，你看！"一个队员惊叫起来，大家循声望去，只见在离他们很远的地方发生了雪崩。虽然雪崩距离他们很远，但它巨大的冲击力仍然冲击到了登山队，一名队员突然滑向了另一边的山崖，幸好，在快落下山崖的那一刻，他的冰锥紧紧地插进了雪层没有滑落下去，但是他也随时可能被雪崩的冲击力推下山崖。

形势非常严峻，如果其他队员去营救山崖边的队员，那么，很可能就会被雪崩冲下山崖。但是，如果不救，这名队员就面临被冲下山崖的命运。

队长沉思了一会儿，然后，果断地说："我来救，我有经验，你们帮我。"

"这实在太危险了，队长。"队员们说。

"已经没有犹豫的时间了，快!"队长大声地喊着。大家迅速动起手来，队长系着绳子滑向悬崖边，他紧紧地抱住那名队员，其他队员使劲把他俩往上拉。就在下一轮雪崩冲击到来之前，他们成功地救出了这名队员。

最终，他们成功征服了珠峰。

后来，队长说："当时我也非常恐惧，随时可能尸骨无还，但我知道，我有责任去救他，我必须这么做。责任的力量太大了，它战胜了死亡和恐惧。真的!"

可见，责任的力量是多么的强大。当然承担这份责任也是需要承受很大的压力，所以有的人认为，人的一生可能需要承担很多责任，背负着那么多的责任很沉重。但是如果我们对一切都不负责任，那时也许我们也感受不到轻松，反倒会体会痛苦。

克里和乔尼都是火车后厢的刹车员。一天晚上，天空突然下起了暴风雪，火车晚点了。克里抱怨着，这场暴风雪使他不得不在寒冷的冬夜里加班。就在他考虑该怎么逃掉夜间加班的时候，列车长和工程师接到报告称：火车发动机的汽缸盖被风吹掉了，所以，火车必须临时停车。然而几分钟后，另一列快车将要从这条铁轨上驶来。唯一的办法就是用红灯示警，让那列快车停下来。于是列车长赶紧跑过来命令克里拿着红灯到后面去。克里心里想，后车厢还有一名工程师和助理刹车员在那儿守着，便笑着对列车长说：不用着急，后面有人守着，等我拿上外套就过去。列车长严肃地说："那列火车马上就要来了，一分钟也不能等。""好的。"克里微笑着说。但是，克里待列车长离开后，他想后车厢有一位工程师和一名助理刹车员在那替他扛着这项工作，自己根本不用冒着严寒和危险，跑到那边去。于是，他又喝了点酒，然后才慢悠悠地往后车厢走去。但当克里走到离车厢十来米的地方时，发现工程师和那位助理刹车员根本不在里面，他们已经被列车长调到前面的车厢了。他发现事态严重，赶紧往后车厢跑，但是，一切都晚了。一辆列车飞快地驶来，直接撞到了前面列车上。

克里也被撞飞，精神出现了问题，被送进了精神病院。

责任心激发我们前进，责任心让我们懂得承受，责任心让我们勇于付出，因为有责任心，我们也收获关爱，收获成功。作为团队中的成员，我们应该培养自己的责任心，大家齐心协力，保证团队顺利发展，取得成功。

责任胜于能力，责任增强能力

责任是做事的基础，能力是成事的保证。能力强而责任心差的人，做事的成绩会大打折扣甚至会误事坏事；责任心强而能力弱的人，可以经过后期的培养和锻炼提高能力。能力是指能胜任某项任务的客观条件，而责任心则是最重要的主观条件之一，责任也是一种能力，并且只有有了责任心，做事情才会尽心尽力，才能提升个人能力。可见，责任更重于能力。

费拉尔先生是一家化妆品公司的老板，他用重金聘请一个叫杰明的副总裁，这个杰明非常有能力，他的档案中写着，他毕业于著名的哈佛大学，在来费拉尔公司之前，曾在3家企业担任高层主管。他曾经带领一个5人团队，用3年时间把一个20人的小企业发展成员工上千人、年营业额5亿多美元的中型企业。但是，他来到公司有一年多时间，却成绩平平，几乎没有为公司创造任何业绩。这样出色的人才，怎么会没有业绩呢？

费拉尔先生感到很奇怪，便去咨询人力资源专家，他对专家说："我绝对信任他是个非常有能力的人。"

"那么，你都了解他有哪些能力呢？"这位专家问道。

"在请他来之前，我曾请专业猎头公司对他进行了全面的能力测试，测试结果非常好。"费拉尔说，接着他又详细叙述了杰明的成功经历和他的具体才能。

通过费拉尔先生的介绍，这位专家认为，杰明是一个勇于接受挑战的人，工作的难度越大，越能激发他奋斗的欲望。这样的人才正是公司所需要的。后来专家又找到杰明，杰明终于说出了自己的心里话："在刚进入公司的时候，我满怀激情，想要干一番大事业。但是，后来我发现公司有太多的规定束缚着我，让我没有办法放开手脚大干一场，这让我很失望，我工作起来也越来越觉得没有兴趣了。

原来，费拉尔先生总是喜欢指导手下，包括副总裁杰明，并且在用人上不放心，凡事都要请示他之后才能做决定。副总裁杰明手里根本没有自主权，遇到大小事情都要报告总裁决定，这样，他的副总裁位置形同虚设，根本没有发挥任何作用，俨然成了总裁的秘书。

后来，专家把杰明和费拉尔叫到一起，他们共同商量职权问题，分清两人负责的内容，这样两个人就是合作伙伴关系，这大大增强了杰明的责任感，他又重新找回了工作的热情。他们通过共同努力，做出很多成绩。两人因此成为了亲密的战友。

由此可见，杰明心理上对总裁的行为不满，使他逐渐失去了对公司的责任心，其才能也在无形中被抑制住了。可见，强烈的责任心能唤醒能力，能激发人强大的潜力，带动起人的工作热情。

美国学者、思想家门肯曾说过："人一旦受到责任的驱使，就能创造出奇迹来。"强烈的责任感还能激发人学习进步的动力。

1974年，许振超初中毕业后来到青岛港当上了码头工人。他操作的是当时最先进的超重机械——门机。许振超为了能出色完成工作，经过刻苦学习，7天就能独立操作门机，他是在一起学习的工人中第一个能操作门机的人。

2000年，队里有6台轮胎吊发动机要去大修。许振超找到公司领导主动请求把这个项目交给他组织的技术骨干来完成，面对复杂的维修工艺，他和他的攻关小组一起边琢磨边实践，加班加点，终于提前完成了轮胎吊发动机的大修工作。

2003年4月，许振超和他的工友们又在"地中海阿莱西亚"号货轮上向世界装卸纪录冲刺，并打破了世界装卸纪录。

许振超只是一名普普通通的吊车司机，因为有了责任心，他会想尽办法干好自己的本职工作，刻苦攻关；因为有了责任心，他为了完成工作而努力学习新知识、总结工作经验，这在无形中挖掘了他的潜能。许振超从一个初中文凭的人成长为桥吊领域的专家，正是责任心"提拔"的结果。

但是，在工作中，责任心常常被忽视，人们总是片面地强调能力。的确，能力很重要。一个有能力的人能够充分发挥自己的聪明才智，为公司创造更多的效益；一个有能力的人能够力挽狂澜，帮助公司渡过困难。而责任心，却没有这样直接而明显的效果。

企业在招聘人员的时候，往往关注"你能做什么"、"你有什么特长"等有关能力方面的问题，而很少关注"你是否认同我们公司的文化"、"你是怎样理解热爱公司的"等这些有关责任的问题。上级在给员工分配任务的时候，也往往从能力方面考虑，分配给员工能做的事情，而忽略了员工是否愿意做。

能力虽然重要，但如果员工没有责任感，他们的能力也无法发挥出来。我们都会有一种体会，当我们做着我们不愿意做的事情时，我们会感觉很不高兴，感觉不开心。因为心中本来就有排斥感，做起事情来也不感兴趣，只求能尽快完成任务，而不是高质量地高效地完成任务。并且当一个员工责任缺失的时候，有可能会给企业带来巨大的损失。

2004年2月15日，吉林市中百商厦发生特大火灾，造成54人死亡、70多人受伤的惨剧，经济损失巨大。后来调查原因显示：第一，火灾是由中百商厦的一名员工在仓库吸烟所引发。第二，中百商厦没有及时整改火灾隐患。第三，火灾发生当天，值班人员擅自离岗，致使民众未能及时疏散。而这3方面无一不涉及员工责任心问题。

这一惨剧不能不引起我们思考。一个团队的发展需要每个成员的努力，任何一个人不负责任的行为都可能导致大家努力的成果丧失。团队需要有能力的人，更需要有责任心的成员。作为团队成员应该把团队当成自己生命的一部分，激发自己的工作热情，为团队的成长付出智慧和汗水。

敢于承担责任的人是生活的强者

美国总统奥巴马在他的就职演说中就曾说："这个时代不是逃避责任，而是要拥抱责任"。责任是我们对待工作的一种态度，也是我们个人综合素质的体现。人的一生中要扮演各种角色，也要承担相应的不同责任。职场之中，敢不敢承担责任，是测评一个人职业素养的基本标准。

陈明和张聪是一家速递公司的工作搭档，他们几乎同时进的公司，干的是同样的工作，但是一件事却使两个人走向了不同的命运道路。一次，陈明和张聪负责运送一件昂贵的古董。在交货码头，陈明把邮件递给张聪的时候，张聪却没接住，结果，古董掉在地上摔碎了。

张聪心里想，如果陈明把这件事情告诉老板，他可能会把责任都推到我的身上，到那时候，我就百口难辩，并且可能被公司开除。张聪一思量，于是趁陈明不注意，他偷偷来到了老板办公室里，对老板说："这不是我的错，是陈明不小心弄坏的。"随后，老板把陈明叫到了办公室。"陈明，到底怎么回事？"陈明就把事情一五一十地告诉了老板，最后陈明说："这件事情是我们的失职，我愿意承担责任。"

后来，老板把陈明和张聪一同叫到了办公室，对他俩说："其实，古董的主人已经看见了你俩在递接古董时的动作，他跟我说了他看见的事实。我也看到了事后你们两个人的反应。我决定，陈明留下继续工作，用你赚的钱来偿还客户。张聪，明天你不用来上班了。"

一个不敢承担责任的员工不是好员工，事情发生了，是自己的责任就应坦然承认，谁都会有做错事情的时候，只要知道自己错了，积极改正过来，领导会认为你是个勇敢坦诚的人，值得信赖。这样反而会给自己创造更多的发展机会。可见，敢于承担责任的人会得到他人的信任和帮助，更容易取得成功。

1997年，史玉柱一系列的扩张决策失误和兴建巨人大厦造成的资金链断裂使巨人集团轰然倒塌，并且欠下了2.5亿元的债务。史玉柱也沦落为了"全国最穷的人"。

1998年，史玉柱开始重新创业。他带领一批巨人旧部开始做脑白金，在短短2年时间内，就把脑白金打造成了中国著名品牌。2000年，脑白金在全国保健品单品销售中获得冠军，创造了年销售10亿元的奇迹。2001年，史玉柱还清了2.5亿元债务，并将"敢于承担个人责任"写进新巨人集团的经营理念，用自己的实际行动宣示了"追求诚信，敢于承担个人责任才能东山再起"的游戏规则。

作为一名企业的领导，史玉柱承担着更多的责任，团队中任何一个环节出现失误，作为负责人都有不可推脱的责任。史玉柱之所以能够东山再起，很大程度上是因为他敢于承担责任。如果他不是一个敢于承担责任的人，在决策中出现失误，就把过错推给下属让下属承担后果，那么，下属就会感受到被出卖了，并对他产生不信任感。他在下属中就不会形成威信力，下属也不会把自己的忠心全部托付给他，在公司倒闭，他身无分文的情况下，还继续跟着他创业。

一个有责任感的人能够获得他人的信任，能够东山再起。但是，承担责任并不全是好的，也要有一定的原则，不能盲目地承担责任。因为每件事都有它发展的来龙去脉，该谁负责的就由谁负责，如果盲目承担责任，一方面会给该承担责任的人带来侥幸心理，另一方面也会给自己带来不利的影响。

例如，一家公司有顾客反映一些问题的时候，公司不能听完顾客的话就盲目地承担起责任，认为某个部门出了问题。应该仔细地调查研究，这就像是医生给病人看病。病人到医院告诉医生说，自己有一点发烧，然后他会对医生说自己的症状：嗓子痛、头疼、鼻子堵塞。一名优秀的医生不会立刻就相信病人的结论。他首先会翻开病人的病历，然后问一些探究性的问题，然后再做出自己的诊断。总之，病人也许是发烧，也许是感冒，还可能是得了一些比较严重的病，但医生是不会根据病人对自己的判断来进行诊断的。同样，顾客表达问题也不是非常准确的，所以，需要公司深入地挖掘和收集事实，搞清事情的来龙去脉，然后再去决定到底是谁的错，谁应该承担责任。

在团队中盲目承担责任更会给团队秩序造成混乱。例如，在工作的时候，因为别人的不小心、错误，给公司造成损失。你为了表现自己大度，就慷慨地承担了责任，那么其他人就会认为你既然承担了责任，那么说明你真的做错了事情，否则，怎么会平白无故地就承担责任呢？当没有人知道事情真相时，你承担了责任，那么犯错误的人不仅不会对你心存感激，而且会看轻你，根本不珍惜你的热心帮助，结果自己的名声受到了影响，还得不到他人的好感。敢于承担责任是好的，但是要在明确责任之后。就拿这个例子来说，你要想帮他承担责任，减轻他的压力，那么，你就应该让他明白你不是不知道这个责任该谁担当，应该让他知道自己做错了事情，然后为了帮助他，你伸出援手，替他承担责任，这样对方不仅会感激你，还会更加敬重你，感觉你是个大度的人。

敢于担当责任，敢于正视对错，责权明晰，那么，团队才能高效有序地发展，团队成员才能在团队中工作得开心快乐，才能使每个人充分发挥出自己的才能。总之，只有承担责任，才能在每次的精彩收获之后坦然而谦恭，不断积极地追求一个个新的目标。

责任心是职业道德的核心

责任心，是一个人对自己和他人、对家庭和集体、对国家和社会所负担责任的认识，以及承担责任和履行义务的自觉态度。一个人的责任心强弱，直接影响着他的工作态度，决定着他工作的好坏和成败。职业道德，是同人们的职业活动紧密联系的符合职业特点所要求的道德准则、道德情操与道德品质的总和，它既是对本职人员在职业活动中行为的要求，同时，又是职业对社会所负的道德责任与义务。在企业中，员工的责任心和职业道德直接影响着企业的生存和发展。如果员工缺少责任心和职业道德，那么，就会造成企业管理混乱，出现责权不明，这样会大大提高成本和损害效率。

曾经有一名患者去一家大型医院就诊。在诊断过程中，患者专门对医生说他对青霉素过敏，但当他按照医生的处方取药后，却发现药品包装上明确地写着"青霉素过敏者禁用"字样。他赶紧去找就诊医生，医生看了后轻描淡写地说："没关系，药开错了可以退。"

另有一名患者，在输液的时候，一个护士给他扎上了，输了一会儿，另一个护士过来喊他的名字，第一个护士这才发现自己把别人的药输在了这名患者的身上，她解释说："药太多，拿错了。"患者问错输了什么药，她说："营养药，没事儿。"

"药开错了可以退"，那么，因为错吃了这种药导致丧了命谁又能让他起死回生呢？真的是"营养药"吗？真是"没事儿"吗？这真让人怀疑。医生是否有责任心，是否能够恪守职业道德，直接关系着患者的生命和健康。但是，现在我们常常听到有关医生的负面报道，如医生把手术刀缝在了患者腹中，医生在做切除阑尾手术时，错把卵巢切了……观察这些事故，我们会发现，这些绝大多数都不是医生的技术问题，因为只要医生能在主观上稍加注意，这些事故是完全可以避免的。之所以会出现这些事故，一个很重要的原因就是医生缺乏责任感。因为没有责任心，所以就会无视职业道德，做出拿他人的生命开玩笑的事情。

同样作为一个团队中的成员，每个人都应该增强自己的责任心，强烈的责任心，是每位成员做人做事的最基本准则之一，是衡量每个成员有否良好心态、主人翁意识的判断标准之一，是每个人人生观、价值观的直接体现，是每个人能否做好工作、获得上司认可和在公司存在价值的前提条件，更是一个人能力发展得到良好提升的全面反映。

知名的沃尔玛商场要招一名收银员，几经筛选，最后只剩3位小姐有幸参加复试。

复试由经理亲自主持，第一位小姐刚走进经理办公室，经理便丢出一张百元钞票给她，让她到楼下买包香烟。这位女孩心想，自己还未被正式录用，经理就颐指气使地命令她做事，认为经理在故意伤害她的自尊心。因此，经理丢出来的钱，她连看都不看，便怒气冲冲地掉头离开了，并且，她一边走，一边还气呼呼地咒骂："哼，他凭什么支使我，这份工作不要也罢！"

第二位女孩一进来，也遇到相同的情况，只见她笑眯眯地接了钱，但是她也没有用它去买烟，因为钞票是假的。因为她急需一份工作，便自己掏钱买了烟，还把找回来的钱，全交给了经理。不过，如此尽职卖力的第二位面试者，却没有被经理录用。

经理最后录用了第三个面试的小姐。原来，第三位女孩一接到钱时，就发现钱是假的，她便微笑着把假钞还给经理，并请经理重新换一张。经理开心地接过假钞，并立即与她签订合约，放心地将收银工作交给她。

3位面试者有3种截然不同的应对方式：第一个面试者是用情绪来处理事情的人，这样的人办事不稳妥，不够理智，领导最怕招到这样的员工；第二位面试者的处理方式，则是最不专业的表现，因为万一企业遇到重大问题，经理需要的不是委屈和退缩的员工，而是需要有冷静的头脑能理性处理问题的人；第三位面试者能够在这件小事上表现得既敬业又理性，充分表现出了她的责任心和专业能力，所以得到了经理的信任，获得了这份工作。

当我们心中有了责任心，对工作就会认真负责，就会自觉地遵守职业道德。

张启红是一家收储公司检验科的副科长。作为为农民服务的第一窗口，她坚持原则，秉公办事，对任何一个送粮者都一视同仁，做到公正公平。

一天早上，她还没有上班，有一个粮贩子赵某就给她打来电话，说今天他往粮库送两车粮食，并且已经给张启红的电话里充了200元的话费。早上，张启红一上班就把200元现金交给了库领导，并讲明这件事情。赵某的粮车到了，赵启红依然按照常例根据粮食本身质量好坏评定等级，没有让他占一点好处。其他许多粮贩子也曾企图通过送红包、请吃饭、找亲属说情等方式通融她，都被她拒绝了。粮贩子见她不吃这套，就开始用威胁的手段。有一天晚上，张启红刚刚到家，就接到一个匿名电话，威胁她如果验粮还那么严格，就对她不客气。但是，张启红没有被吓倒，仍然坚持秉公办事，按照粮食质量论价，保证粮库的利益。在收购繁忙的季节，她每天起早贪黑，奔波劳碌，她的孩子甚至于有一个月都见不到她。一次孩子生病了，她只陪了孩子3天就匆匆忙忙回到单位。这种精神感染了其他员工，员工们也都积极主动地干活了。

张启红面对利益的诱惑能够不为所动，坚守岗位，可见她有很强的责任心。但有些人或机构缺乏责任意识，受利益驱使，做出有损职业道德的事情，给企业和个人都造成了巨大的损失。

毕马威会计师事务所是具有百年历史的国际"四大"会计师事务所之一。它虽然声名显赫，但它违背职业道德规范的指控一直存在。

美国司法部掌握的资料表明，毕马威利用各种手段帮助客户逃税，其中包括资产收益税和个人所得税，总金额高达25亿美元，毕马威从中谋取7%的差价。

2002年，毕马威卷进美国施乐公司14亿美元虚增利润案件中，该公司在5年间错记了64亿美元的设备收入，虚增了14.1亿美元的税前利润。到2006年8月，毕马威与美国联邦监管当局就涉嫌销售非法避税产品一事签订了和解协议，用支付4.56亿美元罚款作为代价，暂时躲避了对方的起诉。

后来它又协助达能对生产娃哈哈"非合资公司"在英属维尔族群岛和美属摩亚群岛注册外方股东进行接管，并向娃哈哈"非合资公司"、中国境内的银行等寄送英属维尔京群岛、萨摩亚法院的判决文件，毕马威被诉为侵犯中国的司法主权。

毕马威的行为已经构成了"盗窃"。会计师和律师的职业道德应该是维护法律，而不是想尽办法去钻"法律的空子"。

缺乏职业道德就是没有责任心，没有责任心的人是不会考虑他人的感受的。缺乏职业道德的人一定也是个胆小、自私的人，因为他们没有帮助他人实现自我价值的理想，他们只知道索取，获得他人的帮助。这样的人不会用职业道德约束自己的行为，他们的行为标准只有是否有利于自己。而这样的人终究是得不到大家的信任，不会有长久发展的。

培养成员的责任心

成员的责任心，是团队发展的坚实力量，是团队发展的防火墙，是成员恪守职业道德做好本职工作的重要因素。团队成员是否有责任心，责任心是否强烈，关系到整个团队的发展，有时候甚至会关系到团队的生死存亡。所以一定要培养和加强团队成员的责任心。如何强化员工的责任心？有以下几种方法。

1. 建立严密的工作流程

团队建立一个严密的工作流程，对工作的每一个环节，都具体分配到员工身上，明确每名员工做工作时应该第一步做什么，第二步做什么，最后做什么；每一步做到什么程度。规定制定得越详细越好。这样员工工作起来才会有章可循，才能做到有的放矢。这样团队才能衡量成员在完成任务时是否尽职尽责。如此这般，员工自然就可以尽职尽责。并且员工明确了每个工作环节应该做的事情，所以做起来效率会大大提高。员工在工作中看到自己工作的效果，会大大提高他们工作的积极性和责任心。

2. 建立行之有效的监督制度

制定了严密的工作流程之后，接下来就是要求员工按照流程准确及时地完成工作。人都有懒惰心理，所以，需要一定的监督制度。企业制定的制度如果不能实施，那么就形同虚设。建立监督制度可以有效地约束员工的行为，督促他们在自己的工作岗位上积极努力工作。可以在企业内部设立监督部门，还可以让各部门之间进行监督。不仅要设立企业内部的监督机制，在企业外部也需要有人对公司进行监督。例如，可以让顾客、合作伙伴、供应商等等在外部监督企业员工的行为。让员工的责任心在工作中时刻处于警惕状态，不敢有丝毫的松懈。同时，企业各个管理人员更应该以身作则，严格按照企业的规章制度去做事，给员工树立榜样。

3. 多鼓励员工，让员工感到自己在企业中很重要

作为领导尤其不要吝啬对自己下属的表扬，即便是一句简单的"谢谢"都

会使员工焕发工作的激情。老板对员工认可，会给员工很大的鼓励，这种鼓励能使员工更加热爱工作，并增强自己的主人翁意识，增强对工作的责任感。口头上的鼓励要适当使用，企业不能只是口头鼓励而一毛不拔，适时给表现突出的员工一个小物质奖励，会使员工心中感到更加温暖，增强他们对企业的认同感和归属感。例如，美国航空航天局（NASA）会给表现突出的员工颁发一个银色的史努比雕像。虽然这只小狗徽章不值什么钱，但NASA颁发该奖项的方式却非常吸引人：它会邀请获奖员工的家人一起到场见证他的受奖时刻。这种方式大大增加了这名员工的责任心。

4. 多和员工沟通，为他们答疑解惑

企业的制度或原则都是明文写在纸上的，具有一定的抽象性，因此，有时候员工会不理解企业对自己的具体要求，不知道企业到底要求员工要做到什么程度。这时候就需要企业领导多走进工人圈，帮助他们理解企业的理念和文化，化解他们的疑问。

例如，一家公司的员工心中总是有抵触情绪，做事消极。领导便找他谈话，问他原因，他说是企业没有给他提供自主创新的机会。领导又问："你怎么知道没有呢？规章制度上不是说了吗？"员工一脸疑惑地说："真的吗？但是我从来没有看到其他员工在工作中有过什么创新。"领导问："那你可以尝试一下啊，企业很需要这样的人才，不要担心成本和时间问题，只要你上报的材料上边认可，就会给你提供充裕的时间和足够的资金。""好！"员工脸上露出了灿烂的笑容。

这种情况在工作中非常普遍，员工往往都没有深入理解企业的规章制度，而多是通过同事之间的交往、观察，来猜度公司的一些做事规则。这样，你看看我，我看看你，别人没有做，自己就不做。其实不一定是规章制度上没有，而是没有人去做，于是久而久之，员工心中就以为是企业不让做。这就压抑了员工工作的积极性。所以，经常和员工沟通，多了解员工的想法，解开他们心中的疑惑，会使他们更容易认同企业，增加他们对公司的责任感。

5. 多开展思想教育活动

一个员工热爱并忠于自己的本职工作，就会尽心尽力，发挥最大潜力投入到工作中，会把工作当成一种需要、一种享受。所以可以多给员工做思想工作，向员工灌输企业文化、理念等，让员工在心里与企业达成共识，并把爱岗敬业、

负责的思想扎根在每个员工的心里，让每个员工都对公司未来的发展充满期待和信心。引导他们制定人生职业规划，使员工感到，在企业中工作，不仅仅是在给企业工作，还是在实现自己的人生价值，把企业的发展和个人的发展紧密联系起来。多开展一些集体活动，增进员工之间的友谊；当员工之间发生矛盾的时候，企业要协调好员工关系，尽量使两者不要太冲动，总之，建立一个和谐的企业氛围，这有利于增强员工的工作积极性和责任感。

6. 正确地授权

作为领导者要学会授权，懂得授权既可以减轻自己的劳动量还能提高员工的工作积极性。使他们在挑战任务的时候提高对工作的兴趣和热情。领导者授权给员工，这就意味着领导要依赖这名员工完成任务。这会使员工感到领导对他的期望，感到自己身上责任重大，这就大大增强了员工的责任感。这时领导可以进一步获取员工的承诺，这样能起到督促作用，使员工能自觉地完成工作任务。

培养团队责任心的方法虽然还有很多，但关键还是要员工和企业认识到培养责任心的重要性，并能相互积极努力配合，把培养员工责任心的意识落实到实践中。

第十六章

兵贵神速，团队精神与疲沓作风水火不容

兵贵神速总能抢占先机

孙子说："其用战也胜，久则顿兵挫锐，攻城则力屈，久暴师则国用不足……故兵闻拙速，未睹巧之久也。夫兵久而国利者，未之有也……故兵贵胜，不贵久。"孙子还说过："兵之情主速，乘人之不及，由不虞之道，攻其所不戒也。"可见用兵打仗要追求速度，速度能使军队抢占先机，争得主动权。

曹操打败了袁绍之后，杀了袁绍长子袁谭，袁绍的另外两个儿子袁尚和袁熙逃走了，他们投奔了辽河流域的乌丸族首领蹋顿单于。蹋顿乘机侵扰汉朝边境，破坏边境地区人民的正常生产和生活。曹操想要去征讨袁尚和蹋顿，但是因为有些官员担心远征之后，荆州的刘表会乘机派刘备袭击曹操后方。

曹操帐下谋士郭嘉分析了当时军事情况，对曹操说："虽然您现在威震天下，但是乌丸仗着自己处在边远地区，防备必然松懈。我们如果突然袭击，一定能迅速消灭他们。如果错过了这个时机，让袁尚和袁熙有喘息的机会，使他们有重新收集残部的机会，再联合乌丸，那么恐怕冀州和青州就不会属于我们了。刘表只不过是个空谈家，知道自己的能力比不上刘备，一定不会重用刘备的，刘备不被重用，也不肯多为刘表出力的。所以您只管放心征讨乌丸，不会有后顾之忧的。"

曹操于是率领军队远征乌丸。待到达易县（今属河北）之后，郭嘉又对曹操说："用兵贵在神速。现在去千里之外的地方作战，军用物资多，行军速度就会

很慢，如果乌丸人知道我们的行动，一定会有所准备。所以，部队不如轻装，加速前进，趁着敌人没有防备的时候，给他来个措手不及，那么我们就一定能获得全胜。"

曹操依照郭嘉的计策去做，部队快速到达蹋顿单于驻地。乌丸人看到有大量的敌军来袭，各个都惊慌失措，四处逃窜。曹操获得大胜。

这就是兵贵神速的典型事例，正是因为曹军能够抓住机会，迅速行动，才一举打败蹋顿，轻而易举地取得胜利。如果曹操没有抓住机会，迅速进军，那么，袁绍残余重新汇集起来，战斗打起来就会很艰难，不可能这么轻易地就获得成功。机会会稍纵即逝，当机会到来的时候，能兵贵神速，果断行动，会使我们抢占先机，获得主动权，进而取得成功。

张喜和王亮都是摄影爱好者。有一天，他们相约去泰山拍摄日出。他们攀登泰山足足用了一个晚上的时间，都非常疲惫。张喜看了看表，还有一个多小时的时间太阳就出来了，于是来不及休息，就开始做准备工作。他支好三脚架，又放好相机，安上快门线，调好焦距。所有准备工作都做完之后，他还是不敢大意，唯恐自己睡过了头，拍摄不到日出，于是，他干脆眼睛一眨都不眨地盯着太阳升起的方向，等待着日出。

而王亮则恰恰相反，他支了个简易的帐篷，躺在里面睡觉。他想，张亮所做的那些准备工作，自己都已经非常熟悉了，用不了几分钟就可以搞定，不用那么着急。于是王亮决定在日出前5分钟时去做准备工作。

出乎意料的是，这次日出竟然比研究员预报的时间早了半个小时。因为张喜早已经做好了准备，于是他成功地拍摄到了令人惊心动魄的日出。

王亮在"太阳出来了"的呼声中醒了，他想这下坏了，于是，赶紧跑出帐篷，可是等他把准备工作都做好后，太阳已经被乌云遮住了，王亮后悔不已。

机遇总会青睐有准备的人，如果当机遇到来时，没有采取果断行动，那么可能就会因此失去了把握成功的机会。可以说，不仅一个人的发展需要果断行动，一个团队的发展也需要有兵贵神速的素质。

力帆公司做轿车的时间很短，2005年力帆公司生产了520轿车，当时，很多人都不看好它。认为力帆做轿车只是看中它一时的利润，只不过是3分钟热度，用不了多长时间，就会抽身。所以，尽管力帆公司用了很多宣传手段，但销售并不景气。

要想缩小差距，赶上其他国内自主品牌，只有争取速度。力帆只用了1年多时间，就酝酿了改款的力帆"新"520。虽然从外观上看，它和520没有多少区别，但是其内饰却改变非常大，可以说是焕然一新。原来的内室看上去不美观，"新"520改变内饰，使它更符合现代的审美观。力帆轿车变漂亮了。之后，力帆参加"俄罗斯碰撞测试门"，使力帆名声大噪。终于，力帆的车卖得非常出色，大街小巷都能看到力帆的汽车。

力帆在实施车海战略的时候，速度也非常快。为了满足更多消费者的需求，在2007—2008年间，力帆公司一口气推出了三款新车：两厢的520i，入门级别的320，还有中级车620。这迅速增大了力帆汽车的市场占有率，使更多的消费者了解到了力帆品牌。销售业绩也直线上升。

兵贵神速，这就是力帆的成功之道。能够及时找到消费者喜欢的东西，并及时地生产产品满足他们的需求，这才是抢夺市场的利器。

但是，有些团队却认为"欲速则不达"，总是想着再准备一下，再考虑一下，等到条件更加完备的时候再去做。殊不知，机会难得，只要抓住了机会，即使一时缺少条件，也不能因此而放弃。因为，当我们在为实现机会努力的时候，我们能得到更快的成长。即使失败了也是对自己的一种磨炼。时间不等人，只争朝夕，兵贵神速！任何事情一旦决定了，如果方向没有错，我们就应该马不停蹄地去做！这时我们不必走一步看一步，瞻前顾后，在行动的时候，所要做的就是完成计划，越快越好。

疲沓是成功的大敌

疲沓指松懈拖拉。它有两层含义，从主观角度上讲，是没有进取心，态度不端正，紧张不起来。尤其是机关单位，办事疲沓的现象非常普遍。例如，本来原定上午8点钟开会，可是有的单位领导可能在9点才来，甚至有些领导在会开了一大半时才姗姗而来，有些人没有请假就擅自缺席。即便在开会的人要么是牛唇不对马嘴地瞎说一通，要么就不吭声。有的人不遵守规章制度，本来规定上午8点上班，他9点多来还算是早的。下午5点下班，4点钟他就不见了人影。工作时间也不集中精力，而是漫天侃大山，搞得办公室嘈杂一片。从客观上讲，做事没有效率，好拖延，即使是上级交代下来的任务，也不抓紧办理。如果上级一再催促，就找各种借口，推卸责任。就不知在竞争非常激烈的今天，如此疲沓做事，那么就会错过很多成功的机会。

有一块大石头横亘在老农家的田地里。每次老农锄地的时候，总是不小心锄到石头，结果不久，他的锄头就被碰坏了。老农懊恼地看着大石头，心想哪天有时间一定把这个大石头搬走，但是之后，老农又去做别的事情了，早已忘记了要挪大石头的事情。后来即便有时间去挪大石头，老农也懒于过来。等到他带着新锄头来锄地的时候，新锄头很快也被这块大石头碰破了。老农又下决心，明天一定要把这个大石头搬走，但是，第二天，阳光明媚，老农搬了把藤椅在太阳底下晒太阳，又不想去挪石头了。后来等到收割的时候，那块大石头又把收割机碰坏了。这块石头碰断了老农的好几把犁头，还弄坏了他的耕种机。这下可把老农气着了，他怒气冲冲地回到家里，拿了把大撬棍，去撬石头，老农稍一使劲，就把石头撬了起来，不一会儿，就把这个大石头清理到了田边，从开始清理到清理完，前后不过10多分钟的事情。老农看着清理到田地边的大石头，禁不住一脸苦笑。如果当初早点把石头清理出去，就不至于造成这么大的损失了。他后悔自己做事太拖拉了。

这个小故事告诉我们，遇到问题立刻解决，绝不要拖延。有句话这样说："拖延就是把今天的任务放在明天的肩上，直到不堪重负，变成一个负不起责任的人。"如果心中存心拖延、逃避，人可以找出成千上万个理由，但是很少人能细细考虑"为什么事情应该完成"的理由。而这也导致有的人沦为平庸者。

在团队发展中，每天都会有很多事情或问题发生，如果这些事情或问题不能立刻得到解决，被长期积压下来，总有一天会成为企业发展的痼疾，可能成为团队未来发展的隐患，严重的甚至会威胁到企业的生存。叶剑英元帅曾说过："在一定条件下，时间因素对战斗的胜败起着决定的作用。"所以当发现团队出现问题时，一定不能拖沓缓慢、浪费时间，应该立刻采取措施解决掉。

在平津战役中，华北军区的部队行动迟缓，未能按中央军委的要求将傅作义的35军围阻在张家口，毛泽东知道这个情况后，气得一个人大冬天在山上转来转去，并亲自写了一份措辞非常严厉的电报，直到接到部队已经采取补救措施把35

军堵在新保安城内的电报，才平静下来。

在当今这个信息化社会，工作节奏非常快，给人们的工作和生活提出了全新的要求。但是在有些团队成员身上，还存在疲沓作风，工作散漫，缺乏工作的紧迫感和责任心；今日事明日办，一天的工作量要拖上几天才完成；马上可以办的非得拖到以后办；还有的遇事互相推诿、扯皮，多一事不如少一事。其实有些人也知道疲沓的作风不好，也想改正，那么该怎样改正疲沓的工作态度呢？

1. 可以给自己制订具体的行动计划

例如，每天晚上可以整理一下第二天需要做的工作，然后把它写在纸上。当然，目标制定得越详细越好，可以在纸上写明做某件事需要多长时间，几点开始解决哪个问题。这样当自己在一天时间里严格按照计划实行，做完了计划中的所有事情的时候，你心中会油然而生一种成就感。如果长期坚持写计划，那么，这种感觉逐渐积累起来，会大大提高你的工作热情和工作效率，从中你也会看到自己的进步和收获。

2. 不要给自己留下太长的休息时间

因为人的休息时间一长，就容易滋生懒惰心理。而把时间拖得越长，往往工作效率越低，正所谓"一鼓作气，再而衰，三而竭"，把一件事情做完再留点休息时间，这样可以提高工作效率。

3. 做事情要有条理，讲方法

有些人看到一大堆事情就犯愁，其实大可不必。可以研究一下解决问题的方法。例如，有些事情需要自己亲自去处理，有些事情只需要我们发个电子邮件就可以了。多动脑筋，用各种方法解决问题，能用最少的时间完成更多的工作量，就不会因为工作多而发愁了。

有些人认为等到最后完成任务的时间越短，工作的效率越高，但是，有时候会有突发事情，所以，不能等到事情火烧眉毛了，才想着赶紧做，一定要提前做好计划，把紧要的问题放在前面，把可以往后拖的问题放在后边，这样有条不紊地工作，才不至于慌慌张张，还没有工作效率。

4. 积累自信心

有些人拖沓做事是因为没有把握是否做得好，没有信心，所以，做事总是一拖再拖，越拖越觉得问题困难得无法解决，放大了问题的困难度，给自己解决问题带来了心理畏惧感。任何事情都有解决的办法，只要努力研究，努力去做，总能解决的。并且当一个人抱着一定能解决的心态去做事的时候，问题往往变得非常简单，能迎刃而解。所以不要怕解决问题，要鼓起解决问题的勇气。

无论是用客观上的约束方法，还是用主观上的激励方法，只要我们真心改正，总会纠正坏习惯的。

领导者要善于"适变"

要做到"兵贵神速"，首先要求领导者要有"适变"的能力。在战场上，军事形势随时变化，如果将领不能及时调整作战策略，军队就可能有灭顶之灾。同样，在瞬息万变的商业竞争环境中，如果企业领导不能适应变化的市场并根据市场变化及时调整策略，做出恰当的决策，那么企业就会坐失良机，甚至遭受灭顶之灾。例如，在改革开放之后，有很多国有企业被市场淘汰，即便有些国有企业能勉强维持，但是整体经济效率不如民营企业。究其原因，很大程度上是因为决策周期过长，决策速度太慢造成的。比较民营企业。国有企业有很多先天优势，首先它早已经拥有了很大的市场，有很多忠实的消费者。占有的生产资料、资源一直比民营企业要好，国有企业还能够享受各种国家优惠政策，有很多便利条件，但就是因为决策时间过长，不能及时根据市场变化情况做出调整对策，等到决策出来的时候已经错过了良机，其他企业早就占领了市场。况且，在具体执行过程，国有企业的员工积极性也不高，执行效果更差。相反，民营企业常常是在国有企业还处在探索某一市场的时候，就已经发现了潜在市场，并迅速调整生产战略，生产产品抢占市场了。

领导决策迅速，执行力快甚至能够战胜业界龙头。

盛大和网易一直占据游戏市场绝大多数份额，堪称游戏界的翘楚。然而，一枝新秀正在突起，那就是"第九城市"。其不惜用股权交易为代价，迅速出击，以闪电般的速度引进了《奇迹（MU）》这款在韩国极为成功的网络游戏。而此时，包括盛大、网易还在估摸《奇迹》到底值多少钱。仅仅半年的时间，第九城市的《奇迹》打败盛大，擢升为平均在线人数最高的游戏。

可见，市场瞬息万变，领导者要想带领团队在激烈的竞争中有所成就，就要培养自己预测、判断市场的能力。

首先，作为领导者要培养自己的观察能力。拥有敏锐的观察力才能及早察觉市场变化中的蛛丝马迹，才能及早调整战略。正确地发现和提出问题，是成功解决问题的一半。具有敏锐的观察力是调整战略的前提。

在西方某国，一位刚上任不久的年轻炮兵军官，一次到下属部队视察操练情况。他视察了几个部队，都发现这样一种情况：在一个单位操练中，总会有一名士兵始终站在大炮的炮管下面，纹丝不动。军官很疑惑，便询问原因，得到的答案是：操练条例就是这样规定的。军官没有就此罢休，他回去后反复查阅军事资料，终于找到了真正的答案，原来在过去，大炮都是用马车运载到前线的，为了调整大炮发射后因后坐力产生的距离偏差和缩短瞄准时间，便安排一个士兵专门在炮管下负责拉住马缰绳调整。虽然现在，大炮已经不再用马车拉炮了，但是操练条例没有及时做出相应调整，所以才出现大炮下的士兵。他这一发现使他获得了国防部的嘉奖。

一个看似习以为常的规定，这名军官却发现了问题，这便是可贵的观察力。如果没有这名军官的发现，可能在大炮下什么事都不做的士兵依然还要存在很长时间吧，军队人力资源浪费的弊端也会延续下去。

其次，作为一个领导者要具有敏锐的反应能力。如果一个领导观察到了市场的微妙变化，但是对变化缺乏敏锐的反应能力，不去抓住市场的蛛丝马迹，研究市场变化，找到可以进入的消费市场，那么，拥有再好的观察力也没有用处。还拿那个军官做例子，如果那个军官发现大炮下站士兵这个奇怪的现象后，听到别人的回答就不再深究，那么，他也就不会发现这一历史遗留问题了。

再次，当领导者通过敏锐的观察，作出了及时反映，发现了潜在的市场，那么，接下来领导者要面临的问题就是判断，到底是要进入这个市场，还是再等一等。领导者在做出决定前，应该认真辨别、分析市场，然后做出果决的判断，一旦做出了判断，并且保证判断不会出现大的问题，就不要再犹豫，立刻采取果断措施。

判断市场的时候，还需要领导者具有科学的思维方法。不能仅仅凭直觉去做事，在决策前一定要有客观依据，用事实说话。这样才能保证判断正确。

再其次，领导者还要有决断能力。作为领导者做事最忌讳优柔寡断，瞻前顾后，这样往往会错过良机。

1862年，美国的南北战争已经爆发一年时间了，战争债券备受关注，交易也十分红火，华尔街证券交易所因此身价倍增。

一天，一个朋友和摩根闲聊，无意中说："我父亲在华盛顿打听到，最近一段时间北军的伤亡惨重。"摩根听到这个消息，马上跳了起来："如果有人大量买进黄金，汇到伦敦去，一定会使金价疯涨。"后来，在摩根的策划下，他和他的朋友们，先秘密买下400多万美元的黄金，买到手之后，将其中一半汇往伦敦，另一半留下。然后故意把往伦敦汇黄金的事泄露出去。这时，许多人都知道了北军新近战败的消息，金价随之猛涨，于是摩根再把手中的另一半黄金售出去。后来不仅纽约的金价上涨，连伦敦的金价也迅速上涨。摩根因此发足了财。

试想一下，如果摩根不能果断采取行动，再犹豫一下，也许就错过了这个发财机会了。

最后，领导者面对变化一定要镇定。镇定才能保持头脑清醒，才能更好地做出决策。否则一遇到问题就乱了阵脚，那么，一切判断、分析都会受到影响。并且惊慌不定的情绪会传染给下属，这样就会使整个团队都慌乱起来，更谈不上发展和应变了。

作为领导者还要培养勇气，学会把握时代的发展形势。这样才能在瞬息万变的发展环境中顺应时变，把握机遇，使团队能更顺利地发展。

方法总比困难多

团队在发展中总会遇到这样或那样的困难，当然也会遇到很多机遇，但是有的团队克服了困难抓住了机遇，获得了成功。而有的团队深陷困难的泥潭，又没有抓住机遇，结果走向衰败和没落。有的团队之所以能够在机遇来临之际，果断出击，创造良好成绩，其中重要的因素就是该团队有克服发展道路上困难的勇气，拥有积极乐观的心态。虽然求得稳妥固然很重要，但是在当今市场瞬息万变的今天，拥有一股敢于挑战的精神，更能把握商机，争取到较大的发展空间的机会。司马光砸缸的故事家喻户晓，当司马光的伙伴掉到大水缸里的时候，其他小孩都慌张地到处找人，唯有司马光在面对危险时能沉着冷静地找到解决问题的方法，及时把小伙伴解救了出来。同样，市场总是瞬息万变的，机遇也是掩藏在各种幻景中的，人们不可能立刻就判断出一种现象是机遇，即便有的团队已经看到了商机，因为他们对未来缺乏信心，也会认为实现目标可能困难重重。所以，他们会犹豫，甚至会因此撤退。但是，事情往往并非如想象的那样困难，因为方法总比困难多。

琼斯在大学毕业后如愿当上了《明星报》记者。一天，他的上司让他去采访大法官布兰代斯。

虽然，第一次采访就接到了这样重要的任务，但是琼斯一点都不高兴，反而愁眉苦脸。他想：自己任职的报纸又不是当地一流的大报，自己也只是一名刚刚工作不久，没有任何工作经验的小记者，一个堂堂的大法官布兰代斯怎么会接受自己的采访呢？同事史蒂芬了解到他的苦恼后，拍拍他的肩膀，说："我很理解你。躲在阴暗房子里，即便想象外面的阳光多么的炽烈，也看不到。其实，最简单有效的方法就是往外跨出第一步。"

史蒂芬拿起琼斯桌上的电话，查询了布兰代斯办公室电话。很快，他与大法官的秘书联系上了。接下来，史蒂芬直截了当地说出了自己的要求："我是《明星报》新闻部记者琼斯，我奉命访问大法官先生，不知他今天是否有时间接见我呢？"旁边的琼斯听后吓了一跳。

接着，琼斯听到了史蒂芬对着话筒说："谢谢你。明天下午1点15分，我准时到。""看，直接向人说出你的想法，不就可以了吗？"史蒂芬微笑着对琼斯说，"明天下午1点15分，你一定要准时赴约啊。"琼斯这才有所领悟。

多年之后，往昔羞怯的琼斯成为了《明星报》的顶梁柱。

我们因为受到外界环境的影响，往往对未知的问题产生恐惧感。但是只要增强信心，敢于挑战，就能调动团队工作的积极性，就能激发员工创造性工作。总之，有机会一定也会有风险，当员工们都对机遇拥有信心，那么，任何困难都会解决。

江西武冠集团曾经是个只有1 000元资产，6名员工的乡镇小企业；而如今，已经成为一个拥有3.2亿元资产，1 000多名员工的民营科技企业。"武冠"商标也被评为"中国驰名商标"。

武冠之所以能取得今天的成绩，是和其创始人、总裁——李群芳分不开的。1994年李群芳贷款创办了赣西防水材料厂（江西武冠集团前身）。当时，企业是个没有资金，也没有技术，没有市场的三无式的作坊小厂。但他相信"有信心就有希望"。于是，他又把自己仅有的5 000元存款放在厂里，并用自己的房产证做抵押，贷了5万元款作为企业启动资金。他在平房里砌了几个化学反应池，就开始了生产产品。当时，他既当厂长，又当工人，还当销售员。

后来他认识到只有掌握技术，企业才能得到更好的发展。因此，他多次拜访江西省建科院专家刘松柏，并与其建立了长期的合作关系。后来，他又通过努力，和中国建材院、上海建材院、同济大学等进行技术合作，开发了自己的产品体系。通过他这番不懈的努力，企业越来越红火，后来他又凭着自己一股一定能成功的坚定信心和勤劳的品质使企业越做越大，营业额蒸蒸日上。

李群芳的成功不是偶然的，因为他有信心，敢于去尝试，去行动。所以，他必然成功。但是有人也会产生异议，有信心有勇气，如果判断出错，那么会给企业带来巨大的损失。不可否认，做任何事情都有风险，但是一个人一旦拥有了自信，往往更能客观、正确地判断事物的发展趋势。因为一个人拥有了信心，那么，就能保持镇定，根据实际情况做出比较客观的判断。所以，他做出的判断往往是正确的。而越是害怕失败的人，在判断的时候越容易失误，往往会给企业带来负面的影响。爱默生曾说："自信是成功的第一秘诀。"所以，当我们发现机遇的时候，不要耽搁，要勇敢地去抓住机会。

有的人常常喜欢做稳妥的事情，总想着万事俱备的时候再去行动。但是机遇稍纵即逝，来不及你去准备。并且即使准备得再充分，我们也还是不知道在做的过程中，会发生什么，会碰到什么，我们根本不可能在事先能准备好所有的东西。钱没准备好，不能退退缩缩不敢前进，要知道，团队只怕没有好的机会，不怕没有钱；不要因为团队还不是最优秀、产品还不是最完善，就不敢拿出手，团队永远是需要更加优秀的、产品是需要不断完善的，所以不要等什么都准备好了，才去行动。一定要迅速地抓住机遇，然后在做的过程中逐渐成长，最终实现目标。我们应该在任何一个需要行动的时候，都能不怕任何困难勇敢地行动起来。这样我们的团队才能真正成长，我们的成员才能得到锻炼，才能变得坚强。

如何提高团队办事效率

兵贵神速，团队应该在整体上提高办事的效率。那么该怎样提高团队的做事效率呢？

1. 把工作任务具体到每名员工身上

责权明确，工作任务清晰，明确员工每天都做什么，哪些是自己该负责的，哪些不是自己负责的。每天需要完成的工作量是多少等等。把这些问题都弄清楚了之后再去行动，就可以避免员工之间相互扯皮，工作重复，出现没有人负责的空缺职务等问题。问题减少了，那么，花费在解决矛盾、问题上的时间就缩短了，工作效率因而会大大提高。并且矛盾减少了，员工相互争斗，相互攀比的现象就没有了，大家都努力把自己分内事做好，那么就会营造积极的工作氛围，员工之间相处就会更加和谐，在愉快的环境中工作，也会有利于工作效率的提高。

2. 增加透明度，让员工了解企业的发展情况

企业的发展需要领导层进行正确决策，把握大方向，还需要广大员工能在各自的岗位上努力工作，领导和员工缺一不可，是共生共存的关系。这就像一艘大船，想要顺利航行，不仅需要有船长掌舵，还要有船员划桨。如果没有船员划桨，船就没有办法航行，那么，即便有再好的船长也没有用。现在一些企业从来不向员工宣传自己企业的发展战略。只是一味给员工安排下任务，认为员工没有必要什么都清楚，只要做好自己的本职工作就可以了。但是，一个员工没有目标地工作是可怕的，这就像是在黑夜中前进，看不到方向，随时可能遇到危险。例如，一家飞机制造厂的员工在制作一个铁片的时候，一不小心把它做薄了，但他心想，这块铁片也许就是安装在座椅上的，所以应该不会出现什么问题。实际上，这块铁片是安装在机翼上的，结果就是因为这个小小的铁片，使整个飞机不合格，企业因此没有如期交上货，支付了买家大量赔款。试想一下，如果企业告诉员工这些铁片是做什么用的，员工就会格外小心，就能提高警惕性。当然，有的员工可能责任心不强，会有所失误，那么，让员工了解企业的发展状况，让员工知道企业抓住了机会要大干一场，并告诉员工，企业发展了，员工的待遇也会

增长，这样就把员工的发展和企业的发展紧密地联系在了一起，有利于提高员工的工作积极性和责任感。员工的积极性和责任感增强了，大家团结一心，共同为了事业的发展出力，那么企业的效率会大大提高。

3. 要从员工口中获得完成的时间

当任务交到员工手中后，如果没有时间规定，那么，员工往往会松弛懈怠，即便是3天能完成任务，他可能要拖5天。所以，一定要从员工口中获得完成时间的承诺，这样，会给员工带去无形的约束，使员工感觉到身上的责任。这样会大大提高员工工作的效率。

4. 通过增加薪酬和恰当的奖惩制度来提高员工工作效率

员工的物质生活提高了，工作积极性也会提高，自然效率也会得到明显提高。长期来说，再加上配合延长员工带薪假期等措施的话，对增加员工的归属感和认同感就会有莫大帮助，这样对企业的发展很有利。当然，靠提高员工的工资待遇来提高其工作积极性的方法，也不能总是使用。因为企业稍有发展就提高所有员工的工资，一方面开支太大，企业利润降低，就没有力量为企业的更大发展注入足够的资金，也就会影响到企业的发展。同时，员工因为经常获得增加工资的机会，所以便降低了企业加薪的重视度，员工的积极性就会越来越少，工作效率会一点点下降。并且，企业在某个发展阶段得到了发展，虽说是所有员工努力的结果，但是，可能有的部门出力多，有的部门出力少，或者没有起到相应的作用。那么，普遍提高工资还会增加员工的不满意度，员工之间还会产生矛盾，反倒不利于员工工作效率的提高。

多劳多得，少劳少得，不劳不得。企业应该制定明确的奖惩制度，当员工出色地完成某项任务，给企业做出贡献的时候，就给予奖励。而如果有的员工对工作不负责任，工作拖拉，给企业的发展带来了不良的影响，要给予一定的惩罚措施。这样有能力的员工会再接再厉，能力差的员工会努力工作赶上，能力一般的人会受榜样的影响提高工作积极性。那么，整个团队的工作效率就会有个非常明显的提高，并且这种制度能够长期使用。

5. 优化工作流

工作流就是当一项任务由多个人参与时，应该按照一定的规则来协调配合着进行，从而实现某个预期的业务目标。工作流有串行，就是一个工作的某个阶段完成后，再让下一个工作组完成它所负责的工作阶段。当一个团队采取的是串行的工作流时，那么，完成整个任务"所需的时间"就是每一个人工作时间的总和。而并行工作流是指，多个工作组同时做其各自负责的阶段。这样就会大大缩短"所需时间"。所以，当任务阶段相互之间没有关联，那么就可以齐头并进，同时去做。

但是，无论是对员工进行精神激励还是物质奖励，都要根据本企业发展的具体情况来实行，并且要用得恰到好处，只有这样才能更好地提高员工的工作效率。

提高速度不等于降低质量

这是一个快鱼吃慢鱼的时代。在越来越激烈的市场竞争中，速度意味着市场份额、利润。"第一赚钱，第二保本，第三赔本赚吆喝"的利润分配格局，使企业不得不全力缩短生产、销售及新产品开发等的时间。比亚迪总裁王传福曾说："模具制造外国一般需要8周，我们2周就可以了。"IBM在2004年进行的全球CEO调查结果显示，快速反应被认为是在新的经济环境中制胜的关键。谁最先发现顾客需求，并能以比竞争对手更快的速度提供给顾客，谁就具备了竞争优势。企业追求以最快的速度推出新产品和服务。10年前，一款手机可以卖3年，诺基亚一款手机甚至卖了6年。而现在手机能卖6个月就不错了，手机开发也已经从2年缩短到6个月甚至4个月。

本田汽车公司，在20世纪80年代是颗灿烂红星。然而在20世纪90年代后，本田汽车公司赖以生存的轿车出口量持续下降，这使得本田的轿车销售额也全面下降。1994年，本田汽车公司的销售额在日本汽车公司中竟滑落到马自达公司之后，仅名列第五位，出现了严重衰退的兆头。在这个危急关头，公司的新领导信弘川本上任了。他敏锐地意识到，现在环境发生了巨大的变化，本田公司也应该根据环境变化做出相应的改革。信弘川本知道时不我待，因此他力求用最快的速度推行他的改革方针，提高本田轿车的生产速度。正是因为他卓有成效的措施，使本田公司在短短的几年中果然发生了许多重大优势变化，整个公司开始重现生机。

本田的重焕生机，得益于领导者有速度第一的概念。而正是像本田一样的众多企业不断追求尽量缩短制造周期，越来越重视速度的发展，却往往忽视了质量保证，结果生产出了大量不合格的产品，结果"欲速不达"，给企业造成了巨大的损失。

因为片面追求速度而失败的例子很多，例如，在我国"大跃进"时期就犯了片面追求速度，而忽视质量的问题，给当时社会造成了巨大损失。1979—1993年间，其中1984、1985、1988、1992年和1993年我国经济发展速度都在11%以上，然而也在这期间，我国由此爆发了三次高通货膨胀。这和超高速增长具有密切的关系。

在一些工程建设方面，有些公司片面强调高速度，推行"边准备、边设计、边施工"的"三边"做法，导致工程质量问题众多，设备故障频发，机组投产后不能正常运行。例如，在1958年7月，闵行发电厂工程为加快建设进度，没有按基本建设程序办事，就采用的这种边准备、边设计、边施工方式，结果发生断桩事故，致使已完成的635根基桩和1个锅炉基础全部报废，最后不得不另行勘探选址，使这项工程延迟了2个月才完成，损失了200多万元。

讲究速度必须建立在保证质量的基础上，片面追求速度，常常是适得其反，甚至重来，既浪费大量的人力、物力和财力，又拖延了时间。同时，机组投产后不能形成稳定的生产力，也会严重挫伤广大员工的积极性。任何事情都有它自身发展的客观规律，我们只能遵循、适应，而绝不能违背它，否则，会自食苦果。

速度和质量是企业发展的两条生命线，就好像人的两条腿。一个人只有两条腿均衡迈步，才能稳步前进；如果一条快，另一条慢，必然影响前进的步伐。企业的正常发展在速度和质量这两个方面需要均衡——在不断提高产品质量的同时加快产品生产和更新的速度！学会两条腿走路，才能又快又稳！

2010年上半年，在全国汽车销量下降、库存增加的情况下，北京现代一枝独秀，在2009年高增长的基础上，以同比增长27.9%的"现代速度"，再创历史新高。对此，北京现代常务副总经理李峰认为，现代之所以能够有如此高速度的增长，主要得益于北京现代"品质经营"的一贯思路。现代稳扎稳打，在保证销量的同时，加大质量监控，为北京现代的品质提升和品牌塑造不懈努力，不断提升客户的满意度。

企业能在不断追求高速度生产的基础上，保证产品的质量，才确保循环系统畅通，使企业能保持高速度增长。否则，一时高速度增长，却因此使产品质量大大降低，那么，顾客就会买到低质量的产品，顾客就会对该企业的产品有了低质量的印象，对企业的发展很不利。企业因为一时的高速度，忽视质量而砸了自己的牌子，得不到顾客的信赖，企业的销量必然会大大下降。所以，产品质量也是使速度得以高速增长的保障。

2009年，中国石油长庆油田油气产量突破3 000万吨，跃居国内第二大油气田，创造了低渗透油气田有效开发、快速生产的突出业绩。这一成就的取得，不能不说是长庆人坚持不懈追求油气勘探开发高质量的必然结果。中国石油优化产品结构，推进产品质量升级，全面生产国Ⅲ标准汽油，高标号汽油比例达到59%。可见，提高质量，企业才能获得辉煌成绩，才能获得长久发展，它关系到企业的最大效益，关系到企业的美好未来。在这几年里，中国石油人紧紧抓住转瞬即逝的大好时机，一方面引进境外天然气，投产建设中亚天然气管道，同时西气东输二线西段同步投产。

发展质量与发展速度，相辅相成，辩证统一。企业的发展，并不是片面追求更高的速度，而是要下大气力提高产品质量，这样才能实现企业的平稳较快可持续发展。

第十七章

顾全大局当配角，一切以团队利益为准绳

顾全大局是一种责任

顾全大局体现在：个人的目标符合大局的要求，为了集体，个人就要做出一定的让步，有时甚至牺牲自己的利益，尤其是当个人的利益和集体的利益有冲突时，更需要个人做出让步，总之，要处处以集体利益为重。顾全大局，要有长远的眼光，不计较个人的得失。当个人的意见和大多数人的意见不合时，不坚持己见，摒弃以自我为中心的态度，一个以自我为中心的人常常是不受欢迎的；顾全大局的利益，更不能为了自己的一己私利，去损伤集体的利益；顾全大局还体现在，在队友之间的交往中，不分帮立派，不拉小团伙等等。可见，顾全大局是一种责任，大局意识便是责任意识。

东汉时期的颍川太守寇恂是一个很懂得顾全大局的人。有一次，大臣贾复从京城洛阳去汝南郡，他手下的一个小军官在颍川杀了人。寇恂派人把那个军官抓了起来，在大街上砍头示众。贾复听到这件事后，非常生气，认为这是寇恂故意驳他的面子。不久，贾复要回洛阳，快到颍川时，对左右的人说："我如果见到寇恂，就一定亲手杀了他！"

寇恂知道贾复不会放过他，就决定躲开，不与贾复见面。他手下的一个武官对他说："我带着剑跟在您身边，您不要怕贾复，他要动手，我就不客气！"

寇恂语重心长地说："曾经廉颇和蔺相如有勇有谋，连秦王都怕他，可廉颇为难蔺相如时，蔺相如却让着廉颇。为什么呢？他是为国家着想啊！他能做到的，我难道做不到吗？"

可是，贾复是京城来的大臣，他从颍川路过，太守是定然要见他的。寇恂便吩咐人备下丰盛的酒饭，等贾复到来，寇恂手下的官员们热情地迎上前，献上好酒好饭。等他们吃饱了，寇恂突然赶到，表示欢迎，然后推说有事，就匆匆离去了。贾复急忙让人去追，但没有追上。

寇恂不计个人恩怨，以大局为重，不与他人争长论短，而是机智避退。这种避退，不是软弱无能的表现，而是出于对国家负责，对自己负责的表现，因为他知道相互争斗解决不了问题，退避一下，才是顾全大局。

一个顾全大局的人往往是胸怀宽广的人，他们有谦虚的美德，能够在大局面前，选择舍弃自己的小利益，甚至自己的名声。

清朝名臣左宗棠非常喜欢下棋，并且棋艺高超，很少有人能赢他。

有一次他微服出巡，在街上看到一个老人摆棋阵，他前面有个招牌，上面写着"天下第一棋手"6个大字。左宗棠觉得老人过于狂妄，便前去挑战，让左宗棠出乎意料的是老人根本不堪一击，连战连败。左宗棠洋洋得意，让他把那块招牌拆了，不要再丢人现眼了。

不久，左宗棠从新疆平乱归来，又看到老人把牌子悬在那里，摆着棋阵。他很不高兴，又去和老人对弈，哪曾想，这次他被打得落花流水，连连败退。他不服气，第二天再去挑战，结果依然惨败而归。他很惊讶，便问老人棋艺怎么这么快就长进了。

老人笑着答道："前些日子，您来我这里下棋时，我一眼就看出您是左公。知道您即将出征，老夫便有意让你赢棋，好让你有信心立大功。现在你既然已经凯旋，我就不再客气了。"左宗棠听了心服口服。

这位老人就是一个顾全大局的人，他为了不影响左公的情绪，自砸招牌，故意输棋。面对一个团队的建设，很可能会遇到个人利益和团队利益发生矛盾的时候，有时候就需要个人为了团队大局利益而不得不做出一些牺牲。例如，企业要赶制一批产品，为了抓紧时间，员工就可能要牺牲个人的休息时间，加班加点地干活。有时候企业资金周转不利，一时发不下工资，员工就要理解企业，和企业一起克服一时的困难。这些都需要员工做出适当的牺牲，往往那些责任心越强的人，越能有牺牲自我、顾全大局的精神。

顾全大局意识是个体利益和整体利益的高度统一，有利于打造团队精神。它的核心是协同合作，最高境界是全体成员的向心力和凝聚力，并进而保证组织活动的高效运转。

一次海难事件中，幸存的8个人挤在一艘救生船上。在海上漂荡了8天后，船上剩下的淡水只有半瓶矿泉水，每个人都想立即把它喝下去。船长拿着一杆长枪看守着这半瓶矿泉水，船中有一名50岁的秃顶男人多次扑上去，想取水喝，都被船长用枪逼退。后来船长答应每隔2个小时，往每个人嘴里滴两滴水，自己绝不多滴一滴水。就这样他们靠着这半瓶矿泉水挨到了第4天，这天他们终于获救了。

正是船长顾全大局，没有私自喝下半瓶水，使得整个团队得以全部被救下来。也正是团队成员没有相互争斗，听从船长安排，才使得他们每个人都幸免于难。这就是一种团队精神在起作用，是一种大局意识在发挥力量。

顾全大局，要求我们在工作中要学会从大局着眼，从小处着手。每名员工能兢兢业业地做好自己的本职工作，把平凡的事情做伟大，这就是一种顾全大局的负责态度。

一天，美国女记者基泰丝来到日本东京的一家奥达克百货公司买一台索尼牌唱机。因为售货员一时失误，把一个空心货样卖给了她。当售货员发现失误后，立即上报此事，百货公司连忙展开大海捞针式的行动，打了多达35次的紧急电话，终于找到了基泰丝的地址和电话。第二天早上该百货公司的副经理亲自上门赔礼道歉，除送来一台新的合格的唱机外，还另外赠送蛋糕和唱片。这一举措，感动了基泰丝，她决定重写新闻稿，把原本写好的《笑脸背后的真面目》改为《35个紧急电话》。

公司员工出现失误，这是在所难免的，一般情况下，都是顾客找上门来，员工才发现错误，员工即便是知道自己有失误，也不会主动上报，甚至主动找消费者。但是这家公司的员工却有着高度的责任心，不避讳自己的错误，敢于承认错误，及时弥补自己的过失。该公司也是倾尽全力，找顾客，这种真诚、负责的工作态度就是把平凡的工作做得伟大的鲜活例子。这个故事也体现了该公司员工顾全大局的意识，一个失误就是一次自砸招牌的行为，公司员工虽然知道是自己的失误，可能会受到惩罚，他也可以隐瞒这件事情，但是为了公司的形象，他没有隐瞒自己的错误，而是主动上报，为挽回公司的形象努力。如果企业的员工都能像这家公司的员工这样尽职尽责，那么企业一定会发展得蒸蒸日上的。

总之，顾全大局是每个员工不可推卸的责任，为了团队的发展，应该时刻有顾全大局的意识。

甘当配角的人同样是赢家

美国男子篮球职业联赛的洛杉矶湖人队，在菲尔·杰克逊执教以前，10年间一直没有获得过冠军，因为他们队员中每个人都很骄傲，谁都不愿意当配角，杰克逊执教之后，让队员们清楚了自己的角色，他们开始互相配合，互相支持，包括所有的大牌球星都在互相配合，正因为如此，他们才能连续3年夺得总冠军，团队成员从中也获得了荣誉。

一个球场上谁都想更多地表现自己，谁都抢着投篮，谁都不顾配合，不懂得合作，没有传球的人，没有抢篮板的人，那这个球队一定不会赢。一个球队成功的关键就在合作，一个球队里有投球的主力，也要有传球、抢篮板的干将，各司其职，互助合作，才能增强球队的整体实力。这就好比是一台戏，戏中有主角也有配角，表演得好坏，主角的演技固然重要，但配角的配合同样起到举足轻重的作用。只有主角和配角通力合作，一台戏才演得好。反过来，一台戏演得好，主角和配角都是成功者。所以，如果在团队中你当了配角，也不要气馁，其实，你同样是赢家。团队的成功就是你的成功。团队不成功，当了团队的主角也是失败者。

某个公司有6名保安。当经理决定从他们6个人当中选出一名为队长时，6个人都想当，并分别向经理自荐。其中有3个人自荐时，还捎带说了些其他同事的坏话。例如，某某在工作时间闲聊，某某有抽烟、喝酒的不良嗜好等。因为6个人都想当队长的愿望强烈，领导决定通过比赛的方式进行选拔。

经理首先把6个人分成甲、乙两组，每组3人，让他们徒手翻过一道3米高的墙，然后从另一边跳到安全垫上。如果哪一组完成这个任务，哪一组就是赢家，没有完成任务的一组，被淘汰出局。然后由赢得第一轮比赛的那一组的3名成员进入下一轮的决赛，最终能取得胜利的就是队长。

不容置疑，3米高的一道墙，普通人如果不借助其他工具，要想从光滑的墙壁上爬上去几乎是不可能的，而且经理给出的时间只有3分钟。怎样才能翻过那道墙呢？

甲队的3名队员径直来到墙根下，其中一名叫朱志的小伙子迅速蹲在地上，对另外两个人说："快，你们踩着我的肩膀爬上墙头，然后再拉我上去。"

"这……"

"不要犹豫了，快上……"

于是，另外两个人踩着朱志的肩膀迅速爬上墙头，然后分别伸出一只手把他拉上了墙头，3个人一起跳到对面的垫子上，顺利完成了任务。

经理看了非常满意，他们最后的成绩是用时2分40秒完成任务。

接下来是乙组。乙组的3名队员来到墙下后，却争吵了起来，并且声音越来越大。其中有个身材最高大的李阳大声抗议说："我不做梯子，让你们踩着我的肩膀上？不行！我又不是木头，你们踩在我肩上多痛啊！再说，谁知道你们俩上去后还拉不拉我呢？"

"我不可能当梯子，我感冒了，现在身体很虚。"另一名队员说。

正在3人还在争论不休的时候，经理走过来说："别争了，你们谁也不用当梯子了。"

"啊，经理，我们难道可以不通过这一关直接进入比赛了吗？"乙组中的一名队员高兴地问。

"你们可以不过这一关了，因为你们已经超过了规定的时间，你们被淘汰了。"说完，经理径直走了。

通过甲队和乙队比赛结果的对比，我们可以清楚地看到，正是因为甲队朱志能顾全大局，甘当人梯，3个人齐心协力，才使得他们3个人最终获得继续比赛的权利，但是，乙队没有认识到这一点，只是为个人利益争执不休，结果团队失败了，也断送了他们的前程。所以，他们最终失去了继续比赛的资格。由此可见，只有团队合作才能获得集体的成功，只有团队合作才能成就个人。这使我想到，无论一个人是普通员工还是高级管理人员甚至是公司总裁，都不可能在没有他人的支持和帮助情况下独立完成全部的目标。每个人都需要有同事、领导或下级的支持，一个人不能脱离团队的支持。如果没有团队的协助和支持，个人难以获得持久的成功。并且，当我们自己心中有不愿当配角的想法时，这种想法也会传染给我们周围的人，谁都想当主角。并为此不顾全大局，争执不休，最后坐失良机，谁都不能获得成功。

两个人看到一只大雁从天空中飞过，便说，我们把大雁打下来吃了吧。然后他们拿起箭就要射，其中一个人说："咱们把打下来的大雁蒸了吧，蒸着吃香。"另一个人忙说："不可以，还是烧着好吃。"为此，两人开始争执，争得面红耳赤。最后，等到他们终于想好一半蒸着吃，一半烧着吃的时候，大雁早已不知道飞到哪里去了。

由此可见，有时候换个角度想一想，一时的牺牲也是一种胜利，假若其中有一个人能暂时妥协，先把大雁打下来再商量，那么两个人都能成功吃到大雁。

在现今社会，也不乏甘当配角的人。杨元庆追随柳传志，在帮助柳传志成就创业路的同时，也使自己获得了联想的帅印。金建杭正是忠心追随马云，为阿里巴巴的成功做出了杰出的贡献，也使自己坐上了副总裁的宝座。他们都是有才之士，他们懂得成就了团队便成就了自己。所以，他们获得了成功，成为了赢家。

领导者也要能够甘当配角

作为一个领导者要有当配角的精神是非常可贵的，因为在我们的印象里，作为一个领导者，应该高大魁梧，充满激情和创造力，能够激发团队成员的热情，有果决的能力，具有一种英雄情结。而我们常常不会把领导想象成甘于奉献，默默无闻的仆人形象。作为领导者本身也常常是利用自己的英雄魅力吸引人，不甘心做有损英雄形象的角色。殊不知，在现实中并非如此，作为一个领导者有威猛高大的一面也有亲切和蔼的一面；有英勇的一面也有甘当公仆甘于奉献的一面，这样的领导才能得到他人的尊重和敬佩。一个领导者具有奉献精神，他的影响力会迅速扩展到团队成员中，更具影响力，更容易团结团队成员。否则，作为一名领导者没有无私奉献的精神，只有自我，事事从个人出发，最后会成为孤家寡人。作为一名有理想、有抱负的领导者，应该抛却自私狭隘的个人主义思想，一切以团队利益为出发点，大公无私，这样才能赢得员工的爱戴。

领导者要想当好配角，就不要随便向下属发号施令，应该放下架子，多听听下属的意见，多和员工商量决策，使他们能够更好地完成任务。在日常工作中，我们常常会发现有这样的事情发生，领导布置完工作后，下级迅速地回答："我懂了"，领导为此感到很安心。其实，有时候下属只是敷衍塞责，并没有真的懂得怎样去完成任务。产生这种情况的原因，一方面是因为领导高高在上，非常有威势，所以常常令下属感到畏惧，下属出于紧张，习惯性地先说自己懂了。还有一种就是对领导漫不经心，不考虑后果，在领导面前只是随便回答。到了真正工作时，才发现力不能及，难以应付而后悔莫及，所以没有着手去做。还有一些员工对领导的不满郁结心中，好乱发脾气。针对这些情况，作为领导就要主动去找员工谈话，和员工打成一片，多和员工用商量的语气，让员工充分提出自己的困难、意见及建议，以便为员工完成任务铺就畅通无阻的道路。这样员工就可能心甘情愿地工作，并把工作做得更好。

领导者甘当配角就要体恤员工的心情，时时处处多为百姓着想，而不是总是以自我为中心，为所欲为。有些公司的领导处处讲节约，不能给员工提供一个良好的办公条件，却要求员工做超负荷的工作，这大大增加了员工压力，引起员工的不满情绪，以至于有些员工无法忍受而离职。一些经理人认为求职的人多，不用担心。但是，他们哪里想到，新员工还需要一段熟悉办公环境的时间。有些掌握关键技术员工的流失可能也流失了这项工作的技术，企业效率大大降低。有的员工如果在离职时为了泄愤，窃取了公司的资料，或者给公司制造谣言，即使其被绳之以法，也会给企业带来不必要的麻烦，导致企业内部人心不稳。所以说，员工流动性大并不是好事。而员工视企业为家，把自己的命运和企业的命运牢牢地维系在一起，那么，这个企业定然能走得更远，取得更大的成功。而想要员工视企业为家，作为领导者，就应该放下架子，多下基层，把员工当成自己的亲人，关心员工的健康，理解员工，尽可能地替员工着想，为员工创造更好的发展空间。这样才能使员工心中感觉到家的温暖，才能增强企业的凝聚力。当然，企业提高员工待遇等等物质上的奖励，也是非常有必要的。

作为一个领导者，不要总是作为企业的代表处处显风头，而是要多让员工有崭露头角的机会，增强他们的荣誉感和责任感。一说起百度我们都知道，但是百度的总裁是谁？却不一定有人答得上来，百度的创始人，李彦宏就是一个甘当绿叶的领导。他为人低调，和蔼可亲，生活简单朴素，一心工作，从来没有大老板的架子，他的风格，也直接影响到百度的企业文化。在李彦宏的领导下，百度人埋头勤奋努力，为企业的发展，再出一分汗水。要想让企业的员工能扎扎实实地工作，不仅要领导以身作则。同时，也要领导者时时把员工放在心上，例如，在召开员工大会的时候，多表扬一些有突出贡献的员工，多让员工说说心里话，这样就容易形成融洽和谐的文化氛围，有利于员工的发展。

作为中层领导者要认真干好自己的本职工作，同时对上级给予适当的提醒，当好上级的参谋，尽力协助主要领导圆满完成工作任务。这样既是在帮助他人，也是在帮助自己，同时还能获得同事的一致赞誉和好评，何乐而不为？这样做就为自己的升迁奠定了良好的基础。并且换一个角度来想一想：一台戏的主角一旦选定，除非此人极差、完全不能胜任，否则导演不会轻易中途换人。何况一般导演并非庸碌之辈，能随便地选一个庸才担任主角吗？所以说，中层领导要心平气和，要有甘于奉献的精神，一旦你这样做了，也许你离当主要领导，当主角的日子就不远了。

总之，作为领导者更应该学会有奉献精神，处处身先士卒，为人表率。认认真真地做好绿叶工作，创造和谐良好的人际关系，营造团结向上的团队关系，用自己的实际行动引导大家把更多的精力用在工作上，而不是浪费在争夺名利，争夺主角上。当大家都能平等地对待主角和配角，能够根据团队发展的需要，担当各种角色，勤勤恳恳地在自己的工作岗位上付出，那么，领导甘当配角的行动就做到位了。

顾全大局，不各自为政

顾全大局要求团队成员要识大局，各司其职，各自负责好、掌握好自己的职责，做好所承担的工作。每个人只有做好自己的本职工作才能使整个团队得到发展。

从前有个富翁，他一生最喜欢的就是吃尽天下美味。所以，他招了很多做菜工人。

这些工人都各司其职，例如，挑水的只负责挑水、洗菜的只负责洗菜、切菜的只负责切菜，另外还有专门煮肉的、烧柴的……

他们每天都干着重复的工作，时间久了，就产生了厌烦的情绪，总认为别人的工作又新鲜又有趣，还轻巧容易。

于是有一天，其中有一个工人突发奇想，提议大家交换一下工作试试。

这个想法立刻得到了所有员工的赞同，于是，挑水的改去做洗菜的事情，洗菜工人开始负责去切菜，切菜的则去烧柴……

就这样他们调换了工作，但是，结果改去做切菜的洗菜工人，被刀子割破了手；切菜工人去烧柴，结果弄得满屋子是烟，却还没有点起火来；烧柴的去煮饭，却煮成了一锅粥……

最后，饭没做好，每个人还挨了富翁一顿责骂。

术业有专攻，每个人都干好自己擅长的工作，就能保证整个团队的工作顺利进行。否则，员工去做自己不擅长的工作，就会因为经验不足和技能不熟练，而造成种种失误。可见各司其职是有好处的，当公司发生一些意外，需要随时调遣适合人员去工作，可能会牺牲这些人的时间或精力，作为工作人员就要有大局意识，做好自己擅长的事情，和企业一起战斗，为企业的发展贡献自己的力量。

但是，有些员工总是认为把自己的本职工作干好就行了，有些事情已经超出了自己的职责范围，认为这些事情"不关我的事"自己就可以不闻不问，对公司发展中遇到的问题漠不关心。对上司安排的工作不是抱怨，就是不主动去做。其实，乐于去做并主动去做"分外的事"在这个竞争激烈的社会里是非常重要的。在做好本职工作的前提下，能积极主动地去做有利于公司发展的事情是职场的"长生果"，多主动考虑公司的发展和自己的工作计划和工作目标，不要只是一味地等待上司的任务与命令，要主动接受任务。要把公司的发展和自己的发展相结合，把公司的事情当作自己的事情去做，在工作中没有"不关我的事"，应该尽自己所能去为公司多做事。

当然有些人有为公司做分外事情的责任心，但是，因为总是按照自己的主张做事，不听他人的建议，不能和员工配合，甚至各自为政，那么，事情也不会做好，对公司和个人的发展都没有好处。

春秋时期，宋晋结盟，楚庄王非常不满。公元前607年，楚庄王命令他的盟国——郑国去讨伐宋国。

宋国大将华元率兵前去迎战。在决战前夕，华元为了鼓舞士气，特意杀羊犒劳将士。宴席上，大家都吃着佳肴美味，喝着好酒，上下一片欢腾热闹。这时候，副将问华元："您怎么没有请您的车夫羊斟呢？"华元不屑地说："他只是一个赶车的，打仗又不靠他，让他来做什么！这事儿我心里清楚，你不必操心！"

宋国和郑国的决战开始了。华元坐在羊斟赶的战车上指挥全军。郑军和宋军的势力均衡，一时难分胜负，华元命令羊斟把战车赶到敌军力量最薄弱的地方。可是，羊斟却挥鞭反向而驰，把战车赶向了郑军最密集的地方。华元惊叫道："你往哪里去？"羊斟恨恨地说："日前分吃羊肉，由你做主；今天的事儿，可得由我做主了。"他把战车赶进了郑军的阵地。华元被俘，宋军因此惨败。

尽管华元作为领导的做法也不恰当，但羊斟为了发泄个人的私怨，不顾国家的利益，在关键时刻按照自己的主张办事，不和华元配合，竟不惜做出了叛国的行为，可见羊斟的心胸有多么的狭窄。

在现实工作中，我们也会遇到像羊斟这样的员工，这样的员工心胸狭小，稍有对他们不好的地方，就不能考虑大局，往往会做出损害大局的事情。例如，和同事之间搞不好关系，拉帮结派，相互争斗，这样会大大增加公司的内耗。如果员工抱怨公司，认为公司做了对他不公平的事情，那么，这个员工就可能背叛公司，做出有违职业道德的事情。所以，这样的人是不能担当重任的。当然不能顾全大局的员工，眼光肤浅，总是拘泥于细枝末节，因为一点点的得失而或喜或怒，这样的员工自己本身生活也是不快乐的，事业也不会有长远的发展。

那么怎么培养和加强员工顾全大局的意识呢？

1. 心怀大义，懂得合乎公益或正义

大义是美好、善良的情感和气节。深明大义，按道义去做事，一切从大局出发，用善待周边一切人的心态去做事，用自己非凡的耐力和胸怀去办事，那么这样的团队才能和谐发展。一个单位，一个集体凝聚力的体现，主要看每位成员是否有顾全大局的意识。若人人心中想着集体的发展，团队的未来，这个单位就一定红红火火，蒸蒸日上。而团队的发展，个人也会从中受益，获得更大的发展。

2. 提高觉悟，要有主人翁意识

作为团队成员，要有"我"是团队这个大家庭中的一员的观念，应该心中想着团队，时时、处处、事事想着为团队增光添彩。

3. 大处着眼，小处入手

要有大局意识，同时还要具备从小事做起，践行顾全大局的事情。在行动中不断增强大局意识，团队的责任感。

4. 要淡泊名利，有奉献精神

非淡泊无以明志，非宁静无以致远。一个人只有具备了淡泊名利、乐于奉献的高尚品质，才能树立正确的世界观和价值观，才能有责任感、使命感和压力感，才能积极主动、扎扎实实工作。如果一个人沦为金钱、物质的奴隶，见利就上，见困难就让，工作躲躲闪闪，终究不利于企业和自身的发展。

第十八章

一颗红心献给团队，奉献精神至高无上

奉献精神是团队精神的根本

"奉"，即"捧"，是"给、献给"的意思；"献"，本为"献祭"意思，指"把实物或意见等恭敬庄严地送给集体或尊敬的人"。两个字和在一起的"奉献"，就是"恭敬地交付，呈献"。"奉献精神"是对自己事业的不求回报的爱和全身心地付出。对个人而言，就是心怀不求回报的爱，把本职工作当成一项事业来热爱和完成，从点点滴滴中寻找乐趣；努力做好每一件事、认真善待每一个人，全心全意为工作服务。可见，奉献精神是一种真诚自愿的付出，是一种纯洁高尚的精神境界，是一份在平凡岗位上恪尽职守、勇挑重担的职责。

从井冈山精神、延安精神、"两弹一星"精神到抗震救灾精神，我们可以看到奉献精神在不同时期都有着生动的体现和丰富的内涵。"先天下之忧而忧，后天下之乐而乐"，"捐躯赴国难，视死忽如归"，就是中华民族奉献精神的生动写照。处在当今企业中，奉献精神依然是为我们所倡导的宝贵精神。建设一个良好的团队需要我们做很多方面的努力，其中重要的一点就是要协调团队成员的人际关系，培养大家的协作精神，同时还需要激发团队成员的竞争意识，最重要的是需要团队成员无私的奉献精神，因为奉献精神是建设一个成功团队的根本。

一说起迈克尔·乔丹，几乎无人不知他是NBA最伟大的球员之一。而迈克尔·乔丹之所以伟大，不仅仅在于拥有优良、全面的技术，能成为篮球赛场上的

215

领军人物，更为重要的是，他为了团队的胜利，甘愿付出任何不求回报的牺牲。当很多球员正在想着怎样争取更多上场的时间，怎样得分，怎样才能吸引观众的目光，并成为媒体焦点的时候，迈克尔·乔丹却能放下巨人的架子和最伟大球员的光环，甘当配角，去助攻，去帮助队友防守。他这种为了大局而甘当配角的团队意识深深地感染了队友，也为大家所钦佩，这就大大增加了团队的凝聚力。不妨假设一下，如果迈克尔·乔丹不顾大局，在球场上只顾表现自己，那么，芝加哥公牛队还会成为NBA历史上最伟大的球队之一吗？肯定不能！正是他的这种团队意识才使芝加哥公牛队成为了当时最优秀的球队。

88认为自己最大，盛气凌人，便不把9和0放在眼里。它鼓着4张嘴巴，异口同声地对9说："你知道吗？我是你的10倍只差2！"

"我承认你比我大得多。在你面前，我自叹不如！"9驼着背，有些自卑地说。

"你能承认别人的长处和自己的短处，还算是有自知之明。"88又转向0，向它瞥了一眼，说："你呀，连计数的资格都没有，更不能跟我相比了。"

"你别门缝里看人！"0摆动着圆圆的脸蛋，自信满满地说，"只要我和9团结起来，完全有把握胜过你！"

"哼！"88冷笑道，"9加0或0加9，还不都等于9吗？要胜过我，这不是白日做梦吗！"

"我们不是相加，是结合。"0一边说一边靠近9，跟它说了一通悄悄话。9听了后，笑着点点头。于是，0站到了9的后面，组成了——90。这时，0理直气壮地对88说："我虽连计数的资格都没有，但一旦和其他数字结为同盟，就大大改变了原有的力量。"

88看了90，惊诧不已，哑口无言。

这个故事也启发我们，团队并不是一盘散沙的众人，而是为了达成目标所显现出来的自愿合作和协同努力的精神。团队的核心就是共同奉献。这种共同奉献是指每一个成员为了共同的工作目标而激发出的工作动力和奉献精神，这种精神能成为团队成员工作的无穷动力，是营造团队成员良好人际关系的润滑剂，能调动团队成员的所有资源和才智，并且会自动地驱除所有不和谐和不公正现象。

有人认为奉献精神是漠视个人利益，其实不然，奉献精神要求个人利益和团队的利益和谐统一，在维护团队利益的前提下，尽量满足个人利益。但是，当个人利益和团队利益发生冲突的时候，要求团队成员能把团队利益放在第一位。每当国家举行一些重大活动或召开重大会议的时候，也是北京交通保卫人员最忙碌的时刻，公安交警们为了保卫大家，舍弃休假，舍弃在父母的病榻前尽孝心的时间，舍弃和妻儿团聚的日子……为了国家的安全，他们甘愿牺牲个人利益。也正是这些可爱的交警们甘心奉献的精神，保证了活动或会议的顺利进行。

奉献精神是一种为他人服务、为他人提供方便的利他行为，在一定程度上体现了"和谐思想"。我们都喜欢和乐于助人，不计个人得失的人在一起。这样的人更容易团结人心，他的奉献精神能感染到周围的人，使他人受到影响而学着奉献，不处处计较。这样，团队拥有和谐的气氛，这种气氛使员工心情愉快，全身心地投入到工作中，这就会大大提高员工的积极性，保证团队健康发展。

奉献精神，更有利于培养人们脚踏实地的实干精神，如果一个团队拥有这样一群甘于奉献，踏实做事的人，则对于团队的成功至关重要。

由此可见，奉献精神在团队建设和发展中起着至关重要的作用。那么，该怎样在团队中建立和强化这种团队精神呢？

首先，应该建立相应的奖惩制度。鼓励人们积极奉献，引导人们从小事着眼、从身边的事情做起，形成人人乐于奉献的氛围。同时，对于团队中出现的违背职业道德、社会公德的人和事也应该做出相应的谴责。

其次，建立保障机制。虽然奉献是一种主动自觉的、真诚的行为，是不计报酬、不求回报的，但是，我们还是应该建立相应的保障机制，在物质和精神上给予奉献者充分的保障和相应的补偿。

著名心理学家阿德勒曾经说过，奉献乃是生活的真实意义。奉献是人生的最高境界，是高尚者的一种欲望，是无私者的一种享受。无论时代发生怎样的变化，奉献永远是鼓舞和激励人们奋发向上的巨大力量。

奉献是一种美德

邹海霞是一家物业公司的财力员工，性格开朗、直爽，乐于奉献。她经常说："我愿意做吃苦的人，不愿意占别人便宜"，她是这样说的更是这样做的。

在全国人口普查时，她负责本单位的人口普查工作。这时正赶上她家的孩子中考，为此，她克服了很多困难，既要做好孩子考试的后勤保障工作，又要加班加点，力求把普查工作做精做细。为了忙工作，她甚至经常忘记了吃饭，经常是等到肚子饿得咕咕叫的时候，才去买点东西吃。就这样直到本单位的普查工作基本完成了，她才松了口气。她的工作也受到了当地普查办的好评。

邹海霞是个开朗直爽的人，大家有事就愿意和她说，邹海霞与群众、同事们都相处得非常好。有的住户房间门打不开了，她就主动联系维修人员帮助解决。两家住户闹点小矛盾，她就给做劝解工作，事后两家关系非常融洽。类似这样的小事情，邹海霞还做了很多，受到了居民的好评。身居平凡的岗位，邹海霞把奉献视为美德，社区也因为有这样一个好员工而变得更加和谐。

奉献是一种美德，它将那份帮助他人的热情无限地放大，而无私奉献的人也是最可爱最可敬的人。雷锋同志曾经说过："人的生命是有限的，可是，为人民服务是无限的，我要把有限的生命，投入到无限的为人民服务之中去。"这句"为人民服务"不知道感动了多少人，雷锋同志的行动让我们知道什么叫做奉献，那是一种不求回报的给予，是美德散发出耀眼的光辉。今天，在社会各处仍然有这样一些无私奉献的人，在用自己的爱心编织爱的花环。

一个江南小镇居住着一户普通人家。这家男主人叫严刚，他平日乐于助人，常常顶着烈日，帮助社区的居民们磨剪刀。这一简单平凡的举动，方便了很多人。每当送还磨好的剪刀后，他总是满脸洋溢着幸福的笑容。居民们都说他是个大好人，记住了他在骄阳下执著的背影。汗水浸湿了他的衣服，可他对居民的帮助却没有因此而停止，他依然认真地，专注地磨好每一把剪刀。有人请他吃个便饭，但他拒绝了，理由很简单，他觉得帮助他人是不求回报的，付出的过程中他已经得到了快乐，他的行为让人真切地体会到了温暖，他带来的不仅仅是帮助，更多的是一份感动。

诺贝尔是安全炸药和无烟火药的发明者。他把一生的精力都用在炸药上。炸药研制成功后，他也赢得了大量的专利权，积累了很多财富。如果按照常规想法，他之后就应该享受自己的劳动成果，然后，把自己的财富留给自己的后人。但是，出乎人们的意料，他做出了一个惊人的举动。1896年，诺贝尔去世前决定把3 300万克朗作为基金，设立诺贝尔奖，用每年的利息奖给世界上促进科学文化事业发展的杰出人物。他在遗嘱中说："这奖金不论国籍，人种和语言，只发给对人类有不可磨灭贡献的人。"诺贝尔为科学奉献了一生，诺贝尔奖将会永远促进科学文化事业的发展。

这些乐于奉献的人，无论平凡的普通百姓还是创造了伟大成就的人，他们都在自己的生活中用奉献的美德之光，给社会带去了温暖，给人们带去了欢乐和幸福。

杨贤是一名老共产党员，她退休后，继续发挥余热，担任社区党组织书记，一干就是10多年。多次荣获区、街级优秀共产党员、优秀党务工作者、文明市民标兵和老有所为志愿者标兵等称号。

退休后，她发挥自己特长，开了个诊所。她对生活困难的病人一直是免费治疗，还经常参加社区的义诊活动。其中包括给7个社区居民义诊，"三八"妇女节给妇女儿童义诊等。她家隔壁的王大爷是个盲人，又患了肺结核，她和老伴不怕传染，经常去看望，给吴大爷治疗并嘱咐注意事项。

虽然杨贤的身体不是很好，但是她还是主动参加社区开展的一些义务劳动，例如，拔草、扫雪、洗刷小广告等她都要去参加，和大家一起干得热火朝天。她退休10多年依然活跃在社区中，为人们提供方便，用自己的实际行动无私奉献，实现着人生价值，她常说："生命不息，奉献不止"，她的确在践行这句话。

作为团队成员我们更应该在团队中发扬奉献精神，让奉献精神温暖每一个成员。奉献需要成员勇敢地承担责任；奉献需要成员适时做出自我牺牲。凡是历史上的成功人士，哪一个不是拥有奉献的美德？因为他们拥有甘于奉献的美德，所以，他们不怕自己吃亏，他们想到的是团队的利益，团队受损才会让他们悲伤。同样当团队成功的时候，也是他们最自豪的时刻。

但是，在现实生活中我们常常会看到有些人吝啬奉献，他们唯恐自己吃半点亏，他们认为甘愿吃亏的人是傻子。其实真正的智者往往都是甘愿吃亏的人。甘愿吃亏的人有良好的道德品质，往往会得到他人的尊敬和帮助，这样的人成功之路走得更为顺利。相反，谁都不愿意和一个凡事斤斤计较，爱占小便宜的人一起共事。

有的人总是说没有时间和精力去奉献。其实，如果真想践行无私奉献精神，生活中到处都是。例如，帮助盲人过马路，给同事送上一杯水，给老人一个关切的问候等等，这都是一种奉献，奉献精神不仅仅是要做一些轰轰烈烈的大贡献，有时只需要我们的举手之劳。

还有的人认为虽然无私奉献是一种高尚的美德，但现在企业都以能力来衡量员工，能力差再有无私奉献的美德也没有用。其实，能力是进入团队的敲门砖，但要想在团队中长久发展，取得成功，没有无私奉献的美德则无法实现。我们观察会发现，领导信任的人往往不一定是能力强的，但他一定有为团队发展而奉献的精神。

所以说，奉献精神是一个人的美德，也是一个人成功必备的品质。

奉献也是一种快乐

高尔基说过："给总比拿更快乐"。赠人玫瑰，手留余香，奉献与快乐总是相伴相随。奉献对于奉献者来说也是心灵的极大满足，会给自己带去快乐。

从前有一棵树，有个小男孩每天都会跑来，收集它的叶子，然后把叶子编成"皇冠"，戴在头上扮起森林里的国王。有时候男孩会爬上树干，抓起树枝荡秋千，摘吃树上的果子。有时候很多男孩在它的脚下玩捉迷藏，玩累了，那个男孩就在它影子下睡觉。男孩好爱这棵树！树也好快乐！

日子一天天地过去，小男孩也一天天长大了，很少在树上玩耍了，树常常感到好孤单。有一天男孩来到树下，树说："来啊，孩子，爬上来，抓着我的树枝荡秋千，摘吃果子，在我的树阴下玩耍，快快乐乐的。"男孩说："我不是小孩子了，我不要爬树玩耍。我要买东西，我要钱。你可以给我一些钱吗？""真抱歉，"树说，"我没有钱。我只有树叶和果实。孩子，拿我的果实到城里去卖吧。这样，你就会有钱，你就会快乐了。"男孩于是爬到树上，摘下它的所有果实，拿到城里去卖了。树好快乐。但是之后男孩好久都没有再来，树好伤心。

终于，有一天男孩回来了，他已经长成大人了，成为了一个男人。树高兴地发抖，他说："来啊，孩子，爬上我的树干，抓着我的树枝荡秋千，快快乐乐的。"男人说："我太忙了，没时间爬树。"男人说，"我想要盖一间房子。你能给我一间房子吗？""我没有房子，"树说，"森林就是我的房子，不过你可以砍下我的枝干去盖房子，这样你就会快乐了。"于是男人砍下了他的树枝，用这些树枝盖房子去了，树感觉好快乐。可是之后很久，男人再没有出现过，当男人再回来时，树快乐得几乎说不出话来。"来啊，孩子！"他轻轻地说，"过来，来玩啊！""我又老又伤心，玩不动了，"男人已经成为老人。"我想要一条船，可以带我离开这里，你可以给我一艘船吗？""砍下我的树干去造船吧！这样你就可以远航。你就会快乐了。"树说。于是老人砍下他的树干造了条船，坐船走了。树好快乐。

大树快乐是因为它在奉献，它为了小男孩的快乐，把自己的一切都奉献给了小男孩。其实，真正的奉献是一种快乐，看着得到帮助的人找到了快乐，我们也会分享到他的快乐。

奉献之所以快乐，是因为它使人得到了精神上的满足。著名科学家、汉字激光照排系统的创始人王选说："科学研究本身就是一种美，给人带来的愉快是最大的报酬，是一种高级享受。"因此说奉献是一种爱心的流露，善意的升华，美德的弘扬。奉献使人幸福，使人快乐，使人充实，使人高尚。

袁志平是一个普通的商人。他在自己富裕后积极投身公益事业。为了响应国家普及九年制义务教育，支援贫困山区教育事业的政策，他给宁夏南部山区的一所贫困小学捐赠了价值达30万元的教育设备。他说："人其实都是有善良的一面，只要我能做到的，我就会尽力去做。"后来，一次偶然的机会，他参加了无偿献血，之后，便每年都要去献两三次血，从来没有中断。他总是这样说："人活着不能只为自己，社会给了我发展的良好空间，我必须做些力所能及的事情回报社会，为社会做些事情。"就这样，袁志平以自己的实际行动践行着自己的人生信念。他也在奉献中得到了他人的尊重和爱戴，生活也越发变得快乐而丰富多彩了。

每个人都奉献一些自己的爱心，每个人能无私地帮助他人，那么，这个社会定然变得和谐美好。同样，团队的发展需要每个团队成员的努力，团队成员如果有奉献意识，例如，当自己的同事有困难的时候，能够无私地伸出援手，或者出钱或者出点力，这都是一种奉献。主动地奉献自己的爱心和精力，会赢得同事的好感，同事会投来或赞扬或友好的微笑。而这些能使一个帮助他人的人心中获得极大的满足和快乐，心情好，工作的效率也会大大提高。这样非常利于和谐团队的建设和自身的发展。

同样，当团队需要成员牺牲自己的利益，为团队发展奉献精力、时间甚至是财富时，团队成员能毫不犹豫地行动，那么，整个团队定然是和谐愉悦且蒸蒸日上的。团队的蒸蒸日上，也会带给团队成员荣誉感，激发成员更加快乐积极地投入工作中的热情。

廖晓农是北京市气象局的首席预报员，她曾参与了许多大型气象保障工作。其中，有一次是做国庆保障服务，对气象工作者要求非常高，如能见度的问题、风级高低的问题、风向的问题，还有不属于常规预报的低云量等问题，这些气象因素都直接影响阅兵观看效果。气象工作者必须把上述问题一一解决，不能出现任何差错。廖晓农和她的团队做到了！国庆节的那天，天安门上空阳光灿烂，一片祥和景象。

虽然工作强度大，但是，廖晓农从来没有说过累，她总是说："人一生中工作时间不过短短几十年，能在自己的工作生涯中遇到一个如此重要的活动实属不易。可以近距离地服务国庆，我觉得无上光荣。能为国庆做出自己微薄的贡献，我也很快乐。正是因为有了"因奉献而快乐"的信念作支撑，廖晓农和她的同事才能冒雨步行一个多小时赶到值班室，才会有第一次国庆演练时廖晓农和她的现场服务团队30个小时不合眼。

团队成员因为奉献而快乐和充实。奉献是快乐的源泉。

奉献是发展的动力

正是因为有奉献精神，周恩来发出了"为中华之崛起而读书"的豪言壮语；正是心中有奉献精神，夏明翰才会在死亡面前，大无畏地说"杀了我一个，还有后来人"；正是心中有奉献精神，才有士兵们高呼"为了新中国，前进"的吼声；正是因为有奉献精神，所以，铁人王进喜高喊"有条件要上，没有条件创造条件也要上"。也是因为心怀奉献精神，所以说"从自己做起，从身边做起，从细微做起。今天努力学习，明天报效祖国；今天帮助同学，明天奉献社会；今天做一颗螺丝钉，明天成为栋梁之材"。正是中华民族的奉献精神，鼓舞着一代代有志之士，为了国家的安定，为了百姓的幸福，不断努力，不停奋斗。

我国优秀企业家张连添说：穷则独善其身，富则兼济天下。这就是他乐于奉献的源泉，和创业拼搏的灵魂思想。他深受其父影响，从小就喜欢乐于助人，再加上他自己勤奋、善良，所以遇到困难的时候总是能得到他人的援手，这也成为了他创业的不竭财富。他的事业如日中天，但是他依然是工人们的好兄弟，工人们依然可以坐着他的奔驰车去菜市场买菜。哪个工人家里有了困难，张连添总是要去帮助他们渡过难关。不仅如此，他还热心公益事业，到底投入公益事业多少钱，他自己都不清楚了。有人问他："张总，你的钱怎不给自己的孩子们呢？"他平静幽默地回答："人常说输血不如造血，我要教会儿女创造财富的本事，道理很简单，儿女强于我，留钱干什么？儿女弱于我，又留钱干什么？人活着，奉献社会才有真正的快乐。"他对教育事业和社会公益活动是如此豪爽热心，但对自己生活消费却非常俭朴。他不抽烟、不喝酒，他想省些钱，为他人多出些力。

正是张连添一心想着奉献社会，回报他人，所以，他每天都要勤勤恳恳地工作，不断增强自己奉献社会的能力，在奉献中他的内心得到了极大的充实。

同样，在我国的航天战线上奋斗的科研人员们，他们拥有顶级的知识和技能，理应享受与之相应的生活和地位。但是，为了祖国的兴盛繁荣，他们选择了报效祖国，把自己的青春、精力、时间和智慧都奉献给了航天事业，为此，他们甘愿忍受在荒凉的戈壁沙漠的恶劣工作环境，艰苦卓绝，无怨无悔，创造出了一个个令世界为之震惊的奇迹。因为他们接触的多为国家机密问题，所以，有些人奉献一生都不为人知。但是他们从没有抱怨，平静而安详，因为他们在奉献的过程中享受着生命中至高无上的荣誉。当神五、神六飞上蓝天的时候，他们心中是最自豪也是最激动的，这时他们是最幸福的。正是这种奉献国家的无私精神，促使他们去工作，去奉献。所以说，奉献精神是人不断前进的不竭动力。

奉献精神让人有无穷的动力，人们都希望人人都有奉献精神，但是，当我们真正去践行奉献精神的时候，却总是裹足不前，犹豫不决，很难迈出这一步。这是为什么呢？因为当今社会，的确有无私奉献的人，但也有很多自私自利的，这些人视无私奉献的人为傻子，他们利用他人的无私奉献来谋求自己的利益。因此，受到伤害的人便畏惧了再去发善心做好事，无私奉献。同时这个社会是竞争激烈的社会，人和人之间更多的是存在一种竞争关系。所以，彼此之间就缺少了信任和友爱，少了互相帮助。

但是一个人拥有奉献精神，敢于践行奉献精神，总不会有损失的。正是因为社会缺少甘愿奉献的人，所以，人们渴望有这样的人，一个爱帮助他人，凡事不争名夺利，自私自利，能主动替他人着想的人，总是会受到大家欢迎的。俗话说："人心换人心"，一个人的无私奉献，终究会消融人和人之间的猜忌和隔阂，换来对方同样真诚的回报。一个乐于奉献的人总会及时帮助自己身边遇到困难的人，因此积累了善德。当这个乐于助人的人需要他人帮助的时候，别人也总会乐于帮助他。

所以，奉献精神非常可贵，我们要学习奉献精神，践行奉献精神。当然在践行奉献精神的时候，我们可能会碰壁，会受到他人的误解，但只要我们坚持去做，坚持用真诚的心去帮助他人，总会得到他人的认可的。当然我们也可能会遇到一些极端自私的人的欺骗，但是，这样的人毕竟是少数，绝大多数人还是好的。所以，不要畏惧被欺骗，勇敢地去奉献爱心，我们自己也会在奉献中获得自我发展的强大动力。

当然，践行奉献精神不仅需要我们每个人的努力，还需要社会上建立一些保障机制，分担奉献者的后顾之忧，使奉献者的个人利益和社会的整体利益协调发展。

第十九章

团结协作，集体主义精神永放光芒

团结协作是团队成功的关键

一只蚂蚁来搬米，搬来搬去搬不起；

两只蚂蚁来搬米，身体晃来又晃去；

三只蚂蚁来搬米，轻轻抬着进洞里。

这个童谣就揭示了团结协作的力量，远远大于单个的力量。的确，团结协作是一切事业成功的基础，是立于不败之地的重要保证。团结协作不只是一种解决问题的方法，也是一种道德品质。它体现了人们的集体智慧，是现代社会生活中不可缺少的一环。叔本华曾说过："单个的人是软弱无力的，就像漂流的鲁宾孙一样，只有同别人在一起，他才能完成许多事业"。在赤壁之战中，曹操有83万大军，而孙刘联合只不过有2万人左右，但是，孙权和刘备能联合起来，协同合作，才保证了这次战争的胜利。可见，团结协作能创造更大的成就。

但是在现实生活中我们常常看到一些不团结的现象。例如，公司中有欺上瞒下的行为，上边下达的命令，只是敷衍了事，不能考虑大局，不能为公司着想。员工之间钩心斗角，不能坦诚相待。员工间争名夺利，互不相让。喜欢拖别人的后腿……这些不良的行为，给我们的工作和生活带来了极大的困扰。其实，我们想一想相互拆台对自己又有什么好处呢？你对他人拆台，那么，他人也会对你拆台，相互拆台，只能是两败俱伤，谁都不能有好日子过。但是反过来如果彼此相互帮助，他人得利，他人会感激你，当你需要帮助的时候，他人也会伸出无私的手。相互多沟通，多提意见，能使我们开阔视野，增长见识，反之，如果相互都心存芥蒂，不能坦诚相待，虚情假意，那么就是故步自封，不可能进步。所以，团结起来力量大。

大家团结后，还要讲究协作。协作是指在计划实施过程中，部门和部门之间、个人和个人之间的协调与配合。协作应该是多方面的、广泛的，只要是一个部门或一个岗位实现承担的目标所必须得到的外界支援和配合，都应该成为协作的内容。一般包括资源、技术、信息方面的协作。有效的协作能使大家有条不紊地工作，不至于乱成一锅粥。

因此，我们在工作中要团结协作，使每个人充分发挥自己的特长；团结和自己有不同意见的人，共同协作把事情办好。那么我们怎样加强团结协作呢？

第一，要建立和谐的人际关系。如果我们能和同事、领导之间形成和谐信赖的关系，那么我们就能融洽地和同事、领导相处，在融洽的氛围中，我们能和同事、领导更好地交流沟通，有助于团队之间相互尊重、相互理解，这样就能为我们发挥聪明才智和工作热情提供宽松的氛围。

第二，经常让"团队"出头。这就是作为员工，我们说和团队打交道，而不是和团队中某个人打交道，在工作中就会避免很多摩擦。同样员工以团队的角度去与上司交流，这样就有说服力，不至于让上司认为你存私心。还有对外工作的时候，你以团队的名义与客户承诺或合作，那么，就更容易得到客户信任。

第三，多积极参与集体活动。例如，一些公司的集体出游，集体排队，通过参加这些集体活动，不仅能增进团队成员间的感情，还可以增强我们的团结协作意识。在遇到困难的时候能集体想办法、出主意，积聚集体的智慧和力量。

第四，营造良好的竞争氛围。工作中不能没有竞争，竞争是保持团队锐气的必要条件，只有在竞争的环境中工作，才能促使我们在学习上更努力、工作上更用心、作风上更顽强，加快自己前进的步伐。但是这种竞争一定是正面的积极的，而不是相互嫉贤妒能，恶性竞争。

第五，对团队成员要充分信任。信任是和团队成员友好相处的前提，只有相互信任，才能共同做事，才能团结合作。

第六，作为团队中的每名成员，都要时刻反省自己的言行，检查自己身上可能存在的缺点，注意自己的着装，注意礼仪，不断提高自己的素养。这样无论是在和同事、上司还是客户交往，就会更加有自信，更能得到他人的认可。这样才能增强团队的凝聚力。

总之，团队协作需要每个成员放弃自己的小利，把自己的热情融入到团队中，把自己的追求融入团队总体的目标中，积极和大家共同协作，创造业绩，实现自己的人生价值。真正做到了团结协作，我们才能明白团结协作对自己、对别人、对整个企业的意义，才会把团结协作视为自己的一份责任。

团结协作，才能取胜

列夫·托尔斯泰曾说过："个人离开社会不可能得到幸福，正如植物离开土地而被抛弃到荒漠里不可能生存一样。"叔本华也曾说过："单个的人是软弱无力的，就像漂流的鲁宾孙一样，只有同别人在一起，他才能完成许多事业。"可见，发扬团结协作精神至关重要。

要想研究团队协作精神，就不得不想到最具团队协作精神的狼，它们是把团队协作精神发挥得最为淋漓尽致的动物。狼确定了攻击目标后，便群起而攻之。它们在进攻之前，各就其位，各司其职，发出起伏不定的嚎声，每头狼都相互呼应，默契配合，有序而不乱。头狼昂首一呼，负责主攻的狼奋勇向前，假装进攻的狼则避实就虚，负责助攻的狼跃跃欲试，后备狼大声嚎叫，以壮大气势。正是因为狼在捕猎过程中，具有严密有序的集体组织和高效的团队协作精神，所以，它们捕杀猎物时总能无往不胜。

同样，人们在工作中虽然都有自己负责的工作，具有独立性，但是，这种独立性是相对的。每个部门、每个人的工作是相连的，都和全局的成败紧密关联。

阿波罗工程，是美国从20世纪60年代初到70年代进行的一系列载人登月飞行活动。这项在世界航天史上具有划时代意义的伟大工程，从1961年5月开始，历时约11年，到1972年12月第6次登月成功后结束，耗资255亿美元。这项工程涉及物理、数学、化学、天文、生物、地理等诸多学科，使用了360台电子计算机，700万个零件，参加工程的有2万家企业，200所大学，还有80多个科研机构，总人数超过了30万。如此庞大而复杂的人类科学实践活动，不仅仅是借助了系统科学方法、电子技术等高新技术和方法，更发挥了所有参加者的团结协作精神，如果没有这种科学精神做支撑，阿波罗工程就无法完成。

不仅在科学领域这种团结协作精神至关重要，即便是在普通的工作和生活中，也需要有团结协作的精神。因为一朵花不能扮出整个春天，一个人的力量毕竟弱小，人多才能有移山填海的神力。

一家工厂，因为经营效益不好，濒临倒闭。工人们都在收拾行装，根本不期望工厂能发工资，因为每个人都了解工厂的财务状况。

厂长把全体员工召集在一起，说："大家都清楚厂里的情况，我现在有两条路供大家选：第一条是，公司申请破产，大家的工资我会想办法解决，请大家放心。不过大家失去工作后要重新找工作。第二条路是我把公司股份代替工资发给大家，但是，目前大家得到的不是利益，而是公司的债务。"

员工们都静静地听厂长的话，厂长顿了顿说："大家在一起都这么长时间了，工厂是我们辛苦发展起来的，我们都不希望它破产，那么，为什么不放手一搏呢？只要我们团结起来，一定能闯出一条生路的。"

最后，所有员工都选择了留下来。每个工人都拿到了公司的股份，大家紧密地团结在一起，拼命地工作，相互配合，相互鼓励。终于这个厂子又起死回生，蓬勃发展起来了。

这个厂子之所以能发展起来，完全归功于全体员工的团结协作精神，员工们在一起团结协作，创造了工厂起死回生的奇迹。不仅如此，团结协作精神还能使弱小者也有和强者一搏并取得胜利的可能。

我国春秋时期，赵襄子想要杀智伯，但他的力量弱小，抗击智伯就像是蚍蜉撼树，鸡蛋碰石头，必败无疑。但是，当他联合了同样对智伯心怀仇恨的韩魏两家后，便成功地实现了三家分晋，创立了战国诸雄局面。同样，三国时期，如果凭借刘备军队的力量和曹操大军对决，就连半天都撑不下去，但是，他聪明地和孙权团结协作，据守江东，凝聚集体的智慧打败了数十倍于自己的强大曹军，创造了赤壁之战以少胜多的著名战役。

之所以团队协作往往能具有强大的威力，是因为如果在前进的道路上，每个人都拿出自己的长处，再通过他人的长处弥补自身的不足。团结协作双方都可以充分地发挥自己的实力，而不用去考虑自己的弱点和不足。这样优势互补，就会产生大于一个团队中每个人力量之和的巨大力量。这大大增强了整体的竞争力。大雁就是通过团队协作的方式，成功从北方迁徙到南方的。它们在迁徙途中一会儿排成人字形，一会儿排成一字形，能大大减少空气中的阻力，这要比一只大雁单独飞行效率增加70%。并且如果有一只大雁落在队形外面，它很快就会感到自己越来越落后，便会立即回到雁群中。这样就促使雁群中每只大雁都能保持高效率的飞行，不会掉队。在大雁呈人字形飞行的过程中，带头大雁最为费力，但是当它疲倦时，它会自动退到队伍中去，另一只大雁马上替补领头的位置。这样它们轮流带队，不至于因为头雁疲惫而停滞，所以也提高了集体的飞行速度。当一只大雁生病或被猎人击伤，雁群中就会有两只大雁脱离队形，靠近这只遇到困难的同伴，协助它降落在地面上，直至它能够重回群体，或是不幸死亡。这种团队精神的发扬就大大提高了大雁生存下来的可能。

反之，一个人只知道埋头苦干、不肯与他人协作，那么，即便他再勤劳，再努力，也必定会影响公司全盘工作的推进；同样，如果一个小团体总是自我封闭、以他人为敌，不和其他团队友好地合作，按照自己的主张去做事，那么势必会给公司造成内耗现象，降低整体工作效率。这样就大大降低了团队取得胜利的可能。

团结协作是双赢的选择，是智慧的选择。蚍蜉撼大树，是痴人说梦，但是，如果是1千只，1万只，10万只呢？那就未可定论！要想在当今这个竞争日益激烈的社会中立足，除了自己要具备超强的生存能力之外，一定还要懂得和他人联手，团结协作。

团结协作五大障碍

自古以来，在人类社会中任何一个伟大的创举都离不开团队协作。例如，建立独立国家、保家卫国，这些大事都不是一个人的力量能制造出来的，这些都是团队协作的结果。在艺术上，金字塔、泰姬陵、埃菲尔铁塔、自由女神像、悉尼港大桥等诸多神奇伟大的创造，都是靠团队协作才得以诞生的。同样，在思想上，我们所推崇的理念、宗旨、经验和价值观，也都是集体智慧的结晶。团队协作精神无处不在，即便是一个耕田种地，郊外野炊也都烙刻着团队协作的印记。可见，团队协作在我们的生活中起着重大的作用，所以，我们期望团队协作能产生相应高质量的成果。但是，在现实生活中，团队协作不是自动就能获得的，需要每个团队成员的努力。而团队协作的质量好坏取决于团队成员的积极性、信任度等诸多因素。所以，团队协作能达到良好的效果并非易事。研究发现，团队协作中往往会遇到以下五个障碍。

1. 信任缺失

一个团队的成员能走到一起，不仅仅是因为有着一个共同的目标，还有着各自独特互补的技能，因为有一技之长，能和他人互补协作，成为团队中不可缺少的零件。每个人都希望展示给别人的是自己光鲜的一面，而不希望自己在团体中轻易受到攻击。因此，团队成员之间就形成了强大的攀比压力。谁都摆出自己的优势，极力掩饰自己的弱势，以便表现自己的强大。并且团队成员认为被他人知道自己的弱点，会受到对方的嘲笑。这样，谁都隐瞒自己的缺点，不敢向他人坦诚地表现自己的弱点。那么，在谁都不知道谁的基本情况之下，很容易丧失相互之间的信任。

一个缺乏信任的团队中的成员往往具有以下表现：相互隐藏自己的弱点和错误；不愿请求别人帮助，不愿承认和学习别人的技术和经验；不愿意给别人提出建设性的反馈意见，也不愿为别人提供自己职责之外的帮助；对别人的用意和观点轻易下结论而不去仔细思考；对别人心怀不满和怨恨；害怕集体活动，尽量减少和同事在一起的时间。团队成员之间没有信任做保证，那么就缺少沟通，就谈不上团结协作了。

但是，在现代社会中，一个人不可能具备所有的技能，并且保证在任何情况下都能取得成功。要想团队成功，要想自己有更多的发展，就应该建立相互信任关系，承认他人身上的弱点和失误，请求从他人那里获得帮助，或者主动去帮助他人。欣赏和发掘他人的技能和经验，把主要精力和时间都用在解决工作问题上，而不是专注于发现别人的错误，做钩心斗角的事情上。这样大家同心协力才能有所成绩。

2. 惧怕冲突

由于团队成员之间缺乏应有的信任，成员之间考虑得太多而害怕自己的意见受到团队其他成员的反对，这样团队成员之间就没有办法展开直接、热情而激烈的想法辩论。他们自动选择拐弯抹角、云遮雾罩的探讨和小心谨慎的说辞。成员不能痛快地说出自己的见解，不去提出自己想到的对公司绝对有利的意见，自我压抑，最终会在心中形成一种强烈的挫败感，所以，他们会感觉会议枯燥，工作也没有了激情。而这也不利于团队的决策力和公司的发展。

为此，团队应该多开展集体交流的活动，在活动中加入一些生动有趣的游戏，让大家享受愉快的氛围，这更有利于员工敞开心扉。在会议上，团队的领导者要学会提炼和开发成员的想法，不断提醒员工去解决问题，帮助他们意识到要就事论事，以免他们转入钩心斗角的死角。这样才有利于团结协作。

3. 缺少认同

缺少认同的团队主要表现为：团队的指令和主要任务安排模糊；由于不必要的拖延和过多的分析而错过商机；大家缺乏自信，惧怕失败；团队成员反复讨论某一问题，却无法做出决定；团队成员对已经做出的决定反复提出质疑。这是因为团队成员在会议中针对一个问题没有展开坦白开放的讨论，在讨论中遮遮掩掩，所以，他们对最后会议的结果，也无法产生真正的认同。举个例子，一个兔子家族讨论怎么吃蘑菇，有的兔子认为蒸着吃营养丰富，有的兔子认为煮着吃香，还有的兔子认为炒着吃味道才好。但是所有的兔子都没有勇敢地说出自己的真实想法。那个想蒸着吃蘑菇的兔子说炒着吃也挺好，就是得调料全，调料不全不好吃；那个想炒着吃的兔子怕说出自己主张会遭到别的兔子的反对，便说炒着吃倒是还可以，营养丰富；那个想煮着吃的兔子，一言不发。讨论来讨论去，最后，由老兔子决定煮着吃。但是其他兔子还是认为炒着吃或蒸着吃好。所以，在接下来煮吃的过程中，兔子们就会犹豫不决，动作迟缓。

要使团队所有成员都认同某个事情，就要开诚布公地讨论。也只有大家开诚布公地辩论得出的结果，才能得到大家认同，使大家都能信服。这就需要团队成员之间能进行有效地沟通。

4. 逃避责任

逃避责任主要表现在团队成员只从自己的利益出发考虑问题，不顾大局，只做自己负责的事情；经常抱怨自己多做了事情；工作相互扯皮；把责任都推到领导身上等等。

这时就需要团队的领导者建立相应的奖惩制度，使员工能感受到压力。团队人数不要太多，这样彼此之间都知道对方的工作成效，有利于员工之间形成攀比心理，从而提高工作效率。

5 不重视集体成绩

在团队成员将其个人需求（如自负心理、职业发展或表彰奖赏）甚至于其小团体的需求置于团队总体目标之上时，不重视集体成绩的现象就产生了。不重视集体成绩的团队表现为：不能战胜对手；不能取得成功；容易解体等等。

为了克服这个障碍，应该频繁地评估团队成员的成绩，这样就会大大降低重大失败的可能性，而每个成员意识到自己所作所为让团队向目标迈近了一步，那么，他们会在心中对这个任务逐渐产生兴趣，并开始关注自己工作的结果。当团队把关注点集中在项目上，始终关注整体结果，就会避免团队成员产生私心杂念，而能够团结协作。

这五大障碍中，团队成员能相互信任是最重要的，有了信任做基础，很多问题就可以迎刃而解了。

如何建立和强化团结协作精神

当今社会，企业发展规模在不断扩大，分工也越来越细，专业技术要求越来越严格。企业中每名员工的工作是相对独立的，又和全局的发展密切关联。如果一个人只顾自己，不顾他人，不愿意和他人合作，那么必然会影响到团队的战斗力。所以，只有善于合作，懂得怎样共事，能把自己的才能和众人的力量结合起来的人，才能使自己得到充分的发展，团队也因此得到顺利的发展。所以，团结协作的作用非常重要。那么，该怎样做到团结协作呢？

1. 要营造良好的人际关系，建立和谐氛围

如果我们能在工作中和同事、领导形成相互信赖的和谐关系，就有利于形成相互尊重，友好互助的工作氛围和环境，这能极大地激发我们的工作热情，更有利于我们在工作中最大限度地发挥聪明才智。各个部门之间也要建立友好的关系，相互协调配合，多交流，多沟通，相互协作，共同进步，这样才能团结一

致，共同把工作做好。反之，如果公司如同一盘散沙，钩心斗角，互不相让，就会给公司造成严重的内耗，也不利于员工个人的发展。

2. 营造你追我赶、力争上游的工作氛围

工作中，团队成员之间有一定的竞争压力是正常的，这样才能充分调动员工的积极性，促使员工更加认真努力地工作，这也是保持团队锐气的必要条件。但是，这不是指恶意竞争，不是相互倾轧，而是良性的、积极的竞争。员工在目标一致的前提下团结起来，力争做出一流的成绩，营造你追我赶，力争上游的工作氛围。水不再流动就成了一潭死水失去了活力，没有春风的大地就缺少了生机。我们提倡团队的协作精神和互补精神，在目标一致的前提下，大家团结起来，心往一处想，劲往一处使，共创一流。

良性的竞争是个很微妙的概念，运用稍有疏忽，就可能会被他人误认为是恶意竞争。所以，团队成员之间要有足够的信任做基础。信赖周围的人，同时要懂得谦虚和宽容，多主动帮助他人，有竞争也有帮助，这才是正当、积极的竞争。这样的竞争能增强团队的凝聚力，有助于团队更好地团结在一起，共同协作，把工作做得更好。

3. 要多积极参加集体活动，增强团队协作精神

多参加集体活动，可以帮助我们增强团结协作意识，培养默契。这样，当我们为了一个共同的目标努力的时候，就能不由自主地想到一块去，有助于团队高效地完成任务。当团队遇到困难的时候，团队成员之间就能相互理解，相互鼓励和帮助，团队成员能感受到来自团队的温暖和巨大力量，就有利于提高团队的凝聚力。

每名员工就像是大海中的一滴水，只有融于企业这个大海中才能获得生存和发展。因为，在团队中我们可以学习他人的长处，不断提高和完善自己，只有这样，我们才能成为一个受团队欢迎的好员工，同样也能在团队不断发展的同时成就自己的事业和梦想。

4. 要在集体主义原则下确立"三个意识"

一是整体意识。在团队这个集体里，团队的各个组成部分，都是团队的一分子，都是不可分割的一部分。任何一个组成部分都要以团队的大局为重。只要团队成员整体意识强，就能保证他们团结一致，形成合力，发挥强大的作用；反

之，如果团队成员缺乏整体意识，不顾大局，各行其是，那么团队的力量就会被一点点分散、抵消，不断削弱。

二是敬业意识。在一个团队里，每个人都在自己的岗位上辛勤工作，只有分工不同，没有贵贱之分，所以，要自觉爱岗敬业，分工不分家，用认真负责的态度完成本职工作，并且主动帮助其他同事，这样才能协调一致，共同把团队建设得更好。

三是宽容意识。团队中的每名成员都有自己的特点，个性差异、生活习惯、工作习惯不同，是不可避免的。要营造和谐的团队氛围，就要求团队成员之间相互尊重，相互理解，多些宽容，少些苛刻。实现利益和成就共享、责任共担，促进每个人全面发展。

5. 团队领导干部要起到模范带头作用

一个团队的领导者是最有影响力的，一个领导是否具有团队协作精神，是否践行团队协作精神，对团队协作精神的发扬起着重要的作用。所以，团队领导一定要从自身做起，从小事做起，时刻发扬团结协作精神。

6. 建立相应的奖惩制度

领导要给予那些能团结大家，在和团队成员共同协作中做出突出贡献的人以一定的奖励，鼓励大家团结协作，共同进步。

团结协作符合团队成员的根本利益，只要把团结协作当成自己的责任，在工作中、生活中多一分团结、多一点贡献、多一分爱心，人和人之间勤沟通，相互关心、帮助，从我做起、从身边点滴做起，团结一致、奋力拼搏，团队成员一定会因为团结协作而得到更多的快乐和更大的成功。

避免走入个人主义和小团体主义误区

培养团队成员团结协作精神，让集体主义精神永放光辉，是我们一直所倡导的，但是在实际执行中，却往往会走样，有的人误走入了个人主义的误区，有的人把集体主义做成了狭隘的"小团体主义"。

集体主义是主张个人从属于社会，个人利益服从集团、民族、阶级和国家利益的一种思想理论，是一种精神。其科学含义在于当个人利益和集体利益发生矛盾的时候要服从集体利益。一切行动和言论以集体为重，个人为轻。集体主义精神是一个企业、一个团队、一个民族、一个国家走向强大的基础。

集体主义精神时时存在于我们的生活中，这种精神是跨越时空的，没有国界，没有高低贵贱之分，在我们的生活中时刻发挥着重要的作用。例如，在抗击非典时期、在共同抗击"5·12"汶川地震灾害之时，中华各族人民团结在一起，为了抵抗灾害，涌现了许多发扬集体主义精神，奔赴灾区第一线，为他人的安全而不顾自己生命安全的人。"舍小我，顾大局"的无私奉献精神，传遍祖国各地。集体主义是我们民族世代传承的宝贵精神财富。在公司面临发展的关键时刻，我们更需要这种精神武器，群策群力，创造辉煌。

但是在现代这个强调展示自我，提倡个性张扬的社会中，个人主义思想也在泛滥，具有个人主义思想的人把个人的利益看得非常重要，甚至一切以是否有利于个人利益为行为准绳。个人主义不是贬义词，它属于中性词。但是个人主义用得过头，尤其在集体需要个人做出一定的牺牲的时候，如果太强调个人主义而损害了更多人的利益的时候，或者为了个人的利益而损害集体的利益，这样的行为就可能是利己主义的表现，是一种自私的表现。所以，强调个人主义一定要适度。

集体主义精神也容易演变成狭隘的小团体主义。小团体主义是指只顾局部利益，不顾全局利益。一切以小团体为"核心"，以小团体的利益为"准则"，自成系统，各行其是。他们把小团体作为争权夺利的工具，凡是有利于自己小团体的事，拼命去争，用尽各种手段，甚至恶性竞争。为了争名夺利，给别人出难题，靠让别人落后来实现小团体的利益。谁都不去研究怎么创新，不去考虑怎样才能把工作干得更出色，互相拆台使绊子。做出一系列危害集体利益的事情；但是，凡是对自己小团体无利的事情，便拼命地往外推，不闻不问。

搞小团体主义的人，总是把自己设置在一个狭小的圈子里，对自己小团体里的人，称兄道弟，看成"知己"；对自己小团体之外的人则看成"异己"，疏远排挤，不利于团队内部良好人际关系的培养。

搞小团体主义的人，常常会对人说："我们合得来！"其实，在他们眼里"合得来"是有极强的实用主义意味的，凡认为对自己小团体有用的人就"合得来"，凡认为对自己小团体无用的人就"合不来"。

搞小团体主义的人还辩解说："这也不是为我个人！"其实小团体主义的思想实质就是利己主义，是在借"为我们"之名，行"为个人"之实。小团体主义者之间的关系，是利用和被利用的关系，表面上是顾大家，其实是利用大家，以达到个人争名誉、争地位、争权力的目的，把个人的命运与小团体联系起来，认为自己的小团体得胜，自己就跟着发达、沾光，自己身上有缺点和错误可以靠小团体盖着。所以说，小团体主义，表面上不是为个人，实际上包含了极狭隘的个人主义。

小团体主义和集体主义是不相容的，集体主义代表了最广大人民的利益，没有任何狭隘的私利，最是大公无私。他们愿意团结更多的人为了共同的目标而努力，是包容的。而搞小团体主义的人则与之相反，他们尽量缩小自己的圈子，不去团结他人，而是伤害或排斥他人。尤其是在办公室里搞小团体主义，拉帮结派，称兄道弟，排斥他人，这会给办公室人际关系带来很大的压力，不利于团队成员的团结和协作，甚至还会形成人员内部的矛盾，形成内耗，给企业的发展带去严重的危害。所以我们在生活中一定要认清两者的区别，不要因为自己的误解而陷入小团体主义的误区，做出害人害己的事情。

无论是个人主义还是小团体主义都有人性自私在起作用，所以，作为一名员工要学着放开心怀，淡泊名利，以大局为重，兢兢业业工作，这样才能换得永久的幸福。

第二十章

团队精神就是平凡的人一起做不平凡的事

三个臭皮匠，胜过诸葛亮

俗话说"三个臭皮匠，胜过诸葛亮"，这句话的意思是3个普通的人团结在一起，集思广益，他们的智慧合起来能和一个聪明的诸葛亮相匹敌。这告诉我们，几个平凡的人在一起也能创造出不平凡的业绩。

1897年，夏瑞芳、鲍咸恩、鲍咸昌、高凤池等人在上海创办了一个以编印新式中小学教科书为主要业务的小型印刷厂，这就是商务印书馆。当时正值甲午战败之后，中华有志之士都在寻找救国图强的道路，他们印刷各种刊物，宣传自己的思想。商务印书馆在当时严把印刷质量，因为办事认真，讲信用、保质量，所以得到了很多人的信任，印刷厂也发展迅速，规模不断扩大。张元济进商务印书馆后，陆续有高梦旦、杜亚泉、蒋维乔、庄俞等一批反对科举有志于维新的年轻人进入商务印书馆。他们都将富国强兵、振兴中华的希望寄托在未来一代，他们兢兢业业于小学、中学课本以及辞书等学习用书的编写工作。他们的认真，使出版物获得了成功，又因为他们注意经营管理，企业获得很好的发展。至今商务印书馆起起伏伏已经发展有100多年，期间有无数平凡的工作人员为其发展做出不懈的努力，才使得它能走到今天继续服务于读者，为社会带来优质的精神食粮。

商务出版人在自己平凡的岗位上，辛勤耕耘成就了商务印书馆这个金字招牌，为中国出版业创作了不平凡的业绩，成就了商务印书馆伟大的历史。虽然绝大多数的商务出版人我们都无从认识，但是他们为了下一代成长的共同理想，努力耕耘在自己的工作岗位上，克勤克俭，兢兢业业，为出版业努力做出了光辉的业绩，他们的成就功绩不可磨灭，光辉万丈。

但是在现实生活中，有的人总认为自己非常聪明，认为他人不如自己，自己一个人就可以把事情做得很完美。但是，我们大多数人都是平凡的人，有自己的优点，也有自己的缺点，我们擅长某一方面，也有某一方面非常薄弱。我们不是全才，所以，我们需要他人的帮助，要想成就事业，实现自己的理想，需要和其他有着共同理想的人走到一起来，共同合作，团结奋斗在一起。这样我们可以优势互补，更容易更可能成就更伟大的事业。并且即便是有能力超强的人，即便他能干很多事情，可以出色完成某些任务，但是如果想要成就大的事业，就需要应酬各方面，而此时，一个人的精力就显得势单力薄了，他不可能做到面面俱到，所以还是需要有他人的帮助。

人的每只手都有五个兄弟——大哥（大拇指）、二哥（食指）、三哥（中指）、四弟（无名指）、五弟（小拇指）。他们各自有分工，都尽职尽责团结地生活在手上。可是久而久之，他们思想发生了微妙的变化，他们都认为自己比其他兄弟强，认为自己是本领最大的。终于矛盾激化了，他们之间发生了一场激烈的争吵。大哥说："我天天带领着你们早出晚归，辛勤地为手服务，我的本领应该是最大的。"二哥愤愤地说："你分配不均，是失职，可是出了什么事情都是我给你顶着，这就表明我的本领最大。"三哥一把鼻涕一把泪地哭诉："你们都把脏活累活往我身上推，我的身材修长体格健美，我是本领最大的。"四弟尖着嗓子喊道："看我管理的外交处可是顶呱呱的，我的本领最大。"五弟也争吵着说他的本领最大。他们相互激烈地争吵，谁也不让谁。这时，人说话了："地上有一个球，你们比试比试，谁能把地上的球捡起来，谁的本领最大。"于是，他们争先恐后地去拿球，可是，不管他们怎么努力，谁都拿不起那个球。人又说："你们一起拿试试。"于是他们走在了一起，轻而易举地就把球捡了起来。这时，他们终于明白了，团结就是力量。

的确，团结就是力量，团队就像是一只手，团队成员就像是参差不齐的手指头，一个手指的力量和作用是极其微小的，但是，如果每个手指头都发挥自己的优势，和其他手指头团结起来，共同努力就能发挥强大的作用，产生强大的力量。

　　有的人很自卑，认为自己平庸，也很平凡，即便加入了团队，自己也不会有大的作为，也不会获得成功。这样的想法很消极，每个人都有自己的缺点，但同样都有自己的优点。关键在于你要拥有乐观的心态，去面对生活，去挑战成功。积极地融入团队，不要怕失败，也许你已经失败了很多次，那么，即便是再失败一次又有什么关系呢？失败有什么可怕的呢？放下胆怯，放下顾虑和自卑。乐观地加入团队，在团队中学习他人的优秀品质，在团队这个大环境中，不断地让自己成长起来。也许有一天你事业有成的时候，你会认为自己当初的想法是多么可笑。放下顾虑，行动起来，结果并非你所想。

团队中每个人都很重要

　　团队就像是一部大机器，而团队成员就是机器上的零件，团队中每一个人都很重要，缺了哪一个，团队这部机器都会出现故障，每一个零件都发挥着自己的作用。

　　有家大公司很想买公司大楼邻近的一块地，因为有了这块地，公司的地盘就连成了一片，遗憾的是土地的主人——一位老太太却一直不同意。在一个下雨天，老太太外出没带雨具，就在公司大楼屋檐下躲雨，没料到被一个女清洁工看见了，她主动叫老太太进来避雨，还给老太太端来热茶，老太太要走时这位清洁工又送给她雨具。老太太当时就被感动了。后来，就主动找上门来将那块地出让给这家公司。

　　一个公司老总都难以逾越的障碍，就让一个普通的女清洁工不经意之中排除了。可见，工作显然是没有轻重贵贱之分，每个人都可能在工作中做出很大的贡献，创造卓越，所以，不要轻视每一个人。

　　同样在团队中，每个团队成员都很重要。虽然在一个团队中，有的人负责统率整个团队，有的人是团队的形象代言人，这样的人常常出入于高级场合，参加各种会议，出头露面的机会很多，为更多的人所了解和敬仰。就像是著名的影星、歌星，或某集团的老总，他们身上布满光环。还有一类人，他们是团队的幕后工作者，他们总是不为人所知，他们甚至做着打扫卫生之类的事情。但是，他们依然是团队不可或缺的成员。因为团队中每个人都很重要。团队如同一艘正在搏击风浪的航船，需要船上每个员工的团结合作，才能到达胜利的彼岸。所以说团队里没有不重要的岗位，只是分工的不同。要保持企业员工无边际的团结合作，这是持续推进团队发展的重要保证，只有如此，才能真正做到团队持续、健康发展。

例如，一个公司的卫生每天都需要有人去打扫，但是很少有人去关注清洁员的工作，认为这种工作是简单低贱的重复劳动，人们对干这份工作的人也不屑一顾，甚至有的人在吓唬孩子的时候会说："你要不好好学习，长大就要去打扫卫生。"好像清洁工作是一种地位低的职位。但是，试着想一想，如果某一天，我们公司的清洁人员生病了或者不干了，即便是一天的时间，我们也能发现变化，地上布上了灰尘，窗台的玻璃不再明亮，角落里到处有纸屑垃圾，这样脏乱的环境定然影响到工作人员的心情，一旦这种情况延续两三天后，因为环境变得更糟糕，就会影响到整个团队员工的心情，甚至会影响到他们的工作情绪。工作就会出现混乱，因此也会影响整个团队的发展。

但是身处高位的人或工作时间长的人心中怀有成见，认为自己的工作非常重要，无人能替代；自己有很多工作经验；自己的资历深、资格老等等。那些职位低的成员都是靠着他们吃饭，所以他们处处摆老大的派头。对职位低的成员或刚入职的工作人员很冷漠，并且对他们的工作挑三拣四，说七道八，不重视他们的工作，对他们的工作成果不屑一顾。很少给新员工发挥自己才能的机会，不重视小职位员工，使他们在工作中得不到成长，并且经常受到冷眼和排挤，长时间下去，就会大大挫伤员工的积极性，团队之间就会出现矛盾，大大影响整个团队团结，不利于团队的发展。每个人在团队中都是平等的，没有地位高低之分，只有分工不同。所以，作为团队中的老成员，身居重要工作岗位的人，虽然拥有自己的优势，但是千万不能拿自己的优势当资本耍大牌。因为身在团队中，每个人工作是相对独立的，而不是绝对独立，任何一项工作都可能要和其他同事通力合作才能完成得好，如果老员工在工作中不尊重新员工，那么他们也得不到新员工的尊重，等到双方合作时，就会出现很多矛盾。作为领导者不平等看待每名成员，就会失去他人的拥护，成了光杆司令，自己也做不成什么事情了。总之只有团队成员相互尊重，互相帮助，互敬互爱，才能把工作做得更好。

当然，对于身处小职位或刚刚入职的员工来说，也不要轻视自己的地位，认为自己没有出头之日，对自己妄自菲薄。

作为身处小职位的员工来说，应该认识到职位没有高低贵贱之分，任何一份工作都是有着它非常重要的作用。只要感觉自己对这份工作有兴趣，就不必在意他人对这份工作的评论，努力工作，快乐地工作最重要。俗话说"三百六十行，行行出状元。"踏踏实实地在自己的本职工作上下工夫，总有一天会有所成就。

大学毕业本应该找个体面的工作，当个上班的白领。但是，刚刚毕业的大学生龙波和他的女友却选择当"猪倌"。当时他的父亲非常气愤，说："上完大学回来养猪？脑袋是不是出了问题？"父母和同学朋友都反对他们这样的选择，但是两人没有犹豫。在农村建了12个养猪场。开始养起猪来，后来，他们又创建了猪业合作社，拥有商标猪23万多头，产值超过千万元。

龙波能拉下大学生的面子到农村养猪致富，给我们起了很大的榜样带头作用。这件事情也告诉我们不要忽视任何一个行业和职位，只要自己肯下工夫，总会有所成就，有实现自我价值的机会。

而作为新入职的员工，要有信心把自己的任务完成，在工作中不断学习。在工作中，更需要一个人有钻研的精神，没有人会主动地告诉你一些事情该怎么去做，个人的成长是靠自己的主观努力实现的，要想有所成就，要想自己在团队中有所作为，就要肯吃苦，多思考，善于总结，细心观察成功人士的行为做事方法，多向他们看齐，虚心学习、请教。这样新员工才能有快速的进步提高。同时作为新员工应该注意人际关系，多帮助他人，懂得容忍，不斤斤计较，这样的员工才会得到他人的好感，才能更快地融入团队，和大家打成一片，团结协作。同时，新员工也要善于抓住展现才华的机会，认为自己有能力做的事情，就不要犹豫，果断地承担责任，发挥自己的才能。这样才能得到团队的认同和承认。

优秀团队使平凡的人变得不平凡

团队的力量让雁群能够长途飞行，同样，也唯有团队的力量才可以使企业在竞争激烈的今天实现永续经营。所以，作为个人想赢得机会，获得成功，就必须选择与自己目标一致的团队，相互扶持，乐于接受他人协助，因为无论是经验还是实践都告诉我们一个道理："只有成就团队，才能成就个人"。

每个人都不是天生的成功者，当我们能身处一个优秀的团队中的时候，我们会受到好的影响，得到更多的发展机会，自己能够成长得更快，在不断的进步中成为一个成功人士。

麦当劳（中国）有限公司副总裁林文科曾经是个普通的退役老兵，好长时间才找到一份工作。他的这第一份工作就是在麦当劳开始的，当时他看到麦当劳的就餐环境舒适，员工的工作状态总是愉快轻松的，所以他满怀热情地去麦当劳应聘。最终，他以一名见习经理的身份开始了自己的职业生涯。

一般情况下，在麦当劳成为餐厅经理需要有几个发展阶段，起初从普通员工坐到见习经理的职位，然后再从见习经理成为第二副理，再从第二副理升为第一副理，才能从第一副理升为餐厅经理。因为每个麦当劳餐厅业绩不同，所以，一般会有三到四个第二副理，一个第一副理，一个餐厅经理。而想要成为餐厅经理，必须要去汉堡大学进行一个系统的培训，才能胜任。林文科说："麦当劳非常优秀，它给每个有为青年一个发展的机会，进入麦当劳的员工都要拿业绩说话，那些肯吃苦，悟性强的人，很快就会得到提升。并且餐厅还给业绩突出的员工以丰厚的奖励。例如，某个餐厅的业绩较上年有很大增长，贡献很大，就会给餐厅经理奖励多12个月的工资，去年就有12%的员工拿到了相当于一年工资的额外奖励，另外根据业绩不同，还有1~11个月工资的奖励。"这使他很受鼓舞，加上公司给他提供了广阔的发挥才能的空间，并且，公司又提供了大量的培训，提高了他的专业技能，这使他每一天都在努力中发现了自己的进步，在短短的2年内，他因为业绩突出，且勤奋努力，依次晋升为第二副理、第一副理，继而升任为餐厅经理。他非常感谢麦当劳给了他机会，让他学到了很多东西，让他有了进步。

可见，一个优秀的团队能使一个平凡的人变得不再平凡。正是有了麦当劳这个优秀的企业给他的培养和帮助，他才找到了发挥自己才能的平台。一个优秀的团队往往非常重视人的培养，一个平凡的人在优秀团队的培养下，也会干出杰出的成绩。

例如，电视剧《士兵突击》的主人公许三多是一个普通的乡村青年，如果他没有当兵，他可能就是在家里务农，然后早早地娶妻生子，过着自己平凡的生活。但是当兵改变了他的人生。在军队这个大团队中，首先因为有个好班长，他身体力行，言语身教，用实际行动帮助许三多，使他由社会青年转变为合格的军人。后来，许三多来到了坦克部队，又是他的班长一步步培养他，使他逐渐成长为了一名优秀的战士。在团队这个大家庭里，还有很多战友在他困难的时候，给他鼓励；在他受到挫折的时候，给他安慰。可以说，正是军队这个优秀的大家庭重塑了许三多，改变了他的人生。他证明了一个团队对人的培养和塑造，能使平凡的人变得不再平凡，并且能做出不平凡的事情。

那么，一个优秀的团队是怎样培养人才的呢？

第一，优秀的团队能把适合的人放在适当的位置，并提供充分的发展空间，使人尽其才，才尽其用。例如，给他们提供升职的机会和空间，明确奖惩制度，激励员工工作。帮助他们排除工作中的困扰，让他们充分发挥自己的才能。

第二，建设团队文化，营造成长环境。奖励为企业做出杰出贡献的员工，给其他员工树立学习的榜样；多举行集体活动，促进团队成员之间的沟通；宣传讲诚信，尊重他人等道德品格；为有困难的家庭捐款，使团队成员能感受到家的温暖。提高他们的集体主义意识，培养他们奉献精神，引导他们爱岗敬业。

第三，给团队成员设定奋斗目标，使他们能脚踏实地发展。一个人有了目标就会激发内心强大的动力。优秀的团队应该帮助青年员工设定、实现不很遥远的奋斗目标，使他们始终保持饱满的工作热情，脚踏实地地一步一步发展。团队鼓励他们去积极有创造性地工作，认真考虑他们的意见和建议，尽量让他们放开手脚去做事。

第四，要制定严格的规章制度，严格要求团队成员，以免团队成员形成散漫的工作习惯。无规矩不成方圆，一个团队需要有轻松的工作氛围。但是，一些员工自律性较差，曲解企业的意思，误认为企业管理不严格，就钻企业的空子，做事散漫、懒惰。要制定适当的制度，但是如果制度不能有效执行，也成了一堆废纸。所以，团队既要制定一定的规章制度，又要严格执行。这样才能起到约束员工行为、避免他们养成散漫习惯的作用。

第五，建立公开、透明、公平的竞争平台，激励员工进行良性的竞争。使员工在竞争的环境中更迅速地成长，激发创造才能，使团队取得更大的进步。

总之，一个优秀的团队能够培养出优秀的人才，相反一个失败的团队，因为不重视人的培养，所以，团队中也出不来优秀的人才。作为一个人要想有所成绩，要寻找优秀的团队，把个人的志向和优秀的团队的目标相结合，为了团队的愿景和个人的愿望不懈努力。

优秀的团队需要优秀的人才

一个优秀的团队需要有一群优秀的人在一起共同努力，共同奋斗。优秀的人是团队成长壮大的不竭动力。有时候优秀的人能使一个团队起死回生。

黄伟宁，一个普通的援藏干部，来到西藏某一农场担任书记。在短短的2年时间里，他带领团队还欠债、引投资、涨工资、建新居。使这家负债累累的国企"起死回生"，时隔13年后，这个农场再次被评为"先进单位"。

他刚来到这个农场的时候，住在山上，办公场所就是几间平房，不仅没有电话，没有电脑，就连卫生间都没有，想要洗个澡得到2公里以外的镇上。刚去没几天，就有很多人来讨债。为了寻找农场发展途径，他在刚去那里半个月的时间就走遍了5个连队，进行了详细的调研，制定了农场未来3年的发展规划。他建立工厂，大干起来。2年后，农场不仅偿债800多万元，还增加了职工的收入，建起自来水管道、晒谷场、公路等工程，成绩显著。有人问他之所以能使农场转危为安的关键是什么？他说："是责任，在临上任时，书记给了我一个小手电筒，我知道其中的含义，感觉责任很大……"

黄伟宁是个优秀的人，正是他不怕艰苦，不懈努力，才使得农场起死回生、转危为安。他之所以能够拯救整个团队，因为他心中有责任。所以，团队需要有责任心的人，优秀的团队更需要这样的人。

团队中优秀的人还应该有创新思维。因为当团队面临困难的时候，需要有人能为团队找到发展的新路。

我国古代的鲁班就是一个善于创新的人。一次，他接受了一项建筑一座巨大宫殿的任务。这座宫殿需要很多木料，鲁班就让徒弟们上山砍伐树木。因为当时还没有锯子，他的徒弟们只能用斧头砍树。但是，工匠们起早贪黑地拼命干活，累得筋疲力尽，一天下来也砍伐不了多少树木，根本不能满足工程的需要，因而工程进度一拖再拖，眼看交工的期限就要到了，鲁班急得团团转。为了解决这个问题，他决定亲自上山考察，找到高效砍树的方法。在上山的时候，他不小心被一种野草划破了腿。他突然感到很奇怪，怎么一个小草竟然这么锋利，竟然能把人划伤。他仔细观察叶子，发现叶子上有很多小齿。看到这里，他突然明白了什么，急忙跑下山，照着叶子的形状做了一个工具，结果这个工具伐树非常方便，大大提高了工作效率，赶上了工程进度。于是，工程顺利完成了。而鲁班发明的工具就是锯。正是鲁班善于发现和创新，使工程团队的任务顺利完成，没有给团队带去损失。可见，创新思维在团队的建设中有起着重要的作用。所以，优秀的团队需要有创新意识的人。

优秀的团队还需要有协作精神的仁德之士加盟。一个团队之所以优秀，因为它工作效率高，工作效益好，除此之外还有一个关键的因素就是员工在团队中能相互协作，使企业高效发展。协作精神在这个竞争日益激烈的社会非常重要，因为每个人都有自己优势和劣势，只有实现优势互补、团结协作，才能大大提高工作效率和质量，提高企业的竞争力。如果一个人没有协作精神，不喜欢和他人合作，不善和他人沟通，自作主张地去工作，就可能出现重复劳动，或者工作质量不统一的现象，影响到整个工作的进度，不利于企业的发展。所以说，注重协作才能提高企业竞争力，才能保证企业健康顺畅地发展。

一个优秀的团队还需要成员热爱团队。热爱团队集中表现在自己的价值观和团队的价值观相一致；和团队有共同的发展目标等。当一个人热爱自己的团队，热爱自己工作的环境和事业，那么，这份热爱之情能激发他强烈的工作热情，为团队的发展努力钻研。当一个人热爱自己的团队时，他对自己的团队是忠诚的，他会自愿地维护团队的利益，主动为团队保守秘密，不会背叛团队，而团队使用这样的人也是安全的。

第二十一章

团队精神体现为从细节中来到细节中去

细节决定成败

老子曾说：天下难事，必作于易；天下大事，必作于细。细节就像水滴，众流汇聚，便可成为江海。要知道细节之中蕴含的往往是决定成败的玄机。

小军和小张都是优秀员工，他们工作都非常勤劳、工作业绩突出。但是半年后，小军却悄无声息地走了，小张被升为部门主管，更加获得经理的欣赏。这是为什么呢？一天，经理透露半年来对两个人的考核结果：在工作业绩方面，两个人平分秋色，都表现出色，而且人缘也都很好，为了从中选拔一个主管，可伤透了经理的脑筋。一次，经理偶然去他们的宿舍走走，当时屋里没有人，他发现了一个问题。后来经过多次观察，他发现小军房间里即便是没有人，灯也总是亮着，电脑也经常是随便地开着，没有一点保密意识。而小张的房间，一旦没有人，便一定是熄了灯、锁上门并关好电脑的……所以，经理经过慎重考虑，留下小张，淘汰了小军。

就是这个小的细节，决定了两个人的去留，这就是细节的力量。俗话说："细微之处见端倪。"生活中的细节往往在一定程度上反映出一个人的思想性格和为人处世态度，通过一些细节就可以认识和了解一个人。忽视了细节就会给自己留下失败的种子。反之，注重细节往往使人成功。

小李是一个非常有潜力的员工，但是公司人才济济，他总是显得有点"平凡"，又因为经济条件上的限制，打扮得有些"土气"，所以一直没有得到公司的重用。有一次，上司带着他和另外几名职员去和客人洽谈生意，可惜客户面对着满桌的美味佳肴和详尽计划书不为所动。眼看生意谈不成了，上司非常泄气，便建议结账。就在这个时候，节俭的小李坚持提出把桌上的剩菜打包，以免浪费。但其他职员暗地里埋怨他太"抠门"，有损公司的形象。但是，就在这个时候那客户竟然立刻同意和小李的公司签约。究其原因，才知道正是小李的节俭让客户大为欣赏，他开始还对这个公司不是很信任。但看到小李的举动，他认为拥有这样节俭员工的公司，应该值得信任和肯定，所以，之前的疑虑消除了。这个意外的"胜利"使上司对小李赞不绝口，在日后重用并提升了他，他得到了进一步发展的良机。

注重细节的态度也是一种科学精神，科学精神要求有求真求本质的执著态度。而注重细节就是要求真，要抓住每件事物的本质，这样我们才能对所做的事情更加清楚，清楚明白地掌握各种事情发展的本质，那么就会更有针对性、更准确地使事物朝着自己想要的方向发展，能够正确地预测事物的发展。这样把每个细节都做好，做到位，如此一步步地走下去，才能一点点做好更大的事业。

团队中的成员在工作中注重细节也是非常重要的，团队成员有细节意识，就能使团队减少失误，高效地工作，有利于团队的发展，但是在工作中，有的团队成员虽然知道注重细节的好处，明白细节的重要性。但是在实践中又往往忽视细节，并没有真正地发自内心地意识到细节的重要作用。有时候往往是嘴上说着注重细节，但是做起事来却又往往疏忽大意，忽视了细节还不知晓。因此，我们要重视对细节的培养。

我们可以多看看有关细节培养的书籍。看看这方面的书籍，结合自己的生活、工作实际，及时发现有价值的事物或捕捉瞬时的灵感，启迪自己的思维，增长自己的见识，逐渐培养起自身的细节观念。学习和保持良好的生活细节，摒弃不良的生活细节。

我们可以把自己的办公桌和周围的环境摆得清洁整齐。良好的工作环境不仅会给自己带来轻松愉快的工作心情，大大提高工作效率，还能给他人留下认真、细心、能够承担重任的良好印象，有利于自己工作的开展。把工作的时间留给工作，不要心猿意马，身在办公室，心里却想到了天边。占用公用时间做私活，这样不仅影响到自己工作的效率，也会给其他员工留下不诚实、不值得信任的不良形象。在工作做完后，不要立刻想着回家，要做好一天工作的收尾部分，例如，可以静下心来，简单总结一下这一天的工作情况，做一下第二天的工作计划，准备好相关资料，在准备走的时候，看看办公室门窗是否都关得严实等等，总之做到心中有数。

当今社会，是个细节取胜的年代，无论是个人和团队要想有所成就，都不能离开细节，细节能体现一个人的工作态度，性格，做人理念。注重细节是一个优秀人才应该具备的必要素质。一个非常重视细节的人，必定是有着敬业精神与较强责任心的人；反之，对细节马马虎虎，不以为然的人，则不可能在竞争中占有优势的。因此，我们要做重视细节的人，在细节中发现新思路，开辟新的领域，充分表现出个人的创新意识和能力，高效出色地完成工作任务，让自己的发展更上一层楼，让团队取得更大的成就。

注重细节，持之以恒

任何一项伟大成就的完成都是由小事情一点一滴积累起来的，所以说，注重细节，才更容易取得成就。能做好一个细节容易，但是处处细节都能完美地做好，时时刻刻注重细节，是非常困难的。有时候平凡者和伟大者的区别就在于是否能持之以恒地注重细节。

密斯·凡·德罗是20世纪世界最伟大的建筑师之一，当今全美国最好的戏剧院不少就是出自德罗之手。他曾概括自己成功的原因是："注重细节"。他反复强调，不管你的建筑设计方案怎样宏伟大气，但如果对其中的细节没有把握到位，就不会做出一件好的作品。德罗在设计每个剧院的时候，会把每个座位和音响、舞台之间的距离以及因距离差异而导致不同的听觉、视觉感受精确地测算出来，计算哪些座位可以获得欣赏歌剧的最佳音响效果和视觉效果，哪些座位需要怎样的调节能达到最佳听觉效果和视觉效果。然后，他会一个座位一个座位地亲自去测试和敲打，然后再对摆放方向、倾斜度、螺丝钉的位置等等小的方面进行调整。这是他一贯的工作作风，他会精神饱满地投入到工作中，不放过任何一个细节。

正是因为密斯·凡·德罗注重细节，所以他能设计出那么多优秀的建筑；正是因为他始终如一地注重细节，使他美名远扬，成为伟大的建筑师。可见，细节能使一个人成功，注重细节能使一个人变得伟大。

作为团队只有注重细节的积累，做好工作中每一件细微的小事，在每一个细节上下足工夫，建立"细节优势"，才能保证基业常青。否则，就会有损团队形象，给团队的发展带去阻碍。

在5月份母亲节到来的时候，一家公司向一家知名的皮具公司订购了一批皮包，用来发给已经做母亲的员工。这批皮包做工非常精美，质地优良，得到了大家的认可。到6月份父亲节的时候，公司员工还希望能赠送皮包，于是这家公司向该皮具公司订购了一批皮带，作为父亲节的礼物。但是，这批皮带发到员工手中不久便出现了问题，大家发现有些皮带没使用几天，皮带扣中间的插销就脱落了，而一旦插销脱落，皮带就无法使用了。这家公司迅速联系该皮具公司，原来皮具公司在生产中，有少部分皮带扣漏掉了一道小工序，所以才导致皮带扣中间的插销容易脱落。虽然这家公司对坏的皮带扣进行了退换，并向公司表示了歉意，但他们产品的质量在员工的心目中已经大打折扣了。

试想一下，如果这家皮具公司能够持之以恒地坚持做好每一道工序，圆满完成每个细节，那么这个问题就不会出现。那么，该公司的皮具质量就会得到他人的认可，他人就可能成为这个品牌皮具的忠诚消费者。海尔总裁张瑞敏说：什么是不简单？把每一件简单的事做好就是不简单；什么是不平凡？能把每一件平凡的事做好就是不平凡。细节是鸿篇巨制的一个单词，细节是万仞高山上的一个石子。只有注重细节才能成就伟大。

注重细节是一种功夫，这种功夫是要靠日积月累培养出来的，而非一朝一夕就能完成。日积月累便会养成习惯，人的行为95%都是受习惯影响的。把注重细节坚持成一种习惯，那么注重细节就成了这个人的自身素质，永远也忘不掉。

但是在这个生活节奏非常快的社会中，人们事事都讲求效率，连注重细节这个习惯的培养也不例外。他们知道细节的重要性，所以在做事的时候就想着注重细节，想立刻就养成这种习惯，待时间久了就没有耐心再坚持下去，把细节抛到脑后。这种想法和做法都是不正确的，任何心存侥幸、立时有成的想法都注定要失败；不能持之以恒地去坚持，就不会取得长久的成功。毛泽东曾说过："一个人做一件好事并不难，难的是一辈子做好事。"不在一时，而在一世，在每一个细节上把事情做好是相当难的。但是，如果我们能坚持下来，把重视细节、将小事做细培养成一种习惯，那么，通过长期积累，我们的工作能力和效率会有很大的提高。

团队的发展也同样需要重视细节，这对于企业增强市场竞争力来说至关重要。随着我国市场经济的不断发展，社会需求在时刻地发生着变化，如果企业时刻关注社会需求发展的动态，关注市场蛛丝马迹的变化，并能进行详细的分析和认真的调查，那么就很可能发现商机，找到企业发展壮大的大好机会。但是，环境是不断变化的，如果企业发现商机就此停止对细节的观察，那么它的成功也不会长久，只有具有时刻关注市场变化细节的企业，才能不断改变策略，找到更多的商机，处处抢占先机，才能使企业得到长久的发展。

用心，使细节随处可见

有句英文俗话说："魔鬼总是藏在细节里（Devil in the Details）。"很多我们觉得是小事、不重要或是无伤大雅的事，或许稍一疏忽就改变一个人的命运，改变一件重大事情的结局，"千里之堤，溃于蚁穴"，小细节绝对不容忽视。

为抢夺英国国王的权杖，英格兰王室的查理三世与加斯特家族的亨利伯爵已相互厮杀了三十多年。1485年冬天，在波斯沃斯城郊的荒原上，双方一场最后的较量打响了。

两军对垒，一片刀光剑影，旌旗猎猎；只闻战马萧萧，锣鼓铿锵。查理三世气宇轩昂，策长鞭，挥长剑，主动出击；千军万马紧随其后，步步紧逼；而对方则连连后退，其身后的不远处，则是一片辽阔的沼泽泛着绝望的寒光，此时，查理三世仿佛好像看到了胜利女神灿烂的微笑，然而就在这千钧一发之际。

突然，战马一个趔趄，查理三世跃翻在地；众官误以统帅中箭身亡。顿时军心大乱，慌作一团。亨利伯爵趁势大举反攻，在阵前生取查理首级，不仅化险为夷，转败为胜，而且从此将英格兰置于都铎王朝的统治之下。

查理三世怎么会突然跌倒呢？原来，决战前夕，马夫在给查理三世的战马换马掌的时候，发现少了一枚钉子；一时寻觅不得，马夫便草率地将就过去了。谁能料到，就在发起总攻的关键时刻。那只少钉了一枚铁钉的马掌偏偏松了，掉了；马既失蹄，查理三世怎能不摔倒在地。

历史无情，一枚铁钉缺失了，一项王冠易主了。

整个故事警醒我们，千万不要忽视任何一个小的细节。一个团队一个小的细节的疏忽大意，也可能会断送整个团队的发展前途。所以，细节对个人对团队都非常重要，不可有任何疏忽大意。

细节非常重要，所以我们要尽量发现细节中的隐患。但细节不会彰显在人们的眼皮底下，它往往存在于人们根本不重视的地方，一些让人不屑一顾的地方。所以，需要人们培养一颗发现细节的眼睛。虽然细节很容易让人忽略，但是，只要我们用心，便能见微知著。

飞机徐徐降落在东京国际机场，一家知名汽车生产公司的总工程师约翰先生踌躇满志地走下舷梯。他此次是代表公司来和日本一家生产高档轿车的公司洽谈合作的。他们所在的公司准备和日方谈判，为它们提供轿车及附件。如果这次谈判顺利，那么，约翰所在的公司将会获得巨大的经济效益。

日方对这次谈判也极为重视，他们专门派出一位年轻有为、处事谨慎的副总裁兼技术部课长冈田先生前来迎接。约翰办完通关手续后，走出大厅，来到举着欢迎他的小牌子的人面前，与冈田一行一一握手。宾主寒暄几句后，冈田亲自为约翰打开车门，示意请他入座。

约翰刚进入车里，便随手"砰"的一声关上了车门，声音特别大，冈田看见车身都微微颤动了一下。冈田见此情景，不禁一愣，想到："是因为长度跋涉，约翰先生劳累而情绪不佳，还是因为办理繁琐的通关手续让他心烦？我们要小心侍候。"

一路上，冈田一行显得非常热情周到。轿车刚一停下来，冈田便快速下车，小跑着绕过车后，要为约翰开车门。但此时，约翰打开车门下车了，他又随手"砰"地关上车门，并且这次的声音更大，好像用了很大的力气。冈田又疑惑地愣了一下。

洽谈会议安排在第三天，日方在第一天为他们安排了紧张的考察，日方董事长亲自接见约翰，这让约翰非常满意。接下来两天里，冈田极尽地主之谊，全程陪同约翰游览东京各处的名胜古迹和繁华街景。约翰显得兴致极高，但他回到酒店下车时又是重重地"砰"地一下关上车门。

冈田不禁皱了下眉，片刻后，他终于小心地问道："约翰先生，我们有什么安排不妥的地方，还望先生海涵。"约翰显然没什么不满意的："冈田先生能把什么都考虑得如此周到细致，我非常感谢。"说话时，约翰脸上充满真诚。冈田却好像若有所思。

第三天终于到了，约翰下车后，又是重重地"砰"地关上了车门。冈田暗中向手下的人吩咐几句后，便丢下约翰，径直向董事长办公室走去。约翰正感到有些莫名其妙，冈田的手下人客气地把他请到了休息室，说冈田课长有急事要和董事长谈，请约翰先生稍等片刻。"

冈田来到董事长办公室严肃地说："董事长先生，我建议取消与这家公司的合作谈判！至少应该推迟。"

董事长问："为什么要取消呢？谈判时间就要到了，这样随便取消，有失诚信。再者说，我们有什么理由推迟或取消谈判呢？"冈田说："我对这家公司缺乏信心，这几天我一直陪同这位约翰先生。我发现他每次下车的时候总是重重地关上车门。开始我还以为他是发脾气，后来我发现，这是他的一个习惯。约翰先生是这家汽车公司的高层人员，平时坐的一定是他们公司生产的好车。他平时都是重重关上车门，那么说明他们生产的轿车车门不容易关牢，容易出质量问题。好车尚且还如此，一般的车辆更不知道该是什么样……虽然我们把轿车和附件给他们生产，成本降了很多，但一旦出了质量问题，就会砸了咱们的牌子。还是请董事长再考虑一下。"

就是这样一个关车门的小动作，相信一般人都不会注意到，但恰恰是这个在别人眼里微不足道的小事，却被冈田抓到，并从中分析出了一条重要信息，通过深度考虑，从而帮助公司避免了可能遭受的重大损失。

用心，就是认真，细节总是光顾那些认真对待，用心思考的人。如果我们能像冈田那样能时刻留心，用心于细节，多观察思考，那么，我们会比别人更成功。有些人做事不用心，心里根本没有细节，所以也就看不到细节；有些人能够注意到细节，但不能通过细节看到事物的实质和内在联系，也不能捕捉到商机。

所以，发现细节，捕捉到商机，关键要用心。作为团队成员应该学会用心去捕捉细节，抓住商机。

大处着眼，小处着手

虽然我们常说："站得高就能看得远。"我们也认同一个团队要有宏远的目标，要有大的发展战略和方向，但要实现这些宏伟的目标还需要我们在现实工作中做好每一件小事，因为再宏伟的目标和战略，也是要通过一件件小事的积累形成的。只有把一点一滴的事情都做好了，才有可能成就大事业。

全美"财富500强"排名中，沃尔玛公司成为了全美最大的零售企业。在全球经济不景气的情况下，沃尔玛仍然保持良好的速度增长，不断扩张。而其成功的秘诀就是抓住了"为顾客省钱"这个细节。

为了达到"为顾客省钱"的目的，公司内部要非常节约，在沃尔玛公司每个员工都"视纸如命"，他们那里没有专业的打印纸，一般都是用废报告纸的背面。部门经理都用废报告裁切成笔记本使用。虽然每个部门都吵着人手不够，但并没有增加多少员工。在开会时，有人一提起人手问题，总经理就会马上开动脑筋把增加新人的工资和销售收入结合在一起，盘算每天需要多售出多少钱的商品才不赔钱，计算速度快得惊人。当商场进入销售旺季的时候，公司就把其他部门的人都调到销售部门，全公司员工集体行动，到销售现场去工作。

总之，公司上下成员坚持不浪费一点。省下每一分钱去回馈消费者，让消费者买到最便宜的产品。正是他们坚持把握这个细节，处处为了这个细节而努力，所以，沃尔玛最终取得了辉煌的成就。

一个人要有远大的志向，再具备脚踏实地的精神，然后才能有所成就，否则光有远大志向，而没有从细节做起，从自己能实现的小事做起的耐心，远大理想终究将化为泡影。

有一天，甲猎豹和乙猎豹一起出去捕食。它们俩的运气真不错，没走多久，他们就看见了一头大羚羊，于是两只猎豹都追了上去，可是羚羊跑得很快，追了很久也没有追上。就在这时，前面又突然出现了一头野牛，其中甲猎豹决定放弃追羚羊，掉转方向开始追起野牛来，它说："要是我能追上野牛，并能咬死它的话，我们就可以吃上好一阵子的美餐了。"乙猎豹劝它说"咱们追羚羊都追了这么长时间，羚羊肯定跑累了。只要咱们再坚持一会儿，一定能追上它的。再说我们已经跑了很长时间了，也很累了，这时我们追上野牛很费力，我们追上了也杀不了它的。"但是，想追野牛的甲猎豹不听劝告，执意要去追。最后，那只猎豹追上了野牛，但一只猎豹根本不是野牛的对手，只好又垂头丧气地饿着肚子回来了。而那只想追羚羊的乙猎豹很快就追上了羚羊，美美吃了一顿。追上羚羊的猎豹见它一脸沮丧的样子，说："我早就对你说了，宁可先吃羊，野牛再肥美，我们敌不过它，也只能空手而归。"

追野牛的猎豹因为好高骛远，不去追能够吃到的羚羊，没有掂量自己的实力，便轻易决定去斗野牛，结果，空手而归。真是蚍蜉撼大树，可笑不自量。理想的实现，需要人们着手现实，努力把握住能够实现的东西，不断接近目标。

摩天大楼是由一砖一沙累积而成，亿万资产也是一分一分堆砌起来的。团队的发展也需要有从小事做起，从细节做起的恒心。但是，有的团队总是认为企业要做大事情，不愿去做琐碎的小事情。例如，一家企业号称要成为世界上最优秀的汽车配件公司，于是大家都精气神十足，准备着大干一场。但是，干了一段时间后，他们并没有发现自己的工作有多大变化，公司也没有制定新的发展战略，没有下发新的任务。这大大挫伤了员工的积极性。但是有一个问题却发生了变化，企业的订单却越来越少了，原来企业经理认为自己的公司要做大事情，所以，便不屑和小厂子联系，结果，这家企业的营业额直线下降，甚至经营都出现了危机。其实，所有的大事情都是从做好小事情积累起来的。如果工厂不去做个小订单，不去用心地做好每一份订单，那么，即便产品质量再好也没有人知道。少有公司认识，企业也缺少得到大公司青睐的机会，也就失去了成为世界级优秀公司的机会。并且没有更多的工作经验，企业生产技术就可能落后，也就难以符合国际大公司下的订单的要求。市场风云变幻，危机四伏，一时不慎可能会误入陷阱，变得倾家荡产。谈成一笔生意签成一个合同，需要历经多少波折风险。那种日进斗金、一夜暴富的只能算是"奇迹"而已。总之，不能着眼小事，不能从小事情踏踏实实地做起，就不会成就大的事业。

不积跬步，无以至千里，不积小流，无以成江海。我们要提倡踏踏实实做人，认认真真做事。从眼前的一点一滴做起，不畏艰险，坚持不懈，聚沙成塔，才可能实现远大的梦想。

团队成员要想培养从小事做起，注重细节，关键要平稳心态，锻炼耐心，减少欲望。可能有很多的事情等着我们去处理，有很多目标等着我们去实现，但人的精力是有限的，我们要保证认认真真、踏踏实实地完成一件事，然后再去做另外一件事。如果一次接受很多任务，需要完成很多目标，那么就可能会忙忙碌碌，思前想后，想法太多，结果哪一个都没有做完，大大降低了工作质量和工作效率。

当然，一个人或一个团队如果没有远大的目标而只是一味地盲目抓细节，那么，这个人或这个团队就像是无头的苍蝇到处乱撞，只能是把自己碰得头破血流。

工作中无小事

一个真正想做出点成绩的员工，从来不小看小事的作用，总是能把工作做到每一个细节处，使任务完成得非常完美，从而赢得老板的赏识，获得更多发展机遇。

我们在工作中要做的每件事情，都是由一件件小事组成的，因而，每个人都不应该对工作中的小事轻视懈怠或敷衍塞责。总之，工作之中无小事。优秀员工和普通员工的区别就在于是否认为自己完成的事是小事。优秀的员工，从来不把小事当成小事去做，他们重视完成每一件事情。

有时候，一件看起来微不足道的小事，或者是一个微小的变化，都可能改变你在职场上的胜负命运。

一家服装制作公司的一名业务员为单位订购了一批羊皮。合同中是这样写的："每张大于4平方尺、有疤痕的不要。"结果供货商发来的羊皮都是小于4平方尺的，使公司蒙受了巨大损失。我们自己分析会发现，那个顿号本应该是句号，否则就可能使供货商理解上产生歧义，钻了空子。公司哑巴吃黄连，有苦说不出。

因小失大，是非常愚蠢的且不值当的。能够最终取得事业成功的人士，他们在工作上从来不会满足"差不多"、"还可以"，他们追求的是在自己能力范围内做到"最好"、"精确"。

饭店里的服务生每天的工作就是回答客人的问题，打扫房间，整理床单等小事；文员每天做的就是接打电话，整理材料等琐事。士兵每天所做的就是队列操练、巡逻、擦拭枪械等小事。你每天可能做着写字、打字等小事，因为总是重复性地、机械地工作，所以，有的人就开始麻痹大意，开始变得松懈。认为自己的工作毫无挑战，毫无意义。工作起来总是没精打采，敷衍应付。其实，我们应该认识到，这就是你的工作，工作之中从来没有小事。要想自己能有突出的成就，就要把每一件事情都做到完美，就要付出努力和热情。

美国标准石油公司的阿基勃特曾经是个小职员，他有一个习惯，就是每次出差时，在旅馆登记的时候，他总会在自己签名的下方写上"每桶标准石油4美元"，就连平时的收据和书信也毫不例外。总之，凡事有他签名的地方都一定在他的名字下方发现这几个字。可谓是把这件事情做到了极致。尽管绝大多数人都嘲笑他这种行为，但他没有因此而放弃。所以，久而久之，同事们就给他起了个"每桶4美元"的外号。渐渐地，他的真名几乎都没有人叫了。

公司董事长洛克菲勒听到这件事后感到非常惊奇，他心里想："竟然有如此努力宣传自己公司声誉的职员，我一定要见见他。"于是，他邀请阿基勃特共进晚餐。后来，洛克菲勒卸任后，阿基勃特便成了公司的第二任董事长。

尽管他不一定是最有能力的人，但他是最努力的人，时时刻刻不忘宣传公司，并把宣传公司的心愿付诸行动，最终他用这种实际行动，赢得了董事长的赏识。从这件事情上，我们也看到成功绝非是偶然的。都要求我们必须具备一份坚持到底的信念，一份锲而不舍的精神，一份主动自发的责任心，一份脚踏实地的态度，一份细节之中见真功的实力。

其实，当我们认真去对待我们的工作，想要把它做得完美时，会发现那并不是一件容易的事，我们还有很多地方做得不足。

例如，如果我们正在做秘书工作，每天做着程序化的工作，如果我们想把它做得完美，就应该考虑如何提高工作效率，那么我们可以找到很多解决的办法，比如提前把一天的工作都写下来，认真完成每天的工作。整理资料的时候把资料按时间先后，或事情的轻重进行分类存放，避免需要时到处找。每天接打电话的时候，是否能够跟对方进行友好、有效的沟通。针对不同的人，在电话中都应该怎样表达。如果我们是服务人员，应该考虑是否顾客的每次提问都能回答得上来，要加强哪方面的知识的学习。整理房间的时候，先做什么，再做什么，最后做什么，以便快捷地整理好房间。

可是，有些员工总是认为自己的工作无足轻重，不值得一做，即便是做得完美，也没有什么发展。要想摆脱这种不良的情绪，我们提出以下几点建议。

第一，当我们接到一项任务时，要时刻暗示自己这是一件重要的大事，虽然看着不起眼，看似很简单，但是在整个项目中它起着至关重要的作用。然后可以试着想一想，如果这件事情做不好会发生什么事情。自动给自己加压，从而促使自己重视起这份任务，积极主动地开动脑筋、发挥潜力去把它做得尽善尽美。

第二，当我们把事情做得接近完美时，要让周围的人知道。不论我们所负责的工作是多么的平常、多么的不起眼，但只要我们细心工作，充分发挥自己的聪明才智，就可能做出让周围人惊讶的成绩来，会迎来他人的赞美。当一个人得到他人赞美的时候，会有动力把自己的事情做得更好，对自己完成工作具有很强大的激励作用。例如，你想出了一个很好的工作方法，并且肯定这个工作方法能大大提高工作效率，那么，不妨说出来。当他人通过你的建议，的确提高了工作效率，也就会对你产生好感，就会不由自主地宣传你的想法，或者在工作中主动帮助你，这样就大大提高被老总赏识的机会，也会提高你的工作质量和效率。

第三，工作时要非常认真、仔细。这是一种工作态度，不论你心中认为这项任务是否是小事，都去用认真负责的态度去做事，一丝不苟地完成它。那么，长期积累下去，也许有一天，我们会意外地发现已经做出了了不起的业绩。

总之，作为一名工作人员，无论我们手头中的工作多么的微不足道，只要有益于自己的工作和事业，我们都应该把它完成得尽善尽美。

下篇　团队精神是一种精英文化

　　从某种程度上说，团队精神就是一种团队文化。团队领导的心态是一种文化，团队内的有效激励也是一种文化，毫无障碍的沟通也是一种文化，这些都是团队的精英文化和无形资产。在这样的环境中，不断创新，不断探索，共同面对挫折和失败，总结经验，重新奋起。做到个人与团队的和谐共荣，懂得分工与协作的有机结合。用知识武装自己，加强学习，团队学习更是创新的学习。创新需要累积更多的知识，这样不同的知识相互碰撞，就可能碰撞出创新的火花，积累的知识越多，越容易碰撞出火花。学习型团队创始人彼得·圣吉博士曾说："21世纪企业最成功的经营管理模式是把企业创建成一个学习型的组织，企业持续恒久不变的核心竞争力是永远比竞争对手学习得更快、更好。"只有懂得创新和变革，在现代企业竞争中，增强凝聚力和战斗力，才能使团队立于不败之地。

第二十二章

一马当先万马奔腾，领导力决定团队战斗力

领导力便是战斗力

领导力是领导者的个体素质、思维方式、实践经验以及领导方法等，这些影响着具体的领导活动效果的个性心理特征和行为的总和，它存在于我们周围，在管理层，在课堂，在球场，在政府，在军队，在上市跨国公司，在小公司直到一个小家庭，我们可以在各个层次，各个领域看到领导力。它是我们做好每一件事的核心，是驱动企业寻找机会、克服困难、追求卓越和实现目标的动力。领导力也是领导者素质的核心，一名杰出的领导会把领导力发挥到最大程度，使团队发挥强大的战斗力。

《亮剑》中的李云龙这个人物形象地向我们诠释了领导力的诸多含义。独立团正是有了他这样的指挥员，这支队伍才能攻无不克、战无不胜。他曾说："倒在对手剑下算不上丢脸，那叫虽败犹荣，要是不敢亮剑，那就是孬种。咱独立团不当孬种，鬼子来一个小队咱亮剑，来一大队咱也照样亮剑……"他的勇气、魄力、自信力鼓舞了战士们的士气，战士们在他的带领下，充满激情和活力。在每一次遇到突发情况时，他总是能出奇招，沉着应战。他总是敢于接受新任务，敢于挑战比自己更强大的敌人。他的一生都在拼搏，他靠他独特的思维成就了一支

充满战斗力的精英队伍。

所以说，要想使团队充满战斗力，就需要一位具有高超领导能力的领导者。那么，这样的领导者一般具有哪些特征呢?

首先，一个具有高效领导力的领导者从来不以自我为中心，他们在没有获得职位赋予的权力之前，会审视自己——我是谁，我代表什么，我该主动去做哪些事情。这样的领导者从不妄自尊大，不凭借员工的畏惧心理去管理企业，他们非常谦卑，集中关注企业取得更高成绩，这样的领导者才能具有更高的领导力水平；反之，一个以自我为中心的领导者，常常忽略对他人意见的采纳，独断专行，也很少注意他人的感受。这样的领导者虽然自我感觉良好，以为自己工作很顺畅，其实也许此时企业正出现了严重的问题，但是，因为没有人敢反映情况。所以，领导还不知道。

其次，作为一个具有较强领导力的领导者，不仅关注怎么赚钱，还会关注帮助赚钱的员工们的情况。当今一些领导者往往更强调实现目标的重要性，这样的领导者不会考虑员工士气或工作满意度，他们只关心结果。但是，成功是所有员工共同努力的结果。否则，员工没有士气，对工作失去热情，那么，工作效率和质量就会大大降低。而且失误率也会很高，可能会给团队带来重大损失，不利于团队的发展。

一个优秀的领导者，具有较强的影响力，他不仅自己在前面带头，而且还能影响到其他人愿意跟随其后。一个领导如果没有影响力，就绝对无法领导别人。当人们愿意跟随你，哪怕只是出于好奇，都足以表示你已经是一个优秀的领导者。所以，一个具有较强领导力的人，也一定是个非常有影响力的人。

领导力来自日积月累，而非一日之功，好的领导者都是学习者，一个人发展和提升技巧的能力，决定他是否能成为领导者。活到老学到老，每天定一个目标，多进步一点点就可以。一般一个人领导力的发展和提升可能会经历以下四个阶段。

第一个阶段，不知道自己有所不知。大多数人都不知道领导力的价值。他们总是认为领导力只是属于少数具有顶尖才能的人。所以，他们从来不仔细地去学习如何领导，结果错过许多大好时机。其实领导力并非高不可攀。但是，遗憾的是许多人不知道自己有所不知，结果潜能没有得到发展。

第二个阶段，知道自己有所不知。当一个人知道自己有所不知的时候，那么，他就进入了第二阶段，在这个阶段，他会开始认识领导力的重要性，开始学习怎样提高自己的领导能力。

第三个阶段，成长和明白，当一个人在不断地学习，和实践过程中，发现自己的领导能力有了很大的提高，会感到很高兴。当我们开始注重在领导过程中学习使用各种技巧，每日操练，不断提升领导力的时候，许多值得人兴奋的事也会随之发生。

第四个阶段，运用自如，得心应手。当我们能达到第三个阶段，就已经是一个非常成功的领导者了，但是，我们在行动或决策过程中，每走一步都需要深思熟虑。但是，到了第四个阶段，我们的领导力就能运用自如，这种能力几乎成了自己的本能，这个时候，它的回报将会比生命本身更大。为了到达这个阶段，我们就要遵守过程法则，一步步努力坚持不懈地学习、实践，并愿意付出代价。

怎样做个好领导

我们常常听到这样的说法，成功需要选对行业，做对事情，跟对人。其中跟对人是最重要的。三百六十行，行行出状元，只要我们努力，还会有成功的可能。做事情需要经验的积累，只要我们在做事的时候善于总结经验，总会有做对事的时候。但是，如果我们跟错了人，那么我们什么事情都要按照他的思路去执行，他的思想是错的，做的事情是错的，我们跟着这样的人，终究不会有成功的可能。所以，一个团队的领导者的作用非常重要，好的领导带领团队成员走向成功，失败的领导带领团队成员走向失败。

那么，一个领导者怎样做才能称为一个好领导呢？

1. 领导者要懂得尊重和爱护员工

有些领导者总是摆出一副高高在上的姿态，认为员工是给自己打工的，企业在养活着员工。领导想让他们做什么，他们都应该无条件服从；不尊重员工的人格，经常羞辱员工或无故辞退员工。员工也是人，并且是独立的人，和领导应该有着平等的地位。因为员工通过提供自己的智力或体力换取自己薪酬，老板从员工的劳动中获得生存和发展，两者是相互依存的共同体，谁都不能离开谁。所以，作为领导者应该尊重和爱护自己的员工，只有领导者尊重员工，把员工当成自己的亲人，员工才会更努力地工作，才会给予他们亲人般的回报。

2. 领导者应该学会倾听员工的声音

有些领导经常搞"一言堂"，是一切事情的决定者，忽略了员工优秀的建议。要知道一个人即使是个绝顶聪明的天才，他也有自己不懂的地方。一个再优秀的领导者也有他的薄弱环节，一个领导者应该是个团队意见的代表者，应该是一个资料整合家。他能倾听下属的意见，能了解每个人的想法，然后根据团队实际情况，把这些意见进行筛选、整合，最后提炼出合理的决策。要想听到下属的声音，领导者就应该多和员工沟通，听取他们对工作的意见，适当对他们提出的建议表示肯定，以便鼓励他们发表自己的意见或建议。

3. 用奖励代替惩罚

管理者通常用"严禁""禁止"或者"惩罚"的字眼写规章制度，以便警醒员工不该做什么。但是，这样制定规章制度，约束人的效果并不明显。人们总是心存侥幸心理，钻公司的空子，甚至有的员工在做了被禁止的事情但没有受到惩罚时，会非常高兴，根本没有一点耻辱感。但是如果用激励的方法告诉员工应该做什么就可能得到更好的效果。例如，制定规章制度的时候，多写做什么事是"荣誉""光荣"，例如，写"员工互相帮助是一种美德，人人应该为此感到骄傲"之类的鼓励话，那么，当一个员工无意之间帮助了其他员工的时候，他就会不由得想到公司的这个规章制度，心情就会很愉快，就会更愿意这样做。当员工为公司做了贡献，可以给员工一定的奖励，员工因为得到了物质奖励和精神上的鼓舞，所以会更加努力，做更多的贡献。

4. 保持适当的弹性

为人处世话说得不要太满，事情做得不能太绝。这就是保持弹性的表现。作为领导者要协调各方的关系，所以，更应该学会有弹性地处世。但是有的领导者却认为自己是领导，就应该有领导的威严，自己的决定永远是对的，给出的意见就应该得到员工的采纳。一旦有员工提出反对意见，领导就坚决否定，这样就会给员工带去很大的挫折感。如果这个员工坚持自己的意见，那么，就会使领导和这名员工陷入尴尬的境地。其实，作为领导者应该转变思想，在让员工意识到大家都对、都是为了公司着想的前提下，寻找一条中和之路，保证每个人最好的意见留下来，以便使团队得到更大的发展。

5. 给员工适当的压力

有压力就有动力，适度的压力能促进员工更有效地去工作。例如，当一个项目工程没有任何预算节制的时候，这项工程往往会造成很大浪费，并且还不能顺利完成工作。但如果有适当的节制，反而能激发员工的工作动力和创造力。比方一家广告公司有一个100万元的广告计划，但却给负责人80万元，那么这个负责人就可能会用这80万元创造120万元的价值，因为负责人看到经费减少，所以会尽量减少成本费用，处处注意节约，唯恐经费不够，这样做反而使投资发挥到了最大效益。

6. 要果断，相信自己的直觉

作为领导者是事情的最终决策者，有些重大的决定需要领导者最后确定，领导者在决策中不能优柔寡断，没有主见，否则会影响到员工们的气势，员工失去了主心骨，那么，工作动力就会大大减少，工作起来也失去了激情。所以，领导者即便自己心中的确没有把握，但也不要表现出优柔寡断的一面，要顶住压力，认真分析，尽快做出决定。直觉也就是我们常说的第六感，一闪而过的念头往往是最正确的，所以，有时候不妨相信直觉，也许直觉能帮助我们解决大的问题或发现我们没有注意到的问题。

7. 要培养胸怀和眼光

一个心胸狭窄、没有高瞻远瞩眼光的团队领导不是一个好领导，做不了什么大事。因为个人的局限性限制了团队的发展，他也很难成为团队的核心。万科总裁王石提到自己的目标是要让万科发展成为受人尊重的企业。周正毅的目标是提升企业的赢利能力。结果王石的万科成为中国排名第一的房地产企业，周正毅最后进入了监狱。之所以结果区别这样大，是因为王石是站在大众的角度考虑问题，而周正毅只是站在个人角度去考虑问题。可见，王石有比周正毅更宽广的胸怀，他心中有员工，不是把万科视为自己的私有财产，而是把它看成是所有员工的财产，这就是胸襟。

目光短浅的老板缺乏战略眼光，他们可以一时小打小闹，但让他负责整个团队的长期规划与运作，却有些力不能及。作为一个领导者，要考虑非常周密，并且有长远的远光。这就像是下棋，高手往往能看到的棋步很远，总能提前做好准备，下起来得心应手；而下棋技术一般的人只能看到眼前这一步棋，常常是被别人牵着鼻子走，左右为难。结果，这一盘棋迟早会输。

8.学会授权

很多情况下，一个团队的领导者总是觉得自己是个不可一世的大英雄。总认为他人不如自己，只有自己做事才放心，只有我知道怎么做。其实这是非常危险的观点。这样的领导者定然大小诸事都要亲力亲为，最后只能是自己忙得焦头烂额，却是一团糟。并且，一个领导不懂得授权，那么，其他人心中的责任心就大大降低，他们便缺少主动自发努力工作的动力。并且，一个领导什么事情都要关心都要去做，就忽略了整个团队的发展规划，整个团队就只能原地踏步。其实，每个人都希望自己受到重用，得到上司的赏识，所以，适当的授权，往往能极大提高员工的责任心，这样失误的概率也会大大降低。

领导需要选个好搭档

在商业世界的最表层，我们所看到的往往是一个领导者的独角戏。在大多数人的印象中，一个公司就是由一个领导和许多其他人组成的团队。其实，一个成功的领导者身边往往都有一个或几个得力的干将，身居关键职位，并和领导默契配合。例如，索尼的盛田昭夫和井深大，微软的比尔·盖茨和鲍尔默，戴尔公司的迈克尔·戴尔和凯文·罗林斯，海尔的张瑞敏与杨绵绵，万科的王石和郁亮……都是完美组合，他们之间或者是领导者和副手的关系，也可能是CEO和助手、助理的搭档关系。在工作中，他们的能力、经验、阅历、个性、工作分工等各个方面都是相互配合，两个人合起来就是一个接近完美的人。一个领导拥有一个好搭档，就能使他在工作中如虎添翼，工作起来顺畅无阻。反之，如果一个领导和搭档配合不默契，那么，就会影响到工作效率，阻碍工作顺利进行。

一般情况下，我们会发现凡是领导身边的得力干将，都是和领导有着相近的志趣，有着共同的爱好、理想，性格相近的人。那么，这个企业往往存在很多问题。反之，一个企业中领导的得力干将是和领导有着互补性格的人，往往这个企业能健康发展。例如，迈克尔·戴尔和凯文·罗林斯分别是戴尔公司的董事长和CEO，罗林斯是戴尔长期的副手，他们共用一间办公室，中间用一块玻璃门隔开，但是这个门从来没有关闭过。他们说话时常常异口同声，他们总是习惯性地帮对方把话说完。他们之间几乎没有分工，他们关心的是有什么事该做，两个人谁有空谁就去做。他们是完全不同性格的人，戴尔是热情的创业者，而罗林斯则更为谨慎。还有，索尼公司的盛田昭夫充满激情，而井深大则注重钻研技术。海尔的张瑞敏做战略，杨绵绵做执行等，正是因为他们之间具有互补的关系，所以，能保证企业的平衡，能够保证决策的周密，总之，互补型搭档更有利于整个团队的发展。

虽然说，和自己性格互补的人搭档更有利于团队的发展，但是，在现实生活中，领导者往往下意识地使用和自己有着共同志趣爱好的员工。因为和这样的员工好沟通，因为目标一致，志趣相投，他们更容易互相理解，相互认同，这种相互认同反过来又进一步增加了领导的安全感。他们认为与自己有着共同性格的人一起工作，效率更高，进展更顺利。而如果要和一个和自己性格不合的人做搭档，领导们首先考虑到，彼此的沟通一定不会很顺畅，两个人兴趣爱好不同，价值观不同，想法就不相同。这样，他们可能常常出现分歧，领导要花很多心思说服搭档，让搭档认可自己的观点，这是很累人的一件事情。当领导发现搭档对的时候，心中也不会很舒服。并且有些领导认为搭档总是提出相反的意见，就会怀疑他的忠诚度，就不会重用他。

其实一个领导不可能做什么事情都是正确的，他的想法也许不利于公司的发展，如果他的副手和他有着共同的思维方式，那么，就不会发现领导者做事中的差错，这样就会给团队的发展带来隐患。而一个互补型的搭档，因为思考的角度不同，能敏感地感觉到领导决策中的失误，能够及时帮领导纠正一些错误。所以，领导应该放开胸怀，接受和自己有不同性格的人，这样两个人能达到优势互补，能创造出更大的成绩。

当然，在企业规模不是很大，还在成长阶段，管理工作相对比较简单的时候，领导可以使用和自己有共同目标和兴趣的人，因为两个人有着共同的目标，没有分歧，副手能认同领导的观点，并坚决贯彻执行，那么，这就加强了领导者的执行力。执行力加强了，那么整个团队的运作速度就会大大提升，这样有利于团队快速发展成长。

但是，当企业做到较大规模的时候，就需要领导者能突破自己，放开胸怀和自己有互补性格的人共同合作，因为当企业发展到一定规模的时候，企业内部不可避免地会出现大大小小各种问题，而因为领导的一贯作风和思维方式，使他无法发现企业问题。这时候就需要一个经常给领导提醒，经常提出不同观点的助手，及时发现并解决团队发展中的问题。同时，助手提出不同意见，领导和助手就会产生摩擦，他们之间可能会相互辩驳，但在辩驳中才更容易产生更新、更好的思想火花，这样才能保证团队前进具有强大的动力，才能保证团队平衡健康发展。所以说，要想把企业做大做强，就需要领导者放开胸怀，寻找和自己有互补性的人做搭档。

当然，在领导者刚刚与同自己有不同性格的人做搭档的时候，心中会产生一定的压力。因为搭档可能把自己的意见强加于你，让你不得不妥协；与搭档沟通耗费时间。对于很多人来说，他们不愿意与他人分享领导权和领导地位。这种不能言明的压力可能容易压倒理性思维，影响领导者的决策。其实，搭档的关系不是敌对关系，而是应该建立在充分信任，相互融合的基础上的，搭档之间应该相互了解，相互容忍，互相影响和改变。搭档关系需要把企业或公司的目标、使命作为决策的依据，就事论事，而不牵扯到个人问题上。

每个天才领导者的身边都有一个顶尖的副手，他能贯彻领导的指令，替领导查漏补缺，向领导如实汇报情况，帮助老板在部属面前树立精明强干的形象。作为一个好领导者也应该十分清楚，自己之所以能取得巨大的成绩，有赖于身边的优秀助手。无论是领导者还是搭档都应该珍惜并努力维持好彼此的合作关系，这样才更利于企业、团队的发展。

团队领导者必备的心态

心态就是一个人对事物发展的反应和理解表现出不同的思想状态和观点。世间万事万物，我们可以用正面的、积极的心态去面对，也可以用负面的、消极的心态去面对。到底用什么样的心态面对人生，完全决定于我们自己。

我们常常会用羡慕的眼光，赞美的语言去对待一个成功人士，认为这些成功人士头脑灵活，运气好，各方面能力都非常出众。其实，这些成功人士也许并非有很高的智商，也许经历了很多挫折，也许能力也只是一般。但是他们却取得了成功，原因是什么呢？也许他们只是在心态上比别人更乐观一些。

心态就是具有这样大的作用，它能让失败者勇往直前，也可能会令成功者终日愁眉苦脸。当一个人遇到挫折、身处困境的时候，如果他保持乐观的心态，积极地面对现实，他很有可能绝处逢生，重新从黑暗中爬起来，获得成功。例如，我国宋代著名文学家苏东坡，他一生饱经宦海沉浮，但是始终能保持达观性情。人生得意时，便可以筑一道苏堤，创一代文风；失意时，他可以耕田种地，写下"大江东去，浪淘尽，千古风流人物"的千古名句。就像他自己所说的："吾上可陪玉皇大帝，下可以陪卑田院乞儿。"当一个人心中满是消极、悲观的情绪时，看到什么都带着浓浓的忧伤，比如林黛玉，虽然寄居在富豪之家，也算是有福气，但是，她过于悲观，看什么都会想到自己将来可能发生的不幸，结果竟这样把自己哭死了。

不同的心态决定不同的人生和命运，作为一个领导者，心态的不同就会影响到这个团队的发展，那么，一个领导者应该具备怎样的心态呢？

首先，一个领导者应该具有乐观心态，就像苏东坡那样，不论遇到什么困难，时刻保持乐观的心态，积极迎接挑战。一个团队的发展不可能一帆风顺，总会碰到一些问题或遇到一些挫折。这时候，如果一个领导者看到问题就愁眉苦脸，遇到困难就悲观失望，那么，他就什么都做不成了，不仅失去了员工的信任，自己也会被这种悲观的情绪打垮。

其次，领导者要有负责任的心态。一个领导者不仅仅要对自己负责，他还带领着团队，还要对团队负责。在生活中，我们常常会听到这样的新闻，某个公司欠了农民工的工钱，却总是不还，以至于农民工连回家的车票都买不起。农民工因工受伤，需要大笔医药费，但是，公司只给了几千块钱。这些现象都是不负责任的表现。工人们用自己辛劳的汗水为公司的发展做着工作，他本应该得到自己应该得到的待遇，但是，一些老板为了省些钱，却对员工的困难熟视无睹。也许他们的要求并不高，也许那些钱对于老板来说不算什么，但是对于普通员工来说，那些钱也许就是一家人的生活来源。所以作为一个领导一定要有责任心。

李嘉诚先生就是一个非常负责任的领导者，李嘉诚曾靠生产塑料花起家，后来转为经营房地产。在塑料花早已经不再给李嘉诚带来丰厚利润的情况下，李嘉诚依然在长江大厦中保留一个生产塑料花的小车间，让一些老员工在里面继续生产塑料花。李嘉诚说："那些员工在我的企业里干了很多年，是他们创造了塑料花的黄金时代。现在他们老了，除了生产塑料花的技术之外，再无所长，我如果停止生产，把他们推出门外，他们的境况将会如何？一家企业就像一个家庭，他们是企业的功臣，理应得到这样的待遇。现在他们老了，我们就该承担起照顾他们的义务。"

一个成功的企业家往往都具有这样的心态，也正是因为有这样的心态，他们才得到了员工的爱戴和尊敬，也得到了丰厚的回报。

最后，一个领导者应该有帮助他人就是帮助自己的心态。

在一场激烈的战斗中，一名将军忽然发现有一架敌机向自己这个方向俯冲过来，他下意识地卧倒。但是，在那一瞬间，他发现在离他不远的地方，有个小战士还站在那里没有发现敌机。在这千钧一发时刻，他猛跑几步一跃而起，把小战士紧紧压在了自己身下，就在这时，一声巨响，飞溅出很多泥土落在了他们身上。将军起来拍拍身上的泥土，回头一看，顿时惊呆了，就在他刚才站着的地方，已经被炸出了一个大坑。这名将军根本没有顾及到他个人的安危，他当时只有让小战士卧下一个念头，他帮助了小战士，同时他也幸运地帮助了自己。

但是在工作中，有些领导却没有帮助别人的意识，因为他们认为帮助了别人，让他人得到了进步，是对自己地位的一种威胁。并且有时候，帮助了员工，待员工成长起来，就会跳槽，给企业带来损失。其实，当领导热心帮助员工进步的时候，并不会给他的地位带去威胁，反倒会得到更多人的尊敬。而他帮助员工的时候，自己人格得到了提升，他又因为自己拥有宽广的胸怀和同员工的友好关系，而更加巩固了自己的位置，是一种自我提升。有些员工可能会选择跳槽，但这毕竟还是少数，因为人心都是肉长的，一个领导如果热爱自己的员工，帮助了员工成长，员工从领导这里得到了温暖，他反而更加热爱公司热爱工作。这样会增加员工的工作热情，大大提高员工的工作效率。作为领导者，要和各种各样的人打交道，如果帮助了其他合作伙伴，那么，其他合作伙伴也会给予回报，这样就会增加领导者的人脉，有利于团队的成长。

总之，一个凡事先想到他人，顾及到他人的领导，才是值得去跟随的有魅力的领导。

领导要知人善任

古人云："用才之道在于知人善任"。领导者的职责是如何安排下属的工作，让下属各尽所能，各负其责，以便保证整个团队高效地运转。同时，一个领导者因为处在特殊的位置，有很多事情要处理，如果凡事都要亲力亲为，要想把所有的工作都做好，是非常困难的，但是他往往能知人善任，寻找工作能人帮助自己。可见领导者是否能知人善任，不仅关系着自己的工作也关系着整个团队的发展，意义重大。

比如说，让一个文科的人去搞财会，结果多半是弄得账目一团糟；让一个不会说话的人去当推销员，多半会没有卖出东西还惹恼顾客。可见任用人才也需要慎重，要深思熟虑一番，做到把人才放在合适的位置上。

要做到知人又要善任，作为领导者的确需要下一番工夫不可。这样的工作是非常重要的，纵观古今，凡是没有做到知人善任的领导都付出了惨重的代价。例如，赵王因错用了赵括而导致国家灭亡；诸葛亮因错用马谡痛失街亭，以致北伐大业前功尽弃。而能够知人善任的领导者，往往能取得宏图伟业。

在一次宴会上，唐太宗对王珪说："你善于鉴别评论人才。你不妨从房玄龄开始，对这些人一一进行评论，评一下他们的优缺点，同时和他们互相比较一下，你在哪些方面比他们优秀？"

王珪回答说："兢兢业业地办公，一心想着国家大业，凡是自己知道的事情没有不尽心尽力而为，在这方面我不如房玄龄。常常注意向皇上直言建议，认为皇上的能力、德行比不上尧舜很丢脸，在这方面我比不上魏征。文才武略，既能在外带兵打仗做将军，又可以进入朝廷搞管理担任宰相，在这方面，我比不上李靖。向皇上报告国家公务，详细清晰，宣布皇上的命令或转达下属官员的汇报，能坚持做到公平公正，在这方面我不如温彦博。处理繁重的事务，解决疑难问题，办事井井有条，这方面我也比不上戴胄。至于批评贪官污吏，表扬清正廉署，这方面我就比他们擅长了。"

通过王珪的评论可以看出唐太宗的团队中，每个人都各有所长；唐太宗能把人才都安排到适合他们的位置上，使其能够发挥自己所长，进而让整个国家繁荣强盛。

还有汉高祖刘邦，他没有超凡的武功，也没有过人的智慧，但是他却善于用人，利用团队中人的智慧为我所用。所以最后，他成为了优秀的帝王。

那么，作为一个领导者怎样才能做到知人善任呢？

首先，要从员工的生活和工作中，全面、深入、细致地进行了解，以便为更好地任用他们掌握第一手资料。一个员工可以在领导面前表演一时，但是，掩饰只能是一时的不能长久。想要了解员工的特点，可以听听他对某些事情的观点，可以观察他待人接物，可以从他的生活习惯、兴趣爱好等等方面去全面了解这个人。

其次，用人要用其所长。人无完人，每个人都有自己的优缺点，达尔文是生物进化理论的奠基人，可是他对化学一窍不通；陈景润在数学领域做出了卓越的贡献，可是他不善言辞，当中学教员差点被哄下台；梅兰芳精通青衣，可是他不攻花脸；诸葛亮拥有聪明的头脑，能运筹帷幄，可他是个书生，无力阵前交战……所以说，人总是有长有短的，用其所长是对领导者的基本要求。有些领导者总爱戴着有色眼镜看人，眼睛盯着员工的短处不放；有些领导更是求全责备，专找全才。其实，只要这个人的长处适合这份工作，那么，领导就可以放心地使用他，这就是避其短扬其长。例如，我们可以让一个盲人做电话促销，让聋子搞工程等等。这样就减少了对劳动力的浪费。并且员工在自己的工作岗位上干得得心应手，有助于增加员工的自豪感和自信心，员工的自信心和自豪感提升了，那么，工作效率就会大大提高，就能保证团队健康快速地发展。

再次，善于揽过。"人非圣贤，孰能无过？"每个人都不可避免地会犯一些错误。所以，当下属犯了错误的时候，不要就此否定他，把他一棒子打死，而要学会宽容，懂得揽过。首先要指出员工的不足，让他知道自己的错误，然后督促他改正，给他改过自新的机会。另外，领导在员工犯错的时候能善于揽过，而不是一味指责员工，推卸责任。体谅员工承担员工的过失，不仅会使员工非常感动，"知恩图报"，还会在以后的工作中，更加扎实努力地工作，以便回报上司。

当然，领导善于揽过，并不等于无原则性地包容员工。而是要分清是非，分清事情的大小。如果员工犯的是小过错，领导可以适当揽过；对于事关大局的事情或者道德的事情，领导也要果决采取措施，绝不能姑息迁就。总之，领导善于揽过，往往会给他人留下宽容大度的好印象，让人更加尊敬和信服。这会大大提高领导的威信力。

最后，要多读一些有关提高知人善任能力的书籍。我国古代的历史事件，古代文学家的著述，我们都可以从中汲取到有关知人善任的精华。例如，唐太宗李世民曾经说过：有德有才为君子，有德无才是庸人，有才无德为小人。有君子用君子，无君子用庸人，宁用庸人勿用小人。总之，书籍能使领导者更快速地了解用人之道。当然，领导也要懂得学以致用，把它真正应用到工作中，在实际操练中不断提高自己知人、任人的能力。

做个优秀的时间管理者

不论你是普通百姓还是高层管理者，无论你或闲或忙，每天每一个人都会有24小时，1 440分钟，86 400秒，不会多也不会少，并且它既不能贮存，又不能买卖，也不能转借，所以时间才显得珍贵。古人说："一寸光阴一寸金，寸金难买寸光阴"，就充分说明了时间的价值。虽然时间不能多一分钟，但是可以节省一分钟，故此，怎样利用时间便显得尤其重要，作为领导者是否管理好时间更为重要。

当团队刚刚建立的时候，也许对于领导者来说，业务还不忙，每天的时间都够用甚至有余，所以，并不感觉时间有多么重要。但是，随着团队发展逐渐壮大，团队设置了多个部门，然后，多个部门的工作又都有了起色。团队壮大了。紧接着，每个部门都来找领导汇报工作，或者解决问题，或者作出决策，这样，就免不了要有很多应酬，所以还要有应酬的时间。这样，每天的工作时间就安排得满满当当，甚至时间根本不够用。这时候，就需要有效地管理时间，就要引入时间管理。

时间管理就是用技巧、技术和工具帮助人们完成工作，实现目标。时间管理并不是要把所有事情做完，而是更有效地运用时间。其意义在于计划时间、做好确定目标、自我管理好工作，减少浪费时间，使时间经济效益发挥到最大。时间管理的目的除了要决定你该做些什么事情之外，另一个很重要的目的是决定什么事情不应该做；时间管理不是完全的掌控，而是降低变动性。时间管理最重要的功能是透过事先的规划，作为一种提醒与指引。

那么，作为领导者应该怎样管理好自己的时间，做好时间管理呢？

1. 把每天要做的工作提前做好计划

例如，美国某公司的董事长赖福林每天清晨6点之前准时到办公室，先是默读15分钟经营管理哲学的书籍，然后便全神贯注地开始思考本年度内不同阶段中必须完成的重要工作和所需采取的措施以及一些必要的制度。接着就是重点考虑一周的工作。他把本周内所要做的几件事情一一列在黑板上。大约在8点钟，他在餐厅与秘书共进早餐时，就把这些考虑好的事情商量一番，然后做出决定，由秘书具体操办。赖福林的时间管理法，极大地提高了公司的工作效率，引起了美国各公司的高度重视和赞扬。

领导的提前意识非常重要，什么事情都考虑得很周全，提前把工作涉及的问题都想好，就可以避免在工作的时候出现手忙脚乱的情况，那么，工作起来就可以照计划有条不紊地进行，这样会大大提高工作的效率，工作的效率提高了，时间就被节约了出来。

2. 先做最重要的事情

领导每天要做的事情有很多，这就需要给时间做有效的分配。领导每天要做的事情一般分为：重要的事、紧急事情、次重要的事情、不紧急的事情。我们在安排时间的时候应该先做最重要的事情，然后再做紧急的事情，接着再安排次重要的事情，最后安排不紧急的事情。

在安排工作时，我们往往是习惯于先做紧急的事情，然后再去做重要的事情。其实这并非最佳管理安排时间的方法。因为重要的事情虽然时间不紧急，但是它对我们成功有很大的作用，做了一个重要的事情，我们就离成功近了一步。所以，领导应该集中精力先做好重要的事情。而一些紧急的事情，不一定重要，不一定对我们的发展有什么作用，甚至有些事情根本就对领导工作没有任何作用。例如，某天下午有个不重要的会议，如果这个会议并不重要，如果此时领导手上有重要的事情去做，那么，就可以不去。所以说，一定要先做重要的事情，这样工作才有成效。

3. 要界定好自己的工作范围

有些领导每天都忙得团团转，干什么来着？什么工作都没有做，光去应酬。

还有的领导也是忙得筋疲力尽，但还是错误百出。为什么呢？因为他事无巨细，什么事情都要亲力亲为，每天都忙碌于各个部门的工作，结果自己身体累垮了，工作还没有做好，企业的效益还是原地踏步。这样的领导之所以忙得没有成效，就是因为他没有分清职责范围，没有看清领导要负责的事情。领导有领导要做的事情，员工有员工的事情。领导重要的任务是把握企业发展的大方向，要集中精力研究企业怎样才能更好发展。如果领导每天下车间，即便是要买点螺丝钉的事情都要亲力亲为的话，那么，他哪里还有时间去考虑有关企业发展的大事啊。其实，领导可以把有些对企业发展没有什么大影响的琐事分配给手下各个负责人去做，这样自己才能有更多的时间把握关系企业发展的大事情。

4. 要改变对待时间的态度

应该怀有时间大于金钱的态度。树立时间比金钱更重要的态度。只有把时间管理好，才能够达成自我理想，建立自我形象，进一步提升自我价值。每个人应把自己当成一个时间管理的门外汉，而不断努力地学习。若能每天节省2小时，一周就至少能节省10小时，一年节省500小时，则你的生产力就能提高25%以上。每一个人皆拥有一天24小时，而成功的人单位时间的生产力则明显地较一般人高。

对于时间的有效管理，一方面让领导摆脱了大量模式化的枯燥工作，另一方面能使领导节省出较多的时间去做重要的事情，有价值的事情，从而提高领导的工作效率。当领导把时间管理好的时候，团队的方向明确，团队的重要决策都及时地通过了领导的批准，这样下来，团队的效率会有非常大的提高，整个团队才能顺利地发展。

第二十三章

激励激励再激励，
焕发员工精神提振团队士气

激励能产生神奇的力量

激励是指激发人的行为的心理过程，它能促使人产生强大的动力。可以说，激励对于人能产生的动力是无法用计量单位去衡量的。在人生的旅途中，每个人都曾经在内心深处受到过无数次鼓舞和激励，从而激发出自身的潜能和无穷的力量。要知道人都是需要激励的，一个小小的激励可能使一个平凡的人走向成功，能够使悲观的人看到希望，甚至能使人绝处逢生。总之，大大小小的激励，让我们终身受益。

钢铁大王卡内基小时候是一个公认的非常淘气的小男孩。在他9岁的时候，他的父亲娶了一个大家庭的姑娘，成为了卡内基的继母。当时他们是居住在弗吉尼亚州乡下的贫苦人家。他父亲一边向她介绍卡内基，一边说："亲爱的，希望你注意这个全县最坏的男孩，他可让我头疼死了，说不定会在明天早晨以前就拿石头扔向你，或者做出别的什么坏事，总之让你防不胜防。"

出乎卡内基意料的是，继母微笑着走到他面前，托起他的头看着他，接着又看着丈夫说：你错了，他不是全县最坏的男孩，而是最聪明、但还没有找到发泄热忱地方的男孩。卡内基听到这些话，心里热乎乎的，感动得眼泪几乎都要落下来。就是因为她的这一句话，使卡内基和继母建立了友谊。正是因为她的这句话，使卡内基找到了自信，激发了卡内基强大的向上动力，最终使他成为了一个成功人士。

激励是一种内在力量，这种力量不论是来自一种需求，一种欲望，还是一种情感，它都会促使人采取某种行动，驱动人不断前进，去完成任务，实现目标。

一位老板接到了一笔大生意，时间非常紧，顾客要求他们在半天时间内把一批货物搬运到码头去，但是他手下只有十几个员工，人手很少。

这天早晨，老板亲自下厨做饭，开饭时老板给每个员工一一盛好饭，并亲自送到他们手里。

员工小王接过饭碗，拿起筷子，正要往嘴里扒饭，却发现有几块油光发亮的红烧肉掩在米饭下。他立即扭过身去，一声不吭地蹲在墙角狼吞虎咽起来。他一边吃一边想：老板这么看得起我，给我加小灶，我不能辜负老板的好意，下午一定要卖力干活。

于是，在搬运货物的时候小王干得格外卖力，结果，本来是一天干完的活，他愣是用了一个上午的时间就给干完了。

在中午吃饭的时候，员工小李很疑惑地问小王："你今天怎么干得这么卖力？"小王对他说："你今天干得不是也很卖力吗？"

小李说："今天早晨，老板在我碗里放了3块红烧肉，老板关照我，我也得对得起他呀。"

"哦！"小王惊讶地说，"我碗里也有3块红烧肉啊！"

后来这两个人又问了其他员工，人们这才发现，大家碗里都有红烧肉，怪不得今天早晨大家都一声不响地闷头吃得那么香。

老板这是使用了个激励的小方法，激发了员工的工作动力，成功地把这笔生意做好了。如果没有那几块红烧肉的作用，估计员工是一定完不成的。这就是激励的作用，它能使人主动自发地努力工作，出色地完成任务。

正是因为激励能激发人强大的动力，所以，它也成了近几年来人力资源部门开发和管理员工的重要方法之一，被越来越多的企业所运用。一家企业的完善的激励措施能给企业带来很多益处。

首先，它能激励更多的出色人才，为企业的发展做出杰出的贡献。当今社会企业之间的竞争，更多的是人才的竞争，拥有更多的优秀人才加盟企业，会给企业带去丰厚的收益。完善的激励机制和措施能够使企业提高吸引力和凝聚力。例如，提供高福利待遇；帮助解决档案户口问题；给予高奖金等等都是吸引人才的有效激励措施。

其次，激励员工努力工作。企业的发展需要每名员工的努力、高效工作。只有这样，才能促进企业的发展，才能保证企业强大的竞争力。具有完善明确的激励机制，才能够让员工明确努力方向，才能激励员工前进。具有和员工的目标有很高重合度的激励机制，才能增强员工的动力，才能保持员工持久的积极性。

最后，完善的激励机制能够留住有才华的人。有效的激励机制调动了员工的工作积极性，同时也增加了员工跳槽的成本，有益于抑制员工的流动，有利于企业长期稳定地发展。

现在企业激励员工的方法，总结起来主要是物质激励和非物质激励2种方法。

物质激励主要是改善薪酬福利分配制度使其具有激励功能。例如，拉开员工之间的薪酬档次；对提出合理化建议和技术员工提供报酬；实行薪酬沉淀制度，即当年年薪只能拿走一小部分，其余在未来几年之后再兑付，这样有助于留住人才等。

非物质激励主要是公司为员工提供的价值回报，包含4个方面：报酬、学习与提高、工作环境、福利。例如，给员工提供系统的培训教育，提高员工的职业化能力，提升员工对企业的组织承诺度；通过文化和氛围建设，增强员工凝聚力；通过机制优化和变革，提升员工对企业的认同感等，这些都是非物质激励的重要措施。

但是，在现实中，企业往往重视对员工的物质激励，而忽视了非物质激励的作用。物质激励不是万能的，它不能保持员工持久的积极性。而非物质激励，是员工内心产生满足感，并发自内心地为企业努力工作，能发挥更长久的积极性。所以说，物质激励和非物质激励同等重要，企业应该实现物质激励和非物质激励的均衡运用。以物质激励为基础，以非物质激励为主体，从而不断完善企业的激励机制。

危 机 激 励

有一条猎狗跟着主人出去打猎，它发现了兔子窝，并把兔子赶出了窝，然后一直追赶兔子，但是，追了很久也没有追到。羊看到了这般情景，便讥笑猎狗说："你们两个当中小的反而比大的跑得快。"猎狗回答说："你不知道我们两个的跑是完全不同的！我仅仅为了一顿饭而跑，他却是为了性命而跑呀！"

猎狗说得很实在，抓住了兔子，猎狗只不过是能获得吃上一顿饱饭的奖励而已，但是兔子如果不拼命地跑就有丢掉性命的危险。这个故事启发在企业管理中可以适当采用危机激励法。

危机激励法通俗地说就是让员工感到危机感，感觉到生存压力，适度的压力能激发员工强大的工作动力，有助于提高员工的工作热情、效率和质量。

我国台塑企业集团创办人、号称台湾"经营大师"的王永庆在总结台塑发展过程时说："如果台湾不是幅员如此狭窄，发展经济深为缺乏资源所苦，台塑可以不必这样辛苦地致力于谋求合理化经营就能求得生存及发展的话，我们能否做到今天的PVC塑胶粉粒及其他二次加工均达世界第一，还是一个疑问。"他又说："研究经济发展的人都知道，为什么工业革命和经济先进国家一般发源于温带国家，主要是因为这些国家气候条件较差，生活条件较困难，不得不谋求一条生存之路，这就是压力条件之一。日本工业发展得很好，也是在地瘠民困之下产生的，这也是压力所促成的；今日台湾工业的发展，也可说是在'退此一步即无死所'的压力条件下产生的。"

的确如此，台塑企业能发展到年营业额逾千亿元的今天，不能不说是这种压力逼迫下，一步一步艰苦走出来的。当初正是因为台塑产品滞销、台湾没有市场，所以它才扩大生产，开辟国际市场；正是因为台湾塑胶粉粒资源匮乏，所以，它才在美国购下14家PVC塑胶粉粒工厂。正是这些艰难，促使台塑在不断寻求生存发展之路，使它的生命力变得更加顽强。

王永庆深知压力也能促使人发展，于是在台塑创立了"压力管理"方法。王永庆每天中午都在公司里吃一盒便饭，用完餐后，便在会议室里召见各部门的主管，听他们的报告，然后会提出很多犀利而又细微的问题逼问他们。各位主管为应付这个"午餐汇报"，每周都要工作70多小时，他们必须对自己所负责部门的大小事都了如指掌，对出现的问题做过透彻的分析研究，才能过关。

随着台塑规模不断扩大，台塑在1968年建立了一个专门管理机构，包括总经理室、采购部、财政部、营建部、法律事务室、秘书室、电脑处。总经理室下设营业、生产、财务、人事、资材、工程、经营分析、电脑等8个组。这种如金刚石的分子结构的管理机构，只要自顶端施加一种压力，自上而下的各个层次便都会产生压迫感。

正是不断给员工加压，使他们产生危机感和紧迫感，促使他们坚持不懈地努力，克服了工作中常出现的懒惰心理，才使台塑在艰难的条件下，依然长盛不衰。

当然台塑给员工很大的压力，但是王永庆在奖励人的时候也非常慷慨，具有诱人的吸引力。否则，光有压力没有具有很强诱惑力的奖励机制，员工也会懈怠，优秀的人才会迅速流失。可见，给予员工强大的压力要以高回报的奖励为基础。

同时，当企业发生困难的时候，也可以使用这种给员工增加危机感的方法激励员工。

1985年，波音飞机连续发生了3起空难事故，波音公司受到巨大打击，有人借此机会向波音飞机的结构提出了质疑。

当时，波音公司正和"空中客车"争夺日本"全日空"的一笔大生意。因为双方飞机的先进性和可靠性都不相上下，这使"全日空"公司犹豫不决。就在这个关键时刻，波音飞机接二连三地出现事故，所以，人们都断定波音肯定会失去这笔生意。

面对这种不利的局面，波音公司没有放弃，他们除了继续宣传"货真价实"外，开始进行全方位的进攻策略，他们向日本提出了财物、零配件供应，飞机保养和机组人员培训等等优惠条件，这引起了买方极大的兴趣。波音公司为了站稳日本市场，曾选择日本几家大型工业公司，合作制造767型机身。空难事件发生后，波音公司又向日本合作方提供了价值5亿美元的订单，并且主动提出与日本人合作制造150架767型客机，来和"空中客车"的A-320抗衡。

波音公司这些措施获得了日本企业界的极大好感。经过这番不懈的努力，波音公司终于战胜"空中客车"，和"全日空"签订了成交金额为10亿美元的合同。

这份大订单挽救了困难中的波音，它这次投资巨大，如果不能取得订单，那么，波音将面临很大的财政困难，正是波音用了置之死地而后生的危机激励，使波音获得了生存空间。

同样这种方法也可以激励员工，当企业遇到困难的时候，可以告诉员工企业面临困境，使员工产生危机感。并且，让员工意识到公司不战即亡，这样才能使员工有大难临头的感觉，并且断绝员工的侥幸心理。然后，适时地激发员工的情绪，点燃员工的激情，激励大家同心协力，共同战胜危机。

当然，也可以让员工产生对企业在本地、本行业中的现在地位的危机感，从而激发员工强大的工作动力。

总之，让员工感到危机的存在，让员工心中有压力，能使员工断绝懒惰，发挥出自身巨大潜能。

这样的激励方法不可用

在现代社会，人们越来越重视对员工的激励，以便保证团队高效地发展。但是，很多经理人也非常苦恼，因为他们的激励措施形同虚设，根本没有起到应有的作用。在这里我们提出5种不可使用的激励方法，也许经理人正是用了这些错误方法，才陷入管理困境的。

1. 不可以搞一阵风似的、运动式的激励措施

有些领导，喜欢搞一些运动式的激励方法。例如，一阵宣传要讲礼貌，搞礼貌运动。过一阵发现环境卫生出现问题，所以又搞清洁运动。可能过一阵子又感觉下边的意见不能及时向上传达，于是，便再搞一次大家开诚布公，献言献策的活动。总之，发现问题，就搞一次活动。虽然每次搞活动的时候，热闹非凡，员工都兴致昂扬，好像都从中受到了深刻的教育。但是，这些活动只是一时的，等到领导的注意力转移，活动就会停息，一番热闹之后，便转瞬成空，根本没有长期的效果。员工依然有说脏话的；办公室刚刚清洁没多久，又变得杂乱；领导又陷入了没有人汇报下边情况的苦恼中。

中国人是最注重实质的，只有把激励措施制定下来，作为一个长期的措施去抓，让员工养成习惯，才能蔚然成风，从而把好的习惯长久地保持下去。

2. 激励不可任意树立先例

激励机制不能因循守旧，墨守成规。激励也应该随时应变，以求制宜。但是，作为领导千万不能因此而任意树立先例，正所谓善门难开，恐怕以后大家都跟着进来，以致出现无法应付的情况，到那时，就该悔不当初了。

例如，一些下级因为办了一件小事，就向经理提出给些奖励，经理为了显示自己的魄力，未经深思熟虑，就慷慨地答应了。事后才感觉自己太大意，其实职员做这件小事根本没有奖励的必要，但是话已经说出口，碍于面子又收不回去了。其他部门的下级听到这件事情后，便纷纷效法，然后去经理那里要奖励，经理明知道这样做不必奖励，但是，开了这个先例，如果不给他们奖励，就会造成内部矛盾，结果将错就错，给企业带来了巨大的财政困难。

一个领导的魅力并不体现在信口开河，一个领导的魄力体现在决定了事情，就把这件事坚持到底。所以领导在做决定之前，必须慎思明辨，才不会弄得自己下不了台。如果主管喜欢任意开例，那么下属就会制造出各种情况，使主管不知不觉中落入圈套。高兴时满口答应，答应完又悔恨不已。

无规矩不成方圆，虽然制度是人制定的，但是，如果制度一天换一下，那么，这个制度就形同虚设。有了制度就应该按制度办事，任何人都不能任意改变它或者任意制造制度。求新求变，应该遵循合法程序。

3. 不可以在激励的时候大张旗鼓

员工做出了杰出的贡献，获得了公司的奖励，这的确使员工受到了鼓舞。但是领导在奖励的时候大肆宣扬，有想让所有人都知道的气势，那么，反倒不能对员工起激励作用，甚至会产生相反的效果。

因为，被大张旗鼓宣扬的员工，因此可能受到他人的"大力关注"，以后稍有一些做得不妥的地方，就可能招来其他员工的讥笑，总是想着要处处为人表率，这样就束缚了他工作的手脚，不利于该员工的工作。况且出于人本能的忌妒心理，其他员工看到他做了点贡献，领导就如此大肆宣传，就会心中不满，认为领导偏向于他，这就会使受到奖励的员工被其他员工孤立，这样一来，有些员工之间关系就会疏远，不利于整个团队的团结。

员工对公司做了贡献，应该得到一些奖励，但是企业给员工奖励就大肆宣扬，不论是企业出于树立榜样还是宣扬公司制度好的心理，都有画蛇添足的嫌疑。并且这样做，员工多数都有一种受企业恩惠的感觉而非受到鼓励的感觉，从而伤害到员工的自尊心，反倒挫伤了员工积极进取的工作热情。所以，奖励员工或表扬员工是应该做的，但是不能大肆宣扬，做过了度就适得其反了。

4. 激励不可以偏离团队的目标

激励的目的是使员工朝着企业要求的目标去做。例如，企业需要鼓励员工高效工作，那么，企业就可以给高效工作的员工一些奖励或表扬，这样就会使员工意识到公司需要高效工作的人，大家就会朝着这个方向努力。当员工做了对公司有很大帮助的事情时，公司给予他奖励，那么，这就促使员工去为公司的发展积极献言献策，因为他们认识到，凡是对公司好，凡是能帮助公司获得发展的员工就能得到企业的重视、提拔和奖励，这样员工就会自觉地关注企业的发展。但是，如果公司领导人不顾企业大局，不去考虑企业发展的目标，而是根据个人的好恶去任意奖励他人，那么，就会形成一味讨好领导的坏风气，这样大家不再去关注怎样提高工作质量。而把注意力更多地集中在讨好领导身上，凡是能让领导高兴的事情就去做，哪怕这件事会对企业造成危害；凡是领导不喜欢的事情，就不去做，即便是这件事情对企业的发展大有裨益。没有人再关注企业的发展，这样的企业就会被社会淘汰。

所以，作为领导就要小心衡量激励制度，凡是偏离团体目标，对企业发展不利的行为，再有利于自己，也不可给予激励，否则就会给企业带来危机。把奖励尽量做到公正公平，凡是对企业做出贡献的一定慷慨奖励，哪怕这个人曾经得罪过经理，这样才能促使部属自我调适，把自己的心力朝向团体目标，做好应做的工作。同时，这样做也使领导在员工中树立了公正的良好形象，员工更信服领导，领导的执行力也会大大加强，工作会做得更加顺畅。

5. 激励不可忽视有效沟通

激励要做到员工的心坎上，所以，要了解员工的需求，这样就需要有效的沟通。只有有效的沟通才能使企业和员工之间达到互通心声，双方产生良好的感应，使激励达到更好的效果。例如，企业有意奖赏某个员工，如果没有征求这名员工的意见，就决定奖给他一台冰箱。结果，这名员工刚刚已经买了一台，这样的奖励反倒给员工带去了很多不方便，给员工增加了烦恼，激励的效果就大打折扣。如果企业事先跟员工沟通，知道他现在的需求，就可以避免这些麻烦。

同时，沟通要选定适当的中间人，选择适当的方式，以免节外生枝。例如，当要奖励很多人，对他们进行集体沟通的时候，如果领导对某一名员工表示过度的关心，那么，就可能引起其他人的不平，降低了激励的效果。

赞美的有效激励作用

马克·吐温说过，听到一句得体的称赞，能使他陶醉2个月。在现实生活中，每个人都期待他人的赞美，因为每个人内心都希望自己所付出的努力被别人看到，自己所取得的成绩被别人认可。成功学大师拿破仑·希尔曾说："人类本性最深的需要是渴望他人的欣赏，所以我们要多夸奖他人。"在这个世界上，无论是富人、穷人、懒惰者还是勤快者，只要他们听见他人赞美自己的优点，他就肯定会尽全力去维护自己的这一份美誉，生怕辜负了自己与他人。

布朗夫人雇用了一名叫贝丝的女佣，让她下星期一开始正式上班。在此期间，她向女佣的前雇主打了一个电话，询问她的工作情况，没想到，前雇主对这个女佣大加批评了一番，说了她许多坏毛病。

到了星期一，女佣来了，布朗夫人对她说："贝丝，几天以前，我打电话询问了你的前任雇主，她告诉我说你为人诚实可靠，会做一手好菜，带孩子非常认真周到，唯一的缺点是理家有点外行，总把房子弄得乱糟糟的。但是，我想她的话也并不能完全可信，从你的穿着上可以看出来，你是一个非常爱干净的人，我相信这是你的习惯，你肯定也会把家里打扫得干干净净。我想我们会相处得非常愉快的。"

结果，她们果然相处得非常开心，贝丝真的把家里收拾得井井有条，几乎是一尘不染，并且工作非常勤奋，宁可自己加班，也不耽搁工作。布朗夫人看在眼里，乐在心头。

如果布朗夫人听了女佣前雇主的话就非常失望，等女佣来的时候对她也失去了信心，用前雇主的眼光看待女佣。那么，这个女佣将不会改变，她会继续邋遢下去。但是，仅仅是几句赞美的话，却使女佣改变了心态，督促了她努力工作。正是因为人类具有这样的特点，所以，在企业管理中作为领导也可以充分使用赞美去激励员工。赞美通常会起到以下效果：

第一，赞美可以使员工扬长避短。任何人都有自己的长处和弱点，当我们赞美员工的优势的时候，会增强员工的优势动力，增强他自身的活力，从而达到扬长避短的效果。

第二，赞美也能起到催化作用。任何企业都希望员工能高效率、高质量地工作，希望企业内部能建立积极的你争我赶的良性竞争氛围。而赞美则能调动起人的竞争热情，对员工工作的高度肯定和真诚的赞美，会唤醒人们想再次听到赞美的欲望，从而进一步强化被赞美者的后继行为。

第三，赞美还能帮助员工挖掘自身潜力。在日常的工作中，很多人对自己的长处、特点并不是很了解，也许那些优势和特长还正处于萌芽状态，如果管理者能发现他的优点并给予肯定和赞美，就会使对方下意识地加强对自己优势、特长的挖掘和锻炼。在经过多次反复的激励赞美后，员工就能充分发挥自己的特长，把偶然性的外在行为逐渐转变为内在素质，从而成为长期行为。

第四，赞美还有利于沟通。管理者能抓住员工的特点和优势，并加以赞美，这就会使员工意识到领导对员工的关心，这样就增进了领导和员工之间的感情，员工愿意把自己的心里话说给领导听，领导为了了解员工，和员工畅怀谈话，这就形成了良好的沟通氛围。

赞美有助于领导开展工作，有利于团队的发展，所以，领导者应该学会赞美。

领导者不要吝啬赞美，当员工做出了贡献，即便是微不足道的小事情也要大方地赞美他。也许一个小小的赞美能起到大的效果。韩国一家大型公司有一位清洁工，本来可能是一位被人忽视、被人看不起的角色，但就是这样一个人，却在一天晚上，在公司保险箱被窃时，与小偷进行了殊死搏斗。事后，有人祝贺他并问起他做出这样英雄行为的动机时，他说出了一个让大家都出乎意料的答案。他告诉大家，因为公司的总经理从他身旁经过时，总会不时地赞美他："你扫的地真干净。"就这么一句简简单单的话，使这位员工受到了感动，并在关键时刻挺身而出。外国管理者在看到下属表现优秀时，他们会自然地拍拍下属的肩膀，及时地送上一句赞美"good job"、"well done"、"excellent"等等，别看领导只是做了一个小举动、一句话，但是它却会对下属产生非常好的激励作用，所以，领导千万不要吝啬赞美，赞美会促使员工努力工作，并且还有益于上下级之间的团结和友谊。领导赞美员工要注意以下几点。

第一，领导的赞美要真诚。美国著名女企业家玫琳·凯经理曾经说过："世界上有两件东西比金钱和性更为人们所需——认可与赞美。"一个领导能真诚地赞美员工，会使员工的心灵需求得到极大满足，并能激发他们潜在的才能。但是，如果领导只是因为赞美而赞美，虚伪地赞美，则会使员工非常羞愧和反感。有损领导者的形象，也给员工留下不关心员工的不良印象。

第二，领导者赞美员工要及时。当员工做出成绩后，就要在第一时间去赞美员工。否则错过了赞美的最佳时间再去赞美员工，得到的效果跟没有赞美是一样的。因为当任何一个人做出好的成绩的时候，都希望第一时间得到称赞，否则，等过了一两个星期领导想起来再去赞美，就表明领导根本就没有对员工的行为给予重视，只是敷衍一下。员工心里就会认为这种做法并不受领导的鼓励，所以，就没有积极性再去做好事。

第三，领导者要赞其长，避其短。人无完人，每个人都有自身的优缺点，每个人都本能地需要他人对自己优点和长处的肯定。当我们能及时地赞美和肯定他人的优点和长处，对方就会发现自己存在的价值，就会乐意和你交往。就能建立融洽和谐的人际关系，反之会影响人际交往。所以，作为一个领导者要懂得赞美他人的长处。例如，一名员工擅长吹口琴，那么你就可以赞美他吹的口琴很好听。当一名员工喜爱看书，那么就可以赞美他是个爱学习的员工。如果领导把对方的短处拿出来赞美，那么就有讽刺意味，员工会因此感觉受到了侮辱，会对领导产生不友好的印象。

每个人都有得到他人赞美的渴望，所以，作为一个优秀的领导者要懂得赞美，适时给予赞美，从中我们会受益匪浅。

领导要自我激励

激励是一种人的需要和动机得到强化的心理状态。激励的过程是一个从需要开始到需要满足为止的连锁反应。在这个从有需要到需要得到满足的过程中，如果能有一个优秀的领导者引导团队向前迈进，就能使这个团队前进得更加顺畅。上行下效，一个领导是整个团队的带头人，是团队的灵魂，他不但要激励别人，更要激励自己。一头狮子带领一群羊，能打败一头羊带领的一群狮子。一个连自己都无法激励的人，一定无法去激励别人。如果领导者是个优秀的激励者，那么，团队成员的工作激情就会被激发，就会大大提高成员的工作动力，就会增强团队的竞争力。

所以，要想激励员工，领导者首先要学会激励自己。那么怎样激励自我？

第一，要树立远大的目标。目标是激发一个人工作的强大动力。确立一个宏伟具体而远大的目标，能够激发我们强大的奋斗激情，这种实现宏伟目标的动力能够帮助我们克服各种困难，能够使我们百折不挠，能够激发我们强大的创造力和想象力，促使我们最终能实现宏伟目标。而一个人没有目标，那么，就失去了前进的方向，不知道何去何从，不知道该怎样发展，那么就无从谈起发展的动力。当一个人的目标模糊或者太小，太容易实现，同样也无法激发我们的动力。

通用汽车公司董事长罗杰·史密斯，在刚进入通用公司时才24岁，他工作一个月后，告诉他的朋友，他要成为通用汽车公司董事长。结果，通过他的努力，他最终实现了这个目标。他的成功不能不说有远大目标的激励作用。

第二，要扩大自己的人际圈。俗话说："物以类聚，人以群分"，我们每个人都有自己一定的人际圈，我们的人际圈成员也许是同学，也许是业务往来中认识的人，还有就是同事。作为领导长期忙于工作，自己的人际圈仅仅局限于客户和员工，已经习惯了和他人交往，但是这样往往局限了一个人的思维和眼界。其实，一个成功的领导者应该有更广阔的人际圈，他们能在更大的社会圈子中，找到比自己更优秀的人，去学习他们的长处。找到和自己有着不同兴趣爱好的人，去吸收新知识。这样会扩大他的视野，能使他发现自己的不足，接受挑战，从而获得新的动力和力量。因为生活充满挑战，生活丰富多彩，很容易激励自己。

第三，要慎重选择朋友。"近朱者赤，近墨者黑"，要远离不支持自己理想和目标的人，因为这样的人，只会给自己带去更多的打击和麻烦，影响我们前进。我们要多结交一些对生活充满热情，对生活充满乐观精神的人，这样的人更有激情，更能战胜困难，同乐观的人为伴能带给我们人生更多的希望。

第四，要敢于犯错。我们在做一件事情的时候，总是会犯犹豫不决的毛病，也许我们还没有绝对的把握，也许我们的状态不佳或者精力不足。其实，有时候我们是在给自己编造理由，根本原因是害怕犯错误，因为我们是领导，我们受人关注。其实人生在世，每个人都会犯错误，犯错误并不可怕，只要勇于改正。勇敢地去做事，即便是犯了错误，但是我们从中得到了成长和锻炼。并且当我们不害怕犯错的时候，就往往能放开手脚，做事情更加自如，而这样，更容易使我们成功。

第五，要不断自我反省。作为一个领导者，每天都要有很多事情去处理，在繁忙的工作中，可能会出现很多突发事情，所以，我们不能保证每件事情都做得十全十美。为此，当我们结束一天工作的时候，应该反省自己都做了什么事情，是否能通过改进工作方法提高工作效率。这一天哪些工作做得好，那些工作做得不是很完美，还需要怎样的改进……当我们每天都能坚持反省自己的时候，我们就在不断成长，能力就会不断增强，随着事业的顺利发展，我们的信心也会不断增强。

第六，不要害怕危机。也许企业正面临着生产危机，面临人事危机，面临生存危机，作为领导者千万不能讳疾忌医，给自己编制一个虚假的繁荣。对公司各种危机情况置之不理，或者说是对迎接危机束手无策，害怕不已，坐等企业危机或者悲剧的到来。这是一种非常消极的态度，也是一种非常不负责任的态度。一个企业的倒闭会使很多人因此失业，过更贫困的日子。并且，企业的危机并不等于一定走向灭亡，也许它是企业机会到来的前兆。所以，我们要敢于直面危机，挑战危机，激发全部动力去战胜危机。

第七，立刻行动。作为一个领导者尤其不能犹豫不决，拖拖拉拉！当我们已经确认计划具有可实施性，那么，我们就要立刻行动，杜绝纸上谈兵。果断决策，立刻行动，才可能真正赢得市场先机，挖掘市场潜力，为企业发展谋求最大的利益，同时，果断抉择，立刻行动，能赢得下属的赞赏与信赖。试想，当某一种情况出现在领导者面前，下属一双双眼睛都在盯着他的一举一动。作为关注的焦点，如果领导者说辞含糊、优柔寡断，无疑会显得底气不足或才能贫乏，会令下属感到很失望。只有在关键时刻挺身而出并果断行动的领导，才会真正树立起威信，任何胆怯、拖拉的做法都不是一个合格的领导者所为。

第八，强化训练。当我们面临一场非常重要的挑战时，我们要做到更加严格地去对待自己，对自己更加苛刻。而往往我们对自己越苛刻，生活对我们越宽容；我们对自己越宽容，生活对我们越苛刻。只要我们以更高的标准要求自己，就能更好地完成任务。

第九，不断学习。学无止境，作为领导者需要学习的东西更多，"知识就是力量"，学习法律知识，可以保护我们的企业不会侵权，可以保护我们的产品不被侵权。学习业务知识，能增强我们的业务能力。学习别人智慧，能增长我们的见识和眼光，陶冶我们的情操。作为一个领导者要有更多更强的能力，只有不断地学习才能使能力不断增强，才能更好地领导团队。

第二十四章

沟通沟通再沟通，化解冲突团队固若金汤

沟通是团队合作的关键

沟通是指可理解的信息或思想在两个或两个以上人群中的传递或交换的过程。良好的沟通能让人们办起事来畅通无阻；沟通能促发彼此间更亲密的情感，我们在任何时候都要积极主动地沟通。

美国的知名主持人林克莱特一天访问一名小朋友，问他说："你长大后想要当什么呀？"小朋友天真地回答："嗯……我要当飞机驾驶员！"林克莱特接着又问："如果有一天，你的飞机飞到太平洋上空时，突然引擎熄火了，你该怎么办？"小朋友想了想说："我会先告诉坐在飞机上的人绑好安全带，然后我挂上降落伞跳出去。"当在现场的观众笑得前仰后合的时候，林克莱特继续注视这个孩子，想看看他是不是个自作聪明的家伙。没想到，孩子突然两行热泪夺眶而出。于是林克莱特问他说："为什么要这么做？"小孩回答说："我要去拿燃料，我还要回来！"

林克莱特如果在没有问完前就按照自己的想法去判断，那么，他可能认为这个孩子没有责任心。但是，他还是继续问了，他才最终了解到这个孩子是个勇敢而有责任心的孩子。

一个采访中的小小沟通都能给人们造成误解，可想而知，沟通中是容易产生误解的。如果不能很好地沟通，那么就无法了解别人的真正意图，就不可能进行

有效的合作。

一天，营长对值班军官说："明晚8点钟左右，可能在这个地区看到哈雷彗星，这颗彗星每隔76年才能看到一次。命令所有的士兵着野战服在操场上集合，我将向他们解释这一罕见的天文现象。如果明晚下雨的话，就在礼堂集合，我将为他们放一部有关彗星的影片。"

值班军官因为当时很困，没有听明白意思，自以为是地按照自己的理解向连长传达说："营长命令，明晚8点，哈雷彗星将会在操场上空出现。如果下雨的话，就让士兵穿着野战服到礼堂前集合，这一罕见的现象将在那里发生。"

连长接着又不假思索地向排长传达说："明晚8点，非凡的哈雷彗星将军将身穿野战服在礼堂出现。如果操场上下雨，营长将会下达另一条命令，这种命令每隔76年才会出现一次。"

排长又对班长说："明晚8点，营长将会带着哈雷彗星在礼堂出现，这是每隔76年才有的事。如果下雨的话，营长将命令彗星穿好野战服到操场上去。"

班长对士兵："在明晚8点下雨的时候，著名的76岁的哈雷将军将在营长的陪同下着野战服，开着他那'彗星'牌汽车，经过操场前往礼堂。"

营长的话传到最后，竟然被改得面目全非，大大改变出了他原来的意思。可见，如果不能理解他人的意思，那么，就可能产生很大的偏差。如果值班军官在不明白的时候能追问一下，那么，就可能避免这种情况的发生。

尤其是当今社会，沟通成为了我们日常生活中一个重要的组成部分，更是一个人一个团队事业成败与否的关键，它起着举足轻重的作用。沟通水平和能力已经成为一个人能力大小的重要考核标准。只有有效地沟通才能促进理解，才能形成良好的人际交往圈，才能达成合作。

有一家主人过生日，他特意在家里摆了个宴席，都是好酒好菜，还特地邀请了4个要好的朋友来喝酒。等到3个朋友都到了，第四个朋友还没有到。这家主人便着急了，脱口说："真是急死人了，该来的怎么还没有来。"这句话被其中的一个朋友听到了，他非常生气，心想，"也许我是不该来的吧？"于是他便推说家中有急事，拂袖而走。这时候主人又冒出了一句话："唉，不该走的却走了。"另一个朋友听到这句话，也生气了："照你这么说，我们是该走的了。"说完就怒气冲冲地走了。这家主人眼看两个人都走了，就只剩下一个朋友了。最后剩下的这个朋友和这家主人交情深，便过来劝他："朋友都被你气走了，你以后说话可要留意一下。"主人无奈地说："他们都误会我了，我说的根本就不是他们。"最后这个人一听这话，也按捺不住了，气得脸色铁青道："说了半天，原来这些话都是说给我听的呀，我怎么还能没羞耻地站在这里呢！对不起，我走了。"说完，就板着脸走了。最后，主人自言自语地说："我到底说错了什么？"

这家主人本来是好心请客，无意中说的话，却造成他人误解，伤害了朋友的感情，这都是因为他不会说话导致的。这个故事启发我们：如果沟通不力，那么就会损害人际关系。同样一个团队沟通能力欠缺，也会影响到整个团队和其他团队的合作。只有沟通才能让更多的客户清楚地了解本公司的情况，只有沟通才能赢得客户的信赖，进而赢得商机，只有沟通才能解开彼此心头的疑问，从而实现有效的沟通。英国管理学家L.威尔德认为："管理者的最基本能力就是有效沟通"，领导者是一个团队的形象，担负着和其他公司进行交流谈判的重要职责，所以说，领导者更应该注意学会准确有效的沟通。这样团队的发展与合作才能更好地得到实现。当然，这并不等于团队其他成员就能胡乱调侃，就能为所欲为，每个团队的成员都有义务为了团队的发展，随时站出来和他人进行沟通，推荐自己的公司，推销自己公司的产品。

沟通好才能效率高

一个高效团队，需要有高效的沟通，只有沟通得好，使每个团队成员通过沟通都能了解团队的现存问题、工作业务的进展情况等等，增加与公司的感情，实现信息共享，整个团队成员才能协调合作，默契配合，才能保证这整个团队高效地发展。

小明第二天就要参加小学毕业典礼了，为了给这段美好的时光留下个好印象，他高兴地去街上买了条裤子。但是，裤子长了2寸。吃晚饭的时候，他便趁奶奶、妈妈和嫂子都在场的时间，把买的新裤子长2寸的情况说了一下，饭桌上大家都没有反应。饭后大家又都去忙自己的事情，这件事情就没有再被提起。

小明妈妈睡觉比较晚，在她临睡前想起了儿子明天要穿的裤子还长2寸，便悄悄地一个人把裤子剪好叠好放回原处。半夜里，狂风大作，窗户被什么东西"哐"的一声敲响，小明嫂子从睡梦中被惊醒。嫂子醒来后，突然想起小叔子新买的裤子还长2寸。自己辈分小，不能让老人费心，于是便披上衣服，起床把裤子处理好后才安然入睡。奶奶一觉醒来，想到这孙子的裤子还长2寸，便趁烧水的时候，对小明的裤子做了处理。结果，第二天早晨，小明只好穿着短4寸的裤子去参加毕业典礼了。

小明一条新裤子就这样被大家你2寸，我2寸地给剪短了。其实，每个人的出发点都是好的，但是，因为大家事先都没有做好沟通，结果却把好事办成了坏事。

由此可见，沟通能达成默契，一个团队如果做不好沟通，达不成默契，就无法做到协调一致，就不能达成共识，这样就可能出现重复性劳动，低效率劳动等等情况。这样团队的工作效率会大大降低，团队效益也得不到充分的发挥。所以说，有效的沟通是建立高效团队的前提，在工作中，工作成员要进行有效的沟通，保持密切的合作。例如，当我们在工作中遇到一些问题的时候，可以多和团队成员沟通，多请教有经验的老员工，大家在一起共同讨论和商议，群策群力就会很容易解决问题，并且当有需要大家协调才能完成的任务时，可以通过大家商议，找到协调工作的方法，使大家能在高效的工作环境中成长。

《圣经·旧约》中记载：人类的祖先在起初是说同一种语言的，他们能相互沟通，彼此合作，因而人类的力量越来越强大。后来，他们在底格里斯河和幼发拉底河之间发现了一块肥沃的天地，于是，他们便在那里安居了下来。他们在这块肥沃的土地上修建高大的城池，建造了伟大繁华的巴比伦城。因为人类不断地交流沟通，他们越来越聪明，日子越过越富裕。后来他们决定在巴比伦城建立一个通天的高塔，来传诵人类的威名。因为大家语言相通，团结一心，所以，通天塔修建得非常顺利，很快就耸入云霄了。

上帝知道这件事情后，感到非常惊讶，他立刻下凡想一看究竟。上帝看到那个高耸云端的塔，感到又惊又恐，他真没有想到小小的人类竟然能做出这样惊天地的大事。后来他细细研究，发现人类因为有共同的语言，相互之间沟通顺畅，所以，他们能齐心协力干各种事情。于是，上帝决定把人世间分成几种语言，让他们相互之间不能沟通，产生矛盾。后来人类因为语言无法沟通，相互之间就产生了猜忌，大家各持己见，互不相让，很快矛盾就产生了，因为人类开始忙于打斗。修建通天塔的事情就停止了下来。

正是因为沟通，能使人类团结合作，创造出很多伟大的事业，可见，沟通的力量之大。

沟通还能使人产生主人翁心理，大家共同分享信息，共同协调合作，在共同参与和努力中实现愿望，满足了员工的沟通与交流需求，达到了自己的目的，也使成员产生了责任感，使他们意识到自己的工作在团队中的重要性，树立了自信。感觉自己得到了大家的尊重和信任，这样，团队成员就会更加积极主动地努力工作，争取更好的成绩，这样整个团队的工作积极性就会大大提高。

沟通还能明确每个人的职责和任务，大家能分工协作，有序开展工作，就能大大提高工作效率。不至于出现因为缺少沟通，各个部门之间或者团队成员之间的工作协调不好，大家虽然都在埋头苦干，却分工不明确，其他部门做过的事情，另一个部门可能重新再做。或者出现这个人正在做的事情，其他部门也在做。结果浪费了劳动资源，团队的工作效率也不能得到提高。

沟通能增进团队成员之间的了解，减少成员之间的误会，增进成员之间的信任，有利于团队成员之间形成良好的人际关系。团队成员能在轻松畅快的氛围中工作，工作效率自然会提高。

既然有效的沟通能大大提高工作效率，那么，如何做能够达到更有效地沟通呢？首先，我们在沟通之前应该先明确沟通的目的和目标，进而确定沟通的内容。然后，系统梳理沟通的内容，使自己的表达更清晰、完整。在沟通过程中要考虑周围的环境，沟通对象的状态，懂得说话技巧，避免产生尴尬，以便达到更好的沟通效果。沟通不仅需要语言沟通，适当的肢体语言能够更有效准确地把信息传达出去，所以，还要注意肢体语言的沟通。

实现有效沟通

沟通存在于团队管理的每个环节。有效的沟通能为组织提供工作的方向、了解内部成员的需要、了解管理效能高低等，它是搞好团队科学管理，实现决策科学化、效能化的重要条件。一个团队如果不能有效沟通，那么就不能协调合作，就不利于团队的发展。但是，真正实现有效沟通却并不是一件容易的事情，每个人的想法不同，不同人的价值观不同，以及身处环境不同，这些因素可能影响到有效沟通。例如，一个业绩好的销售员为了保住自己的领先地位，就不可能全盘说出自己认为很有效的工作方法；一个员工可能因为害怕惹祸上身，而不愿说出一些事情的真相；一些经理人为了保住自己的位置，可能不会对上级的一些失误提出任何异议。

耕柱是一代宗师墨子的得意门生，但他老是挨墨子的责骂。有一次，墨子又责备了耕柱，耕柱觉得自己非常委屈，在许多门生之中，大家都公认耕柱是最优秀的，却偏偏常遭到墨子的指责，这让他很没面子。一天，耕柱终于忍无可忍，便愤愤不平地问墨子："老师，难道在这么多学生当中，我竟是差劲到如此地步，以至于要时常遭到您老人家的责骂吗？"墨子听后，不动声色地说："假设我现在要上太行山，依你看，我应该是用良马来拉车，还是用老牛来拖车？"耕柱回答说："再笨的人也知道要用良马拉车。"墨子又问："那么，为什么不用老牛呢？"耕柱答道："因为良马足以担负重任，值得驱遣。"墨子说："你答得一点也没错，我之所以时常责骂你，也只因为你能够担负重任，值得我一再地教导和匡正啊。"

由这个故事我们可以看到有效沟通的重要性。试想一下，如果耕柱没有和墨子进行有效沟通，那么，耕柱一直以为墨子这样做是有意为难他。那么，他就可能做出违背老师意思的事情，或者不利于团队的事情，还可能产生让人不堪设想的后果。正是因为耕柱没有按照自己的想法自以为是，能和老师敞开心扉，畅所欲言，把心中的谜团倾诉给老师，才使得他最终明白了老师的良苦用心，没有造成误解。这也告诉我们有效沟通能够使我们揭开事实真相，消除误解。不仅如此，有效沟通还有快速达到沟通目的，让他人迅速了解沟通内容的作用。

那么，团队中又应该怎样进行有效沟通呢？

首先，应该明确沟通目标。对于团队领导来说，目标管理是进行有效沟通的一种解决办法。在目标管理中，团队领导和团队成员讨论目标、计划、对象、问题和解决方案，因为整个团队都着眼于完成目标，这就使沟通有了一个共同的基础，彼此能够更好地了解对方。即便团队领导不能够接受下级成员的意见，但他也能理解其观点，下级对上司的要求也会有进一步的了解，沟通的结果自然能够得到改善。如果绩效评估也采用类似这种办法的话，同样也能改善沟通。

其次，在团队中，作为一个领导者，应善于利用各种机会进行沟通，甚至创造出更多的沟通途径。与成员充分交流并不是一件难事，难的是创造一种让团队成员在需要时可以无话不谈的环境。

对于个体成员来说，要进行有效沟通，可以从以下几个方面着手：

第一，知道沟通时要说什么，换句话说就是要明确沟通的目的。如果连沟通的目的都不明确，就说明你自己并不知道该说什么，又怎么能把话传递给别人听呢？这样，自然也就不能达到沟通的目的了。

第二，知道自己该什么时候说。沟通不仅要知道自己该说什么，还要掌握好沟通的时间，知道在什么时候沟通更容易成功，什么时候沟通效果适得其反。例如，沟通对象正大汗淋漓地忙于工作时，你在旁边不断地和他商量一些事情该怎么做，那么，显然会招来沟通对象的反感，说得有些不合时宜，结果也不会好到哪里去。如果沟通对象心情非常好，正在和大家侃侃而谈，这时候你要称赞他几句，然后适时地谈一下自己的一些要求。那么很可能你的要求会顺利得到沟通对象的应允。所以说要想很好地达到沟通效果，就必须掌握好沟通的时间，把握好沟通的火候。

第三，必须了解说话对象。俗话说："对什么样的人，说什么样的话。"针对不同的沟通对象，说话的方式方法都会有所不同。例如，一个喜欢听赞美的沟通对象，我们可以顺气说好，多多赞美他，他一高兴，我们就可能顺利达到沟通目的。如果沟通对象是一个很务实的人，那么我们就要给他分析利弊，让他知道这样做的好处，然后才能达到沟通的效果；拍他马屁，说奉承话，反倒只会招来他的反感和不信任，起到相反的效果。

第四，要选对沟通对象。如果你想要涨工资，那么，你就要找负责涨工资的老总，而不是副总。否则，你和副总沟通半天，他也不能决定你工资是否能涨，还要去向老总申请，只有找准沟通对象才能使沟通迅速见成效。

第五，知道该怎么沟通，也就是懂得沟通技巧。你知道应该向谁说、说什么，也知道该什么时候说，但你不知道怎么说，仍然难以达到沟通的效果。沟通要用对方听得懂的语言、文字、语调或肢体语言等等，而你要学的就是透过对这些沟通语言的观察来有效地使用它们进行沟通。

有效的沟通才能顺利实现沟通目的，才能建立良好畅通的沟通渠道。这样，整个团队才能顺畅地向前发展。

倾听是沟通的桥梁

有人说："沟通就是，我说的便是我所想的，怎么想便怎么说。如果团队同伴不喜欢，也没办法！"从目的上讲，沟通是磋商的意思，即队员们必须交换和适应相互的思维模式，直到每个人都能对所讨论的意见有一个共同的认识。只有大家对讨论内容有了共同的认识，才是进行了有效的沟通。在团队中，团队成员越多样化，就越会有差异，也就越需要队员进行有效的沟通。沟通无时不在，怎样使自己的沟通更高效，关键在于学会倾听。倾听是有效沟通的桥梁，倾听不等于简单的听到，而是要做到有效地听取信息，给予倾诉者及时的反馈信息和极大的关怀。

对美国500家大公司进行的一项调查表明，超过50%的公司为员工提供了听力培训。有研究表明：那些很好的倾听者更为成功。在工作中，倾听已被看作是获得初始职位、管理能力、工作成功、事业有成、工作出色的重要必备技能之一。

以前美国乡间，有许多地方不愿意使用电器。有一家电器公司想在农村拓展业务，就派了一位代表到乡下去考察，以便借机推销。那位代表到了乡下后，先去询问当地经销处的经理。经理说："乡下农民不是不愿意买电器，只是因为他们生性俭朴，甚至可以说是一毛不拔，不愿意把钱都花在购买昂贵电器上，并且农民们对我们公司的产品并不是很满意。我已经尝试过了，一点希望也没有。"这位代表听后，觉得在这种情况下推销电器的确是不合时宜，但是他还是决定先去看一看。

有一天，他来到一家农户的门前，敲了敲门，门打开一条缝，一位农妇探出头来。那位妇女一见推销电器的人，便显露出非常令人讨厌的神情，并把门紧紧地关上。他没有放弃，又敲了敲门，那位农妇不得已便打开了一条缝，一股脑地说出她对公司的不满。

他一看情形不对，就心生一计，装着很客气的样子，对那位妇女说："对不起，我打扰了你。我不是推销电器的，我只是想买你家的一些鸡蛋。"妇女听他这么说，就半信半疑地把门打开了一半。他就接着说："我看你们家养的多明尼克鸡又肥又大，我想生出的鸡蛋一定很好吃。""你怎么知道我家的鸡是多明尼克鸡？"那位农妇的好奇心被吊起来了，她又把门打开了一些。"我自己也养鸡，但是不如你们家养得好。"那位妇女听到这里，给了他一个美丽的微笑，然后打开大门问他："那你为什么要买我们家的鸡蛋呢？"他便装作很内行的样子说："白鸡生白蛋，黄鸡生黄蛋，做蛋糕是用黄蛋做的好吃。我妻子很喜欢吃蛋糕，自己又没有黄蛋，所以特地来向你买。"这位妇女听得津津有味，便热情地迎接他进去。

他走进院子里，看见牛栏里养着几只奶牛，便又称赞道："我想你养的鸡下这么好的蛋，一定比你丈夫卖牛奶挣的钱多吧？"这时，那位妇女很热情地告诉他许多养鸡的方法，并且主动领他去参观她的鸡棚。他们交谈了很长时间，那位农妇越说越起劲。临走的时候，那位妇女忽然主动告诉他："我们的邻居也养鸡，但他们的生意比我们的好，听说他们家鸡棚中装了电灯，这大概和他们的生意好有关。现在我们也想装，你看怎么样？"他知道时机已经成熟，便竭力劝说她家也装了电灯。

这位代表懂得察言观色，能够从妇女的言谈中倾听出内容，然后随机应变给以有效的回应，使在你来我往中达到有效沟通目的，从而销售出了自己的产品。

仔细观察，我们往往会发现这样一个现象：在善听者和善说者之间选择，人们更喜欢善听者，因为人们都喜欢发表自己的意见，希望自己的意见能得到他人的认可。所以，一旦有机会表达，他们就会尽情地把想说的话都说出来。如果你在此时能静静地听他们说，不失时机地点点头，或者说上几句鼓励的话或者问一些问题，那么他们会觉得自己的想法很有价值，这时候他们会充分表达自己的想法，从而达到有效沟通。做个倾听者还能给对方留下和蔼可亲、值得信赖的良好印象；反之，一个不善于倾听的人，总是留给人主观武断的印象。例如，在现实生活中，有的领导干部，无论在什么场合，总喜欢自己侃侃而谈，从来不在乎别人的感受；也有些领导，下属汇报工作时，刚开了个头就截断人家的话茬，即使是去征求意见，也常常打断人家的话头。还有的人做思想工作，没等人家说明原因，便匆忙截住，开始给大家讲道理。这样会使大家感觉很憋闷，不舒服。这样的领导长期不注意这种不良的习惯，会慢慢变得没有人缘，下边的员工也不愿意向他说心里话，便再也听不到真实的情况。

一把坚实的大锁挂在大门上，一根铁杆费了九牛二虎之力，还是无法将它撬开。钥匙来了，它瘦小的身子钻进锁孔，只轻轻一转，大锁就"啪"的一声打开了。大铁杆很是纳闷，便问钥匙："钥匙，你怎么能打开这么大的锁呢？""因为我了解它的心。"钥匙说。

钥匙了解大锁的心，所以，它能轻而易举地把大锁打开。这也启发我们在沟通的时候一定要多倾听，了解对方是怎么想的，然后告诉他，他该怎么办。否则人就像是这个大铁杆一样，不了解铁锁的心，不论怎么做，都打不开那道心门。

协调使工作更美好

每个成员都希望自己所在的工作环境是和谐、轻松和愉快的，这样的工作氛围不是哪个企业生来就有的，它是每个员工积极主动地创造出来的。这样的环境不仅使员工工作愉快，工作效率大大提高，也会使团队的发展更加顺畅。要想创造这样的环境不仅需要企业负责人积极地宣传、引导，更需要员工积极地去协调各方面关系，为自己、为企业营造这样的良好氛围。

首先企业员工应该协调好和上司的关系。在与上司交往的时候应注意以下几个方面。

1. 要尊重上司

作为下属，不管你职位如何高，都不能忘记：你的工作只是协助上司完成经营决策；你不是决策者。即便上司的决定，你不是很满意，甚至和你的意见南辕北辙，你也不要鲁莽地顶撞上司，要相信上司的判断力。当你想要提出自己的意见时，可以寻找一个恰当的机会提出来。如果你的意见没有被上司采纳，并且没有继续提出的必要，你就应该完全放弃自己的意见，全力去执行上司的决策，完成上司的计划。

尊重上司，不仅尊重他的决策，还要尊重他的一些合理习惯。不同的上司有不同的性格，有的健谈，有的不善交际；有的性子慢，有的性子急；有的上司作风专制，有的上司作风民主。无论上司的习惯你是否喜欢，都应该尊重他的习惯。这样上下齐心，才能把工作做好。

2. 要服从上司

上司是决策者，所以，上司的命令一定要服从。服从上司的命令，才能赢得上司的信任，给上司留下一个良好的印象，在长期的交往中，就能和上司建立良好的关系。到这个阶段，当你有什么好的建议，提给上司，上司就可能给你提供发展平台，让你去做，这样就有利于工作的顺利开展。否则，不服从上司，凡事都要跟上司讨教讨教，那么，这个人在这个公司就待不了几天，更不用说得到上司的赏识，进一步获得发展的机会了。

3. 学会主动解决问题，不让上司头疼

上司是个决策者，所以，员工在工作中发现问题时，不要去问上司，而是要先自己找到解决方案，然后让上司去决策。这样上司工作起来就感觉很顺畅，员工也因此给上司留下良好的印象。当公司出现一些问题，如果你有能力解决，积极帮助上司解决这些问题，上司也会一点点地赏识你了。那么，工作就会顺畅。

企业员工应该协调好和同事之间的关系。我们每个工作日的大部分时间都是和同事们在一起的，和同事建立良好的关系，不仅能营造良好的工作氛围，也能从同事那里获得帮助，使自己的工作取得更大的进步。协调和同事的关系可以从以下几方面着手。

1. 有宽容的态度

谁都有犯错误的时候，如果同事或有意或无意冒犯了你，不要太在意，首先让他知道你认为他错了，然后，就不必计较太多。这时，你的同事内心会感到一种愧疚，总有一天他会回报你。当然，如果遇到了一个蛮横无理，占了便宜还卖乖的同事，也不必容忍，否则，他会认为你懦弱，会得寸进尺。可以不理会他，以后避免和这样的人接触，尽量不要把矛盾闹大。否则，人和人之间有了结，就不好化解了。

2. 要懂得与人方便

俗话说："与人方便，与己方便"。你可以在举手投足之间帮助他人，你可以多替他人着想，这样同事之间才会关系和睦。否则，如果你处处想着自己的利益，不顾及他人的想法，就可能会受到他人排挤，不利于你工作的开展。

3. 要诚信正直

诚信正直是一个人的基本道德品格。一个诚信正直的人才会得到大家的尊重，才值得大家的信任，才会建立良好的人际关系。否则，工作常失信于人，做背弃信义的事情，为了私利颠倒黑白，那么，这个人就不会得到大家的信任，就会受到排挤。

4. 敢于承认错误

有时候，同事之间闹了矛盾，如果大家都碍于面子谁都不去主动化解，那么一个小小的矛盾就会转化成大矛盾。如果自己做错了事情，就要勇敢地承认错误，每个人都有包容心，他们不仅会原谅你，还会和你建立良好的人际关系。当你没有错误的时候，为了化解矛盾可以找到自己做的不妥的地方，主动和同事和好，同事看你如此大度，便会自动承认错误，以后还会更加尊重你。和谐关系是非常宝贵的，不要因为一些鸡毛蒜皮的小事破坏和谐关系。

最后，企业员工要和自己的客户或者合作伙伴建立良好的关系。如果你和一个股票公司的老总关系很好，那么，当你想要炒股的时候，就可以咨询他，他也许会给你提出更多好的建议，或者介绍你给他的朋友，这样，你的人际圈会扩大，你成功的机会就会更大。

要想和客户或合作伙伴建立良好的关系，就需要从以下几方面入手。

1. 常主动热情地联系客户或合作伙伴

即便是以前的客户或合作伙伴也不要忘记联系。也许哪一天你就需要他们的帮助。你总是和他们主动热情地联系，那么，对方也会热情地回应你，和客户或合作伙伴吃个饭，下个棋，过节的时候给客户或合作伙伴送个祝福，送个小礼物，这都会增进和客户或合作伙伴的关系。长此以往，便能建立良好的人际关系。

2. 对客户或合作伙伴负责

有责任，双方才能长久互信。如果没有责任，工作上出了问题，溜之大吉，双方就不会建立关系，更不用说是友好关系了。凡事用负责任的态度去对待，会赢得客户或合作伙伴的信任，有利于建立友好关系。

如果每个团队成员都能做到和上司、同事、客户或合作伙伴建立和谐友好的关系。那么，人人都能做到轻松愉快地工作，工作效率会大大提高，那么，整个企业运作就会非常顺畅，发展必然顺利平稳。

沟通障碍及克服措施

现代社会信息高速发展，在现代企业中，人和人之间，部门和部门之间，企业的上下级之间，以及其他各个方面之间，特别需要双方进行沟通，互相理解，互通信息。但是，在现实生活中，人和人之间却常常隔着一道道无形的"墙"，阻碍了彼此的沟通。无论现代化的通信设备有多么的神奇，却无法穿透这个看不见的"墙"。如果沟通的渠道长期阻塞，信息交流不畅。那么就可能造成员工感情不融洽，关系不协调，就会影响工作，甚至使企业每况愈下。

以下因素能造成沟通障碍。

1. 个人因素

（1）偏见。每个人对他人都有一个第一印象，这种第一印象先入为主，总是影响到之后的交往。例如，一个人看另一个人尖嘴猴腮，那么，他就会在心里认为这个人是个奸猾小人。之后，在谈吐中，就会越看这个人越奸猾。同样，如果第一印象感觉彼此谈不到一起，就会影响到以后的交流，造成沟通障碍。

（2）武断。人做事可以果断，但却不能优柔寡断，也不能武断。判断事物是需要讲求凭证的，说话要有依据，没有道理、没有根据的话只会误导他人，给沟通造成障碍。

（3）缺乏兴趣。因为对谈话内容缺乏兴趣，有些人就会心不在焉，听不明白别人说话的内容，所以，就可能出现答非所问，造成沟通障碍。

（4）自我表达困难。这是指个人表达不清楚，语言表达困难。

（5）地位。因为每个人的职位地位不同，看待事情的角度就不同。例如，老总要从宏观角度去考虑企业的发展，而员工则更多地从个人角度考虑问题。这样在理解问题的时候就可能有差异，就会造成彼此沟通障碍。

（6）文化差异。生活在不同文化背景下的人们考虑问题就会有差异，这种差异就会影响到人们看问题的角度，就可能造成沟通差异。

（7）缺乏理解。因为谈话双方不能互相理解，总是喜欢站在自己的立场上去思考问题，就往往造成误解。

（8）个性。每个人都有每个人的性格，有的人泼辣，有的人温柔，有的人行事严谨，有的人做事草率，性格不一样的人看问题就不同，例如，严谨的人讨厌草率，而草率的人看严谨的人则认为他们太过认真。

2. 人际因素

人际因素主要包括沟通双方的相互信任程度和相似程度。

沟通是发送者和接收者之间"给"和"受"的过程。信息传递是双方的事情，而非单方面。所以，沟通双方的真诚和信任程度对沟通起着至关重要的作用。上下级之间，同级之间的员工如果多了猜疑，那么，就会减少坦率交谈的机会，也就不可能进行有效的沟通。沟通的准确性和沟通双方间的相似性有着直接的关系。如果沟通双方的性别、年龄、智力、种族、社会地位、兴趣、价值观、能力等方面都非常相似，那么，他们之间沟通起来就会更容易理解彼此，更能达到有效沟通。

3. 结构因素

信息传递者在团队中的地位、信息传递链以及团体规模等结构因素也会影响到有效沟通。人们常常会发现，地位的高低不同会影响到沟通方向和频率。例如，人们都愿意和地位较高的人沟通。地位悬殊越大，他们之间沟通障碍就会越大；信息传递层次越多，它到达目的地的时间就越长，信息失真率就越高，越不利于沟通。组织机构庞大，层级较多，也不利于信息沟通的及时性和真实性，影响沟通。

4. 环境差异

谈话的环境可能影响到沟通，造成沟通障碍。例如，整洁的环境、开放式的办公环境等都会影响来访者的知觉。

面对沟通中的困难，我们该怎么克服障碍，实现有效沟通呢？

第一，要提高沟通时心理承受水平，克服沟通障碍。例如，在和他人沟通中，认真地去感知，集中注意力，以便准确地传达或理解信息，避免因为信息传递不准确造成沟通障碍。在沟通中提高思维能力和水平，迅速理解谈话的内容或者传递的信息，以便对方准确接受或表达。与他人谈话要镇定自若，创造一种相互信任、和谐轻松的沟通氛围，以便更好地沟通。

第二，准确使用语言文字。语言文字使用是否恰当直接影响到沟通的效果。

使用语言文字时一定要简洁、明确，叙事说理要言之有据，条理清晰，富含逻辑；措辞得当，通俗易懂，不滥用辞藻，不要讲空话、套话。尽量少用专业术语。在沟通时可以借助手势语言和表情动作，增强沟通的生动性和形象性，使对方容易接受。

第三，学会有效的倾听。有效的倾听能增加信息交流双方的信任感，是克服沟通障碍的重要条件。在倾听的时候多和他进行目光接触；偶尔点头或提问，表示自己在认真听；不要做小动作，以免使对方分心；不要妄加批评和争论，尽量做到求同存异。

第四，缩短信息传递链，拓宽沟通渠道，保证信息的双向顺畅沟通。

第五，尽量根据谈话内容选择谈话环境，以助于实现良好的沟通。

总之，100个人对一个问题会有100种理解，理解很容易产生偏差！我们可能受各种因素的影响，导致我们的分析、理解出现偏差。为了尽量减少偏差，我们在和他人交流的时候应该多提出自己的疑问，不放过任何一个产生疑问的问题，不以自我为中心，多从对方的角度考虑问题，从而尽量避免产生误解，给彼此的沟通带来障碍。沟通出现障碍是不可避免的，只要我们积极去努力，就能最大化地正确理解对方的意思。

第二十五章

好样的团队：在探索中成长，
在挫折中壮大

乐观面对失败，挫折成就团队

每个人的一生，不仅会遇到顺境，也会遇到挫折。谁都希望自己身边有更多的顺境，少些挫折，但是，挫折有时却如影随形。自己稍一不注意，就会面临挫折，延缓了你前行的脚步。当你面对挫折的时候，千万不要一蹶不振，挫折来到世上的目的，就是想低一低你的头颅，折一折你的腰杆，挫一挫你的锐气。遇到挫折并不可怕，可怕的是遇到挫折后滋生的消极、悲观、失望与无为的情绪。要懂得吃一堑，长一智，重新鼓起勇气战胜挫折，才是生活的强者。同理，一个团队在自己的成长之路上也难免会面临挫折，当团队遇到挫折时，需要我们团队同心协力，克服挫折，把损失降到最低。

某公司市场部的刘主管业务能力很强，他做事果断、有魄力，但唯一的一个缺点是有时候太过自信，常常是想好一个创意就认为一定能行，并且希望能立即实施，很难能听取市场部赵经理的意见。

有一次，他和一家广告公司的业务员就本公司产品促销的事情进行磋商，双方最后达成了一致意见，但还没有签订合同。关于这次的促销计划，刘主管大致向赵经理说明了一下，但赵经理并不是很支持这个促销计划，他对其中一些环节的可行性表示了怀疑并提出了异议，但刘主管态度坚决，认为这个计划没有一点问题。赵经理看他如此坚决，就想干脆试一试让他放手去干。于是，赵经理同意了刘主管签合同。

但是，这个计划果然不出赵经理所料，出现了问题，他表示异议的那几个促销环节，那家广告公司根本没有办法执行到位。因为这次的促销是配合公司的广告投放来做的，促销执行不到位，必然会影响到公司的宣传力度。这下，可把刘主管急坏了，多次和那家广告公司交涉都没有个结果，他不得不求助于赵经理，并深刻检讨了自己的过失。

赵经理沉着稳重，立即着手请律师和该广告公司进行交涉，同时第一时间与另一家有实力的大广告公司签订了合同，然后让刘主管立即接手继续进行这次的产品促销活动，并要求他务必使方案执行到位。这才使公司转危为安，避免造成更大的损失。

经过这件事后，刘主管好好地反省了自己。之后，他逐渐改正了自己过分自信的缺点，做事也能事先听取别人的意见了。这家公司在刘主管和赵经理的配合，以及上下团队的通力协作下，日益兴盛。

这就是一个有关团队克服挫折的典型例子。在面对挫折的时候，赵经理体现了一个领导者的魄力，大刀阔斧，沉着稳健，有条不紊地把公司从困境中拯救了出来，使公司重新走上正常的轨道，逐渐发展壮大。从中我们也受到了启发，就是作为团队中的成员，要想帮助团队走出困境，降低损失，就应该保持积极乐观的心态。

很久以前，有一个国王，他想从两个儿子中选择一位作为王位的继承人。两个儿子能力都很强，他一时犹豫难决。最后，他想出了一个好办法，决定考一考两个儿子。

一天，他给两个儿子每人一枚金币，让他们骑马到远处的一个小镇上去随便购买一件东西。而在这之前，国王命人偷偷地把他们的衣兜剪了一个洞。到了中午，兄弟俩都回来了，大儿子脸色难看，闷闷不乐，小儿子却眉飞色舞，兴高采烈。国王便先问大儿子发生了什么事，大儿子很沮丧地说："金币丢了！"国王又问小儿子为什么那么高兴，小儿子说他用那枚金币买到了一笔无形的财富，足以让他受益一辈子，这个财富就是一个很好的教训：在把贵重的东西放进衣袋之前，要先检查一下衣兜有没有洞。国王听了点点头，不久，他的小儿子继承了王位。

大儿子看到金币没了，便非常沮丧悲伤，认为金币失去了，便什么都没有买到。但是小儿子却能乐观地想到，虽然失去了金币自己仍然能收获教训。小儿子积极思考，乐观面对的态度使国王相信，当国家面对危难的时候，小儿子一定能积极思考，找到解决问题的办法。的确，一个人能够在挫折面前积极思考，保持乐观态度，他定然能够担当重任。

同样作为团队中的一员，尤其是负责关键任务的成员，在团队遇到困难的时候，一定要保持乐观的心态，这样才能激发自己克服困难的决心和勇气，而当一个人这么想的时候，他也往往能够克服困难取得成功。

在第二次世界大战期间，有两个人被关在纳粹集中营的一间狭窄的囚室里，他们唯一能够了解世界的地方，是囚室那扇一尺见方的窗口。每天早晨，他俩都要轮流去窗口眺望外面的世界。

一个人总是愁眉苦脸地看着窗外的高墙和铁丝网，另一个人却总爱看窗外的天空，看蓝色天空中的小鸟自由地飞翔。

半年后，那个整天愁眉苦脸的人因忧郁而患病死在了狱中，而那个爱看蓝天、小鸟的人则坚强地活了下来，直到获救。

我想，那个愁眉苦脸的人肯定是每天都在想着，自己被困在高墙铁网里，定然是没有逃出去的机会，自己一定会被困死在这里的。所以，他心中就没有了希望，便没有了生存的欲望，他的意念垮塌了，他的人也因此被击垮。而另一个总是看着蓝天、小鸟的人每天看到的都是欣欣向荣的景象，这些美好的景象不断地激励着他一定要活下去，去享受美好的生活，所以，他心中有强烈的生的欲望，他因此能克服重重困难，最后，他终于靠自己的意志走出了困境，换回了光明。

当我们面对挫折的时候，往往会把困难看得很大，觉得一点都不能克服。其实，当我们坚定信心真正去行动，去克服困难度时候，往往困难并非如我们想象的那样大。

所以，当团队遇到困难的时候，团队成员要坚定信心，要有勇于战胜困难的勇气，当我们信心百倍地去迎接挑战的时候，我们往往能够使团队走出困境，取得成功。

员工挫折感产生的原因

在成长的道路上，每个团队都会遇到各种困难，都会经受各种压力，团队中的成员同样承受着这样或那样的压力。面对诸多方面的压力，我们的员工很容易遭遇挫折，如果不进行妥善处理，会使得我们的员工工作积极性、主动性大打折扣，工作绩效降低，甚至会妨碍其正常的工作和生活，这会对企业长期稳定、健康的发展产生一定程度的负面影响。例如，企业的缺勤率、离职率和事故率增加，企业整体绩效下降，员工满意度、归属感下降，企业凝聚力、向心力逐步丧失，管理成本增加等等。

所以，团队要注意成员的心理健康，尽可能地采取各种有效措施避免成员产生挫折感，并及时发现和帮助受挫成员，帮助成员摆脱困境和挫折带来的阴影，通过各种方法帮助成员调整心态，使其保持积极、乐观的生活态度，调动成员的工作积极性和主动性，增强成员的归属感，最终促使企业与员工共同发展。

为了能帮助受挫成员摆脱挫折，重新振作起来，我们首先要了解：成员为什么会产生挫折感？这样才能对症下药。成员产生受挫感往往有以下几方面原因。

第一，客观方面的原因，主要包括自然环境因素、物质环境因素、社会环境背景因素3个方面。

自然环境因素主要指因气候变化和自然灾害所引起的困难。例如，登山团队会遇到雪崩、山洪暴发这些自然因素的影响。成员遇到了车祸受了伤，没有办法工作，这就会使成员内心产生挫折感。

物质环境因素是指因为物质的缺乏或故障，使人们无法满足需要而形成的挫折。例如，因为时间太紧，人手不够可能无法按时完成任务。

社会环境背景因素又包括家庭环境、工作中的人际关系和社会文化背景3方面的因素。

家庭环境因素主要体现在家庭成员之间出现矛盾，影响到成员的情绪，进而影响到他的工作。子女学习成绩差，亲子关系紧张等等。

工作中人际关系不顺畅包括上下级之间和同级之间的关系不和。成员不仅有物质方面的需求，还希望得到交往和精神方面需要的满足，也就是希望和同事、上级之间建立相互合作、相互信任、相互尊重的友好关系。但如果企业管理者独断专行，过分地监督、控制、甚至是惩罚成员，不尊重成员的建议和人格，使成员的能力不能得到充分发挥，从而导致上下级之间人际关系紧张。此外，同事之间的关系紧张，互不信任，互不团结，缺乏有效沟通。这两方面不仅会导致企业生产效率下降，产生内耗，还会因为员工对于互助合作等精神需求得不到满足，人际关系紧张，而导致成员挫折感的产生。

社会文化背景不同，例如，每个成员成长的社会文化背景不同，他们学习、接触的文化氛围不同，因而形成了不同的价值观。这样在工作过程中，因为每个人工作理念不同，工作中管理方式各异，就可能产生分歧，产生矛盾，进而会使成员产生挫折感。

第二，主观方面的原因主要有，个人目标的适宜性；个人本身能力的因素；个人对工作环境了解的程度；个人价值观念的态度和矛盾等因素。

个人目标适宜性指个人心中对工作的目标不同或对团队管理制度不适宜，如果团队没有满足成员的目标，就会使其产生挫败感。例如，一个员工想要按照自己的想法去做事，而团队却处处束缚他自由发展。还有一种可能是团队的管理制度中，如果出现工作时间、休息时间安排不当，员工福利缺乏保障，员工薪酬制度不合理，职务晋升制度不公平，工作任务过重，绩效考评不合理，工作中得不到信任与尊重等不合理现象，也会降低员工的工作积极性，使员工的心理上笼罩着一层阴影。

个人本身能力的因素指一个人的能力和工作不匹配。例如，一个人的能力无法满足工作的要求，这个成员虽然工作努力，但是总是无法圆满地完成工作任务。或者一个人的工作能力非常强，团队交给他的任务，他都能轻松解决，这些任务根本体现不出这个人的能力。这两种情况都会给这个人带去挫折感。如果企业管理者在分配工作的时候，对员工的心理承受水平和实际工作能力，尤其是他们的个性特点，如兴趣、爱好、理想、能力、气质、性格等方面，没有进行充分的了解，就很容易导致职业岗位对人的素质要求与雇员本身的能力、个性不相匹配，甚至是凭该员工个人能力无法完成。这样员工就无法从工作中获得乐趣和成就感以及其他物质和精神需要的满足，便产生了挫折感。

个人对工作环境的了解程度也会使团队成员产生挫折感。例如，一个员工如果对自己的工作环境不了解，那么，他工作起来就会束手束脚，还可能处处碰壁，完成一件工作非常困难。因为工作效率低，困难重重，这就大大降低了团队成员的工作积极性，使他倍感挫折。如果一个人了解到很多有关工作环境方面的负面信息，也会使团队成员产生挫折感。

个人价值观念的态度和矛盾也会使他产生挫折感。例如，一个人的价值观和团队的观念不能相吻合，他就会在工作中感觉不适，就会产生挫折感。

每个人在工作过程中都可能会到挫折和困难，即便是预先已经设定得很好的计划，也不可能做到尽善尽美，面对挫折和困难我们要有意念力，坚持、坚持、再坚持，从而才会取得最后的突破，成功地克服困难。因此，理性地看待挫折，不仅是战胜挫折的良好手段，更是获取机遇、取得突破的必经之路。

受挫后成员的3种行为反应

成员在遭受挫折后，挫折情境会对人心理上造成压力，使人产生紧张、焦虑、不愉快的情绪体验，并导致心理和生理活动的不平衡，影响人的正常行为和活动能力。为了应对这种压力，减轻或消除焦虑情绪的困扰，解除紧张状态带来的不安，维护个人自尊，保持心理的相对平衡，受挫者会自觉或是不自觉地启动种种心理防卫机制，以便应付或适应所面临的挫折情境，以减少挫折对自己的损害。一般情况下，成员受挫后通常有以下3种行为反应：

第一，积极的行为反应。是指成员在理智的指导下，通过积极进取的方式摆脱挫折带来的不良情绪，平衡心理，从失败中奋起的行为反应。这种积极的行为反应多是心理成熟度较高的人为了应付心理压力和挫折而经常采用的比较有效的适应环境的方式。

积极的行为反应主要表现为以下几个方面。

（1）成员把不被企业组织接纳或允许的行为或动机改变掉或隐藏起来，然后转化成其他的为人们所接受的方式表达出来，从而使个人的需要获得满足。例如，把自己的思想升华。有很多文学家、艺术家所创造的艺术作品，就是这些文学家、艺术家被压抑的感情升华的产物，例如曹雪芹的《红楼梦》、奥斯特洛夫斯基的《钢铁是怎样炼成的》、德国诗人歌德的名著《少年维特之烦恼》，梵·高的《向日葵》等等，这些都是作者自身经历的成功和失败的升华，都是作者内心真实情感的另一种表达。

（2）员工通过发挥个人其他方面的优势，使一方面的缺陷由其他方面的能力所弥补，从而实现目标，使个人的需要得到替代性的满足。

（3）员工通过自己加倍的努力，克服客观的不利情况，或者改变自身的行为方式和策略，最终实现目标。例如，一项工作任务重，时间紧，按正常情况很难完成，一些表现积极的成员就会加班加点地工作或者改进工作方法，来提高工作效率，进而实现预期目标，摆脱挫折感。

（4）员工通过自己的理性分析，适当降低自己的工作目标，以减少挫折感。

（5）当一个人遭遇挫折、处境困难或尴尬时，可以适当用幽默的方式来化险为夷，对付困难的境况，或间接表达自己的意图。一般来说，成熟的人，常懂得在适当的场合，使用合适的幽默，转变困境，渡过难关。并且这种方式能活跃气氛，创造轻松愉快的氛围，从而缓解紧张情绪和心理冲突，容易被他人接受。

（6）当员工受到挫折时，有时候会把自己同自己所崇拜的成功人士视为一体。例如，当一个成员受挫时，他会想到历史上的伟人都是在受挫的环境中磨炼成长起来的，所以，挫折是成功必备的基石。通过这样思考，员工就能大大提高自己的信心，从而减轻挫折感。

第二，消极的行为反应。这是一种非理智性对抗行为，当人们不能通过积极的反应形式来实现其目标，满足其需求和动机，那么心里就会持续地紧张，如果达到一定程度，人们往往会采取消极的行为反应。

消极的行为反应主要表现在以下几个方面。

（1）逃避。当一个员工不敢面对现实挫折境遇的时候，便逃避到较安全的地方，例如，幻想理想境况，悲观厌世等。

（2）退回或"倒退"。当一个员工受挫时，他可能会通过一些和自己年龄、身份不相称的幼稚行为来应付挫折或取得满足。例如，无理取闹、咬手指头、号啕大哭、轻信谣言等。其实，人的一生中，难免有想重回到未成熟时代的表现以重温旧梦获取满足。只要无伤大雅，可以用来调节心理。但是如果一个人过度依赖这种方式，则表明这个人心理不成熟，长此下去会成为心理疾病。

（3）逆反心理。当一个人为了掩饰自己的欲望、动机、观念便表现出与之相反的态度和行为，以减少焦虑，维护安宁。这种逆反态度能自觉控制自己不合理的欲望，有利于个人适应环境，但如果过分控制自己，既浪费精力，又损害健康。

（4）直接攻击。为了发泄愤怒，缓解压力，把自己内心的不满情绪直接通过攻击的方式发泄出来。例如，破口大骂、动手打人等。当然有的人也会进行自我攻击。但是无论是攻击他人还是自我攻击都是不可取的行为方式。

第三，妥协行为反应。这种方式是采取一种折中的办法来对待自己所遇到的挫折。

妥协行为反应主要表现在以下几个方面。

（1）合理化。给自己找理由，替自己辩解，以获得自我安慰，减轻内心的焦虑。

（2）抑制。员工把一些自己所不能接受或具有威胁性、痛苦的经验和冲动，在不知不觉中从自我意识中抑制到潜意识里去。例如，当一个人遇到不愉快的情绪时，会不知不觉有目的地遗忘，以缓解痛苦的感觉。这是一种抑制自己情绪的行为，如果抑制过度，就可能产生心理疾病。

（3）否认。当外界的事实令人过分痛苦而不敢正视时，员工可能会否认有任何问题，逃避现实。

当员工遭遇挫折后，如果能够及时采取积极的行为反应，加倍努力，再作尝试，通常会有利于工作的开展，至少不会引起明显的副作用。但是，如果员工遭遇挫折后，采取消极的态度，既不利于员工个人的身心健康，也会降低其工作效率。在日常工作中，我们应该抵制消极反应，尽量积极地去克服挫折，或者采取一个折中的办法来取得一定效果，以免使自己深陷消极情绪中，无法自拔，给自己、他人和企业带去危害。

领导怎样帮助受挫员工

管理者是团队中的重要一员，如果员工产生挫折心理，作为管理者应该及时发现并采取一定的措施，帮助员工摆脱困境，重新振作起来。管理者如果能及时发现员工产生挫折情绪，就能够有效地防止一些恶性事件的发生，能够帮助员工矫正异常行为，提高心理成熟度。同时还有利于提高员工工作积极性、主动性，增强员工归属感，提高员工绩效乃至企业绩效。那么，作为管理者应该怎样对员工进行挫折管理呢？

第一，管理者应该及时了解并排除造成挫折的根源。

团队的各级管理人员应该对员工的情绪保持高度敏锐，能在日常的行为中觉察员工的存在的不良行为或异样反应。例如，经常抱怨、发牢骚、吵架等。作为领导者发现这些不良行为后，就应该及时了解情况，找出问题根源，给予解决，以防患于未然。企业的领导者还可以通过对员工进行满意度调查，来及时发现员工心中的挫折、压力、不满等负面情绪，从而有针对性地采取行动。

当领导者发现员工的挫折后，就该积极寻找产生挫折的原因。一般情况下，一名员工把自己的成败原因归为何种因素，对其之后的工作积极性会产生重大的影响。例如，把成功归于内部因素，如勤奋努力、能力强等因素，那么，就会使人感到骄傲和自豪。如果把失败归因于内部因素，如能力弱、懒惰，那么，就会使人产生内疚感和无助感。如果把失败归于外部因素，会使人产生气愤和敌对情绪。如果把失败归于稳定因素，如任务难和能力差，则会降低其在之后工作中的积极性。反之，如果把失败归于不稳定的因素，如运气不好或不够努力等，则可能会提高以后工作的积极性，也可能对这次失败不够重视，下次可能会再犯同样的错误。

清楚了以上内容后，作为管理者应该引导员工把工作的失败因素归为内部的不稳定因素，例如，工作努力不够，运气不好等，切忌归于内在的稳定因素，以免挫败员工积极性。同时，管理者应该尽量淡化外部因素，这样，就可以避免员工在工作不好的时候，给自己找借口，以便对管理产生不利影响。

第二，管理者对受挫折的员工给予宽容的态度，帮助他寻找到适当的发泄渠道、给他一定的心理疏导或通过改变他的工作环境来降低挫折感，增强他们的信心。

人总是先在自己心里产生动机，然后想要达到某个目标，之后通过行动努力实现这个目标。如果在实现目标的过程中，碰到了困难，遇到了障碍，就会产生挫折，继而因为受挫而产生各种各样的行为反应。由此可见，员工的动机受阻是挫折产生的根本原因。所以，作为管理者应该多倾听员工的抱怨、牢骚，让他们有气发泄出来、有话说出来，待不满的情绪发泄出来以后，员工才会心平气和。然后，领导者也知道了问题的根源，再对症下药，给员工以适当的心理疏导，例如帮助他把现实条件下一时难以实现或不合时宜的目标调整一下，这样既使员工内心的挫折感得到发泄，又可以使领导者及时了解、解决员工的心理问题。

另外，应对挫折，改变环境也是一个行之有效的方法，例如，通过对员工进行岗位调动，或者加强对员工的培训，以及通过打造企业奋发向上、积极进取的文化氛围、工作环境，能够使员工感到企业组织的关心和温暖，从而减轻或消除员工的挫折感。

第三，领导者要帮助受挫员工成长。

当员工遇到挫折后，他们自我实现的需要得不到满足，积极性就会被挫伤。解决这个问题的最好方法就是领导者多为员工创造良好的学习条件，帮助员工发展。这样既可以帮助员工从挫折的阴影中尽快走出来，还能够让他转移注意力，树立新的奋斗目标，重新振作起来，投入新的工作中。当然也可以通过补偿的方式，来降低员工的挫折感。这两种方式无论是对员工还是对企业都很有益处。

例如，我们现在大力实行组织扁平化，这大大压缩了管理层级，管理岗位相应减少，再加上职业发展道路单一，这就使一大部分员工的晋升之路受阻。如果不能对这部分员工给予指导和帮助，员工就会产生极大的挫折感，认为无论怎样工作，结果都是不能得到晋升，这样，他们工作起来就会懈怠。为此，作为领导者应该及时发现类似问题，并提出及时有效的措施，例如，可以实行"双轨制"，即将技术岗位和行政管理岗位分开，技术岗位可以通过技能学习、技能鉴定等方式来提高技术等级，然后技术等级再与薪酬等级、培训等内容紧密挂钩，这样就可以有效避免技术人员一窝蜂地往行政管理岗位挤的现象，能够一定程度上降低受挫员工的数量，而且还有助于提升员工的技术水平。另外，还可以实行"宽带薪酬"。即在组织内部用少数跨度较大的工资范围来代替传统的以较多的工资级别的跨度范围，把原来十几个甚至二十几个薪酬等级压缩成几个级别，取消原来狭窄的工资级别带来的工作间明显的等级差别。但同时将每一个薪酬级别所对应的薪酬浮动范围拉大。

这样，员工薪酬、待遇的增加既可以通过职级的提升获得，还可以通过绩效考核、年功等方式获得，从而对晋升受阻的员工提供了一种补偿，降低或消除了员工因晋升受阻而产生的挫折感，使得员工能够在岗位上踏踏实实地干下去。

总之，领导者作为团队的带头人，就应该勤观察、多思考，及时发现团队中的异样情况，并细心观察，给予及时的解决，从而使员工轻松愉快地成长，使团队健康顺利地发展。

如何有效预防挫折的产生

前面已经详细地介绍了引发员工产生挫折的一些原因，从中我们可以看到使员工产生挫折感的因素有很多。其实，其中有些因素是可以提前预防的，例如，人际关系因素，个人适宜性因素，本身能力因素等。如果能够提前预防这些因素以避免员工产生挫折感，就可以给员工个人和企业减少很多损失。所以，企业有必要认真分析员工产生挫折感的种种原因，并切实地采取有效行动，以避免不必要的挫折发生，从而营造和谐的企业氛围和环境，推动员工进步，实现企业的稳定和发展。预防员工挫折感可以从以下几个方面入手。

1. 采取科学有效的管理方法

管理方式不当，对员工产生挫折感具有很大的影响，是造成雇员心理挫折的重要原因。所以，企业应该实行科学管理，以便有效地预防员工产生挫折感。

对员工实施科学的管理，是一种综合性非常强的管理方式，它涉及方方面面内容，但是，归根结底是要为员工创造良好的工作氛围。企业可以从以下几个方面着手：企业在给员工安排工作的时候，企业人力资源部门应该多了解员工的个性特点，习惯爱好，然后有针对性地给员工分配工作岗位；人力资源部门还要考虑到员工自身的实际能力和其所处的客观环境，充分考虑后，为员工设定既具挑战性又切实可行的工作目标；企业中每个办公室、工作场所都应该精心布置安排，注意满足每个办公室成员身体需要的舒适度，可以从照明度、温度、湿度、噪声、颜色等方面加以设置，以便给办公室成员提供身心健康、舒适、偷悦的工作环境，使之有助于提高员工的工作效率。如果客观环境条件很差，无法改善，那么，就应该给予员工一定的补偿。例如，勘探人员长期在户外作业，即可以通过提高他们的薪酬待遇，给他们提供先进设备来补偿他们；另外，企业应该给员工进行必要的教育和培训，这样来提高员工工作能力，增强其应对外界压力的能力和心理承受能力；最后，企业还应该实施科学的绩效考评制度，例如：对临时员工和正式员工的安排和报酬设置都要求体现公平原则，注意协调处在同一职位上的员工素质，从而满足员工对公平感的需要。企业还应该多关心员工的生活状况，尽可能帮助员工解决生活中的困难。丰富员工的业余活动，使他们在紧张的工作之余得到适当的放松和休息。

2. 协调企业内人际关系

美国著名心理学家马斯洛认为，人在生理需要和安全需要都获得满足后，便开始显露社会性需要。所谓社会性需要就是指人对社会交往的需要、合群的需要、归属的需要和对友谊、关爱等人和人之间深厚感情的渴望。和谐的人际关系，能使员工在工作中与管理者和同事之间建立深厚的友谊，获得上级和同事的关心、信任、尊重、帮助和支持，这是员工的一种基本需要。一旦人际关系紧张，上下级之间、同事之间互不沟通，相互猜疑，相互抱怨，都将会严重挫伤企业员工的归属感，使其产生挫折感。所以，在企业管理中，无论是企业的管理者还是人力资源部门的人员都应该重视人际的协调。

企业人力资源管理部门应该有效地加强管理者和员工之间的沟通，加强企业内部信息沟通，这里的沟通包括上下级之间的双向沟通及雇员和雇员之间的平行沟通。有效的沟通能够密切上下级之间、同事之间的感情和联系，促进理解与合作，以减少矛盾和冲突，防止各自为政，互相扯皮等不良现象的产生。

如果一些企业管理者在对员工工作的评价和考核，工资薪金的分配、发放等方面存在不公平现象，就会导致员工心里产生不公平感，员工工作的积极性就会大大下降。并且，企业管理者不能平等对待员工的工作，会使企业内部人际关系变得紧张，企业凝聚力和战斗力都会大大下降。所以，作为一个企业的管理者，应该注意对待下属要一视同仁，公平对待。企业的管理者能够有一个公正做事待人的态度，就会大大避免员工挫折的产生，增强内部团结，人际关系也会变得协调。

人际交往非常重要，但是有的员工不善于人际交往。企业的管理者可以利用讲座、墙报等方式介绍社会交往的一些常识，提高员工的知识水平，消除他们的自卑感，增强他们社交的自信心和能力；企业还可以通过开展团队学习、深度会谈、人事对话等方式来加强企业内成员之间的交流，协助员工改善人际关系，消除员工的不良人际情感。例如：忌妒感、猜疑心、报复心等，除去对他人的偏见，引导员工克服认知偏差，使员工全面、客观、公正地认识和评价他人，从而预防挫折感的产生。

3. 营造良好的企业文化氛围

要想营造积极向上、勇敢乐观的企业文化氛围，就应该加强企业的文化建设，以便给员工提供良好的文化氛围，帮助员工树立正确的价值观和乐观向上的积极生存态度。可以建立企业内部刊物，刊载企业内部员工积极迎接挑战、克服困难取得成功的事例，给员工树立学习的榜样，这样能给员工以激励作用，当员工遇到挫折的时候，能够从榜样的事迹中获取力量，从而激发自己的工作热情和激情，帮助员工战胜困难，最终取得良好成绩。还可以在节日里举办各种集体活动，增进员工之间的感情，增强员工的归属感。有条件的企业可以建立一个心理疏导部门或者可以让一个人负责心理疏导，让员工能够说出自己的心里话，发泄自己的情绪，这样就可以避免员工把不满的情绪郁结心中，给员工和企业都带来不良的影响。

防患于未然，有效地预防员工挫折感的产生非常有必要，作为企业应该采取积极主动的措施，把员工的挫折感扼杀在萌芽状态。

第二十六章

当1+1小于2时——清除团队精神的敌人

切莫只注意分工，不懂协作

建立在职责明确、分工清楚基础上的相互协作是团队一个重要特征。一个团队之所以比一个人的力量强大，关键就是因为团队之间可以相互协作，优势互补。正是因为有团队的协作，才体现了团队的强大力量。否则，只是团队成员简单地集中在一起，还是如个人活动一样，各做各的事，互无往来，那么，团队就失去了它存在的意义。所以说，团队中有分工更有协作。

但是在现实生活中，有些企业或组织，更多的人忽略了协作，而只注重分工，认为分工明确、责权分明，这样员工才能关注自己的事情把工作做好。员工也认为应该责权分明，劳动一分就挣一分，就不会帮助他人做免费劳动。于是，他们对"分外"的事情漠不关心，一旦公司要求他们做一点"分外"的事，他们就会非常不情愿，能躲就躲，能搪塞过去就搪塞过去。这样的结果，很容易导致失败。

一个美丽的秋天里，果园里到处都可见累累硕果，红的娇红，黄的黄艳艳，长得非常好看，让人垂涎欲滴。其中有一颗又红又大的鲜果看着枯黄的叶子和凋零的花瓣，洋洋得意地说："我长得颜色鲜艳，吃起来又甜又香，谁见了我都夸我！"

一朵刚刚飘落的花，听了它这句话，不甘示弱地说："别臭美了！没有我们花的当初，哪有你们果的今天！你们的荣耀不是全依仗我们的吗？"

"谁能离开我们？没有我们叶子，你们早就没命了，还有工夫在这里吹！"一片枯黄的叶子愤愤不平地抱怨。

这时，深深扎在地下的根听到了它们你争我抢的谈话，它憋了一肚子火，心想：光知道给自己揽功劳，你们都没有看到我的重要性，看没有我你们怎么办。于是，它一不做，二不休，索性从土中跳了出来。

到了第二年的春天，果园中其他的果树上都开满了鲜花，唯有这株果树再也没有发芽、开花，自然也不会结果。不久，便成了一堆朽木。

旁边一株百年老槐树叹息道："太可惜了!各自都有作用，不知道团结，只能自食苦果。"

果实、花、叶子、根都没有意识到它们每个都很重要，它们每个都有自己的分工，果实负责给人们提供美味；花装扮果树，帮助结果；叶子提供大树的养料；根为整个大树吸收养料。但是，它们又是相互依赖，相互支持的。没有花就没有果；没有叶就没有花；没有花、果、叶，根就是死桩。可惜它们没有意识到这一点，不能团结在一起，结果，导致了它们的死亡。

作为一个团队，不仅要有分工，也要有协作。团队中过分强调分工的人，是把自己和团队割裂开来去看待，认为自己的行为与团队毫不相干。这种观念是团队精神的大敌。有了这种观念的人会认为自己和公司的关系就是一种交易关系，一份报酬一份付出，所以他们从来不在报酬之外多付出一分。凡事斤斤计较，变得心胸狭隘，自私自利。其实，做分外事也能给自己赚取报酬，做不好分外的事终究会影响到分内。

其实，无论是团队还是个人，都需要具备责任感！那种认为自己已经做好了自己的工作，就算完成了对企业的责任，就没有必要再去承揽其他工作，绝对是错误的观念。看不到分外的事是一种短视行为，这种行为忘掉了协作精神，违背了团队精神。凡是那些优秀的员工其实从不曾考虑分内分外。那些对分内工作尽职尽责，且对有益于他人、有益于企业、有益于社会的分外事情尽力而为的人，总会得到大家和团队的尊重和敬仰，终究会收获更多。

一家快餐店生意非常好，张明禁不住被吸引了进去，他好不容易找到了个座位。但是，坐了好几分钟，也没见有一个服务员过来招呼他。正在张明着急的时候，一个端着满满一托盘脏餐具的小伙子匆匆忙忙地从张明身边走过。不过，他用眼角余光看见了张明。他停住脚步，回过头来问："先生，需要帮助吗？""我需要点菜。一份蔬菜色拉和两份鸡肉卷。"张明说。"好的，先生。还需要饮料吗？""来一瓶冰镇可乐吧。""哦，对不起，我们这里没有冰镇可乐，未经冰镇的行吗？""那就算了。"张明笑道："来一杯柠檬水吧。""好的，马上就到。"他说完人就匆匆走了。

不一会儿，那个年轻的小伙子端着蔬菜色拉、鸡肉卷和柠檬水来了。张明谢过他后，他很快又匆匆走了。张明吃完午餐后，正要往外走，忽然，他感到身边站了一个人，扭头一看，是那个小伙子。他伸手递给张明一瓶冰镇可乐！"太好了！"张明高兴地说，"谢谢！""应该的。"他笑着说，然后又很快地离开了。张明不由暗夸他是个"好员工"。不一会儿，张明看到了小伙子，便叫住他问："对不起，我记得你一开始对我说，你们这里不卖冰镇可乐的？""是的，先生，我们这里没有冰镇可乐。""那么这瓶是从哪里来的？""从对面的商店买的，先生。"张明大吃一惊。"谁付的账？"张明问。"我，先生，只不过几块钱。""可是，我注意到你一直很忙，你是怎么有时间去买冰镇可乐的呢？"小伙子答道："不，不是我买的。是我让老板去买的！"张明更加吃惊了，心里想着那个情景，小伙子对老板说："去，给我买一瓶冰镇可乐！"

当张明离开快餐店的时候，给了这个小伙子很多小费，张明认为这是他应得的。几个月后，张明又一次来到这家快餐店。但是，这次，他没有看到那个小伙子。服务员说他不在这里干了。张明问："老板解雇他了？"服务员笑着说："不，先生，他已经升任我们的经理了。"

这个小伙子就是一个不计较个人得失、不讲究分内分外、视团队利益为最高利益的人，正是因为他的这种团队意识，使他获得了提升。这样做不是比只干分内事获得的报酬要多得多吗？

天下没有免费的午餐

有付出不一定有收获，但没有付出就一定不会有收获。

几百年前，一个老国王让他最聪明的臣子做一件事："你去给我编一本书，叫《各时代的智慧录》，以传给我们的子孙。"

这个臣子接到任务之后，就带着一大批人去编书了。他花费了很长时间，整整编写了12卷，几百万字。老国王看到他编好的书说："我相信这是各时代的智慧结晶，但是它太厚了，我怕后人不能认真地看完，最好把它浓缩一下。"

臣子又精简了很多，最后把12部书精简到一卷。但是，国王还是认为有些长，又命令这个臣子去压缩。臣子无可奈何，便把这卷书浓缩到了一篇文章。老国王还是觉得有些长。臣子不得不又进行浓缩，把一篇文章浓缩到一页，后来又把一页浓缩到一段，最后，浓缩到一句话。

老国王看到这句话，非常高兴："各位爱卿，这可是各时代的结晶啊！只要大家抓住了这句话，所有的问题都迎刃而解了。"

这句经过千锤百炼的话，就是——天下没有免费的午餐！

这句话已经成为了社会上人人皆知的经典，这意味着天底下没有不劳而获的事情。要想取得非凡的成绩，就要付出非凡的努力。

但是，在我们周围，有很多正做着与这精神相违背的事情。我们常常会听到这样的话。一些人说："今天早晨我晚去了一个小时，结果人事部小李给我记了一天的工资"，然后脸上露出得意的表情。还有的人说："你真傻，你和小王都不负责这个项目，你为什么就要干这么多呢？反正最后也不多给你工资，你还是少费些力吧。"……类似这样的说法数不胜数，人们普遍认为自己没有劳动多得了报酬，那是占了便宜，是一件值得炫耀的事情。其实，还是那句话，天下没有免费的午餐，也许你的不劳而获会给你的事业埋下隐患，因为不劳而获终究是要付出代价的。

一天，小张下班正走在繁华的马路上，突然她看见路边一个不引人注意的地方放着一个钱包。钱包的拉链还敞开着一半，里面隐约露出几张百元大钞。小张顿时就动了心，上去把它捡了起来。打开一看，里面竟然有几千元钱。

这下可发大财啦！小张正想把钱包揣进兜里，这时候，突然从旁边过来两个人，对她说："这不是你的钱，你怎么能拿呢，我们都看见了，如果不想让我们告发你，你最好把钱分一半给我们！这样吧，你先把这个钱包藏起来，别让人发现了。现在你口袋里有多少钱，随便给点就行！"

小张心想，可以啊，我口袋里只有几百块钱，堵住他们的嘴巴，这些钱都全归我了！于是她想都没想，便把口袋里的钱全都掏给了他们。等到她到了家，忙不迭地打开钱包，却发现里面全是假币。

骗子之所以能够取得成功，就是因为他们利用了人们想不劳而获的心理。如果小张不存侥幸心理，那么，她就能发现这是个陷阱。正是因为她想着不劳而获，却因此付出了代价。所以，人不要想着不老而获，等待"免费的午餐"，获得就有代价。你赚了公司一个小时的工作报酬，却给员工留下工作不积极的印象，如果这种情况经常出现的话，就有可能被开除。虽然员工在工作中做了很多事，但是得到的工资和其他人一样，好像没有什么收获。其实他在努力工作，付出劳动的时候，能收获很多工作经验，能增长很多知识，能力会在不断地工作中得到增强。并且他努力工作的表现也会赢得员工的赞同和企业老板的赏识。长期坚持下去，他定然会有晋升的机会，从而取得成功。所以，一定要坚信，有付出就一定有收获。多劳定能多得。

谁都想快速成功，便总想着不劳而获，但是，这种想法会使人堕落，不劳而获便会无所事事，无所事事就会令人退化，一旦养成不劳而获的习惯，一个人的品格会大打折扣。这样的人不会培养自己的个性，意志无法坚定，总是依赖使用不正当的手段获得收获，但是他们最终却不会有任何收获，因为只要还存有一点取巧、碰运气的心态，这个人便很难全力以赴。

一个人看见一只幼蝶在茧中拼命挣扎了很久，感觉它太辛苦了，便出于怜悯之心，用剪刀小心翼翼地把茧剪掉了一些，让它轻而易举地爬了出来，但是，这只幼蝶没有爬多久便死掉了。其实，幼蝶在茧中挣扎是生命过程中不可缺少的一部分，是为了让身体更加结实、翅膀更加有力，而这种投机取巧的方法只会让其丧失生存和飞翔的能力。

由此可见，只有全力以赴才能取得成功，不要想着不劳而获，不要梦想彩票中大奖，或把时间花在赌桌上。这些一夜之间发达的梦想，都是人们努力的绊脚石。只有老老实实地工作才是最高尚的，才会给人带来真正的幸福和乐趣，才能有所成就。只要能放弃投机取巧的心态，实实在在努力工作，成功必定离我们不远。

不劳而获的心理不仅阻碍团队成员的成功，也会影响到团队的团结。试想一下，如果一个员工总是好占小便宜，总是迟来早走，而其他的员工是按时按点地工作，这必然会使其他员工内心产生不平，心中有了火气，自然不会对这个懒惰的员工有友好的态度。因为员工好投机取巧，所以总是得不到他人的尊重，会受到他人的疏远，人际关系会僵化。

人生需要每个人去拼搏，去努力奋斗，没有努力，就必定没有收获，没有成功。

诿过于人是团队精神的大敌

每人都有犯错误的时候，谁都不可能避免会犯错误，有的人犯了错误敢于自我反省，但有的人则喜欢把错误归咎他人，就像这只小猪一样。

一天，小猪妈妈从商场回来，发现冰箱冷冻门没有关，里面的东西都已经解冻一大半，报警器一直在叫。

猪妈妈一看就知道一定是小猪干的"好事"，她常犯这样的错误，总是要人提醒才回手关门。猪妈妈挺气愤地喊道："小猪，你又忘关冰箱的门了，你看饺子都化了。"

小猪一愣，旋即开始反驳："那不怨我，是你们没早点看到。你们应该关门，不是我应该关门。"……她絮絮叨叨地把责任推到别人身上，这是她经常的反应：没有什么坏事是她做的，都是别人的错。

猪妈妈很生气，严肃地对小猪说："冰箱门就是你没关，你只要说我错了就行，别找别的理由。"猪妈妈抱起她让她承认错误，可是她坚决不承认。

就这样纠缠了好长时间，小猪哭着说："我已经说了对不起，我都说两次了。"猪妈妈看着她的眼睛，坚定地说："刚才我没听见，你现在再说一遍。"小猪还是哭着不肯说，猪妈妈烦了，要把她放在椅子上，说："你不承认错误，我也不想和你说了。"终于，小猪哭着说了声："对不起。"

猪妈妈把她放在沙发上，让她哭，不管她，后来她哭得没意思了，正赶上小花猪姐姐和猪妈妈讨论问题，她也参与进来，眼泪还在眼睛里，神态却完全正常，其实她也知道自己不对，哭只是装个姿态，心还是虚的。

她们正在讨论冰箱不关门会产生什么后果。当猪妈妈看到她，便问："以后开了门要怎么做呀？"她一脸恼怒地说："别说这个啦！"然后又镇定自若地讨论起冰箱的问题，仿佛没关门的是别人，而不是她。

小猪的态度，在我们生活中也会常常看到。其实，每个人都有犯错误的时候，谁都不可避免会犯错误。有的人犯了错误会知道自我反省，自我悔改。但还有一些人就像小猪一样，不懂得反省自己，却把种种导致错误的原因归结为别人等外界因素，从来不认为自己做错了事。

例如，我们常会看到这些现象，一些人因为自己无能，衣食无着，便抱怨社会不公平，抱怨他人对自己冷漠不关心，把自己打扮成一个可怜兮兮的无辜者形象，把自己身上的责任全部推卸出去。

一些人工作多年得不到提升，他就会认为老板不公平，老板不给他们施展的机会。却不能从自己的角度考虑一下，看看自己是否足够努力，看看自己是否真的就那么优秀，值得被提升。

一些领导提升了一个人，但是这个部下不懂得感恩，领导心中就会后悔，认为自己不应该提升这样无情无义的人。但是，这个领导却没有从自身考虑一下，自己是否对部下足够关怀，自己身上是不是也出了错。

我们还常常听到这样的话，如果一个人上班迟到了，老板问他，他十有八九会说：

"今天太堵了，所以迟到了！"

"今天公车来晚了，所以迟到！"

"今天下雨，所以迟到！"

"今天……"

但很少有人这样说："对不起，这是我的错！"

同样在生活中我们也会看到这种现象，例如，一个男孩被女朋友抛弃，他不会去从自身角度考虑一下，是否自己做得不够好，而是认为女孩背叛了他，把所有的错误都归结到对方的身上，仇恨他人，认为自己是无辜的。

一个妻子认为自己的丈夫对自己不像以往那样好，便认为是丈夫变了心，却不能从自身角度考虑一下，是否自己对丈夫关心得太少，只是把错误都归咎给丈夫，认为自己一点错误都没有。

类似现象数不胜数，他们总是把错误归结到别人身上，把自己装扮成受害者，心安理得地谴责别人。其实这是一种不负责任、推卸责任的表现。错误对我们来说是不可避免的，我们应该勇敢地面对它，不要试图逃避自己应承担的责任。

一个周日下午，风很大，乔治和家人驾车行驶在高速公路上。突然，一幅惊人的画面闯入他们的视野：在公路右侧的旷野中，一个中年人正从轮椅上滚下来，扑向一大片报纸。报纸在空中飞舞，狂风将报纸吹得到处都是。他不能站立，只能在地上爬行。他努力想去抓住那些报纸，可风实在是太大了，他的腿又有残疾，转眼间，旷野中到处都是报纸。

乔治的大儿子喊道："爸爸，我们帮帮他吧！"他们迅速地将车停好，然后一起冲出去帮忙。

风很大，乔治家人四处奔跑捡拾着地上和空中的报纸。当乔治抓住报纸，将它们抱在胸前的时候，强烈的好奇心使他十分想知道发生了什么事。当他们把报纸都捡了回来，围拢在那个人的周围。

这时这个残疾人紧紧地抓着他费了很大力气才抓住的几张报纸，乔治的小儿子问他："发生了什么事情？"他挣扎着坐回到轮椅上，一只手抖个不停，好像是残废了。他说："老板让我把几捆报纸送给客户，等我到地方时发现缺了一捆，急忙回来沿途寻找。当我来到这里时，我简直不敢相信我的眼睛，报纸被风吹得满地都是。"乔治未经仔细考虑就问道："你打算一个人把这些报纸捡起来吗？"他很奇怪地望着乔治一家人说道："当然，我必须这样做。这是我的错！"

这个残疾人尚能勇敢承担自己的错误，他这种高贵的人格，让人震撼！其实，如果他不去这样做，别人也会理解他，但是，他没有因为自己残疾就放弃承担责任，他有着一颗敢于承认错误、承担责任的心。

作为团队成员，我们也应该学习这位残疾人这种优秀的品质，勇敢地承认自己的错误，不找借口推卸责任。不敢承认错误，推卸错误是团队精神的大敌。如果同事之间相互指责，相互攻击，都把错误推卸给他人，那么，这个团队一定团结不起来，人们在不愉快的氛围中，谨小慎微地工作，必然不会有太大的积极性，团队发展也不会太好。当然，如果我们团队成员能够做到勇于承认错误，敢于承担责任，那么这不仅会提升自己的地位，给自己带来光明的前途，也有利于搞好人际关系，促进团队的发展。因为一个勇于承认错误、敢于承担责任的人是值得信赖和重用的。每个人都能承认错误，而不是把错误推卸给他人，胡乱指责他人，那么，这个团队一定是团结的、积极向上的，这个团队一定会发展得很好。

快乐地工作，工作不是苦役

石油大王洛克菲勒曾在信中告诫儿子："如果你视工作为一种快乐，人生就是天堂；如果你视工作为一种苦役，人生就是地狱。"作为团队成员是否能把工作当成一种快乐的事情去做，关系着他是否能全身心投入到工作中，是否能够保持高效率的工作。只有从工作中找到乐趣，快乐工作的人才能高质量地完成工作，才能做到精益求精，才能为团队做出更多的贡献，才能为自己创造更多成功的机会。

但是在职场中，很多人不是把工作当作享受，而是视工作为苦役。他们认为工作是乏味的，自然而然产生一种抵触心理。早上一醒来，头脑里想的第一件事就是：痛苦的一天又开始了……他们磨磨蹭蹭地挪到公司以后，无精打采地开始一天的工作，好不容易熬到下班，立刻就高兴起来，和朋友谈天说地之时总不忘诉说自己的工作有多乏味，有多无聊。那么，这样的人结果会是怎么样呢？

一天，主人把货物装在两辆马车上，让两匹马各拉一辆车。

路上，一匹马渐渐落在了后面，并且走走停停。主人便把后面一辆车上的货物全放到前面的车上去。后面那匹马一身轻松，于是便跑上前来，对前面那匹马说："你看到了吗！越是卖力干，主人越要折磨你。"

回到家后，家人对主人说："你既然只用一匹马拉车，那么你养两匹马干吗？"于是主人把那匹不拉货物的马宰掉了。

这就是答案，如果我们不能努力工作，心存懈怠，将工作看成苦役，那么，我们的命运就和这匹马被主人宰杀一样，被社会无情地淘汰。

工作能换来生存必需品，能获得他人的尊重，能赢得社会地位，我们在工作中才能实现自我价值，每个人都和工作有着紧密的联系，既然我们终究要劳动，要工作，那么为什么不能热情地工作，把工作当成一种快乐的事情呢？其实，每份工作都有它的乐趣，关键是看我们是否能发现它。

有3个石匠，都在忙碌地雕塑石像，有人问他们："你们在这做什么？"

第一个人回答说："我正在凿石头，凿完这块我就可以回家了。"

第二个人说："我正在做雕像。这是一份很辛苦的工作，但是酬劳很高。毕竟我有太太和4个孩子，他们需要温饱。"

第三个人放下锤子，骄傲地指着石雕说："我正在做一件艺术品。"

3个人干着同样的活，有的人找到了工作乐趣，有的人把工作视为苦役。第一个人永远视工作为惩罚，在他嘴里最常吐出的一个字就是"累"。第二个人永远视工作为负担，在他嘴里经常吐出来的一句话就是"养家糊口"。第三个人永远以工作为荣，以工作为乐，在他嘴里最常吐出的一句话是"这个工作很有意义"。最后，最容易取得成功的便是第三个人，因为他在工作中找到了乐趣，所以就不感觉乏味，他总能找到继续工作的热情，所以，总是乐此不疲，努力工作。试想一下，一个努力工作，不断钻研的人，难道不更容易成功吗？微软公司创始人比尔·盖茨说："如果只把工作当作一件苦差事，或者只将目光停留在工作本身，那么即使是从事你最喜欢的工作，你依然无法持久地抱有对工作的热情。"可以说，不将工作看作是一种苦役，而是看作增添生命味道的盐，是一个人成就大事业、建立大功勋的基石。

快乐地工作是一种态度，拥有一个积极乐观的态度，我们就更容易在工作中找到快乐。所以，我们在工作中一定要端正态度。端正态度，快乐地工作，能够让我们拥有融洽的人际关系，因为这样的人就像太阳一样，身上有工作的热情，有爱人的热情，这种热情就像是阳光一样，会使人感到温暖，人们都愿意和这种人在一起工作。

要想在工作获得持续的快乐，就应该把眼光放长远，把自己的工作当成自己一生的事业去完成。当我们把眼前的工作和自己事业联系在一起的时候，我们工作中每进步一小步，都是在为自己事业的成功奠定基石。当我们看得更远，那么我们便能拥有更多的激情投入到工作中，我们便能找到工作的不竭动力和热情。李先生是一家外企的销售部门经理，业绩压力非常大，虽然他的工作异常辛苦，但他总能保持旺盛的斗志。有人问他，为什么能做到这点，他回答说："因为我有我的计划。这份工作虽然我觉得还可以，但我知道这不是我最爱做的，也不会是事业的终点站。但是它目前对我很有意义，因为我自己的计划是，在3～5年之内自己创业，现在我需要经验以及原始资金的积累，而这份工作，可以让我获得这些，就算是将来创业不成，我个人的职场价值肯定也已经提高不少。"

要想工作有快乐，如果明确自己喜欢什么工作，不妨去做，兴趣总能激发我们强大的工作热情。张先生是一家外企软件工程师，他每天都会加班加点地干活，因为他从小喜欢做手工艺，喜欢研究。所以，他喜爱自己的工作，他从来不感觉疲倦。他曾说："给我加薪，给我升职证明了我的工作能力，这些使我感到光荣和满足，但是这些不能给我带来足够的快乐，我只有投入到工作中，才能快乐。"

要想从工作中发现快乐，快乐地工作，我们就要多了解工作中的技能，提高自己的工作水平，在不断的学习中，找到自身的不足，不断地进步，从中我们会收获很多快乐的经历。

没有行动就没有成功

人们习惯于做事总往后拖延一步，总希望自己在行动前先享受一下最后的安逸。但是在休息之后又想继续享受，这样直到期限已满，行动也还未开始。结果，拖延可能直接导致行动的失败。

在生活中我们常常会看到这些情况：一些人的生活陷入了恶性循环——玩乐不学习，直到最后期限迫近，焦虑紧张却仍然无法开工，发誓下次一定从一开始就努力；火烧眉毛时赶出些差劲的东西蒙混过关，过关后精神松懈，玩乐不学习，又等到下一个最后期限迫近……如此周而复始。

我们每天都对自己说，从今天起，工作一定要努力呀，但是，一工作起来，就会习惯性地想要看谁更新博客没有，谁回复了什么，自己种的西瓜要不要收了……过了一个多小时，忽然发现自己还没有工作，便自言自语说："你该工作了。"但是，又自言自语："好，我把这篇东西看完吧。""再看一个我就工作了。"结果时间就这样过去了，自己一天什么都没有做。

早晨起床的铃声响起来了，睡眼惺忪的我们，可能看一看表，心里想着：再睡一会儿吧，再睡5分钟我就起来。但是5分钟后，想再睡10分钟，就这样时间一点点向后推，等到最后一看，自己迟到了。

如果这些状况经常发生的话，我们的工作定然没有业绩，常常不能按时完成任务，这样必然会拖公司的后腿，长此以往，我们终究会被企业淘汰，被社会淘汰。

如果我们能控制一下自己的懒惰心理，立即行动，我们就能获得成功的机会。

松下电器的创始人松下幸之助，起初家境贫寒，全家靠他一人养家糊口。松下失业后，一家人的生活便无法支撑。一次，他去一家电器公司求职。当身材瘦小的松下来到公司人事部，请求公司给他安排一份工作最差、工资最低的活干时，人事部主管见他个头瘦小又衣着不整，便随便编了个理由说："我们现在不缺人，你过一个月再来看看吧。"其实这只不过是个托词，可是没想到，一个月之后，松下真的来了。那位人事部主管又推托说现在有事，没时间接待他。过了几天，松下又来了。那位负责人有点不耐烦地说："你穿得脏兮兮的，根本进不了我们公司。"松下回去后就借钱买了一套新衣服，穿戴整齐后又来了。

这位主管一看，觉得不好说什么了，可又想难为松下一下，便说："我们是搞电器的，从你的材料看，你对电器方面的知识了解得太少了，不能录用。"两个月后，松下又来了，他对那位主管说："我已经下工夫学了不少电器方面的知识，您看哪个方面还有差距，我再一项一项来弥补。"这位人事主管盯着松下看了半天，感叹地说："我干了几十年了，头一次见到像你这样找工作的。"就这样，松下终于打动了主管，如愿进入了这家公司。

后来，他在工作中细心认真，总是能够找到自己的不足，并能立即行动找到弥补的方法，结果，他的进步速度非常快。最后，他经过不懈努力，终于成为享誉全球的"企业经营大师"。

不要犹豫，不要懒惰，只要我们能立刻行动，成功会距离我们越来越近。有的人虽然愿意行动，也非常勤奋，但是做事总是前思后想，凡事总是认为还没有准备好，条件还不具备。总想再等等，等条件具备了再去行动，结果往往丧失了大好机会。机会难得，为了抓住机会，我们可以利用已有的条件，一边行动，一边寻找或等待条件成熟或齐备。例如，某企业准备生产一批紧缺商品，但是各种材料数量有限，需要从外地加运。作为总经理，难道你会等到材料全部凑足才开始生产吗？显然不会，你会利用已有的材料生产，一边生产一边运输材料。如果等到材料全部凑足才去动工，可能紧缺商品已成为滞销商品。并非已有的条件完全不充足，而是他们墨守成规，做事死板呆滞。由此可见，愿意行动不等于行动，行动起来才可能成功。

还有一种人情绪悲观，是一种不自信的表现。例如，一家公司正在做一个架桥工程，在建造桥梁的过程中出现了差错，延误了一些时间，这家公司的经理，就此感慨道："这个工程失败了，做什么都来不及了。"结果这项工程没有完成便撤退了，该公司也遭受了严重的损失。其实，也许继续咬牙坚持做下去，可能这个公司的损失会小一些。既然一切以前的事态已经成为了现实，那么，接下来就只有一条路：那就是行动。行动在什么时候都不会晚，只要我们行动起来，就有挽回损失，重获成功的可能。否则，只能是放弃和失败。

个人不能养成拖延的坏习惯，身为团队中的一员更不能有拖延的坏习惯，因为团队成员的各种工作表现都会影响到整个团队的发展，关系着团队大局。如果一个团队反复出现问题和不良现象，如果有关负责人讳疾忌医或久拖不决，长时间积压下去，就可能成为团队发展的毒瘤，给团队未来发展埋下隐患，甚至最终使团队无法正常运转，严重威胁团队的生存。所以，团队中频繁出现问题，有关负责人不应该回避，应该抓住苗头，及时找到症结所在，找到有效的解决办法和途径。当今社会是个竞争日益激烈的社会，一个团队如果不能及时解决自身存在的问题，就可能随时被社会淘汰，所以，团队中每个人都不能松懈，都不要拖延，立即行动，抓住机遇，迎接挑战，才能保证团队的长久发展；立即行动，解决问题，才能保证团队健康地发展。

第二十七章

团队文化，铺就团队金光大道的软实力

团队文化是团队必需品

团队文化又称为企业文化、组织行为或管理文化，是团队组织存在并延续发展的价值观念、行为模式以及思维活动本质特征的总和。团队文化是团队在建设和发展过程中逐渐形成的，为团队所共有的工作态度、价值观念和行为规范。一个团队文化状况，对其效能有着重大的影响。毛泽东说："没有文化的军队是没有战斗力的军队。"良好的团队文化可以使团队成员在轻松愉快的环境中工作。团队成员之间会彼此信任，且有共同目标，在这样的氛围下，团队的创造性和潜力会得到极大的激发，业绩当然也会显著增强。但是，团队文化的影响并不是像业绩一样能通过数字体现出来，它是一种无形的，人们看不到摸不着的影响力，这种力量无时无刻不对员工发生着作用。凡是优秀的企业都有优秀的团队文化。著名管理学家约翰·科特曾说过："只要你是成功者，你就会有一种文化，不管你是否想要。而没有企业文化的是那些长期以来不断失败的公司。"企业文化不是一个企业做得很好的时候才产生的，而是在企业刚刚开始时就应该有的必需品。无论企业规模大小，都有企业文化。有优秀文化的企业未必都成功，但没有优秀文化的企业注定不会成功。

企业文化在企业中究竟发挥什么作用呢？

首先，企业文化是一种规范，是组织和员工之间的一种约定。它影响甚至决

定着企业中人们认可的信念和做事的方式。这些信念和规范不一定以书面形式表现出来，甚至很难用语言表达清楚，但它却实实在在地影响着一个组织的行为模式。它是企业中的人们进行沟通、在团队中一起工作和完成任务时需要的一个媒介和一种语言，提供了对不确定问题的反应规范，提供了一种归属感和社会参与感，提供了人们发展自身合法利益的规范。

其次，企业文化是企业与生俱来的个性特征。它在创业初期，就自觉或自发地形成了一些用来指导和约束员工的成文或不成文的条例和规范，并有意识或无意识地灌输到企业员工身上，这些条例和规范在企业成长中演变成其独有的约束激励机制和凝聚力，影响着企业和员工的行为。

可以这样说，企业是舟，文化便是水。一个具有优秀文化氛围的企业就像是顺水推舟，不用怎么费力气，就能够使企业不断向着正确的目标前进。

一提起微软，大家都会竖起大拇指。的确，微软是成功的，是了不起的，因为有很多百万富翁都出自这家公司。

但是，微软的工作环境并不是最好的，在微软工作的员工一周工作60小时是很平常的事，在主要产品即将上市前几周，每周的工作甚至超过了百个小时。微软公司的工资也并不高，甚至它以"吝啬"著称。例如，微软公司创始人比尔·盖茨每次出公差，都是自己开车去机场，在乘坐飞机的时候也是选择经济舱。虽然这样，那些优秀的人才并不想离开微软，还在微软辛辛苦苦地埋头工作。原因何在呢？原因在于微软具有一股强大的向心力，并且在其成员心中形成了一种完全超越自我的团队意识。

例如，微软具有"以人为本"、"开放随和"的工作风格。微软的任何一个团队都知道这样一句名言："没有勇敢的领导和员工"。领导和员工在一起工作，在一起分享成功和失败。这样的文化氛围造就了微软人强烈的团队意识。在他们心中形成了和团队共荣辱、互助学习、互相帮助、互相鼓励、及时沟通、依靠团队的智慧等优秀的团队精神，这些精神使他们紧密地团结在一起，形成了积极向上的士气。使他们勇敢挑战，气势如虹。在这样积极融洽的氛围中工作，工作的潜能和激情都得到了充分的挖掘和发挥。

比尔·盖茨在谈到微软公司企业文化时也说过："微软这种企业文化营造的是一种氛围，在这种氛围中，开拓性思维不断涌现，员工的潜能得到了充分发挥。我们微软公司所形成的氛围是，你不但拥有整个公司的全部资源，还有能够使自己大显身手、发挥重要作用的平台。每个人都有自己的主见，而能使这些主见变成现实的是微软整个团队。一个优秀的企业所关心的不仅仅是利润，还必须要关注文化；正确的管理不是要控制员工，而是关心员工。"

有的团队能够由小做起，不断发展壮大；有的团队却由强变弱，甚至解散。团队能否做大、做强，最重要的因素在于这个团队是否具有一种积极向上的、优秀的文化做支撑。有优秀文化支撑的团队，就会培养出一支团结协作、精干高效的团队，这个团队必然拥有强大的生命力和战斗力；反之，团队没有优秀的文化，成员之间关系冷漠，上下级之间缺乏沟通和信任，部门之间互相推卸责任，团队成员之间就像一盘散沙，那么，就很容易导致团队的内耗，使团队目标无法实现，团队的生命也就无法再延续下去。

团队文化决定着团队的生存和发展。可口可乐公司总裁曾经表示，即便是公司的物质资产毁于一旦，但是，它的品牌仍能迅速崛起，而品牌就是企业文化的凝结。资源有可能枯竭，但是文化则能生生不息。国际商用机器（IBM）之所以能够矗立在世界IT电脑品牌之林，数十年不倒，并且仍然充满生机，这和它拥有完善的企业文化是分不开的。

IBM的企业文化是：第一，尊重个人；第二，争取最优；第三，提供优质服务。这3项内容在公司员工长期坚持下，形成了一种适合该公司发展的文化氛围。任何一个新员工刚刚来到这个公司的时候，都能体会到这种独特的团队文化氛围，并且慢慢融入这种文化氛围中。在这个公司里，白领和蓝领没有差别，领导对员工都一视同仁。

总之，企业文化如同企业的灵魂，在企业发展中发挥着重要作用。拥有一个完善的企业文化，才有利于企业的发展。

价值观是团队文化的核心

一个健康发展的团队，一定有一个良好的团队文化，而团队文化的核心内容便是团队的价值观。一个团队为什么而存在？为什么而发展？一个团队的目标是什么？这些问题的答案就是一个团队存在的价值。团队的价值观，是关于团队价值的一定信念、倾向、主张和态度的观点，起着行为导向、评价标准、评价原则的作用，是指导团队行为的一系列基本准则和信条。当某种解决问题的价值观念和方式可以持续而有效地解决组织问题时，这种解决问题的道理就会成为团队的共识，继而成为理所当然的道理，这个道理就是价值观。价值观是团队文化核心的核心，最具指导性和可执行性。

一个企业只有拥有了正确的价值观，才不会迷失方向，企业才能不断健康地向前发展。山东中矿金业集团就是因为在价值观的引导下，逐渐从困境中崛起的。当初这个企业是个天天挖金子仍然债台高筑，发不出工资的濒临破产的企业。在企业艰难跋涉的历程中，中矿把企业文化建设放在了首位，他们重点转变员工的旧有观念，提升他们的业务素质，构筑统一的价值观体系，引导他们锲而不舍地追求职工价值观和行为的统一，为实现个人价值和企业目标而共同努力，重塑中矿人诚信、守纪、坚忍、主动的工作精神和状态，从而创造了一种从理念到制度都充满着时代精神的文化模式。

为了抵御社会中不正之风对企业文化和职工观念的侵蚀，公司构建以"增值才是发展"、"产品—人品"、"管理就是管自己"、"把公事当私事做"等理念组成的价值观体系。鼓励人们"抢抓机遇，发展自己，有私奉献"，员工在为社会创造财富的同时体现自身价值。

公司还倾注大量心血去培养员工和领导的价值观，把公司的价值观灌输到每名员工的心里。

通过不懈的努力，中矿金业集团形成了自己独具特色、催人奋进的企业文化，锻造了"执著追求，追求卓越"的优秀团队。这支优秀的团队为企业创造了很多惊人的业绩，把很多"不可思议"和"不可能"变成了现实。可以说，中矿能成为年均实现5亿多元利润的企业，和它注重统一团队价值观有紧密的联系。

而一个团队的价值观往往受到团队领导的人生观的影响。纵观国内发展优秀的企业，他们的领导者都具有高尚的人生观和价值观。他们认为人活着就是要为社会做贡献，愿意把自己的人生奉献给国家，奉献给社会，从不计较个人得失。他们有极强的事业心，能够干比一般员工辛苦十倍百倍的工作。他们工作朴实，从来不出入高档的娱乐场所，他们的消费水平可能还比不上一个普通的公务员，但他们却创造出几代人都用不完的财富。这些企业家功成名就，拥有了财富，拥有了名望，那么他们为什么还要不花钱拼命挣钱呢？因为他们有高尚的人格，他们不是为了自己创造财富，他们希望能帮助更多的人创造财富。例如，有很多企业家在企业发展壮大后，都开始做慈善事业来回报社会。李嘉诚就是其中之一。2007年5月，美国《时代》杂志评出造福人群的大慈善家，已年近80岁高龄的李嘉诚榜上有名。他视慈善基金为自己的"第三个儿子"，他向世界各地的医疗及教育机构捐出近80亿港元，后又宣布将自己1/3的财产拨捐慈善基金，造福社会。

从中国改革开放以来，有很多民营企业大起大落。有些曾经红极一时的企业，到现在都销声匿迹了。究其原因，就是这些企业领导人没有一个正确的价值观。这些领导人只是为了追求最大的财富，从来不注意建立良好的企业文化，眼光短浅。他们和员工的关系只是简单的雇佣和被雇佣的交易关系。他们认为给员工钱，员工就该给我卖命。不懂得分享财富，不懂得造福社会，只想着富裕自己。所以，他们对员工极为小气，过年过节也不给员工发一些礼品，只知道让员工工作。这样的企业不得人心，所以，员工在这样的企业里工作没有归属感，工作斤斤计较，这样就大大影响了整个企业的发展。这样一个人心涣散，如同一盘散沙的企业，在时代发展的大潮中，如同一个千疮百孔的大船，随时有被打翻的可能。它们不堪一击，没有长久的生命力。

美国兰德公司对世界500强进行了20年的跟踪，1998年完成调查报告：保持百年不衰的企业紧紧地抓住了企业核心价值观的3条。这3条分别是：第一，人的价值高于物的价值，卓越的公司总是把人的价值放在首位，物的价值放在第二位。第二，共有价值观：共同价值高于个体价值，共同协作高于独立单干，集体高于个人。第三，社会价值高于利润价值，用户价值高于生产价值。

这个调查报告表明，企业应该注重人的培养，注重员工价值观的培养，这样才能保证企业拥有长久的生命力。

的确，团队文化是团队发展的灵魂，它表明了一个团队特有的个性特征，这种个性特征体现了它存在的社会价值；团队文化是团队的信仰，它是团队成员共同崇奉的理想，是成员心目中神圣不可动摇的信念；团队文化也是团队共享的价值观，是团队全体成员行动的指南针。有了浓厚的团队文化，团队就有了旺盛的生命力和强大的竞争力。有了浓厚的团队文化，团队才能在惊涛骇浪中勇往直前，永远立于不败之地。

如何营造优秀的团队文化

团队文化对保证团队、企业的健康发展起着至关重要的作用。拥有优秀的团队文化能保证团队拥有极强的凝聚力、战斗力；能使团队成员之间互相尊重、和谐发展；还能使团队精神高度统一，使团队充满生机和活力。所以，每个团队成员都希望自己的团队拥有优秀的团队文化。那么，如何打造优秀的团队文化呢？我们可以从以下几个方面着手。

1. 建立共同的团队愿景

愿景是指一个团队希望创造出的价值。它为团队成员指明了前进的方向，激发了团队成员工作的热情，愿景的力量还能让团队成员克服工作困难，保持持久的工作动力。从而使团队能有序地高质量地开展、完成工作。在人们为了共同的愿景而努力的时候，员工就不会拘泥细节，就减少了很多人际冲突，避免了员工之间因为鸡毛蒜皮的小事而争斗，有利于团队和谐关系的培养。同时，共同的愿景有利于营造积极进取、勇争先进的良好竞争氛围。

2. 选择一个优秀的团队领导

有什么样的领导者，就会带出什么样的团队文化。用什么样的人？怎样用人？支持什么行为？反对什么行为？如何管理，用制度管理还是用人情管理？团队领导者的好恶在很大程度上决定了团队的价值取向。例如，领导者爱才惜才用才，则团队成员都会努力工作，让自己成为更有才的人；如果领导者爱听好话，那么，团队成员则会越来越注重拍马的技术。所以，一个团队领导者是否优秀，对企业文化建设具有非常重要的影响作用。一个优秀的团队领导者应该有极强的团队概念，他说"我们"，而不说"我"或"你们"；他强调团队的集体精神，不支持搞个人英雄主义；他努力创造积极和谐的氛围，以避免内耗；他目标明确、任务清晰合理，团队成员能在他的领导下各司其职，有序工作。总之，优秀的领导者总能带领团队成员朝着正确的方向发展。

3. 选择优秀的团队成员

一个高效的团队，一个具有良好文化氛围的团队，应该有优秀的团队成员。因为优秀的团队成员有能力胜任团队工作，就能保证团队运作顺利，这样就有利于团队建立轻松和谐的工作氛围。否则，员工总是完不成任务，那么，整个团队的工作就会受到影响，团队成员的情绪就会受到影响。同时，优秀的员工应该有正确的价值观和高尚的人格，这样的员工才能给团队成员带来好的影响，才能顾全大局，在团队需要的时候，能为了集体的利益而舍弃自己的利益，才有责任感，能认认真真地完成自己的工作。优秀的员工还应该是善于学习的，能够根据团队的需求，适应各种工作环境和工作任务，能够不断学习，不断进步。

4. 团队应该建立民主意识

团队领导不是命令员工工作，而是能够充分了解员工的想法，和员工商量他们的工作安排。团队事情的决策，应该由大家集体讨论后决定，而不应该是一锤定音，搞一言堂，领导一个人决定一切。领导者应该授权给员工，让他们有充分的自主权，领导只需要督促员工工作。这样有利于员工增强归属感和主人翁意识，有利于团队良好文化的建设。

5. 发扬团结协作精神，相互尊重，相互配合

如果把企业比作一盘棋，那么，每个部门便是棋盘上纵横交错的小格子，每个员工都是棋盘上的一枚棋子。如果想下好这盘棋，取得团队的胜利，不能只靠某一个人或某一个部门的努力。必须所有部门、所有人共同努力，紧紧围绕团队目标，团结协作、相互尊重、相互配合才能成功。

6. 建立通畅的沟通渠道

沟通使信息流通，沟通促进交流，沟通能激发人的创造力。沟通才能保证整个团队信息的传达、反馈与互享。坚持沟通对事不对人的原则，因为同一个问题，每个人都有自己的观点和意见，如果想要让团队成员畅所欲言，充分表达自己的观点，就要建立这样的原则。否则，团队成员怕让人误解，怕造成人际矛盾，而不敢充分表达自己观点。顺畅的交流能化解很多误会和矛盾，能使团队成员更清楚地知道团队的目标，有利于团队成员形成统一的观点，有利于团队的团结。总之，无障碍地沟通，有利于打造优秀的团队文化。

7. 加强培训工作

培训在现代企业经营管理中是一个重要的管理手段，同时也是企业员工职业发展的助推器。它能使员工对企业文化和企业目标有更为深刻和清晰的体会和理解，能培养和增强员工对企业的认同感。通过培训还能提高员工各方面的职业素养和专业技术水平，从而达到任职资格要求，使企业和个人都能受益。培训形式多种多样，例如可以在公司内部培训、可以对外聘请培训讲师、为员工提供脱产学习的机会等。

8. 关心员工的生活

当员工家庭成员有人生病时，公司可以派代表去探望；员工结婚，公司可以去捧捧场；员工子女高考取得好成绩，公司可以给予适当的奖励；或者要求员工参加公司活动。这些方法都能使员工感觉到企业的温暖，员工也会被企业的热情打动，为公司好好努力。

9. 营造和谐的工作环境

比如，窗台上摆放着各种红的、绿的、黄的花草，让人看了舒心。办公桌一尘不染，桌上的办公用品摆放整齐，会使人产生愉悦感。安静的办公环境能使人集中注意力，更好地工作。总之，良好的工作环境能使员工心情愉快，有利于团队文化的建设。

打造优秀的团队文化，应该从团队成员切实需要出发去考虑问题，尊重、理解团队成员，多替员工着想。这样，当团队员工全都心系整个团队时，就实现了优秀团队文化的打造。

企业文化变革

企业的发展，总是为了满足市场需求，不断围绕企业的关键目标和核心竞争力设计、更改自己的工作流程。当今社会，信息化使得企业中的沟通和协调更加充分，组织结构扁平化，管理层级减少。企业中更多的权力授予基层员工，员工也更多地参与到企业的决策管理中去，尊重和信任成为企业价值观的重要部分。这些企业管理上的变革，必然会给传统生活方式带去变革和挑战，而企业文化也要随之改变，以便创造和支持变革。企业是人的组织，只有企业的价值观和行为方式改变了，企业才能实现真正的变革创新。

当今社会正处于大变革的时代。科学技术的发展进步推动了社会、经济的飞速发展，特别是计算机和网络技术的普及应用，使世界变得越来越小，知识和信息广泛传播共享使创新和变革活动更加频繁。全球经济一体化，使得市场竞争更加残酷，企业只有不断变革创新，不断适应外部环境的变化，才能生存并获得竞争优势。否则，就可能面临被社会淘汰的危险。所以，企业文化的变革势在必行。

俗话说：江山易改，本性难移。对企业来说，规模越大、历史越久，其文化越根深蒂固，影响力越大，要改变是很难的。但是，当企业文化已经成为企业发展的最大障碍时，我们毅然要适时地进行变革。

企业文化变革是针对人的变革，是要改变人的观念和行为习惯，变革之路会遇到很多障碍。企业绝大多数员工总是喜欢按习惯的方法思考、分析和解决问题，不容易接受新事物，创新意识差，安于现状。但是企业的变革需要全体员工的积极参与。在变革过程中，每个成员思考问题的角度不同，尤其是一些领导缺乏大局意识，害怕因为变革失去自己现有的权力和地位。所以，他们会对变革产生抵触心理，阻碍变革。传统的企业文化使员工形成的信仰、价值观、行为规范等在变革中不能立刻改变，会影响到企业的变革。经济全球化使企业越来越多地开展跨国经营活动，同时，企业也在向跨地区跨行业的横向联合方面发展，这样就会存在跨文化管理问题。在跨文化企业中，员工的观念、态度和行为上就会存在差异，这些差异就会无形中使企业管理发生混乱和冲突，使决策和执行活动变得更加困难。并且，企业文化变革有很大的不确定性，这种不确定性会给人带来无形的恐惧，并自然产生一种反抗情绪。这些来自各个层面和各个方向的阻力都会阻止企业文化顺利变革。

这种阻力是没有办法完全排除的，但在变革实践中，可以采取一些有效策略，把变革的阻力降到最小。为此，可以采取以下一些措施。

第一，在变革前告诉员工变革的原因以及产生的结果，和员工进行无间隙的沟通，及时解答他们的疑问，让他们消除思想上的顾虑。同时，营造一种危机意识，让他们了解到企业的危机，以及变革的重要性和紧迫性，以便改变员工等待、观望的变革态度，激发他们自主地追求变革、适应变革。然后，积极争取大家的支持，以便减少阻力，使企业更快地进行变革。如果不能和员工进行沟通，使员工心中疑虑重重，会对变革产生不良的影响。

第二，企业变革要顾及员工的感受。这是非常重要的一点。如果不顾及员工的感受，在变革的时候，员工产生抵触情绪，企业就不分青红皂白地横加指责、责令其改正甚至责骂员工，就会使员工产生更大的反感情绪和抵制心理。这不是在解决问题，而是又制造了不尊重员工的问题。在员工有抵触心理的时候，企业的领导者应该积极给予解释，消除其顾虑，这样才能减少变革阻力，更快更顺利地进行变革。

第三，制定一些制度，保证变革的顺利进行。无论如何，员工在变革中肯定会有一些抵制情绪。例如，变革措施对员工的利益造成了一定的损伤。那么，使用一些恰当的制度来做保证也是很有必要的。

第四，企业领导要起到模范带头作用。企业文化变革的实施，一个领导能够以身作则非常重要。如果企业领导按照变革措施去做，就会在员工中树立良好的形象，能够带动广大员工做好企业文化创新和变革。如果领导只是要求员工做到，而自己不能按变革的措施进行工作，那么，员工就会产生反感和抵触情绪。

了解到企业文化变革可能遇到的阻力以及一些常用的降低变革阻力的措施之后，我们就应该了解一下具体的企业文化的变革阶段。

企业文化变革大概会经历：需求评估、解冻、变革、评价、冻结5个阶段。

第一阶段，需求评估。在这个阶段，当企业出现很多问题，身处企业内部的成员不可能对他们的文化做出清楚、公平和客观的分析。所以需要企业借助外部专家对企业现存的文化问题进行诊断。专家通过收集数据、分析测定等手段将企业文化的现状和向往状态相比较，找到差距。它如实反映了企业环境中的现状，提供了企业达到目标工作状态这一过程中有利的和不利的事物基线。企业文化变革的方向则体现在企业目标和如何实现这些目标中。需求评估是企业明白为达到目标需要加以改变的范围和需承担的义务，确定并公布企业环境中积极的方面和有必要加以保持的方面，承认并解决企业文化中形成的障碍。

第二阶段，解冻。打破已有的工作方法和程序，并引导人们关注这些固定程序，在需求评估的基础上，告诉员工发生变革的原因。员工除了需要知道变革的内容，还要知道为什么要发生以及这样的变革怎么会在协作、成果等方面使他们形成期望。员工只有了解并接受了变革的需求，才能主动自发地加入到变革中来，成为变革的支持者和贡献者。

第三阶段，变革。当现有的工作模式被打破，就要开始实施变革。企业文化的转变是一个企业管理制度、风格和共有价值观的重塑过程。所以，需要在高层管理者的领导支持下，全员积极参与，转变观念和行为。这个过程是员工和企业重建心理契约的过程。

第四阶段，评价。评价就是衡量企业文化的变革成果，它同时也是一种干预手段，它能使人们了解到企业通往成功的过程中取得的进步和企业如何正在取得进步。评价能对成果起到巩固提高作用；对失误部分起到纠正指导作用。

第五阶段，冻结。冻结就是企业变革后文化的形成。这是促使行为稳定，保证人们进行有效运作的手段。如果一个人或一个企业总是处于不断变化状态，就不利于其长远发展，变动使宗旨和目标无法实现。所以，就需要企业把变革产生的好方法和有效的行为稳定下来，固化为企业整体的心理程序，成为新的企业文化的组成部分。

社会处于不断发展变化中，企业的管理需要不断地进行变革创新，企业的员工追求的意义和价值也在不断地发生变化。企业文化要适时做出变革，创造出产生更高工作满意度和价值的企业生存方式。管理好企业文化的变革，企业就拥有了在知识经济中赢得竞争的人力优势。

加强团队培训力度

一个团队发展的好坏和这个团队中成员的技能、知识水平以及工作经验等有着密切的关联。一个拥有高素质成员的团队能提升团队的整体战斗力和竞争力。而如果一个由能力平平的成员组成的团队，它的能力就很局限。因此，加强团队培训，对团队成员实施有效的专业训练，不仅是提升团队成员专业技术水平、提高团队成员素质的有效手段，也是一个团队能够保持持久发展壮大的必然过程。之所以这么说，是因为培训能在团队发展中发挥重要作用。

第一，有效的培训能够使员工不断提升自己的业务能力，使他们能够在自己的工作岗位上更加快速地成长。当员工拥有良好的业绩，那么，整个团队的业绩也会得到提升；如果有更多的团队成员的技术、知识水平得到较大的提高，那么，整个团队的目标就能更快地达成。例如，在摩托罗拉公司，在培训上每花1美元就可以连续3年，每年都能提升30美元的生产力。哈佛大学一项研究表明，员工满意度每提高5%，企业赢利随之会提高2.5%。所以，加强培训，能使企业更快成长和成功。

第二，培训不仅是企业发展的需要，更是人才自身的需要。据一个权威机构调查，许多人才在应聘选择企业时，他们要考虑的因素中，企业是否能为员工提供良好的培训机会是一个重要因素。有公司曾在北京十几所大学中进行过一次大学生求职意向调查，结果显示：80%以上的学生把去外企求职作为自己的第一选择。问其原因时，他们几乎都会回答，外企能够给员工提供更多培训和发展的机会。所以说，加强培训，才能吸引更多的人才加盟企业，为企业的发展注入新的活力。

第三，企业培训了人才，让人才具备了胜任某项职位的能力，这样，企业可以授权给他们一些责任，让他们通过自己的能力出色地完成任务。如果没有培训，不知道员工的能力，就不能充分信任员工，就不敢授权，这样就加大了企业的负担。而培训后，员工就可以帮助企业承担一部分责任。

第四，一个企业要想取得成功，取得良好的业绩，就需要充分发挥每个员工的潜能。而通过提供员工培训，不仅能提高他们的业务水平和素质，还能发现人才，发掘人才的潜力，这样就可以使企业更加充分地利用员工的潜能。日本松下电器公司有一句名言："出产品之前先出人才"，其创始人松下幸之助更是强调："一个天才的企业家总是不失时机地把对职员的培养和训练摆上重要的议事日程。教育是现代经济社会大背景下的'撒手锏'，谁重视它谁就预示着成功，只有傻瓜或自愿把自己的企业推向悬崖的人，才会对教育不闻不问。"企业只有依靠内部培训才能快出人才，多出人才，出好人才，获得更多优秀的员工。

第五，培训能留住更多的优秀人才，企业经历每个发展阶段都需要人才和相应的岗位，企业只有持续不断地进行培训，员工的工作技能和个人综合素质才能不断提升，适应企业的发展需要，并且为企业的高速发展做出他们应有的贡献。没有人喜欢待在一个不能使自己的知识能力获得提升的地方，所以，如果没有培训，绝大多数优秀员工都会选择离开。并且即使有优秀员工留下，没有培训，他们的能力知识也会不断下降，对企业的发展也发挥不了什么作用了。

所以，一个良好的工作环境应当是一个具有发展潜力、能够让员工得到不断成长的环境。也只有员工不断成长，才能跟得上企业发展的需要，才能为企业创造更多的业绩。对团队成员进行培训，可以说是一个企业保持长盛不衰的重要因素。那么，如何对员工进行培训，提高他们的技能、知识等素质呢？下面介绍几种培训形式。

第一种，让员工独立地完成一项具有挑战性的工作。为了完成这项工作，他要对这项任务进行合理的统筹规划，仔细安排每一个工作步骤，例如，这项任务要分为几个阶段完成，每个阶段需要达到什么样的目标，大概需要多长时间，怎样预防可能发生的意外。这些他都要自己考虑清楚，工作中遇到任何问题，都要他自己找到解决的办法。通过完成这项任务，就能极大提高这名员工独立思考问题、创造性解决问题的能力。

第二种，给员工充分的自由度。让员工根据自己的需求和兴趣爱好，自由选择培训的时间和内容。例如，员工想要提高计算机水平，就可以去参加计算机培训。如果员工想要学习管理，就可以去听管理课程。出于需要或感兴趣，他能积极主动地去学习去思考，这能使员工的能力得到迅速的提升，也有利于他们挖掘自己的潜能。

第三种，让有经验的老员工带需要培训的员工。让员工观察老员工怎么工作，如果有问题，及时向老员工询问，然后自己在实践中不断提高技能水平。这种培训方式常见于一些需要手工完成任务的工作领域。这种培训能提高员工的动手能力和观察能力，还能增长他们的见识。

第四种，有些公司会对一些内部骨干员工提供短期进修的机会，让他们带薪进修，去某个大学学习，并希望他们在学成后，将学到的理论知识应用到工作实践中，通常员工也可以利用这个"假期"获得相关的资格证书。

第五种，某些公司会给员工轮换工作，以便拓宽他们的知识面，提高他们的多项能力，来成为企业全能型人才。例如，一个公司的销售经理，在人事部工作2年，然后，又在原料部工作2年，这样在不同的岗位，部门经理会遇到不同的问题，需要学习不同的专业知识，需要接触新的一批员工，有很多新的问题需要解决，这就会大大提高其综合能力。

第六种，现在一些公司引入拓展性质的培训。例如，为了培养团队的默契度，企业会为员工安排背部传字的游戏。就是一个人在另一个人的背上写字，让他猜写的是什么字。为了培养团队的信任度，有些企业给员工安排背摔的游戏，就是一个员工向后仰着倒下，在倒下的一瞬间要让周围的人接住这个员工。还有提高团队团结度的排雷游戏等等。

培训方法很多，但企业在对员工进行培训的时候，需要企业根据自身的实际状况给员工提供适当的培训。有的企业照抄照搬一些名企的培训方式，这是不可取的，只有适合自己企业的培训方式才是最好的培训方式。

让成员广泛参与团队建设

团队的建设不是某个领导的事情，是团队所有成员的事情，每个团队成员都应该积极参与到团队建设中来，只有这样，才能使团队顺利发展。

联想集团就是靠团队的力量逐渐发展壮大起来的，让团队成员积极参与到团队工作中来是联想的一个优良传统。比如，联想成立总裁办公室，把在各方面都具有可塑性的人才集中到这里，凡是总裁要决策某个项目，都要先拿到这个总裁办讨论，等到大家一致肯定后，再去实行。同时联想还邀请各界专家为联想的发展注入新的活力。例如，当初，联想要研发汉卡，柳传志看中了倪光南在中文信息处理技术方面的特长，于是诚邀倪光南加入并帮助联想完成汉字系统向PC移植，把汉字系统集成到一块芯片上的任务。不到半年，联想就研制出了第一块汉卡。后来他又邀请了很多专家带领的团队来为联想的采购、生产、销售、培训和维修等工作环节效力，从而全面保证了汉卡顺利且迅速地推向市场，获得了全面成功。

正是联想让团队成员广泛参与的优良传统，才使它得以健康顺利地发展壮大。所以说，一个企业一个团队要想发展壮大，就需要团队成员广泛参与。

管理专家安德鲁·杰克逊曾说："全员管理这种做法对员工来说无疑产生了强大的凝聚力，它使员工从内心感到公司的盈亏与自身利益息息相关，公司繁荣昌盛就是自己的荣誉，分享成功使他们士气更加旺盛，而且也会激起他们奋起直追的感情。"让员工参与企业的管理能树立他们的主人翁意识，激发他们的工作热情，能使他们工作起来更加认真，使企业发展更加顺利。

让员工参与到企业的决策中来，能够充分调动每个团队成员的大脑共同思考决策，用多个大脑思考代替以往一个大脑思考的模式，这样能使企业变得越来越"聪明"。不仅如此，让员工参与到企业决策中来，还能减少企业犯错误的概率。

总之，让员工参与到企业建设的各个方面，使他们更多地了解企业的发展，就越能使员工产生归属感，激发他们的工作积极性。

但是，要想实现团队成员广泛参与，并不是一件容易的事情。有的企业领导者心存顾虑，认为团队成员广泛参与，会威胁到自己的地位，会给企业带去隐患，所以阻止员工的广泛参与行为，约束员工的举动。例如，有这样一家公司，效益很好，业绩年年翻番。随着公司的壮大，公司老板就开始关注员工，防止员工对自己的"财产"起歹意。为此，他还聘请一个咨询公司，给企业制定了很多严格的规章制度，给员工的行为树立了条条框框，使员工根本没有办法放开手脚积极参与到工作中。所以，规章制度一实行，很多员工待不了多久就会提出辞职，甚至有的还是在即将被升职的情况下提出辞职的。人才的不稳定和频繁的流动，无形中影响了企业的稳定性，企业的业绩开始下滑，甚至到了快要亏损的地步。

约束员工的行为，既影响到了员工的工作情绪，也给公司的发展带去了不良影响。只有让全体员工尽可能地发挥各自的才能，使他们真正地参与到团队的建设中，这个团队才会形成强大的战斗力。如果这家企业能够给团队成员一定的权力和机会，那么领导就不必事事亲力亲为，劳心劳力。这种措施也会激发团队成员的工作责任感和热情，使他们积极主动地完成团队既定的任务。

有的企业因为公司的目标不明确或者是和成员们不能达成一致意见，结果也降低了员工参与的积极性。员工没有明确的目标，就没有动力，没有努力的方向，这自然会影响到员工参与工作的积极性。如果企业的目标不能说服大家，不能让大家认识到它的良好结果，并且有些员工心中对这个目标没有足够的信心去完成，也会挫伤员工的积极性，影响他的参与度。所以作为企业应该明确公司发展的目标，并把公司的目标广泛清晰地传达给员工，并且常常和员工进行沟通，为他们答疑解惑，让员工认同企业的发展目标，只有这样，员工才会目标明确，积极主动地工作。

有的企业为了节约开支，为了能使大家参与企业的发展，口头上不断鼓励大家，给大家以精神食粮，但是，却没有一点物质上的激励措施，所以，员工参与的效果也不明显。企业需要团队的积极参与，就需让团队成员有动力去为企业发展出谋划策。不仅仅要让员工认同企业的目标，同时还应该制定一定的物质激励机制，保证团队成员能积极参与到团队的建设中来。否则，光有精神鼓励效果不会太明显。例如，企业接了一个项目，需要在最短的时间内把货物运到客户手中，要完成这个任务，需要员工加班加点地工作。如果企业领导只是一味地说："为了公司能出好效益，为了公司的发展，大家加班吧。"可想而知，大家的积极性并不会太高。而如果员工在参与中获得了实惠，就会激发其参与工作的热情。

从团队成员的角度考虑，团队的发展就是团队成员的发展，团队的进步，就是团队成员的进步。所以说，作为团队成员要积极主动地为团队的发展出力，出主意，做出自己的贡献。

现代人力资源提倡的是：系统开发，协调发展，适才适能，扬长避短，群体共进。不同年龄、不同专业、不同个性的人，通过群策群力、共同参与来实现团队的快速健康发展，已经逐步成为优秀团队的核心思想。所以，要想建立优秀的团队，获得更大的成功，就需要企业激励团队成员参与到团队建设中来。

第二十八章

卓越的团队都懂得"知识就是硬道理"

知识的强大作用

英国著名的科学家、哲学家弗兰西斯·培根曾经讲过一句非常有名的话"Knowledge is Power"，中文意思就是"知识就是力量"。这句话广为传颂，家喻户晓，几百年来都被人们奉为真理。在生产领域，知识能促进社会经济生产力的发展；在军事领域，知识能成为克敌制胜的强大战斗力；在政治思想领域，知识能够识别真伪，能成为人们坚定理想信念的精神推动力。记得有一场电影中出现过这样一个场景，一个独裁者问雇佣军中的少校："说出你最喜欢的武器，我都能给你弄来。"少校回答说："才智！"的确，"才智"是所有武器中最厉害的武器，但"才智"是买不到的，要获得"才智"，只有不断学习，积累知识，把理论通过实践升华，从而变成自己身上的才智。

李嘉诚在少年时，因为战乱没有完成学业，这成了他最大的遗憾。因此他决定做生意赚够了100万元之后，就重新回到学校念书。但当他赚到100万元后，因为已经拥有了一个大企业，要对员工负责，所以没有办法回学校念书了，于是，他便只好利用业余时间自修，这养成了他每天晚上都要看书的好习惯。他说为了避免晚上看书入迷忘记时间，影响第二天的工作，每次看书时，他都要设定闹钟。正是因为他每天坚持学习，不断积累知识，使他成为了别人眼中的超人。在他经营塑料工厂时，订阅了很多世界著名的塑料工业杂志，从中了解到世界市场和新产品技术。一次他在杂志中发现美国研制出一种新的制造塑料产品的机器，但价钱要2万美元，他买不起，于是，他就决定自行研制。为此他专心研究有关知识，连续几天不眠不休，最后终于成功地制作出了同样性能的机器，但成本却只有美国机器的1/10。这部机器制造出来的塑料产品为工厂赚了不少钱，从此李嘉诚工厂的资产以每年至少10倍的速度增加。

这就是知识带来的力量，如果李嘉诚不学习，他就不可能知道世界上的新产品新技术，就不可能敏感地发现美国研制出的新机器的好处。如果他没有积累的知识，他便无法进行研究，他就不可能在36个小时里自行研制出新的机器。正是因为他注重学习，能在学习中不断积累知识，才使他取得如此优秀的成绩。由此可见，知识是一个人前进的不竭动力，任何一个成功者，都是通过学习才开始走向成功的。终身学习，才会终生进步。社会在不断地发展变化，学习就像逆水行舟，不进则退。人的知识不进步，就会后退，知识就像机器也会折旧，特别是像电脑方面的知识，数年不进步，就会面临淘汰。一个人要成长得更快，就一定要喜欢学习，善于学习。

著名历史学家麦考莱曾给一个小女孩写过这样一段话："如果有人要我当伟大的国王，一辈子住在宫殿里，有花园、佳肴、美酒、大马车、华丽的服装和成百的仆人，条件是让我不读书，那么我决不当国王。我宁愿做一个穷人，住在藏书很多的阁楼里，也不愿意当一位不爱读书的国王。"知识对个人来说非常重要，对于一个团队来说也至关重要。如果一个团队没有知识，那么，这个团队就不能掌握先进的技术，就不能更新技术，就不能创造发明更适合本团队的技术，而这样的团队，终究会被那些不断更新技术，减少成本消耗的团队淘汰。团队的发展更需要知识，没有知识作为支撑团队将寸步难行。只有有了更多的知识的积累，才有团队不断提升的发现力、思想力、执行力和创新力。团队要想获得更多的知识，途径就是学习。

首先，团队的学习是全员的学习。21世纪是个充满竞争的时代，任何一个团队都不欢迎一个不会学习的成员，这样的人不能掌握新知识，他们终究会因为旧工作的消失，旧体制的崩溃而陷入失业、贫穷的困境中。拥有新知识的人才会受到团队的欢迎，在社会中获得更多的发展机遇。所以，每个团队成员都应该学习，掌握更多的知识，保证自己的竞争力。

其次，团队学习是主动的学习。如果团队要求进行培训、学习，但是员工们不愿意学习，总是处在被动地位，那么，他们的学习效率会大打折扣。团队成员主动地学习，主动地发现问题，解决问题，才能使人变得聪明。主动学习不仅要求自觉地学，还要求主动地接受和发现知识，主动地磨炼和提升自身能力。同时，要学以致用，把学习和工作、生活紧密结合起来，才能使学习达到最好的效果。

再次，团队学习还应该是开放的学习。学习不仅需要员工埋头读课本，在课本中获得更多的知识，获得更丰富的经验，还要在实践中学习、向别人学习；同时，学习应该是广泛的，不仅要学习中国传统文化，更要学习国外一切先进的东西；学习不仅要求个人努力，还要求集体学习、互动式地学习。开放式学习，能使我们更快更多地接触广泛的知识。开放式地学习还能使我们发现自身和他人之间的差距，激励自己不断学习、进步。

最后，团队学习更是创新的学习。学习的目的不仅仅是为了掌握知识，更重要的是在于应用。否则就是读死书。学习知识最主要的应用就体现在创新上。创新并不单单指发明创造，还意味着通过知识改进方法，提高工作效率。随着时代的发展不断改进产品，使产品更适合消费需求，这些都是创新。创新需要累积更多的知识，这样不同的知识相互碰撞，就可能碰撞出创新的火花，积累的知识越多，越容易碰撞出火花。

投资学习会使我们永远不会赔本，投资学习能改变我们的命运，要知道，学习是我们、是团队绝对的竞争优势。

不断学习让团队更具竞争力

现代社会，随着科学技术的不断进步和知识更新速度的不断加快，每个人都需要不断地学习，只有不断地学习，才能不断更新自己的知识，才能跟得上时代的步伐，才能适应日益激烈的竞争，才能在社会上拥有一块立足之地。

在知识化经济的今天，企业的竞争已经不是拥有多少知识，而是具有多强的学习能力。面对不断更新的信息，企业必须打造学习型团队，提高团队的学习力，掌握最新知识，提高企业的核心竞争力。综观国内外众多著名企业，它们之所以能保持长盛不衰，就归功于它们懂得"学习"的重要性。只有持续学习，企业才能不断发展和进步。近些年来，人们提出"学习型团队"，倡导创建这样的团队，那么，什么是"学习型团队"呢？"学习型团队"是一个为完成共同目标而工作的群体，这个团队按一定的规则和程序开展工作，共享信息和其他资源，相互帮助，相互学习，在工作中学习，在学习中工作。创新知识靠学习，适应环境靠学习，经验的积累靠学习，总之，企业的成长和进步都依赖于学习，所以，要让企业不断发展进步，就要全体成员不断学习，追求进步。

金德管业集团从成立之初，就非常重视员工的学习和培训。据金德管业一名经理说，在这里，员工每年都有大大小小很多培训学习的机会。每年集团都会对销售管理层、后勤、财务等人员进行分批次的集中学习，甚至司机队伍也要求培训和学习。总部还派专业人才到销售一线，为全国各分公司的销售人员讲授销售思路与方法。每一位进入金德的新员工尤其是销售人员在入职之前都要进行系统的培训，学习企业文化和专业知识，让新员工从思想上融入企业。正是因为金德集团始终坚持构建学习型团队，提高企业竞争力的理念，使它在短短6年的时间就一跃成为中国管道行业的龙头。

学习型团队创始人彼得·圣吉博士曾说："21世纪企业最成功的经营管理模式是把企业创建成一个学习型的组织，企业持续恒久不变的核心竞争力是永远比竞争对手学习得更快、更好。"但是学习是一个循序渐进的过程，需要公司不遗余力地时时刻刻去学习，去给员工灌输学习观念。有些公司不爱学习或没有耐心坚持学习下去，便选择了放弃，结果故步自封，别的企业在学习、在进步，自己却在后退，终究被淘汰。

有些企业认为建立学习型组织需要有高学历的员工，其实不然，学历只能代表一个人在某个阶段学习的成果，但它不是一个人学习力的完全表现。一个人学习的能力和学历没有必然关系，一个有高学历的人不一定有强的学习能力，所以，便出现了"高分低能"的人。学习力是从人们的生活、工作的实践中锻炼出来的，如果一个拥有高学历的人不注重在学习、生活和工作中总结经验教训，那么，这个人就成了高分低能的人，就会被社会淘汰。一个注重不断学习的员工才会少走弯路，一个好的公司，也应该是个学习型组织。一个企业树立一种学习、学习、再学习的观念才能保证企业基业常青。

一个学习型的组织，还需要有积极主动学习的成员，如果成员不爱学习，不能接受新知识，不能进步，那么这个学习型组织形同虚设，也不能发挥应有的效果。在企业中，一些团队成员，常常持这些错误心态，结果阻碍了他们积极主动地接受教育。

当一个人尤其是团队中的领导，因为已经在团队中有了一定的成就和地位，他们生活安逸舒适，受人尊重，这样的人就常常认为自己已经不用学习了。其实一个卓越的领导从来不会放弃学习，因为他们知道一旦停止学习，停止进步，其他团队就可能追上，把这个不思进取的领导所带领的团队挤掉，这样的话，所有的团队成员都要遭殃。当他们让团队遭殃的时候，自己所有的成就、名望和优越的生活也都将化为乌有。

一些团队成员认为不用学习，也有发展的机会，可能哪一天因为自己的一个奇思妙想，就会得到老板的赏识，就会有晋升的机会。但这个机会太偶然了，即便有的人真的运气好得到了晋升，但是，当他要胜任一份工作的时候，如果他不学习，也会走下坡路。一个人想要有所成就，就必须有能力，而能力是一个人不断学习积累的结果。所以说，只有学习才是硬道理。

有些团队成员认为学习要花很多钱，所以就不想接受学习和培训。但是我们想一想，你不学习，并不代表其他人不学习，当你停止进步的时候，别人还在进步，如果你和他人差距太大，终究会被淘汰的。

有些员工不知道吃一堑长一智，常常犯同样的错误。人犯错误是正常的，但是一个把犯的错误抛到脑后，不懂得总结经验教训去避免再犯错误的人，只能是原地踏步。

学习才能进步，学习才能发展，学习型团队才有生命力。为了打造学习型团队，需要团队上下都学会拥有学习的心态，持久学习的毅力。

不断检讨，获得更多知识

所谓的检讨就是反省自己错误的言行，是一个人不断地学习，不断地积累知识的过程。但是，这不等于所有的知识都能很快地被吸收。可能他在某一方面欠缺，也学了这方面的知识，但是因为不能深刻认识到自己这方面的缺陷，所以，往往不能把所学应用到实践中，弥补自己的错失。如果一个人犯了错误，就能发现自己的缺陷给自己带来很大的灾难。当他知道自己错了，并决定真心改过的时候，他就能很快弥补不足之处，并且能保证以后绝不再犯。所以，随时检讨自己的方法，是提高个人素质、完善个人能力的有效方法。也许以此检讨就能改变我们的一生。

南北朝时期有位忠臣周处，他年轻时为人凶蛮强横，被当地认为是一大祸害。当时，义兴的河中有一条蛟龙，山上有一只白额猛虎。义兴的百姓就把蛟龙、白额虎和周处并成为三大祸害，并认为三害当中周处最为厉害。

有人就劝说周处去杀死猛虎和蛟龙，实际上是希望三个祸害相互拼杀后只剩下一个。周处立即杀死了老虎，又下河去斩杀蛟龙。因为蛟龙在水中起伏不定，周处和蛟龙搏斗了3天3夜，当地的百姓都认为周处已经死了，都相互庆贺。

周处杀死了蛟龙从水中出来后，听说乡里人以为自己已死，都对此庆贺不迭，才知道原来大家都把自己当作了一大祸害。他感到很惭愧，心中有了悔改心意。

于是他便到吴郡去找陆机和陆云两位有修养的名人。当时陆机不在，只见到了陆云，他就把全部情况都告诉了陆云，并说："我想要改正错误，可是岁月已经荒废了，怕最终没有什么成就。"陆云说："古人珍视道义，认为'哪怕是早晨明白了道理，晚上就死去也甘心'，况且你的前途还是有希望的。再说人就怕不立志，只要能立志，又何必担心好名声不能传扬呢？"周处听后，决定坚决改过自新，最后，他终于成为一代忠臣。

周处也许心地善良，也想要有番作为。但是，他没有发现自己身上的缺点，当他自我检讨，知道自己身上的最大缺点后，便决心改正，结果，他终成忠臣，为人敬仰。如果他没有自我检讨，就不会发现自己这个最大的缺点，还像以往那样一意孤行，那么，他就会越陷越深，也许就成了恶霸，为万人咒骂。

自我检讨不仅能发现自身的不足，同时，检讨自我的过程也是一个不断了解自我过程。当我们要改变自己，想要不断完善自己的时候，首先我们就应该了解自己，否则，连自己是什么样的人，自己的优点和缺点是什么都不知道，我们就不知道该从何下手去弥补自己的不足，展现自己的优势，又怎么能谈得上提升自己呢？所以说，了解自己非常重要，只有认清自己的长处和短处，才能扬长避短，真正实现自我价值。只有认清自己的性格爱好，才能知道什么是自己想要的，什么是自己不需要的，才懂得恰当地舍和得。

日本保险业泰斗原一平在27岁时进入日本明治保险公司做推销员。当时，他穷得连中餐都吃不起，并且要露宿公园。

有一天，他向一位老和尚推销保险，等他把保险详细说明之后，老和尚平静地说："听完了你的介绍，丝毫无法引起我投保的兴趣。"

老和尚注视原一平良久，接着又说："当你能做到你坐在某个人对面，对方能被你的魅力深深吸引，你就能成为优秀的推销员。"

原一平哑口无言，冷汗直流。

老和尚又说："年轻人，先努力改造自己吧！"

"改造自己？"

"是的，要改造自己首先必须认识自己，你知不知道自己是一个什么样的人呢？"

老和尚又说："你要替别人考虑保险之前，必须先考虑自己，认识自己。"

"先考虑自己？认识自己？"

"是的，赤裸裸地注视自己，毫无保留地彻底反省，然后才能认识自己。"

从此，原一平通过不断检讨自己、认识自己，使自己得到不断的进步，最终，他才成为了一代推销大师。

当今社会，企业间的竞争日益激烈，一个企业就是一个大团队，团队成员要想自己获得更大的发展，就要在自己的岗位上努力工作，提高整个企业的竞争力。社会发展迅速，每个人每天好像都在忙忙碌碌。但是忙碌之余不要忘了检讨自己，反省自己的过失，这样才能在忙碌中有所进步。如果不知道总结经验教训，不知道了解自己，进一步完善自己，那么，忙碌就失去了意义，即便是忙碌一生也只能原地踏步，没有更大的进步，也就不能创造更大的成功。

检讨自己、反省自己要及时。此外，检讨自己，反省自己还是一个持续的过程，是一个不间断的过程，否则就很难发现自身的毛病，就不容易改正自己，提高自己。其实，每天工作完，快要睡觉的时候，躺在床上，可以细细回顾一下自己这一天的工作，看一看自己哪些地方做得不妥，哪些地方需要完善。其他人遇到类似情况的时候，都是怎么做的。这样简单的回顾，我们就可能发现很多问题，找到很多解决问题的方法。如果长期坚持检讨自己，反省自己，那么，我们进步的速度是可想而知的。

我们检讨自己，反省自己的最终目的是能使自己在工作或生活中有所提高。所以，当我们认识到自身的不足，发现自己的缺点的时候，一定要下决心去改正，真正在工作中或生活中付诸行动，改正自己的不足。这样我们的自我检讨工作才有意义。

总之，自我检讨，是一个认识自我的过程，是一个发现自我缺陷的过程，也是一个增长知识和经验的过程。我们在工作中一定要学会检讨自我，从中我们会受益匪浅。

主动交流思想，虚怀若谷

英国大文豪萧伯纳曾说过："假如你手中有一只苹果，我手中有一只苹果，彼此交换一下，那么，你我手中仍是各有一只苹果；但是倘若你有一种思想，我有一种思想，彼此交流这些思想，那么，每人将各有两种思想。"如果这两个人再去和其他更多的人交流思想，那么，他们会了解更多，获得更多的知识，得到更多的思想。

一个人要想在社会中获得更多的发展机会，就应该主动找更多的人交流，在交流中给自己充电，让自己的视野更开阔，使自己获得更多的知识，不断提高自己的能力。例如，下边这个小孩在和父亲交流中获得了很多。

一位父亲带着儿子去参观梵·高故居，在看过那张小木床和裂了口子的皮鞋之后，儿子问父亲："梵·高不是一位百万富翁吗？"父亲回答道："梵·高是个连妻子都没娶上的穷人。"又过了一年，父亲又带着儿子去了丹麦，参观安徒生的故居，儿子又疑惑地问："爸爸，安徒生不是生活在皇宫里吗？怎么他生前会在这栋阁楼里呢？"父亲回答说："安徒生是个鞋匠的儿子，他就生活在这里。"这位父亲是一个水手，他每年往来于大西洋的各个港口，他的儿子叫伊东布拉格，是世界上第一位获普利策奖的黑人记者。20年后，当伊东布拉格回忆童年时，他说："当时我们家里除了很穷之外，还是黑人，父母靠卖苦力维持生计。有很长一段时间，我一直以为像我们这样地位卑微的黑人是不可能有什么出息的。但是，通过那两次和父亲的交流，我才知道，自己的想法是错的，黑人并不卑微，上帝没有轻看黑人。"

如果伊东布拉格没有和他的父亲交流，也许他会一直以为自己很卑微，不会有什么出息。正是他和父亲交流，才知道他们的生活和其他人一样，这给了他极大的自信，让他找到了希望。这也成为了他未来能走向成功的基础。

作为团队中的一员，要想在团队中大展手脚，我们更需要和他人主动交流思想，获得更多的知识和经验，这样我们才能在工作中迎接各种挑战，获得更多的发展机会。

但是在现实工作中，我们常常看到有一些员工，喜欢自己埋头苦干，唯恐自己的思想被别人发现，对自己的地位构成威胁。其实，这种想法是很不可取的，抱有这种想法的人终究不会有多大进步的，因为他们只能在自己的思想里转圈圈，进步很慢。况且现在社会发展是如此之快，一刻不交流，一刻不进步，就可能落伍，甚至被社会淘汰。例如，也许今天我们用的排版软件是目前比较好用的，我们的工作效率都很高。过些日子出了新的软件，但是，还没有被广泛应用，如果一个人在和业界同行交流的过程中了解到了这款软件，那么，他在工作中应用，便会大大提高效率。而一个人不善交流，思想封闭，就可能不知道这款软件。即便是他比别人再努力，也许也不及使用新软件的人效率高。他就会在工作中落伍。所以说，多和他人交流，多交换思想，能使我们的知识面变得更加广泛，有利于工作的开展和进步。

还有些人害怕交流思想的原因是怕自己的想法不好，被别人讥笑，丢了面子。其实大可不必有这种想法，每个人都可能有各种想法，每个人的想法都不可能完全正确，没有人会认为他人的想法是可笑的。如果有人讥笑他人的想法，那么，这个人也是素质很低的。真诚地交换思想，把心扉打开，你会发现自己所顾虑的事情根本没有必要。勇敢地和他人交流思想，即便自己可笑也不必在意，树立自己的自信，到下一次，再站起来，就能站得更稳。

和他人交流思想一定要保持谦虚的态度，正所谓"三人行，必有我师"，对任何人都要保持谦虚的态度，虚怀若谷。一个伟大的人往往有包揽宇宙的胸怀，有不断求知的渴望。

古希腊的著名哲学家苏格拉底，不但才华横溢著作等身，而且广招门生奖掖后进，运用著名的启发谈话启迪青年智慧。每当人们赞叹他的学识渊博，智慧超群的时候，他总谦逊地说："我唯一知道的就是我自己的无知。"扬名于世的音乐大师贝多芬，谦虚地说自己"只学会了几个音符"。科学巨匠爱因斯坦说自己"真像小孩一样的幼稚"。

京剧大师梅兰芳，他不仅在京剧艺术上造诣很深，而且还是丹青妙手。他曾拜名画家齐白石先生为师，虚心求教，总是执弟子之礼，经常为白石老人磨墨铺纸，全不因为自己是一个知名的演员而自傲。有一次齐白石和梅兰芳同到一家人家做客，白石老人先到，他身着布衣布鞋，其他宾朋都是社会名流，他们或西装革履或长袍马褂，齐白石显得很寒酸，不引人注意。不久，梅兰芳也到了，主人高兴相迎，其余宾客也都蜂拥而上，一一同他握手。可梅兰芳知道齐白石也来赴宴，便四下环顾，寻找老师。忽然，他看到了冷落在一旁的白石老人，他就让开别人一只只伸过来的手，挤出人群向白石老人恭恭敬敬地叫了一声"老师"，向他致意问安。在座的人见了都非常惊讶，齐白石也深为感动。几天后特向梅兰芳馈赠《雪中送炭图》并题诗道："记得前朝享太平，布衣尊贵动公卿。如今沦落长安市，幸有梅郎识姓名。"

梅兰芳不仅拜画家为师，他也拜普通人为师。有一次在演出京剧《杀惜》时，在众多喝彩叫好声中，他听到有个老年观众说"不好"。梅兰芳来不及卸装更衣便派专车把这位老人接到家中。恭恭敬敬地对老人说："说我不好的人，是我的老师。先生说我不好，必有高见，定请赐教，学生决心亡羊补牢。"老人指出："阎惜姣上楼和下楼的台步，按梨园规定，应是上七下八，博士为何八上八下？"梅兰芳恍然大悟，连声称谢。以后梅兰芳经常请这位老先生观看他演戏，请他指正，称他"老师"。

正是这些伟人有着虚怀若谷的精神，所以他们才能接受更多的意见和他人有更多的交流思想的机会，才能不断进步。否则，如果他们有了一些成就就开始自满，他们就不会听取他人的意见，他人在他们面前也只会一味地阿谀奉承。他们因为限制了自己交流的渠道，思想会越来越落后，加上不努力，用不了多长时间，就会从成功的巅峰跌落下来。

谦虚向他人学习，主动交流思想，是每个员工应该具备的良好素质，是他们制胜的法宝。

团队知识管理

团队可持续发展必须要有人员阶梯的衔接，而人员梯队的成长又需要以经验和知识的传递为基础。如果一个团队中的成员不稳定，当团队成员走的时候就带走了自己的经验和知识，新来的员工还要从头开始学习知识，积累经验，那么，当这个团队中的骨干人员全部脱离团队的时候，新员工无法胜任，这个团队就必然走向衰败。那么，如何才能使人才流走的时候，把技术、知识和经验留下来呢？这就需要通过知识分享和传递，就需要知识管理的介入。知识管理就是指协助企业组织或个人，围绕各种来源的知识内容，利用信息技术，实现知识的生产、分享、应用以及创新，并在企业个人、组织运营、客户价值以及经济绩效等诸方面形成知识优势和产生价值的过程。如今，知识管理已经不仅仅是一个时髦的口号了。一个个新兴企业凭借着知识管理能创造出骄人的业绩，一个个衰老的企业凭借知识管理又能散发出青春的活力。知识管理对于企业的发展有着重要的作用。

Sun微系统公司启用了一种新的非常强的知识系统以便加强其销售过程。

Sun微公司总部位于著名的加州硅谷，它通过其Sun WEB内部网将公司遍布全球的20 300多雇员紧紧连在一起。最新的统计表明，公司一共有1 000多个网络Web服务器支持着25万多个网页。通过这种内部网络来分发公司的文件，每年可以节省25万美元。现在公司的这方面的花费仅相当于原来的5%。

当然，这还不够。更重要的，通过在线提供产品目录和技术信息等服务可以加强公司与客户及供应商之间的联系。

作为一家领先的为企业内部网和网上交易提供硬件、软件等方面服务的供应商，Sun的销售收入有超过90%是来自于开发出来还不超过一年的新产品。因此，公司试图不断地扩大它的产品线，同时缩短每种产品的生命周期，来获得更大的赢利。但是，如果这样做，公司几乎不可能快速有效地培训销售人员来适应新的要求。因为如果按照传统的课堂培训方式培训销售人员，那么，销售人员就好长时间不能和客户联系，并且培训过程中需要公司负担的差旅和住宿费用也很高。

因此，研究怎样帮助公司的销售人员在保证不和客户断绝联系的前提下，发展其知识和技巧变得非常重要。

于是，Sun微公司开发出一种被称为SunTAN的以内部网为基础的知识和培训系统。这个系统将存放在内部网上的销售培训信息，销售支持资源，产品更新和原料，竞争策略和一系列的其他方面的内容都连接起来。SunTAN经理又发展了一种以分层存储管理模式为基础的分布式的学习体系。这样他们能够确保，让尽可能多的网络带宽被应用于其产品介绍或学习上。例如，昆明销售中心要演示新产品，总公司就可以发送新产品演示媒体到昆明公司网上。这样，中国西南地区的客户就可以以更快的速度，通过访问昆明公司的网页，来观看演示。这样保证了更快的链接和可以利用更丰富的视频、音频和动画等多媒体方式来提高服务质量。

通过SunTAN系统，公司员工可以像观看电视一样接受培训，而摆脱了以往使员工感到枯燥、单调的以持续信息灌输为主的传统培训方式。并且通过这种新的远程学习方式，员工不再需要死记所有的知识，而只需要记住知识的存储位置，这样当员工需要某些知识的时候，知道在哪儿才能获得需要的信息就可以了。这种培训方式大大增强了销售人员的工作效率，提高了公司的销售收入。

Sun微公司通过SunTAN系统把信息放在离使用者最近的地方，把原本存储在总部服务器上的信息，根据需要分散到各个销售中心，通过这种方式有效地管理公司的知识，使团队成员尤其是新员工能快速适应工作，也避免了因为老员工的流失，而影响公司的运作。

知识经过公司的系统管理，才能够不断地积累，并发挥它的作用。如果知识没有经过管理，就不会产生价值。每个人的知识都存在于自己的大脑里面，它不会自己出来。另外，个人的知识都属于主观判断，无法变成可观的事实，只有经过系统的管理，才能变成客观有用的知识。而知识管理能使大家分享到别人的知识和经验，通过分享，就使员工的知识和经验保留了下来。即使员工离开公司，他的知识和经验也已经被别人掌握和学习了。这样大大节约了团队的培训成本和重复工作成本。

例如，绝大多数销售公司都要求员工把每天打电话联系的客户的姓名、电话、地址等信息记录下来。这样，即便是一个员工走了，其他员工也可以通过这些记录来了解客户，继续联系客户。这样就避免了员工走了就带走客户的现象。

知识管理还有助于知识碰撞产生新的知识，增加公司的竞争能力。当一个人的想法闷在肚子里的时候，只能是在休眠状态。当这个人把自己的想法说出来，和其他人交流想法，大家互相切磋，就可能随着想出3个、4个想法，当这些想法又和其他人分享的时候，又可能产生5个、6个、7个想法。经过这样的碰撞，更好的新的想法就会产生。但是，想要碰撞出灵感，需要有足够的知识储备。这就需要公司管理知识，把知识分享给每个员工。

三达摩公司由许多营业部组成，营业部一般有1个主管经理和3个业务员，公司为了业务人员能够在知识碰撞中产生创新，便要求每个季度所有的业务员回到公司，进行3天的学习讨论。公司的营业部经理要每3个月做一个PPT将写下自己在工作中积累的经验。例如，一个PPT可以是讲某天和某个公司接触，那么，怎样和这个公司接触，接触的重点是什么，怎样说服对方，竞争对手是怎么做的，我们采取了怎样的策略，取得了怎样的结果，从中我们得到了怎样的启发？然后，大家可以讨论怎样改进方案能更快更好地说服这家公司。这样大家各抒己见，在探讨中，每个员工的经验和知识，成为了公司的经验和知识，公司员工在讨论中业务水平也有了很大的提高。

可见，团队知识管理非常必要，但是具体施行的方法有很多，例如，可以利用网路知识管理平台，建立学习系统。还可以建立专家解答和协助系统解答，实现知识的实时采集和利用。因为每个行业每个公司的具体情况不同，所以，公司要根据自身特点，实施有特色的管理知识的具体方法。

时刻保持危机感，时刻努力学习

危机感的定义是感觉到有事物威胁到自身，并为此紧张。危机感是一个人进取心的源泉，是一个人成长发展的强大动力。在现代社会飞速发展，竞争日益激烈的今天，我们每个人都要保持高度的危机感。

有一只野猪对着树干磨它的獠牙，一只狐狸见了，问它为什么不躺下休息享乐，而且现在也没看到猎人和猎狗！野猪回答说：等到猎人和猎狗出现时再来磨牙，就来不及啦！

这只野猪就是有"危机感"！一个人失去了危机感，就会变得安于现状，裹足不前，等待他的就只有是被淘汰的命运。时刻保持危机感，保持积极面对挑战的动力，我们才能走得更稳，走得更远。

最高人民检察院检察长曹建明在上小学四年级的时候，遇上了"文化大革命"，中学毕业后被分配到一家小饮食店当学徒，每天凌晨3点多就要起来上班，从出煤渣、生炉子到和面、拌馅，所有的体力活他都要干。因为过度劳累，还不到一年他的胃就两次大出血。这段未成年时的痛苦经历使他产生了"强烈的危机感"，这种危机感时刻都鞭策着他要努力进取。后来，曹建明考上大学，在大学里他无论春夏秋冬，每天凌晨4点半，就准时起床，跑完步后就开始投入紧张的学习。数年如一日，这么早起床读书，很多同学连想都不敢想，感觉不可思议。但是，曹建明想到自己当学徒的时候每天都要3点多起床，现在睡到4点已经是够幸福的了。7年寒窗苦读，他连续6年获得"上海市三好学生"的荣誉称号。

危机感时刻压在他的心头，1988年10月，曹建明作为访问学者去比利时根特大学进修，他除了跟教授讨论外，剩下的时间几乎全是泡在图书馆里，导师曾感叹地说："你是我接触的所有中国人中最勤奋的一个。"正是因为他的刻苦勤奋，教授们参加学术活动都喜欢带他去。于是他获得了去荷兰、卢森堡、德国、法国等很多国家，参加国际会议或访问大学研究所的机会，在这期间他也结识了很多著名的学者和专家，这为他今后的法学研究奠定了坚实的基础。

正是因为曹建明内心时刻怀有的危机感，促使他刻苦努力学习，从来不敢懈怠；正是因为他积极思考，自主学习，使他学到了很多知识，获得了很多机会，为他的成功打下了良好的基础。孟子说："生于忧患，死于安乐。"危机感能激发人最大的潜力，使人能克服重重困难勇往直前。

在现代社会，竞争日益激烈，人们应该有危机感。团队的发展离不开每个成员的努力，要想团队能够在日益激烈的竞争中站稳脚跟，就需要每个团队成员心怀危机感，积极进取，不断进步。但是，我们常常看到这种现象：许多人因为过度压力而变得整天焦虑不安，许多人因为压力而日夜奔波，甚至有的人因为压力过大导致精神濒临崩溃。还有的人因为压力而导致头痛、失眠等各种疾病。

适度的压力能够激发人的潜能，能调动人的积极性，能使人更好地应对生活中的困难。但是如果压力过大，那么这个人就会出现不适的反应，就陷入了困境，就会压抑人们工作的积极性。而压力过大，危机感过重的人往往因为内心缺乏自信，总是想着完不成任务，长时间受这种心理暗示的人，压力就会越来越大。这个时候，应该转移一下自己的注意力，或者回忆以往的成功经验，证明自己完全有能力完成。正常休息，多和他人聊天，保持乐观的心态，提前想象一下可能发生的事情，做好充分的准备。逐渐建立自信心，多鼓励自己，果断行动。这样逐渐减少自己的压力，增强做事的自信心。俗话说："人无压力轻飘飘，井无压力不出油。"有压力是正常的，只要我们把压力化成动力，便能促使我们发挥巨大的潜能，成功地完成任务。

聪明的个人，聪明的企业家，聪明的政府，都善于在逆境中勇敢面对危机，又善于在顺境中保持危机感，使自己能够坚持不懈地努力。任正非就是一个非常有忧患意识的企业家，他在华为如日中天的时候，就非常清醒地告诉员工，我们华为并不是太平盛世，我们不是在鲜花和掌声中，我们正走在通往万木萧条的冬天的路上，我们必须要百倍千倍努力，要奉献自己的力量才能使我们尽量在春天的路上走得更加长远一些。正是因为华为领袖的这种忧患意识，使华为能够在激烈的竞争中逐渐强大，铸就了一个响当当的企业，响当当的品牌。比尔·盖茨总是感到危机感的存在："微软离破产永远只有18个月。"所以，他每天都在思考怎样才能不让微软破产，结果，因为他积极思考，对微软发生的大小事情都保持高度的警惕，微软越做越大。

因为没有危机意识而企业被迫倒闭，因为没有危机意识员工被社会淘汰的例子比比皆是。电脑界的蓝色巨人IBM公司就是因为缺乏危机意识而失败的典型例子。

大型电脑为IBM公司带去了丰厚的利润，使IBM尝到了辉煌的甜头，整个IBM都沉浸在绝对安逸的氛围中，他们却失去了危机感。在市场环境慢慢发生变化，更多人开始青睐小型电脑的时候，IBM公司却对市场出现的新情况置之不理，没有意识到市场危机的降临，依然专注于制作大型主机电脑，结果最终自己打倒了自己。

当今社会充满挑战和竞争，"物竞天择，适者生存"，为了生存，要有危机感，要居安思危，主动地接受挑战，理性地应付。海尔的张瑞敏总是感觉："每天的心情都是如履薄冰，如临深渊。"联想的柳传志总是认为："你一打盹，对手的机会就来了。"百度的李彦宏经常强调："别看我们现在是第一，如果你30天停止工作，这个公司就完了。"作为团队中的每名成员，都应该有危机意识，只有有了危机意识，才能激发动力，才能保持高度警惕性和积极性，保证整个团队的发展和进步。

第二十九章

创新变革，现代化团队乘风破浪与时俱进

创新让团队不断前进

在一次盛大的万国博览会上，中国人、俄国人、法国人、德国人、美国人和意大利人争相夸耀自己国家的优良传统文化，各国代表纷纷拿出最具民族特色和文化传统的产品酒，在表达敬意的同时，也展现各自悠久的文化历史。中国人拿出古色古香、工艺精美而神秘的茅台酒，打开瓶盖，香气袭人，四座皆惊，众人为之称道，酒美，瓶子也贵重。紧接着，俄国人拿出伏特加，法国人拿出香槟，意大利人拿出葡萄酒，德国人拿出威士忌。轮到美国人时，只见美国人找了个空杯子，把茅台酒等几种酒分别都倒了一点，然后晃一晃，高举杯子说：这叫鸡尾酒。他自身什么东西都没有，只是把别人的东西拿来，体现了美国的民族精神——创新精神。

创新是以新思维、新发明和新描述为特征的一个过程。它起源于拉丁语，原意有3层含义，第一，更新；第二，创造新的东西；第三，改变。创新是人类特有的认识能力和实践能力，是人类主观能动性的高级表现形式，是推动一个人，一个民族，一个社会进步和发展的不竭动力。一个人要想走在时代前列，就应该有创新思想，创新能获得丰厚的回报。

美国宣传奇才哈利十五六岁时，在一家马戏团做童工，负责在马戏场内叫卖小食品。但每次看的人不多，买东西吃的人更少，尤其是饮料，几乎无人问津。

哈利感到很困惑，一直在琢磨怎样才能把饮料卖得更多。有一天，他突然想到了一个好方法：向每一个买票的人赠送一包花生，借以吸引观众。但老板不同意这个"荒唐的想法"。哈利于是便用自己微薄的工资做担保，恳求老板让他试一试，并承诺说，如果赔钱就从工资里扣，如果赢利自己只拿一半。老板最后同意了。于是，以后的马戏团演出场地外就多了一个义务宣传员的声音："来看马戏，买一张票送一包好吃的花生!"在哈利不停的叫喊声中，观众比往常多了好几倍。

观众们进场后，小哈利就开始叫卖起柠檬冰等饮料。而绝大多数观众在吃完花生后觉得口干时都会买上一杯，一场马戏下来，营业额比以往增加了十几倍。结果马戏团赢利了，小哈利也从中获得了丰厚的回报。

如果小哈利不去勤奋地思考，积极创新，那么，他还会像以前那样卖不了多少东西，每天只有微薄的收入，并且这种状况长期下去，马戏团也可能某一天就会倒闭。但是聪明的小哈利想出了非常好的一招，不仅使观众大大增加，自己的销售业绩也得到了很大的提高，实现了自己和马戏团双赢的好结果。

一个人需要创新，一个团队更应该创新，创新才能给团队注入新的活力，创新才能给团队带去发展的不竭动力，创新才能使团队不断前进。

有一支日本探险队，历尽千辛万苦来到南极。在队长的指挥下，大家齐心协力把一根根铁管连接起来，准备铺设一条输油管道，然后把船上的汽油输送到活动基地使用。

眼看管道就要接通了，这时，大家突然发现输油管不够长，于是队员们四处寻找，可是他们翻遍基地每个角落，都找不到一根管子。看着还没有接完的管道，大家不知所措。这时，有个聪明的队员突然灵机一动："为什么我们不可以用冰来做管子呢?"于是他从基地仓库里翻出很多医用绷带，然后把它们缠绕在一根铁管上，用水淋湿。待水微微结冰时，他把绷带、冰管，轻轻地从铁管上抽出来，然后再浇上些水。不久，一根绷带加冰做的管道就出现了。队员们如法炮制，最终成功地解决了这个难题。

如果没有这名队员的奇思妙想，这个探险队遇到的麻烦就很难解决，就会影响到团队在南极的生存问题。正是创新，使团队得以顺利工作。

海尔作为中国制造业的典范，从20多年前一个濒临倒闭的集体小厂，到现在每年以两位数速度增长的一个国际知名品牌企业，它是怎样获得如此巨大的成功的呢?

这和其创新不止的企业文化密切相关，温家宝总理曾说"学海尔，就要学海尔的创新"，海尔的创新文化附着于每一件产品、渗透于每一位员工的内心，贯穿于企业管理的全程，也由此帮助海尔成为健康运营与成长的企业。海尔从1984年引进德国一家企业的冰箱生产技术之后，经过16年的发展，到2000年，已经形成了69大系列10 800多个规格品种的产品。海尔现在平均每天可推出1.3个新品种，平均每天申请国家专利2.5个，成为中国拥有专利最多的企业。

海尔这么多的创新，绝不是几个工程师搞成的，他们有一个创新的团队，企业鼓励人人创新。海尔规定：员工在一年提出10个合理化建议，只要被采纳7条，就可以由"合格员工"升为"优秀员工"，而许多老员工，能在一年内提出十几项合理化建议。1998—2000年间，海尔人一共提出了3万多条合理化建议，被采纳了1.7万多条。正是这种创新文化氛围，使海尔总能站在时代的前列，总能抢占先机取得卓越的成绩。

总之，无论是一个人还是一个团队要想在风云变幻的世界取得良好的成绩，获得辉煌的业绩，就需要具有创新的精神，在创新中不断成长壮大。

创新关键是解放思想

创新是一个民族进步的灵魂，是一个国家兴旺发达的不竭动力。创新就是在解放思想中破旧立新、推陈出新。创新是解放思想的目的性要求，创新的精神特征和理论实质就是思想变革。当今时代是一个致力于发展而强调创新的时代，创新已经成为时代发展的主旋律。按创新要求必须进一步突出解放思想、努力破除思想障碍、自觉树立创新精神。

那么，什么是解放思想呢？解放思想是指在科学理论指导下打破思维方式和主观偏见的束缚，把握客观事物的规律性和内在联系，使思想和实际相适应，主观和客观相符合。纵观人类发展的历史，人类文明的每一次进步和发展总是与思想认识上的解放紧密相连，每一次思想的解放，都会换来社会的大发展。欧洲近代工业文明的兴起，很大程度上缘于14世纪文艺复兴的思想启蒙。而我国明、清封建社会在思想上的禁锢，带给中华民族的却是落后。因此，只有解放思想才能有创新，才能获得进步，获得大发展。发展没有止境，解放思想也就没有止境。

但是，随着形势的发展变化，在现实生活中，我们的头脑中仍存在着一些旧的思想观念，常常或明或暗地支配我们的行动，束缚我们的手脚，成为影响我们快速发展的绊脚石。有些人尤其是一些领导干部或思想僵化、自我束缚，或全局意识淡薄、部门利益至上，或图形式、混日子，在企业发展过程中提不出良策、无思路、无魄力，因循守旧。这些错误的思想使我们在工作中不能解放思想，放手一搏，改革创新，结果这些人的命运也和下边这个大鲨鱼一样了。

曾有人做过这样一个实验，把一只最凶猛的鲨鱼和一群热带鱼放在同一个池子里，然后用强化玻璃将它们隔开，起初，鲨鱼每天都会不断地冲撞那块看不到的玻璃，可惜每次都是徒劳，它怎么也游不到对面去，而实验人员每天都会往鲨鱼的池子里放一些鲫鱼，所以它也不缺少猎物，只是它仍想到对面去，想品尝另一个池子里鱼的滋味，它每天仍是不断地冲撞那块玻璃，它试了每个角落，每次都是全力以赴，但每次它都是筋疲力尽、伤痕累累，这样的日子持续了很长一段时间。

后来，鲨鱼不再冲撞那块玻璃了，对那些美丽斑斓的热带鱼也不再有奢望，好像它们只是墙上会动的壁画一样，它开始等着每天固定出现的那些鲫鱼，然后用敏捷的动作猎食它们，每次吃鲫鱼的时候都表现出雄霸不可一世的样子。最后，实验人员把玻璃取走了，但鲨鱼却没有反应，每天仍然在固定的区域游着，它不但对那些热带鱼视若无睹，甚至当那些鲫鱼逃到那边去，它就立刻放弃追逐，说什么也不愿再过去。

鲨鱼正是被一定过不去的固定思维禁锢住了，所以，它即便看到希望、看到美味，都不以为然了，总是认为自己一定过不去，于是，它就真的过不去了。

同样，那些按照以往的习惯做事情的人，即便是看到创新的点子，也对其视若无睹，他们认为只有现在的方法才是对的，其他的方法都不对。结果，再好的机会降临他们头上，他们也争取不到。

解放思想就应该有打破陈规陋习，以新的理念引导实践的意识，就应该有敢闯敢试的精神，大胆闯，大胆试，不怕失败，不怕摔跟头。这样才能跟上时代的步伐。如果没有一点闯的劲头，就创不出新的业绩。当然，打破陈规，开拓创新定然是有一定的风险，但不要害怕风险，当我们认为值得去做的时候，就一定要放手去干。总之，想要有所成就，就应该有敢闯的精神。

首先，解放思想还要有长远发展的眼光。看准了才能闯，如果没有长远发展的眼光，不注重科学性、前瞻性，那么，我们的判断就很容易失误，行动随意性大，就可能要付出很大的代价。已经有很大把握，已经预见到了事物未来的发展前景，这样再去闯，再去前进，才不至于因为判断失误而使自己陷于困境。

其次，解放思想一定要提前谋划。做计划、办事情特别是谋发展，一定要有超前意识。当我们预见到了未来的美好发展前景，就应该做个规划，做一个好的计划，把实现目标的每一步都计划到位，把未来可能发生的事情考虑进去，这样，才能使愿望具有可实施性，才能成为现实。否则，只看到当时当地的情况，眼光短浅，考虑问题不长远，做完事情以后就会后悔，就会不适应。例如，修路总是怕修宽了，总以现在的车流量来判断路该修多宽。等到城市发展起来后，就会后悔当初没有计划好，没有考虑周全，眼光不超前。

最后，解放思想就要付诸行动。只要有利于发展，不管这件事做起来有多么困难，只要不违反国家法规，都要开拓思想，积极去做。不能把解放思想停留在口头上，应该落实到行动上。但是，现在有些人总是喜欢夸夸其谈，真正把自己的想法付诸实践，形成有效的措施的少。例如，一些领导干部喜欢在开会讨论中慷慨激昂地大说自己的各种想法。但是，一遇到实际问题，仍然用老一套方法；还有一些人，只对别人讲解放思想，一让自己解放思想时，却不能付诸行动。会喊"解放思想"，懂得"解放思想"，都不能称之为真正解放思想。解放思想要落实在行动中。

如今市场形势千变万化，过去每一点成绩的取得、每一项事业的进步，都得益于思想的解放。未来取得成绩，获得进步依然需要解放思想。作为企业的管理人员尤其要做解放思想的表率，要克服个人利益的影响，发扬奉献精神，敢于承担风险。凡是有利于企业发展的，就要解放思想，敢于变通、善于变通。

总而言之，在日益激烈的市场竞争和经济全球化时代中，不进则退。只有解放思想才能获得前进的动力。一次次思想上的解放，往往会在我们面前打开一条条新的通道，引导我们进入一个个新的境界，也必将带来经济的发展和进步。

创新始于观察

任何的创新都是对生活细节洞察的结果，只有细心观察生活中的点点滴滴才能源源不断地创新。

李昶序爱好广泛，钢琴、小号、画画、主持，他样样喜欢。有一次，他坐公交车去参加一次活动，正在行驶中，司机一个急刹车，车上一位老大爷突然跌倒，原来是吊环的吊带断了。

李昶序通过这件小事意识到，吊带对乘客的安全非常重要，一定要有个结实的吊带才行。那么，怎么才能使吊带更结实，不至于再发生这样的事故呢？他仔细观察了吊带的结构，然后想尽各种办法研究吊带，经过反复试验，李昶序把吊带的四个棱边都做成圆角形，把吊带出口的地方做成两端宽、中间窄的形状，这样吊带在弯曲和扭转时，与吊带夹的接触面就增加了，这就大大延长了吊带的使用寿命。

后来，李昶序这个发明获得了国家专利，被广泛应用到了公交车上，以后吊带掉下来的事件就大大减少了。

正是李昶序的留心观察，使他发现了创造的源泉，正是通过仔细观察和研究，使他改进了吊带，给人们乘车带来了安全和方便。可见，留心观察的确使我们更容易发现新点子。

法国作家莫泊桑是世界短篇小说之王，在他还没有成名的时候，他曾拜当时著名作家福楼拜为师。有一天，他自己坐在屋里想了好久，终于想出来一个故事。他把这个准备写成小说的故事讲给福楼拜听。福楼拜听后说："我劝你不要忙于写这些虚拟的东西，你每天骑马到外面转一圈，再把路上看到的一切准确地、细致地记录下来。"莫泊桑意识到福楼拜是教他首先学会用眼睛去观察生活，认识生活。从此之后，他花了一年左右的时间，每天外出观察，认真记录，终于写成了小说《点心》，并成为世界著名的小说家。

后来莫泊桑在总结自己的创作经验时，说："长时间地注意观察，使我发现了别人没有发现和没有写过的特点。任何事物里，都有未被发现的东西……"

的确，任何事物都有我们没有发现的东西，而这些东西就是我们创新的源泉。发现了别人没有注意的问题，我们就已经抢占了先机，当我们发现了问题，并通过发挥自己的思考、想象，找到了更好的解决问题的方法，那么，我们就可能创新了。其实，创新有时候很简单，只需要我们留意观察和发现。

当今社会是一个多元化的社会，是一个信息化的社会，是一个新生事物层出不穷的社会。市场不仅给我们施展能力提供了机会，更重要的是给我们提供了一个广阔的舞台和发展空间。机会无处不在，但是有的人能够迅速捕捉到对自己有用的信息，在大家看似平常的事物中明确自己努力的方向，在大家都经历过的事物中，找准突破口，发挥创新能力，迅速地获得成功，这其中非常关键的一点就是观察敏锐度非常强。但是我们好多人不具备这一点，以至于同样的工作，同样的起点，但结果却不同。一个团队的发展需要有创新型的人才。每一个团队成员为了自己，为了团队都应该培养观察能力，更多地加入创新的队伍中来。

为了提升我们的观察能力，首先，我们应该学会用心做事，认认真真地把自己的事情做好。用心做事，把事情都做到心里去，这样才会对事情有更清晰、更全面的认识，对事情的每个细小环节都了解得一清二楚，我们便能更容易发现问题，找到问题的症结，找到解决问题的方法。其次，总结是我们积累经验、积累知识、积累教训的一个非常好的方法。在工作中我们不仅要认真做好每件事情，还要善于把类似情况进行归类，在总结中我们能看到成绩和不足，知道以后应该避免什么、注意什么，改进什么，创新什么，从而来协调自己和他人、自己和集体、自己和社会，达到和谐一致。没有总结就没有经验和教训可言，没有总结就不容易发现问题，不容易发现创新的切入点，一个不愿总结、不会总结、不能总结的人一定是一个思想懒惰的人，不爱创新的人，这样的人终究不会有什么作为。

总结的关键点在于理性地思考、理性地归纳，把自己平日感性的、初始的、粗放的、长期习惯和经验都用理性思维过滤一下，按照我们在社会上所从事的职业、承担的责任，加以对照分析，找出自己的工作与客观要求的差异，明确改进点，找到创新的方向。

我们可以从普遍的习惯做法中发现新的需求，创新并完善自己的做法，使之更有活力。仔细总结一下，一些习惯性的做法能不能满足客户的需求？如果能够满足客户的需求，那么我们就继续保留，并把它做得更好。如果不能满足客户的需求，这给我们用心做事提出了一个新的要求。假如我们能够按照新的要求在保留习惯做法的基础上，更加注重细节，结合客户的差异化需求、个性化需求，找出新的切入点，满足客户普遍需求当中的特殊要求，很可能得到客人更好的认同。所以我们可以认真地总结在以往做事过程当中，客人的反映以及客人提出的意见，加以总结、思考，从中找出提升、改进和完善的地方。

总之，细心观察，总能发现常人难以发现的东西，其中，就包含着创新的点子。我们切不可忽视，一个小小的点子，就可能让我们更好地工作和生活。

坚持创新之路

自从中国改革开放以来，中国的变化实在太快，近年来更是呈现飞速发展的势头。无论是目前做得很成功的企业还是经营状况低迷的企业，都要时刻前进。而创新是一个企业一个团队能够站在行业前沿，争取到更大蛋糕的重要手段。不断创新、变革才能使企业不断进步。美国的杰克·韦尔奇鼓励他的同事们说：变革是永恒的，管理人员和员工不仅要学会忍受它，更要学会欢迎它。他要求他的员工把每一天都当作参加工作的第一天，以崭新的视角审视自己的工作，不断地进行变革。是的，大多数人在没生病时总认为自己身体很好，不管一个企业还是一个社会，只有持续不断地创新，才能保持旺盛的生命力和活力。

众所周知，云南白药是一个有着百年历史的老品牌。随着市场的发展，西药的涌进，云南白药也在不断思考怎样创新才能更好地发展。一次，一家外企看到云南白药在治疗创伤上的特效和特有的品牌影响力，便想和云南白药合作。后来，经过董事会讨论，决定自行研制创可贴。短短数年时间里，云南白药创可贴采取虚拟企业运作模式，低成本扩张，占据了国内40%的创可贴市场。现在他们又正在研究液体创可贴。

在创新中云南白药尝到了甜头，他们又积极进行下一个创新。云南白药的员工发现，有些人习惯把云南白药的止血药粉涂在牙刷上，这样就可以防止刷牙的时候流血。云南白药的研发人员得知这一情况后，就积极研究，终于研制出云南白药牙膏。而这次创举又给云南白药带来了丰厚的收益，从云南白药牙膏诞生那刻起，仅仅用了3年时间，它的销售业绩已经达6亿元。

一位云南白药集团负责人称，云南白药将在个人护理产品、口腔健康护理等高端药物市场挺进。2009年3月27日，云南白药和日本Maleave化妆品株式会社成功签订化妆品技术转让协议。此举标志着云南白药集团正式拉开了整合国际药物资源、进军高端药物领域的序幕，是集团战略进程发展中的一个重要标志。

云南白药之所以能够取得高速的发展就在于创新。云南白药科研人员现在已经超过300人。正是有这么多的研发人员，不断动脑筋，寻找到了一条条创新之路，促使云南白药快速发展，研发人员是云南白药创新的原动力。

由此可见，创新是需要坚持的，只有持续不断地创新，企业才能不断发展进步，才能不断获得成功。但是有些公司生产出一种畅销产品，便开始停止创新，专心卖自己的产品，直等到产品卖到滥市、顾客不再光顾为止。其实，市场在不断变化之中，所以每一个创新的成果都是暂时的，相对的，今天的成果明天不一定是成果，当一个产品受到大家欢迎，一度畅销的时候，就已经面临随时被别人超越的危机了。因为，别人发现这个产品好卖，就会找到它的一点不足，再稍加改进，便可以获得更多的消费者，抢占市场。而此时，创造畅销产品的公司就要面临进一步创新，如果下一个创新步伐太慢，其他公司就可能占据更多的市场，甚至把这家公司挤下去。所以，一个新的产品出现，就是另一个创新产品的起点。一位研究员曾感叹道："每一次创新发明，都是在给自己设置一道障碍，因为每一个创新发明，我们都是全力以赴。"创新是痛苦的蜕变，每一次创新都是对自己的否定，都要突破自我，打破自我的固有模式，进行新的尝试，新的变革。但是你不自己打倒自己的产品，就会被别人打倒，而与其被别人打倒，不如自己打倒自己，只有不断自己打倒自己，只有不断与自己作斗争，持续不断地进行创新，企业才能逐渐成长壮大，才能在市场上永远不被打倒。总之，三天打鱼，两天晒网式的创新是不行的。

企业需要创新，企业的创新是全体员工努力的结果。所以，员工要想有更大的发展、获得更大的成就，就应该不断挑战自我，改变自我，创新自我，在踏踏实实的工作中积累，充实自己，这样日子才会有声有色，才会丰富多彩，自己才会充实快乐。

那么，创新思维是怎么培养出来的呢？大概需要从以下几个方面着手。

1.要培养好奇心

黑格尔曾说："要是没有热情，世界上任何伟大事业都不会成功。"任何个人行为的动力，都要通过他的头脑，转变为他的愿望，才能使之付诸行动。如果一个学生只记住了各种数学定理和公式，却不能利用自己所学到的知识发现新问题，不能解决实际问题，那么，学习就失去了意义。学习的最终目的是为了应用，为了方便我们的生活，提高我们的生活质量。在此情况下，老师应会引导和培养学生的好奇心，有了好奇心就有了探索的动力，就有了兴趣，在不断地探索中就会逐渐培养创新意识。所以说，要想培养创新思维，就要在日常工作和生活中多留意，多观察，捕捉各种异样和疑惑，带着好奇心去发现，去探索，去创新。

2.要培养兴趣

好奇心是创新思维的萌芽，要想萌芽成长，就需要兴趣做营养，逐渐培养创新思维。兴趣是最好的老师，只有感兴趣才能自觉地、主动地、竭尽全力去观察、思考、探究，才能最大限度地发挥自己的主观能动性，这样就容易在研究中产生新的联想，或进行知识的移植，做出新的比较，综合出新的成果。

3.提出疑问

我国古代教育家曾提出过"前辈谓学贵为疑，小疑则小进，大疑则大进"、"学从疑生，疑解则学成"。不断怀疑，才能激发我们追求真实的愿望，不断怀疑，会使我们主动去探索、研究，去发现真相。

4.探索

当我们对某一个问题有了兴趣，有了疑问的时候，我们就应该付诸行动去研究、去探索，发现问题的本质。如果我们不付诸行动，那么，一切疑问都没有解开，也就没有办法创新了。

总之，创新是每个团队，每个团队成员都应该关注的，创新要持之以恒，要随着时代的发展不断地创新，这样才能保持团队旺盛的生命力，才能保证成员取得更大的成功。

建设创新型团队

一个人想要搞点创新，搞点发明创造并不难，难的是建立一个创新型的团队。在爱迪生那个时代，他一生搞了1 000多项发明，而现在随着人的知识更新速度的加快，一项创新，一项成果，很多时候已经不是一个人的力量可以完成的了，而是一个团队搞出来的。

硅苑科技是一家陶瓷企业，获得3项国家标准，这在中国当代陶瓷史上是令人炫目的成就。不仅如此，硅苑科技旗下一家企业用高石英瓷做成的硅元瓷器已经保持国家标准26年之久。

硅苑科技的创新驱动力来源于其背后的创新团队。从研究高石英瓷开始，这个团队已经有40多年的历史，堪称中国陶瓷界存在和持续时间最长的研发团队。人们习惯地称它为"国瓷创新团队"。

在40年前，欧美的陶瓷专家们断言石英含量高，难以成瓷。以杜祥荣为首的"国瓷创新团队"，怎么也不相信美丽的石英做不出美丽的陶瓷。在长达十几年的时间里，经历一次次常人难以想象的挫折和失败后，这个团队终于用高石英做成了美丽的陶瓷，一个完全属于中国人原创发明的新瓷种诞生了。

紧随其后，1984年国庆前夕，高石英瓷盖杯第一次进入中南海。它的纯粹中国气质打动了国家最高机关的领导们。

1999年，国瓷创新团队再次完成了中华龙国宴用瓷的研制。现已是白发苍苍的创新团队成员们回忆当年的创作过程时，都有着共同的体验：刚开始，他们根本不清楚国宴用瓷是什么样的，但他们相信一定能做出符合国宴用瓷标准的产品。经过长时间痛苦地研究思索后，他们终于找到了"中华龙"的表现元素，然后是器型、釉色、花纹的反复揣摩，最后经过精心烧制，一个完全创新的中华龙形象就在瓷器上复活了。又经过10多年的完善提高，中华龙国宴用瓷在造型、画面和釉色上已经接近完美，大小器形达到上百个，完全能满足国家领导接待外国元首的需要。每位来访中国的元首，无不通过中华龙国宴用瓷感受到了中国的最高礼遇。

20多年来，高石英瓷技术不断创新，国瓷产品设计不断走向成熟，"淄博陶瓷当代国窑"成为响当当的品牌。在中华人民共和国成立60周年时，怀仁餐具再次大批量进入中南海，陶瓷餐刀登上天安门城楼，2010年5月，硅元瓷器完成了为中南海一次性供货5万件44个品种的特大订单。

面对辉煌的业绩，国瓷创新团队没有停步，他们还在自己的办公室里，不断研究、探讨。

这些辉煌的业绩，不是一个人能够创造的，正是因为有这个优秀的团队，才创造了这样辉煌的成绩。可见，团队的力量是多么强大。

那么，如何建设一个创新性团队呢？企业可以从以下几方面考虑。

1. 企业要加强战略筹划

要牢固树立正确的人才观，按照"服务发展、人才优先、以用为本、创新机制、高端引领、整体开发"的人才工作指导方针，科学分析企业队伍发展状况和创新团队建设需求，明晰领域布局，统筹资助部署，优化创新群体资助结构。要在创新团队基金资助工作中落实更加侧重基础、更加侧重前沿、更加侧重人才的战略导向，坚持团队协作，加强目标引导，发挥协作创新优势，全面推进创新团队建设。

2. 要完善管理机制

要重视和加强创新团队之间的学术交流和团队管理交流，针对创新团队发展面临的共性问题，例如，在汇聚学术方向、增强团队凝聚力、培养青年人才等问题上开展深入的交流和研讨。要充分发挥创新团队基金的导向作用，在更高的层次上促进人才资源、研究资源和科研设施资源的开放共享和有效集成，推进团队实现自主创新。要引导依托单位和主管部门及时给予团队成员以各方面的配套支持，悉心关注团队成员，在人才引进、条件支撑等方面给予扶持，促进创新团队的长远发展。

3. 要开放创新

要积极主动地参与到全球创新网络中，统筹利用国内外创新资源，营造有利于创新群体参与国际竞争和合作的开放创新环境。积极支持创新团队与国内外研究基地及团队建立良好的开放合作关系。不断增强创新团队的全球战略意识，鼓励他们参与世界科技人才竞争要有勇气、有信心、有策略，激励他们努力开拓海外人才资源。

4. 要构建和谐团队文化

团队精神和创新文化是团队健康成长和发展的关键，没有了团队文化，团队就失去了灵魂，团队就无法健康发展，就谈不上创新团队的建设。成功的创新群体无不具有激励人人进取的文化氛围。在这种积极向上的氛围中，每一位成员都能够在团队中获得施展才华的机会和舞台，最大限度地发挥积极性、激发创造性。成功的创新团队都有一个极具亲和力的文化氛围，它使团队成员在工作中始终有归属感，感受到"大家庭"带来的温暖，这样和谐的文化氛围，使彼此的沟通流畅。成功的创新团队都有一股不甘寂寞的文化氛围，能够从容、镇定地面对学术界的浮躁、浮夸风气，认真钻研于孤寂的科学国度。

企业要始终在创新团队中弘扬求真务实、勇于创新的科学精神，不畏艰险、勇攀高峰的探索精神，团结协作、淡泊名利的团队精神，服务企业的奉献精神。一个优秀的创新团队成员要敢于担当，乐于合作，甘于寂寞，勇于创新，只有这样的成员，才会成就团队辉煌的创新业绩。

现在创新团队已经成为一个企业重要的组成部分，有了创新团队，企业才能拥有无穷的创造力，才能在竞争中永远立于不败之地。